Ingo Cassack

Prototypgestützte Kosten- und Erlösplanung für produktbegleitende Dienstleistungen

GABLER EDITION WISSENSCHAFT

Ingo Cassack

Prototypgestützte Kosten- und Erlösplanung für produktbegleitende Dienstleistungen

Mit einem Geleitwort von Prof. Dr. Péter Horváth

Deutscher Universitäts-Verlag

Bibliografische Information Der Deutschen Bibliothek
Die Deutsche Bibliothek verzeichnet diese Publikation in der Deutschen Nationalbibliografie; detaillierte bibliografische Daten sind im Internet über <http://dnb.ddb.de> abrufbar.

Dissertation Universität Stuttgart, 2005

D 93

1. Auflage Mai 2006

Lektorat: Brigitte Siegel / Nicole Schweitzer

Der Deutsche Universitäts-Verlag ist ein Unternehmen von Springer Science+Business Media.
www.duv.de

Umschlaggestaltung: Regine Zimmer, Dipl.-Designerin, Frankfurt/Main
Druck und Buchbinder: Rosch-Buch, Scheßlitz
Gedruckt auf säurefreiem und chlorfrei gebleichtem Papier
Printed in Germany

ISBN-10 3-8350-0379-9
ISBN-13 978-3-8350-0379-8

Geleitwort

Der Trend in die Wissens- und Dienstleistungsgesellschaft hält unvermindert an. Unternehmen versuchen verstärkt durch Services einen differenzierenden Wettbewerbsvorteil zu erreichen. Gleichzeitig wird Forschung und Entwicklung weiterhin als wesentlicher Erfolgsfaktor angesehen. Während jedoch für die Produktentwicklung schon seit langem Prototypen genutzt werden, stellt sich die Verwendung von diesen für die Dienstleistungsentwicklung, gerade auch aus Controllingsicht, als ausbaufähig dar.

Diese Veränderungen bilden den Ausgangspunkt der Arbeit von *Ingo Cassack*. Dabei fokussiert er auf die Nutzung von Produktmodellen zur Kosten- und Erlösplanung von produktbegleitenden Dienstleistungen. Ihm gelingt es vorbildlich die Instrumente der Prozess- und Zielkostenrechnung an die neuen Anforderungen anzupassen. Eine theoretisch fundierte Analyse, zahlreiche ausführliche Experteninterviews und eine starke Betonung der Exploration führen zu einem gleichzeitig innovativen und praxisrelevanten Konzept.

Im Rahmen von zwei anschaulich gestalteten Fallstudien werden die praktische Verwendung des Ansatzes umfassend illustriert und messbare Verbesserungen der Kosten- und Erlösplanung von produktbegleitenden Dienstleistungen aufgezeigt. Die detaillierte Durchführung und die Ergebnisse der Unternehmensfallstudien ermuntern zur direkten Umsetzung der Konzeption in der Praxis.

Insgesamt gelingt es *Ingo Cassack* einen Ansatz zu entwickeln von dem sowohl Wissenschaftler als auch Praktiker profitieren können. Der Arbeit ist ein großer Leserkreis zu wünschen.

Univ.-Prof. Dr. Péter Horváth

Vorwort

Die vorliegende Arbeit stellt eine inhaltlich unveränderte Fassung meiner Dissertation dar, die ich in der Zeit als wissenschaftlicher Mitarbeiter am Lehrstuhl Controlling der Universität Stuttgart angefertigt habe. Bei der Erstellung der Arbeit haben mich zahlreiche Personen begleitet, die ich sehr gerne erwähne.

An erster Stelle möchte ich mich bei meinem akademischen Lehrer und Doktorvater Univ.-Prof. Dr. Péter Horváth ganz herzlich bedanken. Seine Impulse sowie sein Vertrauen haben mich immer wieder angespornt. Gleichzeitig war er ein vorbildlicher Chef und hat massgeblich dazu beigetragen, dass die Zeit am Lehrstuhl in vielschichtiger Weise lehrreich war. Univ.-Prof. Dr. Burkhard Pedell danke ich sehr für die engagierte Übernahme des Zweitgutachtens und die hervorragende Zusammenarbeit.

Dank gilt weiterhin meinen ehemaligen Kollegen am Lehrstuhl Controlling der Universität Stuttgart. Besonders die Diskussionen mit PD Dr. Klaus Möller und Dr. Achim Czichowsky haben das Entstehen der Arbeit positiv beeinflusst. Auch viele weitere Freunde haben zur Überwindung der ein oder anderen wissenschaftlichen und praktischen Hürde beigetragen. Besonders erwähnen möchte ich gerne Sven, Carsten, Sebastian und Ulrich.

Eine empirisch fundierte Arbeit beruht im entscheidenden Maße auch auf der Unterstützung durch Praxisvertreter. Mein Dank gilt dabei speziell den Teilnehmern der Experteninterviews und den zahlreichen Mitarbeitern aus den beiden Fallstudienunternehmen.

Schließlich danke ich Persis, Ulrike und Thorsten sowie meinen Eltern für ihren Einsatz und ihr Verständnis. Nur durch Ihre Unterstützung konnte ich dieses Projekt realisieren.

Ingo Cassack

Zusammenfassung

Die Bedeutung von Dienstleistungen nimmt immer weiter zu.[1] Der Relevanzgewinn bei Services führt auch zu einer höheren Bedeutung der Kosten- und Erlösplanung von Dienstleistungen. Gleichzeitig wird das Kostenmanagement von Services jedoch im Gegensatz zu dem von physischen Produkten häufig nicht gezielt in die Forschung und Entwicklung eingebunden. Dienstleistungen werden oft erst auf Nachfrage durch den Kunden angeboten und nicht systematisch entwickelt und geplant.[2]

Prototypen werden bei der Entwicklung von physischen Produkten häufig eingesetzt.[3] In der Praxis erfolgt jedoch generell keine parallele Entwicklung von physischen Produkten und produktbegleitenden Dienstleistungen.[4] Dabei erscheinen die Informationen aus diesen Produktmodellen prinzipiell auch geeignet, die Probleme bei der Kosten- und Erlösplanung von produktbegleitenden Dienstleistungen zu reduzieren. So kann durch die Einbindung von Dienstleistungen in den Entwicklungsprozess eine Erhöhung der Kostentransparenz erreicht werden.[5]

Die **Zielsetzung** der Arbeit ist eine Verbesserung der Kosten- und Erlösplanung von produktbegleitenden Dienstleistungen durch den Einsatz von Prototypen.

Zur Erreichung dieser Zielsetzung wird zunächst eine Typologisierung von produktbegleitenden Dienstleistungen und von Prototypen durchgeführt. Die Exploration des Untersuchungsgegenstandes erfolgt neben der gezielten Literaturanalyse durch die Auswertung einer schriftlichen Befragung und ausführliche Experteninterviews. Aufbauend auf diesen Erkenntnissen werden die Handlungsfelder für eine Prototypenintegration bei der Kosten- und Erlösplanung identifiziert und mögliche Controllinginstrumente betrachtet.

Der **innovative Schwerpunkt** der Arbeit liegt in einer prototypgestützten Kosten- und Erlösplanung für produktbegleitende Dienstleistungen im Kapitel fünf.

[1] Vgl. Wimmers, Stölper (2002), S. 11 sowie die Ausführungen in Kapitel 1.
[2] Vgl. Bullinger, Scheer (2003), S. 4ff., Schwengels (2003), S. 508, Storey, Kelly (2001), S. 71ff.
[3] Vgl. Ebenhoch (2001), S. 119, Fischer, Warschat (1997), S. 205f., Haller (2002a), S. 18-20.
[4] Vgl. Reichwald, Schaller (2003), S. 177ff.
[5] Vgl. Schwengels (2003), S. 47.

Ausgehend von der Darstellung des Grundkonzeptes werden die vier Schritte der prototypgestützten, theoriegeleiteten Konzeption ausführlich beschrieben. Die erste Stufe betrifft dabei die interne Perspektive. Darauf aufbauend wird in der zweiten Phase die Nutzung von Produktmodellen zur Einbindung von externen Informationen aufgezeigt. Die Zusammenführung der internen und externen Perspektive erfolgt im dritten Schritt. Der vierte und letzte Teil der Konzeption besteht in der prototypgestützten Einbindung in das Service Engineering.[6]

Zur Veranschaulichung der praktischen Anwendbarkeit der Konzeption erfolgen auf Basis des **Case Study Research** von YIN anschließend zwei illustrative, umfangreiche Fallstudien.[7] Diese Darstellungen einer Nutzung der Konzeption sind dabei in Analogie zu der Gliederung der zuvor entwickelten Vorgehensweise aufgebaut. Dadurch soll eine bessere Vergleichbarkeit erreicht werden.

Ein wesentlicher Innovationsbeitrag der vorliegenden Arbeit besteht schließlich in der Durchführung von Wirkungsanalysen. Ein Vorher-Nachher-Vergleich wird dabei sowohl innerhalb der einzelnen Fallstudien (Within Case Analysis) als auch zwischen den beiden Fallstudien (Cross Case Analysis) durchgeführt.[8] Neben speziellen Messgrößen (z. B. die Genauigkeit der Planung) werden dabei auch generelle Gütekriterien der qualitativen Forschung (z. B. Limitationen) berücksichtigt.[9]

Als Ergebnis der Fallstudien konnte durch die Einbindung der Prototypen bei der Drive AG und Tooling GmbH eine Erhöhung der Transparenz bei den Kosten und Erlösen der jeweiligen produktbegleitenden Dienstleistung erreicht werden. Diese Ergebnisse decken sich auch mit anderen empirischen Studien über den Einsatz der gewählten Controllinginstrumente.[10] Prototypen bieten sich dabei besonders auch zur Koordination der physischen Produktentwicklung mit dem Service Engineering an. Die Fallstudien veranschaulichen, dass die Konkretisierung von Prototypen durch einen Iterationszyklus auch zu einer Steigerung der Genauigkeit von Kosten und Erlösen der produktbegleitenden Dienstleistungen beitragen kann.

---

[6] Unter dem Begriff des Service Engineering können dabei all jene Konzepte einer systematischen Entwicklung und Gestaltung von Dienstleistungen verstanden werden. Vgl. Bullinger, Scheer (2003), S. 4.

[7] Zum Forschungsdesign des Case Study Research vgl. Yin (1994), S. 20ff.

[8] Vgl. Eisenhardt (1989), S. 539f.

[9] Zu den generellen Gütekriterien vgl. ausführlich Steinke (1999).

[10] Vgl. exemplarisch in Analogie, allerdings ohne Prototypen, Stoi (1999) oder Arnaout (2001).

Abstract

The importance of services is still growing. While the relevance of services is increasing, the importance of cost-and-profit planning for services is growing as well. At the same time, the cost management of services is usually not integrated into traditional research and development, contrary to the process of R&D for physical products. Instead of a systematic development and planning cycle, services are often offered on customer demand only.

Prototypes play a very important role in the development of physical products. Nevertheless, in practice there usually is no parallel commercialisation of physical products and accompanying services. This is even more astonishing because the information gained from prototypes can be used for the cost management of services as well. Models might be included to reduce problems within the planning and control cycles, such as Target Cost Management or Activity Based Costing for services. The integration of services into the development process enhances the transparency of costs and profits.

The **objective** of this research thesis is an improvement within the cost-and-profit planning cycles for accompanying services of physical products by the use of prototypes.

To achieve this aim, a systematisation of accompanying services and prototypes is given at first. This analysis shows different possibilities for classifications and influencing factors. The exploration of the specific research topic is based primarily on the investigation of the relevant literature. Additionally, the research field of accompanying services is explored with standardised questionnaires and extensive interviews of experts. Based on the results of this analysis, different fields of actions for the integration of prototypes into cost-and-profit planning are defined. This identification contributes to the selection and evaluation of possible instruments within management accounting theory.

The **innovative main focus** of this research thesis lies in the integration of prototypes into a conception of cost-and-profit planning for accompanying services in chapter five. Beginning with a description of the general concept, four steps of this prototype-oriented and theory-based concept are characterised in detail. The first phase concerns the internal perspective. Using these results, the second step shows the utilisation of product models for the integration of external information. Afterwards, the third step brings together the internal and external perspective of the conception. In the fourth phase of the concept, the integration of prototypes into service engineering is shown.

A main objective of this research thesis is to show the possibility of a practical use of the new conception. Therefore ROBERT K. YIN's approach of **Case Study Research** is chosen for the illustration of two examples.[1] The presentations of the practical use of the concept are demonstrated analogously to the approach developed in the fifth chapter. This procedure is intended to support the comparability of the two illustrative case studies.

An important innovative part of this research thesis lies in the analysis of the conception's effect. On the one hand, the impact within the case study is examined (Within Case Analysis). On the other hand, a comparison between the two illustrations of the concept is carried out (Cross Case Analysis). Apart from special key figures to measure the impact of the concept (e.g. accuracy of planning), general criteria of qualitative research (e.g. limitations) are taken into account.

As a result of the case studies, the integration of prototypes provided the two companies with a higher transparency of the costs and profits for accompanying services. These results correspond to other empirical studies concerning the use of the elected instruments. Additionally, prototypes show a new possibility for the coordination between the development of physical products and service engineering. The case studies thereby illustrate that the concretion of prototypes within iteration cycles determines the possibility of a higher accuracy in the cost and profit planning of accompanying services.

---

[1] Compare with Yin (1994), p. 20-27.

Inhaltsverzeichnis

Abbildungsverzeichnis

Abkürzungsverzeichnis

ABC	Activity Based Costing
CAVE	Computer Aided Virtual Environment
CoRSE	Customer Related Service Engineering
DIHK	Deutscher Industrie- und Handelskammertag
d. V.	der Verfasser
EBN	Entwicklungsbegleitende Normung
F&E	Forschung und Entwicklung
GK	Gemeinkosten
HP	Hauptprozess
lmi	leistungsmengeninduziert
lmn	leistungsmengenneutral
MJ	Mitarbeiterjahr
n	Häufigkeit
NSF	National Science Foundation
pDL	produktbegleitende Dienstleistungen
QFD	Quality Function Deployment
R&D	Research and Development
PK	Prozesskosten
PKR	Prozesskostenrechnung
RP	Rapid Prototyping
RPD	Rapid Product Development
Sfb	Sonderforschungsbereich
SSCI	Social Science Citation Index
TD ABC	Time Driven Activity Based Costing
Tfb	Transferbereich
TP	Teilprozess
VBA	Visual Basic für Applikationen
ZKI	Zielkostenindex

„Our economy is increasingly dependent on services, yet our innovation processes remain oriented toward products."[12]
STEFAN H. THOMKE

1 Einleitung

1.1 Problemstellung

„R&D comes to Service", so titelte Harvard Professor STEFAN H. THOMKE im April 2003.[13] Im Gegensatz zu Dienstleistungen hat die systematische Forschung und Entwicklung von physischen Produkten eine lange Tradition.[14] Von zahlreichen Autoren wird die hohe Bedeutung von F&E für den langfristigen Unternehmenserfolg konstatiert. Bisher existieren jedoch nur wenige Betrachtungen zur Integration von Dienstleistungen bzw. Services in F&E. (Bei einigen deutschsprachigen Veröffentlichungen werden unter Services lediglich einzelne Zusatzdienstleistungen, wie z. B. Reparatur oder Montage, verstanden.[15] Im Folgenden wird der Begriff der Dienstleistung in Analogie mit der angloamerikanischen Literatur synonym zu „Service" verwendet.[16]) Obwohl eine zunehmende Abhängigkeit von Dienstleistungen und besonders produktbegleitenden Dienstleistungen besteht, wird die systematische Forschung und Entwicklung von Services bisher nur unzureichend untersucht.[17] So werden Prototypen zwar für frühzeitige Wirtschaftlichkeitsbetrachtungen von Produkten, nicht aber für produktbegleitende Dienstleistungen verwendet.[18] Die Aktualität und Bedeutung der Problemstellung lässt sich dabei aus der Praxis und der Theorie ableiten.

---

[12] Thomke (2003), S. 71.
[13] Thomke (2003), S. 71.
[14] Für einen historischen Überblick vgl. exemplarisch Bürgel et al. (1996), S. 23-28 sowie Brockhoff (2002), S. 385ff.
[15] Vgl. Haller (2002b), S. 11. Dabei differiert das Verständnis der verschiedenen Autoren, was unter dem Begriff Service zusammengefasst werden kann. Vgl. exemplarisch Borrmann (2003), S. 2 sowie Palloks-Kahlen, Kuczynski (2000), S. 136.
[16] Zu einer analogen Gleichsetzung der beiden Begriffe Dienstleistung und Service vgl. exemplarisch ebenso Meffert, Bruhn (2003), S. 30, Kleinaltenkamp (2001), S. 29, Spath et al. (2004), S. 281 sowie die dort aufgeführten Erläuterungen.
[17] Als Beispiel für die Abhängigkeit kann die Automobilindustrie genannt werden. So erzielen die Hersteller im After Sales Service inzwischen einen bedeutenden Teil des Jahresüberschusses. Ähnlich anschauliche Beispiele der wirtschaftlichen Bedeutung von produktbegleitenden Dienstleistungen lassen sich auch für andere Branchen feststellen. Vgl. Lay, Schneider (2001), S. 16ff.
[18] Wie Prototypen aus Controllingsicht zur systematischen Kosten- und Erlösplanung von produktbegleitenden Dienstleistungen eingesetzt werden können, wurde auch im Rahmen des von der Deutschen Forschungsgemeinschaft geförderten Sonderforschungsbereiches 374 sowie Transferbereiches 41 „Rapid Prototyping" näher untersucht.

Mit der Perspektive auf die **Praxis** lässt sich feststellen, dass das Wachstum des Dienstleistungssektors immer weiter anhält. Im Jahr 2003 wurden bereits mehr als 70 % der Bruttowertschöpfung der BRD in diesem Bereich generiert.[19] Damit hat der Dienstleistungssektor überproportional an Bedeutung gewonnen. Zahlreiche Praxisbeispiele belegen, dass Unternehmen dem Dienstleistungsmanagement im Generellen und dem Dienstleistungscontrolling im Speziellen eine wachsende Bedeutung beimessen.[20] Von den Konsumenten wird zunehmend nicht mehr nur ein physisches Produkt, sondern ein Leistungsbündel zur Problemlösung erwartet, so dass Wirtschaftlichkeitsaspekte für produktbegleitende Services immer mehr an Einfluss gewinnen.[21] In der großzahligen empirischen Untersuchung von WIMMERS UND STÖLPER im Auftrag des DIHK (n= 637) prognostizieren 59 % der Unternehmen für die nächsten fünf Jahre eine Bedeutungssteigerung von produktbegleitenden Dienstleistungen. Weiterhin konstatieren 40 % der befragten Unternehmen eine zumindest gleichbleibende Stellung, wobei Kosten und Erlöse aus produktbegleitenden Dienstleistungen eine wesentliche Entscheidungsgröße darstellen.[22]

Die umfassende quantitative Studie von SPATH UND ZAHN (n= 316) zeigt weiterhin, dass Wirtschaftlichkeitsaspekte und das Kostenmanagement beim Management von Dienstleistungen wichtige zu lösende Aufgaben der Praxis darstellen.[23] So geben 47 % der befragten Personen zu, dass die Prüfung der Wirtschaftlichkeit, sowie

---

[19] Vgl. Statistisches Bundesamt (2004), URL siehe Literaturverzeichnis. Anfang der 80er Jahre lag dieser Wert noch bei knapp über 50 Prozent. Bei dieser Berechnung wurde die Bruttowertschöpfung in den jeweiligen Preisen der Branchen Handel, Gastgewerbe, Verkehr, Finanzierung, Vermietung, Unternehmensdienstleister, öffentliche und private Dienstleister in Vergleich zu Land- und Forstwirtschaft, Fischerei, produzierendem Gewerbe und Baugewerbe gesetzt. Obwohl der tertiäre Sektor nur institutionalisierte Dienstleistungsanbieter umfasst und damit industrielle Dienstleistungen nicht berücksichtigt, bestätigt die Statistik die Bedeutungszunahme. Zur Bedeutungszunahme vgl. auch Corsten (2001), S. 2-19 sowie Meffert, Bruhn (2003), S. 15.

[20] Zu Praxisbeispielen für die wachsende Bedeutung des Dienstleistungsmanagements im Generellen vgl. u. a. Bieger (2000), S. 51ff., Burr (2003a), S. 45ff., Fitzsimmons, Fitzsimmons (2000), S. 5ff., Göbl (2003), S. 2ff., Meffert, Bruhn (2002), S. 1ff., Redman, Mathews (2002), S. 51ff., Strasser (2003), S. 97ff., Wassermann et al. (2003), S. 135ff. Diese Darstellungen sind häufig durch eine starke Betonung der Marketingsicht gekennzeichnet. Zu Praxisbeispielen für die Bedeutung des Dienstleistungscontrollings vgl. u. a. Kinkel (2003), S. 1ff., Küpper (1998), S. 392f., Lay (2003), S. 13ff., Lay, Schneider (2001), S. 16ff., Weegmann, Große-Frintrop (2003), S. 82ff.

[21] Vgl. Reiß, Präuer (2001), S. 48, Spath, Demuß (2003), S. 468-470 sowie Belz (2000), S. 430ff., der in der Tendenz zum Angebot von Leistungsbündeln auch positive wirtschaftliche Aspekte identifiziert. Vgl. Belz (2000), S. 447.

[22] Vgl. Wimmers, Stölper (2002), S. 11. Gleichzeitig haben die Autoren eine Tendenz zum Outsourcing von Dienstleistungen festgestellt. Dabei begründen die Unternehmen die Tendenz zum Outsourcing u. a. damit, dass die interne Bereitstellung zu teuer (59 %) und damit, dass die externe Bereitstellung preisgünstiger (50 %) geworden ist. Eine herausragende Bedeutung von produktnahen Dienstleistungen zur Wettbewerbsdifferenzierung stellt ebenfalls die Studie von SIMON (n= 138) fest, wobei er gleichzeitig eine striktere Kosten-Erlös-Abwägung fordert. Vgl. Simon (1993), S. 13 sowie S. 19.

49 %, dass die Planung der Kosten Probleme bei neuen Dienstleistungen verursacht. Des Weiteren führen 60 % der Unternehmen keine frühzeitige Planung von Erlösen durch.[24]

Durch diesen Trend zur verstärkten Bedeutung von Dienstleistungen nimmt auch die Relevanz der marktorientierten Kosten- und Erlösrechnung von produktbegleitenden Services für die Unternehmen immer weiter zu. In der Praxis erfolgt häufig eine Fokussierung auf die Entwicklung und wirtschaftliche Betrachtung von physischen Produkten. Eine frühzeitige, systematische Kosten- und Erlösprognose von Services unterbleibt jedoch oft. Produktbegleitende Dienstleistungen werden wiederholt erst auf Nachfrage durch den Kunden angeboten und nicht strategisch entwickelt und geplant.[25]

Prototypen als „frühe Versionen des zu entwickelnden Produktes, die einige oder alle Merkmale der Endversion enthalten"[26], haben bei der Entwicklung von physischen Produkten eine große Relevanz.[27] In der Praxis erfolgt jedoch generell keine parallele Entwicklung von physischen Produkten und produktbegleitenden Dienstleistungen.[28] Prototypen werden nicht in einer Dienstleistungsentwicklung zur systematischen Generierung von Kosten- und Erlösdaten genutzt. Dabei erscheinen die Informationen aus diesen Produktmodellen prinzipiell jedoch auch geeignet, die Probleme bei der Kosten- und Erlösplanung von produktbegleitenden Dienstleistungen zu reduzieren. So kann durch die Einbindung von Dienstleistungen in den Entwicklungsprozess eine Erhöhung der Kostentransparenz erreicht werden.[29] Zahlreiche Experteninterviews und Praxisprojekte, die im Rahmen des Sonderforschungsbereichs 374 sowie Transferbereichs 41 durchgeführt wurden, bestätigen

---

23 Vgl. Spath, Zahn (Hrsg., 2003), S. 195-221.

24 Vgl. Spath, Zahn (Hrsg., 2003), S. 211f.

25 Vgl. Bullinger, Scheer (2003), S. 4ff., Schwengels (2003), S. 508, Storey, Kelly (2001), S. 71ff.

26 Vgl. Spitta (1989), S. 4. Analog setzten auch Bullinger, Meiren (2001), S. 163, den Prototyp mit einer „Testversion" gleich. Zu einer detaillierten Typologisierung von Prototypen vgl. Kapitel 3.

27 Vgl. Ebenhoch (2001), S. 119, Fischer, Warschat (1997), S. 205f., Haller (2002a), S. 18-20, Meier et al. (1999), S. 65, Sherman (2001), S. 63. KERSTEN hat den Produktentwicklungsprozess in 14 Fallstudien untersucht und gelangt zu möglichen Zeitreduzierungen von 40-70 % sowie Entwicklungskostenreduzierungen von 20-30 %, die in einem bedeutenden Maße durch den Einsatz von Prototypen und Simultaneous Engineering realisiert werden können. Vgl. Kersten (2000), S. 394. Allerdings wird von einigen Autoren auch explizit auf die Grenzen des Prototypeneinsatzes hingewiesen. Vgl. Decker et al. (2002), S. 72ff.

28 Vgl. Reichwald, Schaller (2003), S. 177ff., welche die Problematik an einem anschaulichen Fallbeispiel darstellen und ein Modell für ein Innovationsmanagement als einen Lösungsansatz anbieten.

die vielfältigen Möglichkeiten der Prototypunterstützung einer Kosten- und Erlösplanung für produktbegleitende Dienstleistungen.[30]

Aus der Sicht der **Wissenschaft** ist heute immer noch eine starke Fokussierung auf die Betrachtung der Produktion von physischen Produkten festzustellen. Wissenschaftliche Publikationen zu Dienstleistungen nehmen zwar seit Mitte der 80er Jahre kontinuierlich zu, sind jedoch häufig noch auf den Bereich des Marketings konzentriert.[31] Dabei steht oft die Messung und Steuerung der Qualität von Dienstleistungen im Mittelpunkt wissenschaftlicher Arbeiten, ohne dass auf die Messung und Steuerung der Kosten bzw. Erlöse detailliert eingegangen wird.[32] Zur Beschreibung eines Controllings von Services und spezieller Controllinginstrumente existieren erste Ansätze[33], die konkrete wirtschaftliche Planung von Dienstleistungen stellt aus wissenschaftlicher Sicht allerdings noch oft ein ungelöstes Problem dar. So bemerkt WEBER: „(...) nicht nur die ‚richtige' Verteilung der Kosten für Dienstleistungsprodukte weist einige Fallstricke auf, sondern auch die Preiskalkulation."[34] Auch ENGELHARDT stellt fest: „(...) ein Bereich, der dringend der gründlichen Aufbereitung bedarf, ist der der Effizienzverbesserung und Effektivitätssteigerung bei Dienstleistungen. (...) Das beginnt bei einer zuverlässigen, eigenständigen Kostenrechnung. (...) Das Pendant einer Erlösrechnung ist so gut wie überhaupt noch nicht behandelt worden."[35] Ähnlich konstatieren zahlreiche deutsche

---

[29] Vgl. dazu die Ausführungen von Schwengels (2003), S. 47, der aufgrund seiner empirischen Ergebnisse zu diesem Schluss gelangt.

[30] Vgl. Cassack (2002a), S. 23ff. sowie Cassack (2003), S. 436ff. Dabei wurden 17 teilstrukturierte, explorative Interviews mit 14 Experten durchgeführt. Für eine Übersicht über die Ansprechpartner vgl. Abbildung 55 im Anhang. Weitere Gespräche erfolgten dabei mehrfach im Rahmen des Arbeitskreises Kostenanalyse der Fördervereinigung Antriebstechnik sowie auf Kongressen, Tagungen und direkt bei den Unternehmen vor Ort.

[31] Vgl. Bieger (2000), S. 303f., Meffert, Bruhn (2003), S. 3f., Göbl (2003), Gouthier (2003), S. 12, Stauss, Bruhn (2003), S. 5, die Gliederung bei Meyer (Hrsg., 1998) sowie ebenfalls die große Anzahl der Autoren im umfassenden Werk von Bruhn, Meffert (Hrsg., 2001), die eine Marketingperspektive vertreten.

[32] Zur Messung und Steuerung der Dienstleistungsqualität vgl. Bruhn (2004), S. 97ff., Bruhn (2003a), Bruhn (2003b), Ellis, Kauferstein (2004), Eversheim, Jaschinski, Reddemann (2003), Lehmann (1995), Luczak, Hoeth (2003), Meffert, Bruhn (2003), S. 265ff. sowie die Erläuterungen bei Pepels (1996), der dies unter dem Titel „Qualitätscontrolling" durchführt, und die dort aufgeführten Literaturverweise.

[33] Vgl. Weber, Schäffer (2001), Corsten, Gössinger (2003), Borrmann (2003), Fischer (2000), Witt (2003) sowie die Aufzählung des Controllings in verschiedenen Dienstleistungsbranchen bei Horváth (2003a), S. 78. Zur konkreten Anwendung von Controllinginstrumenten vgl. exemplarisch Niemand (1996), Reckenfelderbäumer (1995), Schuh, Speth (1999).

[34] Weber (2002), S. 1.

[35] Engelhardt (2002), S. 49.

Autoren, dass für die systematische Kosten- und Erlösplanung von Services noch ein Forschungsbedarf besteht.[36]

International existiert eine starke Fokussierung auf generelle Management- und Marketingaspekte. Darüber hinaus sind ebenfalls bereits erste Anpassungen des Management Accounting auf die speziellen Anforderungen von Dienstleistungen durchgeführt worden.[37] Die Notwendigkeit für eine umfassendere, theoretische Weiterentwicklung der Ansätze zur Wirtschaftlichkeitsbetrachtung von Dienstleistungen wird jedoch auch in zahlreichen englischsprachigen Publikationen konstatiert.[38]

Prototypen, als Modelle zukünftiger Produkte, sind sowohl in der Betriebswirtschaftslehre als auch in den Ingenieurwissenschaften ein Objekt für zahlreiche wissenschaftliche Forschungsvorhaben.[39] In den bisherigen betriebswirtschaftlichen Betrachtungen erfolgte jedoch eine Fokussierung auf die Unterstützung von Prototypen bei der Wirtschaftlichkeitsanalyse von physischen Produkten. Eine detaillierte Betrachtung hinsichtlich der Potenziale, Funktionen sowie konkreten Einsatzmöglichkeiten von Prototypen zur Kosten- und Erlösplanung von produktbegleitenden Dienstleistungen wurde nach Kenntnis des Verfassers bis heute noch nicht durchgeführt.

---

[36] So stellt Meffert (2001), S. 334, heraus, dass sich eine „Problematik der Bewertung von Dienstleistungen (...) in Verbindung mit Erlösdaten" ergibt. Auch Meyer (1998b), S. 1903, konstatiert, dass „Strategien' und deren Umsetzung bisher ebenso vernachlässigt (wurden; der Verfasser) wie (...) Controllingaspekte". Auch Simon (1993), S. 19, bestätigt für industrielle Dienstleistungen die Forderung eines „strikteren Controllings – im Sinne einer Kosten-Erlös-Abwägung". Vgl. auch Schuh, Speth (1999), S. 32, Paul, Reckenfelderbäumer (2001), S. 631, Reckenfelderbäumer (2003), S. 169, sowie Reckenfelderbäumer (2004), S. 209ff., zur Wirtschaftlichkeitsanalyse als Herausforderung an das Dienstleistungscontrolling.

[37] Für eine starke Betonung von Fragen des Marketings und generellen Managements vgl. Fitzsimmons, Fitzsimmons (2000), Hope, Mühlemann (1997), Norman (2000). Zu Anpassungen durch das Management Accounting vgl. exemplarisch Cooper, Kaplan (1999), S. 454ff., Cooper, Slagmulder (2003), S. 23ff., Pak et al. (2002), S. 84.

[38] Vgl. Norman (2000), S. 124, Fitzsimmons, Fitzsommons (2000), S. 485ff., Storey, Kelly (2001), S. 71, Thomke (2003), S. 75. Scheuing und Johnson fordern anschaulich eine systematische Entwicklung zur Sicherstellung der Wirtschaftlichkeit, denn „successful new services rarely emerge by mere happenstance". Scheuing, Johnson (1989), S. 25.

[39] Vgl. u. a. Dittmar (1998), Scholl (1998), Pfohl (2002a) sowie Ebenhoch (2001), Fischer, Warschat (1997), Haller (2002a), Kühnel (1995) und ebenfalls die ausführliche Typologisierung von Prototypen in Kapitel 3.

1.2 Zielsetzung und Innovationsbeitrag

Die bisherigen Forschungstätigkeiten innerhalb des Sonderforschungsbereichs 374 und Transferbereichs 41 haben gezeigt, dass sich Prototypen als ein gutes Medium zum frühzeitigen, marktorientierten Kostenmanagement von physischen Produkten eignen. Prototypen können so zur Analyse, Gestaltung, Entscheidung und Dokumentation eingesetzt werden.[40] Ausgehend von diesen bisherigen Erfahrungen soll ein Transfer des Prototypeneinsatzes für das Kostenmanagement bei physischen Produkten hin zur Unterstützung der marktorientierten Kosten- und Erlösplanung von produktbegleitenden Dienstleistungen erfolgen.[41] Aus der wissenschaftlichen und praktischen Problemstellung sowie den Voruntersuchungen resultiert die primäre Zielsetzung des Forschungsvorhabens:

Die Zielsetzung des Forschungsvorhabens ist eine Verbesserung der Kosten- und Erlösplanung für produktbegleitende Dienstleistungen durch den Einsatz von Prototypen.

Die Verbesserung der Kosten- und Erlösplanung soll dabei durch Vorher-Nachher-Vergleiche veranschaulicht werden.[42] Aus dieser Zielsetzung leiten sich die Teilziele des Forschungsvorhabens ab, die gleichzeitig den **Innovationsbeitrag** aufzeigen und die Vorgehensweise bestimmen:

- ***Typologisierung von produktbegleitenden Dienstleistungen und Prototypen*** hinsichtlich des angestrebten Konzeptes.
- ***Systematisierung der Funktionen von Prototypen*** zur Unterstützung der Kosten- und Erlösplanung für produktbegleitende Dienstleistungen.
- ***Entwicklung eines Konzeptes*** zur marktorientierten, prototypgestützten Kosten- und Erlösplanung von produktbegleitenden Dienstleistungen.

---

[40] Diese betriebswirtschaftliche Differenzierung liegt auch den Arbeiten im Tfb 41 zugrunde. Zur ausführlichen Betrachtung der verschiedenen Funktionen von Prototypen in verschiedenen Wissenschaftszweigen vgl. die Beschreibungen in Kapitel 3.2.1.

[41] Auch Bullinger, Scheer (2003), S. 4f., sehen eine gute Möglichkeit des Transfers bewährter Ansätze bei der Entwicklung physischer Produkte auf Dienstleistungen. Ebenso konstatieren Eversheim, Kuster, Liestmann (2003), S. 419, die Übertragbarkeit von Vorgehensweisen und Methoden.

[42] Dieses Vorgehen erlaubt Aussagen der speziellen Verbesserung einer Kosten- und Erlösplanung. Zur Effizienzbetrachtung bei der Planung im Allgemeinen vgl. Horváth (2003b), S. 11-13.

- ***Integration des Konzeptes in das Service Engineering***[43], eine systematische Gestaltung und Entwicklung innovativer Dienstleistungen.
- ***Illustrative Darstellung des prototypgestützten Konzeptes*** anhand von zwei Fallstudien.

Das Forschungsvorhaben soll durch die Realisierung dieser Teilziele die Defizite der Informationsversorgung bei der Kosten- und Erlösplanung von produktbegleitenden Dienstleistungen beseitigen helfen und einen möglichen, innovativen Einsatz von Prototypen aufzeigen.[44]

1.3 Methodik und Vorgehensweise

Der Forschungsarbeit liegt ein realwissenschaftliches Verständnis der Betriebswirtschaftslehre zugrunde.[45] Im Fokus der Arbeit steht die angewandte Forschung zur Unterstützung des praktischen Handelns.[46] Es soll eine neue Einsatzmöglichkeit für Prototypen aufgezeigt werden.[47]

Methodisch ist der ***forschungslogische Ablauf*** der Arbeit durch eine starke Betonung der Exploration im Rahmen des ***Entdeckungszusammenhanges*** gekennzeichnet.[48] Ausgangspunkt des Forschungsvorhabens ist die Analyse bestehender empirischer Untersuchungen für die Wirtschaftlichkeitsbetrachtung von produktbegleitenden Dienstleistungen. Daneben bestätigen auch Experteninterviews

---

[43] Das Konzept des Service Engineering bezieht sich auf die Dienstleistungsentwicklung im Allgemeinen, wird im Rahmen dieses Forschungsvorhabens jedoch nur für produktbegleitende Dienstleistungen angewendet. Zum Überblick über das Service Engineering vgl. Burr (2002), Bullinger, Scheer (2003), DIN (Hrsg., 1998) sowie die dort aufgeführten Literaturverweise.

[44] Zur Koordination des Informationsversorgungssystems als wichtige Aufgabe des Controllings vgl. Horváth (2003a), S. 151ff.

[45] Vgl. Schweitzer (2000), S. 64f. sowie Chmielewicz (1994), S. 34.

[46] Vgl. Ulrich (1984), S. 200. Dieser unterteilt auch beim Management in anwendungsorientierte bzw. angewandte Forschung und Grundlagenforschung. Auch ALBACH sieht die Aufgabe einer Unterstützung praktischen Handelns und konstatiert: „Die Betriebswirtschaftslehre liefert also Handlungshilfen für die Bestgestaltung betrieblicher Systeme." Albach (1985), S. 33.

[47] Ulrich stellt dem „Entwurf einer neuen Wirklichkeit" als Ziel der angewandten Forschung die empirische Grundlagenforschung, welche die „bestehende Wirklichkeit beobachten und mit Hilfe von allgemeinen Theorien erklären will", gegenüber. Ulrich (1984), S. 203.

[48] Vgl. Friedrichs (1990), S. 50f. Neben dem Problem führt FRIEDRICHS dort ebenfalls einen Auftrag zur Forschung als möglichen Anlass auf. Auch dieser ist durch den Transferbereich 41 gegeben. Da der Auftrag allerdings erst sekundär aus dem Problem resultierte, wird er nicht als wesentlicher Anlass im Sinne des Entdeckungszusammenhanges verstanden. Vgl. in Anlehnung an FRIEDRICHS auch Kromrey (2002), S. 77ff. Zur theoretischen Orientierung und Problembenennung vgl. auch Atteslander (2003), S. 23., Diekmann (2003), S. 162ff.

die hohe Problemrelevanz der Kosten- und Erlösplanung für produktbegleitende Dienstleistungen. Ein innovativer Schwerpunkt besteht im Rahmen des Entdeckungszusammenhanges weiterhin in der Exploration von funktionalen Potenzialen aus Prototypen bei der Kosten- und Erlösplanung von produktbegleitenden Dienstleistungen. Das Forschungsprojekt ist dabei durch ein stark qualitatives Vorgehen geprägt.[49] Kontextbezogen soll aufgezeigt werden, welche Unterstützungspotenziale Prototypen bei der Kosten- und Erlösplanung von produktbegleitenden Dienstleistungen bieten. Aufbauend auf bestehenden Forschungstätigkeiten[50] sollen mögliche Einsatzfelder von Produktmodellen aufgezeigt werden. Im Rahmen dieser umfassenden Literaturanalyse unter Einsatz von bibliometrischen Instrumenten werden in Kombination mit logisch-analytischen Schlüssen und anderen Forschungsfeldern (z. B. Psychologie, Ingenieurwissenschaft) mögliche Anwendungspotenziale von Prototypen für die Kosten- und Erlösplanung bei produktbegleitenden Dienstleistungen erarbeitet. Das explorative Vorgehen korrespondiert so mit den inhaltlichen Anforderungen aus der Problemstellung. Es unterstützt die Entdeckung neuer Einsatzmöglichkeiten von Prototypen für die Kosten- und Erlösplanung produktbegleitender Dienstleistungen.

Im Rahmen des ***Begründungszusammenhanges*** erfolgen Beobachtungen, Befragungen, Inhaltsanalysen, logisch-analytische Schlüsse sowie der Einsatz von Concept Maps[51]. Der Schwerpunkt liegt dabei in einer illustrativen Anwendung der Konzeption in zwei Fallstudiendarstellungen zur Durchführung umfangreicher Praxistests.[52] Da der in die Konzeption zu integrierende F&E-Bereich, in dem die

---

[49] Zur generellen Einordnung der qualitativen Forschung und einer vergleichenden Darstellung mit der quantitativen Forschung vgl. Bartos (1981), S. 3ff., Brüsemeister (2000), S. 21ff., Flick (2002), S. 380-392, Miles, Huberman (1994), S. 41, Alvesson, Deetz (2001), S. 49ff., sowie die sehr anschauliche Gegenüberstellung bei Mariampolski (2001), S. 22-25.

[50] Vgl. u. a. Horváth et al. (1994), Dittmar (1998), Scholl (1998), Pfohl (2002a) sowie Ebenhoch (2001), Haller (2002a), Kühnel (1995).

[51] Zur Bedeutung und zu den Einsatzmöglichkeiten des innovativen Forschungsinstruments der Concept Maps sowie der Abgrenzung zu anderen Methoden vgl. Novak (2001), URL siehe Literaturverzeichnis.

[52] Vgl. Yin (1994), S. 136ff., Hauptmanns, Rogalski (1992), S. 216, Meyer (2003), S. 476, sowie die praktische Anwendung solcher Fallstudien in einem Forschungsvorhaben bei Gleich (1996), S. 6f. und S. 147ff. Bei diesen Fallstudien sollen Daten erhoben werden, um die innovative Konzeption besser illustrieren zu können. Es soll im Forschungsprojekt somit nicht die Implementierung der Methodik in der Praxis beschrieben werden. Diese Konzeption soll vielmehr an die Praxis angepasst werden. Somit wird ein multitrait-multimethod-Ansatz im Sinne von SCHNELL ET AL. (1999), S. 33, angestrebt. Zu einem solchen Multimethoden-Ansatz in der qualitativen Forschung vgl. Flick (2003b), S. 309ff.

Prototypen erstellt werden, häufig durch eine hohe Komplexität[53] gekennzeichnet ist, erscheint eine Darstellung der innovativen, prototypgestützten Konzeption in solchen Fallstudien sehr geeignet.[54] Bei diesen Praxistests werden folgende Hypothesen zugrundegelegt, die sich aus der Zielsetzung des Forschungsprojektes ableiten und durch einen Vorher-Nachher-Vergleich[55] hinsichtlich ihrer Plausibilität überprüft werden.[56] (Dieses Vorgehen ermöglicht, dass auch eine Falsifikation der Hypothesen durchgeführt werden kann.[57]):

Arbeitshypothese 1: Wenn Prototypen in die Kosten- und Erlösplanung von produktbegleitenden Dienstleistungen eingebunden werden, dann verbessert sich die *Genauigkeit* der Planung.

Arbeitshypothese 2: Wenn Prototypen in die Kosten- und Erlösplanung von produktbegleitenden Dienstleistungen eingebunden werden, dann verbessert sich die *Strukturierung* der Planung.

Arbeitshypothese 3: Wenn Prototypen in die Kosten- und Erlösplanung von produktbegleitenden Dienstleistungen eingebunden werden, dann erhöht sich die *Kommunikationshäufigkeit* bei der Planung.

Arbeitshypothese 4: Wenn Prototypen in die Kosten- und Erlösplanung von produktgebleitenden Dienstleistungen eingebunden werden, dann erhöht sich der *Planungsaufwand*.

Aufgrund des Einflusses der *Branche* wird die Darstellung am Beispiel einer Engineeringdienstleistung für die *Antriebstechnik* und einer technischen Wartung in der *Werkzeugbaubranche* konkretisiert. Ein solcher Fokus wird vorgenommen, da die konkrete Ausgestaltung der produktbegleitenden Dienstleistungen von den Produkten abhängt und Services in ihren Ausprägungen stark branchenspezifisch

---

53 Zur Beschreibung von Komplexität in F&E und deren Auswirkungen vgl. Bürgel et al. (1996), S. 19f., sowie zur Bedeutung von Komplexität in F&E für das Management Accounting vgl. Healy (2002), S. 677ff.

54 Vgl. Yin (1994), S. 5-9, Meyer (2003), S. 478, sowie generell zur Übersichtsdarstellung von Fallstudien als Instrument der Controllingforschung Roll (2003), S. 315-317, und die dort aufgeführten Literaturverweise.

55 Vgl. Friedrichs (1990), S. 61.

56 Vgl. analog Hauptmanns, Rogalski (1992), S. 219, die eine Unmöglichkeit des Testens von Hypothesen mit Fallstudien konstatieren. Yin (1994), S. 10, vergleicht die Aussagekraft einer Einzelfallstudie dabei anschaulich mit den Potenzialen eines einzelnen Experiments, wobei bei einer Fallstudie die Grenzen von Untersuchungsgegenstand und Umgebung im Gegensatz zum Experiment nicht eindeutig sind. Vgl. Yin (1994), S. 13. Zu Möglichkeiten und Beschränkungen dieses Vorgehens vgl. Yin (1994), S. 30ff. Zur Bedeutung von Hypothesen und Vorwissen in der qualtitativen Sozialforschung vgl. Meinefeld (2003), S. 265ff.

57 Zur kritischen Auseinandersetzung mit dem in diesem Forschungsvorhaben stark betonten induktiven Vorgehen vgl. Popper (1994), S. 3-21, sowie außerdem zum Scheinproblem der Induktion Feyerabend (1995), S. 86-90.

sind.[58] Die beiden Branchen wurden weiterhin ausgewählt, weil innovative Produkte und Dienstleistungen bei diesen einen wesentlichen Wettbewerbs- und Differenzierungsfaktor darstellen.[59] Daneben erscheinen Unternehmen der Antriebstechnik und der Werkzeugbaubranche sehr gut geeignet, da diese komplexe Produkte erstellen, bei denen die Vorteile von Prototypen besonders gut genutzt werden können. In diesen beiden Branchen sind auch viele KMU vorhanden, so dass ein Transfer der Forschungsergebnisse auf andere Unternehmen gut möglich erscheint.

Eine weitere, wesentliche Aufgabe ist im Rahmen des Begründungszusammenhanges die konkrete *Auswahl der geeigneten Unternehmen* zur Fallstudiendurchführung.[60] Für die Untersuchung wurden Firmen ausgewählt, die für die Produktentwicklung und Produktkalkulation bereits Prototypen einsetzen. Es handelt sich weiterhin um innovative mittelständische Unternehmen, die ebenfalls offen sind für ein innovatives Controlling. Wichtig für die Durchführung erscheint eine hohe strategische Bedeutung von produktbegleitenden Dienstleistungen, die ebenfalls bei den ausgewählten Praxispartnern gegeben ist. Schließlich werden explizit und gezielt unterschiedliche produktbegleitende Dienstleistungen betrachtet. Durch die Auswahl einer Engineeringdienstleistung und einer technischen Wartung sollen verschiedene Anwendungsmöglichkeiten des Konzepts für unterschiedliche Kontexte illustriert werden. Beide Dienstleistungsarten haben außerdem eine hohe praktische Relevanz.[61] Da eine statistische Repräsentativität nicht angestrebt wird und auch durch weitere Fallstudien nicht erreicht werden kann, soll durch die zwei unterschiedlichen Branchen und Dienstleistungen eine gute Illustration der vielfältigen Anwendungsfelder der Konzeption erfolgen.

Hinsichtlich des ***Verwertungs- und Wirkungszusammenhanges***[62] erfolgt eine anwendungsorientierte Nutzung und Publikation der Forschungsergebnisse im Transferbereich 41. Durch intensive Kommunikation, Erfahrungsaustausch, gemeinsame Publikationen und Vorträge existieren weiterhin Effekte auf den Sfb 374.

---

[58] Vgl. Schuh et al. (2004), S. 155ff., sowie Burr (2003a), S. 45ff.
[59] Zu möglichen Differenzierungsvorteilen vgl. Meffert, Bruhn (2003), S. 228-230.
[60] Zur Bedeutung der Auswahl des Praxispartners vgl. Yin (1994), S. 39f., Hauptmanns, Rogalski (1992), S. 216, sowie Merkens (2003), S. 286ff.
[61] In der Studie von RAINFURTH boten 74% der befragten Unternehmen eine Wartung an (n=552). Vgl. Rainfurth (2003), S. 42f. Zu einer ähnlich hohen Bedeutung gelangten auch Neckarmann, Wessels (1992), S. 525f.
[62] Vgl. Friedrichs (1990), S. 54. Zur generellen, soziologischen Einordnung und Bedeutung des Wirkungszusammenhanges vgl. Weber (1968), S. 241ff.

Daneben wird die Verwertung in dieser Dissertationsschrift angestrebt, wodurch zusätzliche Impulse für eine Weiterentwicklung der Konzeption entstehen können.

Zur Realisierung einer systematischen Fallstudienforschung zur prototypgestützten Kosten- und Erlösplanung für produktbegleitende Dienstleistungen werden die von YIN dargestellten fünf wesentlichen Komponenten des ***Forschungsdesigns*** für Fallstudien zugrundegelegt.[63] Ausgehend von der aufgezeigten Forschungsfrage bzw. Zielsetzung wird der explorative Vorschlag erläutert. Diese Konzeption soll anschließend durch den Praxistest bei den gezielt ausgewählten Unternehmen illustriert werden. Dabei werden im Rahmen der Durchführung der Fallstudien in einem realen Unternehmensumfeld tatsächliche Unternehmensdaten verwendet und die Informationen logisch miteinander verknüpft.[64] Zur Messung der Meta-Qualität des Forschungsvorhabens ist die Bestimmung von Gütekriterien der Forschung von entscheidender Bedeutung.[65] Für die vorliegende qualitative Forschung ist eine Kombination von **generellen** quantitativen (Objektivität, Validität und Reliabilität) und qualitativen **Maßgrößen** vorgesehen.[66] Qualitative Gütekriterien sind dabei die intersubjektive Nachvollziehbarkeit der prototypgestützten Lösung, die Indikation des Forschungsprozesses, die Limitation, die Kohärenz und Relevanz der beschriebenen Forschungsergebnisse.[67] Weiterhin werden **spezielle, inhaltliche Kriterien**, die sich aus den Arbeitshypothesen ableiten, für den Vorher-Nachher-Vergleich eingesetzt.[68]

Insgesamt soll durch das stark explorativ geprägte methodische Vorgehen eine inkrementelle Innovation der marktorientierten Kosten- und Erlösplanung von produktbegleitenden Dienstleistungen im Sinne eines „*Theory Refinement*" erreicht

[63] Vgl. Yin (1994), S. 20-27.

[64] Vgl. ein ähnliches Vorgehen bei Gleich (1996), S. 146. Bei der abschließenden Publikation in weiteren Artikeln erfolgt ebenfalls eine Abänderung der konkreten, vertraulichen Daten. Dabei werden die Relationen der Zahlenangaben allerdings beibehalten und somit die generelle Aussagefähigkeit der Fallstudien nicht geschmälert.

[65] YIN diskutiert diese Problematik unter dem Thema „Criteria to interpreting the findings". Vgl. Yin (1994), S. 25.

[66] Zur Übertragung von quantitativen Gütekriterien auf die qualitative Forschung vgl. Flick (2002), S. 380ff., Miles, Huberman (1994), S. 277ff., sowie Steinke (2003), S. 319f. Zur Negation der Anwendung von generellen Gütekriterien für die qualitative Forschung vgl. Shotter (1990), S. 69ff., sowie Denzin (2002), S. 105ff. Diese stellen sich insbesondere dagegen, dass eine objektive standardisierte Bewertung durchgeführt werden kann. Denzin (2002), S. 112, geht sogar so weit zu konstatieren: „Every performance is an imitation, a form of mimesis." Durch Kombination von qualitativen mit quantitativen Gütekriterien sollen im Rahmen des Forschungsprojektes die jeweiligen Nachteile reduziert werden.

[67] Vgl. Steinke (1999) sowie Steinke (2003), S. 323-331, mit der dort aufgeführten, ausführlichen Erläuterung und den umfassenden Literaturverweisen zu den verschiedenen Kriterien.

[68] Die Kriterien sind Genauigkeit, Strukturierung, Kommunikationshäufigkeit und Planungsaufwand.

werden.[69] Implizit wird im vorliegenden Forschungsvorhaben auch die Theoriebildung durch Case Studies im Sinne von EISENHARDT integriert.[70] Mittels des Social Science Citation Index wurde dabei die Publikation von EISENHARDT analysiert und auch dadurch eine gute Kombination mit dem Vorgehen von YIN festgestellt.[71] Als theoretische Basis der Arbeit dient die ***Entscheidungstheorie***[72] sowie die ***Systemtheorie***[73]. Dabei besteht zwischen dem forschungslogischen Ablauf und dem inhaltlichen Vorgehen eine sehr hohe Interdependenz.[74]

Die folgende Abbildung 1 zeigt noch einmal zusammenfassend die Vorgehensweise der Arbeit. Ausgehend von der beschriebenen wissenschaftstheoretischen und forschungslogischen Einordnung erfolgt in den Kapiteln 2 und 3 zunächst eine Typologisierung von produktbegleitenden Dienstleistungen sowie Prototypen. Die Exploration erfolgte dabei mittels Expertengesprächen und einer kleinen quantitativen Studie.[75] Aufbauend auf den Handlungsfeldern der Kosten- und Erlösplanung für Dienstleistungen liegt der Schwerpunkt der Arbeit in Kapitel 5, der Entwicklung und Beschreibung einer prototypgestützten Konzeption. Die Illustration

[69] Zum „Theory Refinement" vgl. Keating (1995), S. 69.

[70] Vgl. Eisenhardt (1989), S. 532ff., und ihr Vorgehen eines „Building Theories from Case Study Research".

[71] Bei der Analyse des Artikels von EISENHARDT ergaben sich 727 Zitierungen („Times Citied"), von denen zahlreiche Autoren eine ähnliche konzeptionelle Zielsetzung verfolgten. Der Social Science Citation Index (SSCI) ist eine Datenbank, die umfassende bibliometrische Auswertungen unterstützt. Diese Datenbank wird als umfassendes, kommerziell angelegtes Informationsportal des Institute for Scientific Information betrieben. Der SSCI ermöglicht den Zugang zu zitierten Referenzen, zeigt den Zitierungskontext sowie ähnliche Dokumente auf. Er ermöglicht statistische Analysen, Graphiken und verschafft zahlreiche weitere Informationen. Zur ausführlichen Erläuterung des SSCI vgl. Thomson (2004), URL siehe Literaturverzeichnis.

[72] Zur Entscheidungstheorie vgl. bereits Heinen (1971), S. 429ff., der dabei auch die Beziehung zur Systemtheorie aufweist, indem er entscheidungsorientiert einen interdisziplinären Systementwurf für die Betriebswirtschaft entwickelt. Vgl. ebenda, S. 430ff., sowie ebenfalls ausführlich Heinen (1984), S. 21ff.
Weiterhin gründet die Betrachtung auch auf den entscheidungstheoretischen Erläuterungen zu Kosteninformationen von MEFFERT, als Schüler von HEINEN, der dabei auch eine Integration in eine Theorie der Kostenrechnung vornimmt. Vgl. Meffert (1969), S. 59ff. Daneben basieren die Analysen auf dem Verständnis von Simon (1981), S. 32ff., der das Entscheidungsverhalten in Organisationen näher erläutert. Für einen Überblick über das Spektrum der Entscheidungstheorie vgl. ebenfalls Laux (2003), Salinger (2003).

[73] Zum Verständnis des Systems nach ULRICH sowie seine definitorische Einordnung vgl. Ulrich (1970), S. 105-107, und insbesondere die dort aufgeführten Literaturverweise aus der Kybernetik. Zu anschaulichen Erläuterungen vgl. die Ausführungen von Probst (1985), S. 181ff. Genauso wie bei der Entscheidungstheorie soll auch bei der Systemtheorie keine radikale Neuerung, sondern vielmehr ein „Theory Refinement" im Sinne von KEATING erfolgen. Vgl. Keating (1995), S. 69.

[74] Zu Interdependenzen von Forschungsplanung und Forschungsdesign vgl. auch Kromrey (2002), S. 82ff., sowie zum speziellen Design und Prozess bei der qualitativen Forschung vgl. Flick (2003a), S. 252ff. Yin (1994), S. 16, stellt in Bezug auf das Forschungsdesign dabei fest, dass „Paradoxically, the ‚softer' a research strategy, the harder it is to do."

und Praxistauglichkeit dieser prototypgestützten Kosten- und Erlösplanung für produktbegleitende Dienstleistungen wird in zwei Fallstudien anschaulich dargestellt. Ausgehend von den gewonnenen Erkenntnissen erfolgt im 8. Kapitel eine Wirkungsanalyse der Fallstudien mit einer kritischen Bewertung der Konzeption und der Darstellung des weiteren Forschungsbedarfs.[76] Die Arbeit schließt mit einem kurzen Fazit.

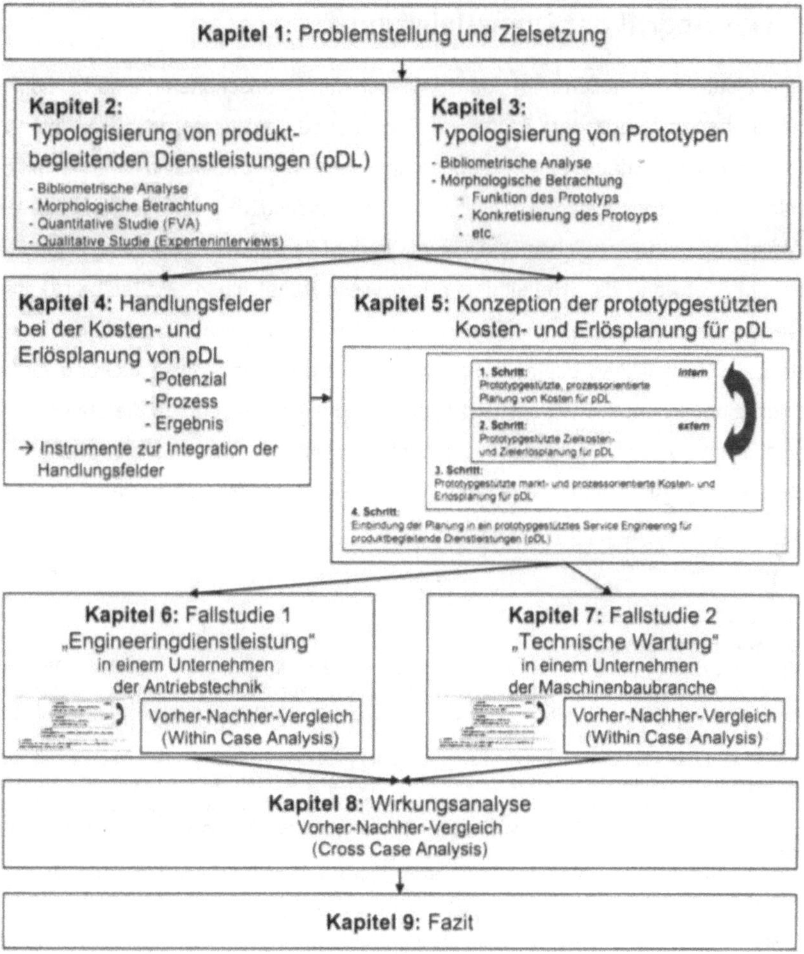

Abbildung 1: Aufbau der Arbeit im Überblick

---

[75] Dabei wurden 17 Interviews bei 14 verschiedenen Experten durchgeführt und eine kleine empirische Studie mit 27 Rückläufern (n=112) an Unternehmen der Antriebsbranche versandt. Zu ausführlichen Erläuterungen vgl. Kapitel 2.

[76] Zur Intra- und Inter-Fallstudienanalyse vgl. Eisenhardt (1989), S. 539f.

„Es ist unbedingt notwendig, vorweg über die zu verwendenden Grundbegriffe Klarheit zu schaffen. [...] Man kann sicherlich hierbei leicht übertreiben und sich dadurch lästig machen, etwa wie eine übertüchtige Hausfrau, in der der Putzteufel wohnt."[77]

EUGEN SCHMALENBACH

2 Typologisierung von produktbegleitenden Dienstleistungen

2.1 Der Begriff der Dienstleistung

Dienstleistungen stellen in den Wirtschaftswissenschaften einen vielfältig umschriebenen Begriff dar. Zahlreiche Publikationen existieren, in denen intensive und kontroverse Erläuterungen durchgeführt wurden.[78] Dabei sind Gründe für das Fehlen einer konsensfähigen Definition vielschichtig. So existiert häufig eine Orientierung an der amtlichen Statistik, die in der Literatur eine sehr hohe Bedeutung einnimmt, obwohl die Herleitung nach wissenschaftlichen Maßstäben kritisch gesehen werden kann.[79] Weiterhin ist die traditionelle Darstellung in der betriebswirtschaftlichen Literatur oft am Sachgut orientiert.[80] Dieser Grund für das Fehlen einer eindeutigen Dienstleistungsdefinition wird auch durch die zunehmende Spezialisierung der Betriebswirtschaftslehre verstärkt. So existiert häufig eine Fokussierung auf institutionale oder funktionale Merkmale, ohne dass eine integrative, theoretische Einordnung erfolgt.[81]

[77] Schmalenbach (1963), S. 5.

[78] Vgl. Corsten (2001), S. 21ff., Kleinaltenkamp (2001), S. 27ff., Meffert, Bruhn (2003), S. 27ff., sowie Rück (2000), der die Geschichte dieses Begriffs in der ökonomischen Theorie seit ADAM SMITH ausführlich darstellt. Zu einer semantischen und ethisch-philosophischen Betrachtung der Dienstleistung vgl. Baumgartner (1998).

[79] Vgl. Rück (2000), S. 6. Unternehmen werden dabei dem Dienstleistungssektor zugeordnet, wenn sie weder zur Landwirtschaft noch zur Industrie gezählt werden. Eine Orientierung an dieser Definition erscheint weiterhin nicht vorteilhaft, wenn die Art und Weise der Bestimmung des tertiären Sektors betrachtet wird. Dieser wurde eben deshalb enumerativ abgegrenzt, da keine positive Bestimmung möglich war. Vgl. Völker (1984), S. 25-27.

[80] Vgl. Schweitzer, Küpper (2003), S. 720, sowie Wöhe, Döring (2002), S. 77ff. Die Kritik an der Sachgutorientierung der Betriebswirtschaftslehre wird dabei von zahlreichen Autoren angeführt und kritisiert. Vgl. exemplarisch für viele Bruhn (2004), S. 15ff., Fischer (2000), S. 39, Meffert, Bruhn (2003), S. 19f., Pepels (1996), S. 1. Die Beurteilung der Fokussierung ist dabei nicht neu. Schon NICKLISCH stellte 1922 fest: „Die Betriebswirtschaft kennt nur Sachgüter, sowie Rechte an Sachgütern und Rechte auf Sachgüterwerte". Vgl. Nicklisch (1922), S. 8.

[81] Als Beispiele für die Fokussierung auf institutionale oder funktionale Merkmale vgl. exemplarisch Meyer (1998a), S. 13-18. Eine integrative Klammer könnte eine Dienstleistungstheorie darstellen, die auch auf einer konsensfähigen Dienstleistungsdefinition beruhen sollte. Vgl. Rück (2000), S. 1, sowie Meffert, Bruhn (2003), S. 24f. Auch WORATSCHEK konstatiert das Fehlen einer geschlossenen Theorie. Er fordert jedoch vielmehr, Dienstleistungen aus unterschiedlichen theoretischen Perspektiven zu betrachten. Vgl. Woratschek (2001a), S. 261ff.

In der Dienstleistungsliteratur haben sich vier Gruppen gebildet, die im Folgenden näher erläutert und hinsichtlich ihrer Zweckmäßigkeit zur Abgrenzung der Begriffe verwendet werden sollen[82]:

- Die ***enumerative*** Definition, bei der Dienstleistungen durch Aufzählungen bestimmt werden (z. B. beim Statistischen Bundesamt).
- Die ***Negativdefinition***, welche Dienstleistungen als Gegenteil zu Sachgütern versteht.
- Die Bestimmung ***konstitutiver Merkmale***, wobei in
  - tätigkeitsorientierte,
  - potenzialorientierte,
  - prozessorientierte und
  - ergebnisorientierte

  Definitionen unterschieden werden kann.[83]
- Die ***leistungstypologische Abgrenzung*** von Dienstleistungen.[84]

Enumerative Definitionsansätze versuchen über eine exemplarische Aufzählung eine Charakterisierung von Dienstleistungen vorzunehmen.[85] Solche Auflistungen finden häufig in der Praxis Verwendung und sind aus Sicht des einzelnen Unternehmens oft auch zweckmäßig. (KLEINALTENKAMP bezeichnet dieses für ihn nicht wissenschaftliche Vorgehen als den „praktikablen Weg".)[86] Ein enumeratives Vorgehen wird auch bei der sektoralen Einteilung durch das statistische Bundesamt zur Klassifikation der Wirtschaftszweige vorgenommen.[87] Diese enumerativ sektorielle Definition von Dienstleistungen, die insbesondere auch von FISHER und FOURASTIÉ verwendet wurde, hat in volkswirtschaftlichen Veröffentlichungen eine starke Verbreitung gefunden.[88]

---

[82] Vgl. Kleinaltenkamp (2001), S. 29ff. Die wissenschaftstheoretische Betrachtung der Definitionen steht nicht im Mittelpunkt dieser Arbeit. Zu Grundlagen von Definitionen im Allgemeinen vgl. exemplarisch Schnell et al. (1999), S. 48-51, sowie die anschaulichen Erläuterungen zur Zweckmäßigkeit bei Schanz (1988), S. 17-20. Zu einer generellen Betrachtung der zweckmäßigen Erläuterung von Begriffen vgl. Wittgenstein (1971), S. 56-63. Anschaulich erläutert er die Analyse am Begriff des *Spiels* und betont, dass es wichtig ist, das Gemeinsame zu sehen. Ebenda, S. 60.

[83] Vgl. Meffert, Bruhn, (2003), S. 27ff., Bruhn (2004), S. 18f., sowie Pepels (2004), S. 883f.

[84] Vgl. Engelhardt et al. (1993), Meffert, Bruhn (2003), S. 32ff., S. 404ff., Burr (2002), S. 6.

[85] Vgl. Meyer (1991), S. 197.

[86] Kleinaltenkamp (2001), S. 29. Dieser betont dabei, dass es für die Praxis häufig ausreicht, eine grobe Klassifizierung (z. B. bei der Kommunikation in Geschäftsberichten) vorzunehmen. Vgl. Kleinaltenkamp (2001), S. 30.

[87] Vgl. Statistisches Bundesamt (2003), URL siehe Literaturverzeichnis.

[88] Vgl. Fisher (1947), S. 18, sowie Fourastié (1969), S. 88ff., der anschauliche Beispiele von Deutschland, Frankreich, den USA und Schweden aufführt. Neben dieser volkswirtschaftlichen

Eine Aufzähldefinition ist allerdings für den wissenschaftlichen Zugang und zu einer klaren Begriffsbestimmung unpassend. Mit einer solchen Definition kann kein Satz formuliert werden über dessen Falschheit entschieden werden könnte.[89] Neben dieser wissenschaftstheoretischen Ablehnung besteht aber auch aus pragmatischer, praxisorientierter Sicht das Problem, dass die aufgezählten Dienstleistungsarten einem Wandel unterliegen.[90] Bei auftretenden neuen Dienstleistungen wird somit eine Aufzählung immer länger.[91]

Im Rahmen von ***Negativdefinitionen*** werden Dienstleistungen durch Merkmale abgegrenzt, die sie nicht kennzeichnen (residuale Definitionen).[92] Am häufigsten wird die Begriffsbestimmung zur Abgrenzung vom Sachgut vorgenommen.[93] Durch ein solches Vorgehen wird allerdings die Existenz von Nominalgütern negiert und Dienstleistungen (zumindest indirekt) auf das Kennzeichen der Immaterialität begrenzt.[94] Die Bestimmung von Dienstleistungen über die Negativdefinitionen ist somit ähnlich unbefriedigend wie die enumerative Definition, da nicht geklärt wird, was genau eine Dienstleistung ist. Dabei werden keine eigenen Merkmale bestimmt und eine Dienstleistung wird vielmehr als eine Restgröße betrachtet.[95] CORSTEN bezeichnet die Negativdefinition daher treffend als eine „wissenschaftliche Verlegenheitslösung"[96].

Die Begriffsbestimmung von Dienstleistungen anhand konstitutiver Merkmale sowie die leistungstypologische Abgrenzung sollen im Folgenden ausführlich vorgenommen werden, da sich diese aus betriebswirtschaftlicher Sicht am geeignetsten erwiesen

Anwendung werden enumerative Definitionen von Dienstleistungen allerdings auch in der betriebswirtschaftlichen Literatur genutzt. Vgl. z. B. die Verwendung bei Küpper (1991), S. 59, sowie Vikas (1991), S. 234f.

[89] Vgl. Popper (2000), S. 380f., der dies als eine „rein nominalistische Sprache" bezeichnet und weiter ausführt, „daß eine solche rein nominalistische Sprache für wissenschaftliche Zwecke vollkommen unzulänglich ist". Popper (2000), S. 381.

[90] Vgl. Pepels (2004), S. 883.

[91] Vgl. Kleinaltenkamp (2001), S. 30. Daneben kann auch die Unterscheidung zwischen Wirtschaftszweigen mit und solchen ohne Dienstleistungen kritisch gesehen werden. So stellte schon LEVITT 1972 im HARVARD BUSINESS REVIEW fest: „There are no such things as service industries. There are only industries whose service components are greater or less than those of other industries. Everybody is in service." Levitt (1972), S. 41f.

[92] Vgl. Meyer (1991), S. 197, sowie Barth (2003), S. 49.

[93] Vgl. Meffert, Bruhn (2003), S. 27, sowie Meyer (1991), S. 197.

[94] Vgl. Barth (2003), S. 49, sowie zur Einordnung und Beschreibung von Nominalgütern exemplarisch Corsten (2001), S. 130f.

[95] Vgl. Frehse (2002), S. 30.

[96] Corsten (2001), S. 21.

haben.[97] Auch erscheint die Vorgehensweise aus wissenschaftstheoretischer Perspektive adäquat zu sein.[98]

2.1.1 Definition anhand konstitutiver Merkmale

2.1.1.1 Tätigkeitsorientierte Definition

Der tätigkeitsorientierten Definition von SCHÜLLER liegt ein sehr weit umfassendes Verständnis von Dienstleistungen zugrunde. „Das, was der Mensch tut, um seine physische und psychische Arbeitskraft mit oder ohne Verbindung zur materiellen Güterwelt in den Zweckbereich der menschlichen Bedürfnisbefriedigung zu bringen, ist eine Dienstleistung."[99] Nach diesem Verständnis ist jede ***menschliche Tätigkeit*** zur Realisierung von Interessen eine Dienstleistung.[100] Die Begriffsdarstellung weist dabei auf die Erbringung der Services von Menschen in einem Prozess hin. Allerdings ist die Beschreibung eines solchen konstitutiven Merkmals zu allgemein gefasst, so dass eine konkrete Umsetzung und Verwendung nicht vorteilhaft erscheint. Eine Abgrenzung der Dienstleistungen von anderen begrifflichen Konstrukten und die Herausstellung der spezifischen Besonderheiten sind damit nur schwer möglich.[101] PEPELS nimmt die tätigkeitsorientierte Abgrenzung auf und definiert Dienstleistungen als „Verrichtungen gegen Entgelt"[102]. Gleichzeitig weist er jedoch auch auf die Grenzen der Anwendung dieser Definition und die geringe Praktikabilität hin.[103]

2.1.1.2 Potenzialorientierte Definition

Nach der ***potenzialorientierten*** Abgrenzung kann eine Dienstleistung als eine maschinelle oder menschliche Leistungsfähigkeit verstanden werden, mit der

[97] Vgl. Meffert, Bruhn (2003), S. 27 sowie Gouthier (2003), S. 14.
[98] Auch KLEINALTENKAMP bezeichnet diese Methode als die „wissenschaftliche Vorgehensweise". Kleinaltenkamp (2001), S. 32.
[99] Schüller (1967), S. 19.
[100] Vgl. ebenda.
[101] Vgl. Meffert, Bruhn (2003), S. 27, die auf die fehlende Praxisnähe und Anwendungsbezogenheit einer solchen Definition hinweisen sowie Bruhn (2004), S. 19, der darauf hinweist, dass sich mit dieser sehr weiten Definition nahezu keine Besonderheiten für Dienstleistungen ableiten lassen.
[102] Pepels (2004), S. 884.
[103] Vgl. Pepels (2004), S. 884, der besonders die fehlende Integration von kostenlosen Dienstleistungen, wie Sozialdienste oder Haushaltsarbeit, als Kritik anführt.

anschließend am externen Faktor (Kunde oder Kundenobjekt) eine angestrebte Änderung oder ein Zustand erzielt wird.[104] Ein Anbieter kann bei einer ersten Kontaktaufnahme mit einem möglichen Kunden i. d. R. lediglich seine Bereitschaft und sein Potenzial offerieren (z. B. die Fähigkeit zur Durchführung einer komplexen Wartung). Bei dieser Definition wird somit in einer konstitutiven Voraussetzung für Dienstleistungen das Angebot von Leistungsfähigkeiten im Sinne eines ***Leistungsversprechens*** gesehen.[105]

Das Potenzial kann dabei nicht nur direkt, sondern auch zeitlich gespeichert („veredelt"[106]) zur Verfügung gestellt werden. So bleibt die Leistungsfähigkeit (z. B. bei einer auf Compact Discs gespeicherten Software) für den Nachfrager sichtbar und wird als Dienstleistung honoriert.[107] Allerdings ist bei dieser Abgrenzung auch kritisch anzumerken, dass ein Potenzial sowie die Bereitschaft eines Anbieters zur Realisierung eines Gutes generell, auch bei Sachgütern, erforderlich ist.[108] Des Weiteren spricht gegen eine isolierte Abgrenzung von Dienstleistungen über die Potenzialperspektive, dass das Absatzobjekt häufig nicht nur die Leistungsfähigkeit, sondern auch das Leistungsergebnis ist.[109] So ist exemplarisch bei einer technischen Wartung das Resultat einer funktionierenden Maschine aus Kundensicht das Absatzobjekt. Eine Abgrenzung von Dienstleistungen lässt sich daher aus der potenzialorientierten Sicht erst durch die Endkombination mit dem externen Faktor erreichen. Die Bereitstellung von Potenzialen zu einem *Leistungsversprechen* für den Nachfrager kann daher als ein *notwendiges*, nicht jedoch alleine als ein *hinreichendes* Merkmal angesehen werden.[110] Die meisten Autoren führen daher,

---

[104] Vgl. Corsten (2001), S. 21f., Meyer (1991), S. 198f. Die menschliche Leistungsfähigkeit kann auch vollständig durch das Angebot eines maschinellen Potenzials ersetzt werden. Vgl. Meyer (1998a), S. 10. Dies kann z. B. bei einer automatischen Service-Hotline der Fall sein, die ausschließlich auf einem Sprachcomputer basiert.

[105] Vgl. Engelhardt et al. (1993), S. 398f., Biermann (1999), S. 22f., Meyer (1998a), S. 6f., Woratschek (2001a), S. 265

[106] Meyer (1998a), S. 10, sowie Bruhn (2004), S. 21.

[107] Vgl. Meyer (1998a), S. 8 sowie S. 10, der dabei auf die Konkretisierung bzw. Umsetzung des Potenzials für die Dienstleistung am externen Faktor hinweist.

[108] Vgl. Barth (2003), S. 50, Kleinaltenkamp (2001), S. 35, sowie die ausführliche Kritik bei Rück (2000), S. 198-201, und die dort aufgeführten ausführlichen Literaturverweise. RÜCK fokussiert allerdings sehr stark auf die *Immaterialität* bei der Bereitstellung eines Dienstleistungspotenzials und setzt bei seiner Kritik primär an der Immaterialität an.

[109] Vgl. Kleinaltenkamp (2001), S. 35.

[110] Vgl. Pepels (2004), S. 884, sowie Engelhardt et al. (1993), S. 399. Frehse (2002), S. 34, geht sogar so weit festzustellen: „Unabhängig von den hier vorgestellten Betrachtungsweisen gilt es innerhalb der betriebswirtschaftlichen Literatur als allgemein unumstritten, dass Dienstleistungen ausschließlich in Form von Leistungsfähigkeit und -bereitschaft angeboten werden können."

neben der Abgrenzung von Dienstleistungen über das konstitutive Merkmal eines Leistungsversprechens, noch weitere Merkmale zur Definition an.[111]

Diese Besonderheit der Notwendigkeit des Angebotes eines Potenzials impliziert exemplarisch Bereitstellungs- und Leerkosten mit einem hohen Gemeinkostenanteil und ist in dem Konzept der prototypgestützten Kosten- und Erlösplanung angemessen zu berücksichtigen.[112]

2.1.1.3 *Prozessorientierte Definition*

Im Rahmen der ***prozessorientierten Abgrenzung*** werden Dienstleistungen häufig durch eine synchrone Interaktion zwischen dem Anbieter sowie Nachfrager bzw. deren Objekten charakterisiert.[113] Diese Definition unterstellt so für die Dienstleistungen einen prozessorientierten Erstellungsvorgang.[114] Bei der wissenschaftlichen Diskussion zu dieser Abgrenzung werden besonders die Integration von externen Faktoren sowie die Synchronität von Produktion mit dem Absatz der Dienstleistung („uno-actu-Prinzip“ [115]) kritisch hinterfragt.[116]

Der ***externe Faktor*** ist das Objekt[117], an dem die Zustandsveränderung bewirkt wird und dessen Integration „von außen“ in den Erstellungsprozess erfolgt.[118] Dabei wird die Leistungsproduktion *unmittelbar* (ohne Zwischenschaltung anderer Objekte) am Kunden oder dessen Faktor durchgeführt.[119] Der Anbieter von Dienstleistungen hat durch diese Besonderheit weniger Einfluss auf die Realisierung der eigentlichen

[111] Vgl. exemplarisch Biermann (1999), S. 22f., Bruhn (2004), S. 19f. Kleinaltenkamp (2001), S. 35, Meyer (1998a), S. 6f., Steven, Schade (2004), S. 546-549, Woratschek (2001a), S. 265.
[112] Vgl. Fischer (2000), S. 88, sowie die ausführlichen Darstellungen zu den Handlungsfeldern für die Kosten- und Erlösplanung in Kapitel 4.
[113] Vgl. Pepels (2004), S. 883, sowie Meffert, Bruhn (2003), S. 28.
[114] Dabei weist diese Abgrenzung eine Nähe zur tätigkeitsorientierten Bestimmung von Dienstleistungen auf und kann auch als Spezialfall dieser Abgrenzung gesehen werden. Vgl. Rück (2000), S. 202.
[115] Zum „uno-actu-Prinzip“ vgl. Corsten (2001), S. 22 und Bruhn (2004), S. 19.
[116] Vgl. exemplarisch Scheuch (2002), S. 23, Corsten (2001), S. 22, sowie Engelhardt et al. (1993), S. 401-404.
[117] Der Objektbegriff ist in diesem Kontext sehr weit gefasst und integriert den Nachfrager selbst, die Mitarbeiter und Mitarbeiterinnen des nachfragenden Unternehmens, Tiere, Rechte, Nominalgüter oder auch Informationen. Vgl. Engelhardt et al. (1993), S. 401, Kleinaltenkamp (2001), S. 36.
[118] Vgl. Rück (2000), S. 206, Kleinaltenkamp (2001) S. 36 sowie Gouthier (2003), S. 22.
[119] Vgl. Meyer (1998a), S. 6, der dabei auf die Konkretisierung und Übertragung zur Umsetzung der Leistungsfähigkeit hinweist und damit auch einen Bezug zur potenzialorientierten Abgrenzung von Dienstleistungen erstellt.

Produktion (z. B. für den autonomen Faktoreinsatz und dessen Terminierung) als der Anbieter von Sachgütern.[120] Kritisch wird dieses Merkmal insbesondere dann gesehen, wenn lediglich Informationen als externe Faktoren in den Produktionsprozess eingehen. Dabei werden Auftragsleistungen und kundenindividuell erstellte Leistungen als problematisch angeführt, da bei diesen ebenfalls Informationen zur Produktion notwendig sind.[121] MALERI führt dagegen an, dass es sich nicht um reine Absatzinformationen handelt, sondern diese be- bzw. verarbeitet werden müssen und somit eine Transformation des externen Faktors erfolgt.[122] Der externe Faktor ist somit nicht der Nachfrager der Dienstleistung, sondern dessen Beteiligung bzw. Mitwirkung am Produktionsprozess steht bei dieser Perspektive im Fokus.[123] Unabhängig von der dargestellten Kritik wird die Integration eines externen Faktors von den meisten Autoren als konstitutives Merkmal und notwendige Bedingung für eine Dienstleistung anerkannt.[124]

Die wissenschaftliche Diskussion fokussiert weiterhin auf das ***„uno-actu-Prinzip"*** der Synchronität von Produktion mit dem Absatz einer Dienstleistung. Dieses Merkmal wird dabei in der Literatur häufig aufgeführt, erscheint allerdings zur *alleinigen* Abgrenzung von produktbegleitenden Dienstleistungen nicht geeignet. [125] (So wäre z. B. die Programmierung einer Spezialsoftware, die erst in Zukunft verwendet wird, keine Dienstleistung. Ähnliches gilt für eine technische Wartung, die nicht beim Kunden erfolgt.) Allerdings sehen einige Autoren in einer solchen räumlich oder zeitlich getrennten Dienstleistungserstellung trotzdem noch das „uno-actu-Prinzip" durch einen synchronen Kontakt von internen und externen Produktionsfaktoren erfüllt.[126] Unabhängig von der kritischen wissenschaftlichen Reflexion werden die Besonderheiten der prozessorientierten Erstellung von

[120] Vgl. Steven, Schade (2004), S. 547.
[121] Vgl. Kleinaltenkamp (2001), S. 36f., sowie Engelhardt et al. (1993), S 402f.
[122] Vgl. Maleri (2001), S. 135, sowie Rück (2000), S. 208ff. MALERI führt dabei anschaulich ein Beispiel der Steuerberatung an, bei der Informationen aus der Bilanz und dem Rechnungswesen der Mandanten externe Faktoren sind, nicht jedoch die Absatzinformationen, ob ein Jahresabschluss oder ein Kreditgutachten erstellt werden soll. Vgl. Maleri (2001), S. 135.
[123] Vgl. Maleri (2001), S. 135.
[124] Vgl. Ahlert et al. (2002), S. 6-8, Bruhn (2004), S. 20, Maleri (2001), S. 128, Meffert, Bruhn (2003), S. 30, Meyer (1998a), S. 6, Pepels (2004), S. 884, sowie Corsten (2001), S. 27f., der die notwendige Integration des externen Faktors als „allgemein anerkannt" bezeichnet. Corsten (2001), S. 28.
[125] Vgl. Göbl (2003), S. 10, Meffert, Bruhn (2003), S. 65.
[126] Vgl. z. B. Maleri (2001), S. 137f., Meffert, Bruhn (2003), S. 28, sowie Meyer (1998a), S. 6, der konstatiert, dass wesentliche Bestandteile der Erstellung und Abgabe identisch sind und nach dem „uno-acto-Prinzip" erstellt werden.

Dienstleistungen unter Integration des „uno-actu-Prinzips" sehr häufig in die jeweilige Argumentation integriert.[127]

Die dargestellte prozessorientierte Abgrenzung von Dienstleistungen mit dem Einbezug eines externen Faktors lässt generell auch eine prozessorientierte Kosten- und Erlösplanung vorteilhaft erscheinen, die diese Besonderheit angemessen berücksichtigen kann.[128]

2.1.1.4 Ergebnisorientierte Definition

Bei ***ergebnisorientierten*** Definitionsansätzen wird das Resultat der Dienstleistungserstellung betrachtet.[129] Diese Sichtweise und Abgrenzung von Dienstleistungen ist die älteste[130] und auch die wissenschaftlich am häufigsten diskutierte.[131] Das zentrale Definitionsmerkmal, auf welches sich diese Begriffsbestimmungen beziehen, ist die ***Immaterialität***.[132] Dienstleistungen können nach dieser ergebnisorientierten Abgrenzung als immaterielles Gut einer Tätigkeit bzw. Verrichtung angesehen werden.[133] Dabei wird von Vertretern in aktuellen Publikationen keine Gleichsetzung von immateriellen Gütern mit Dienstleistungen vorgenommen. Autoren, die eine ergebnisorientierte Definition von Dienstleistungen zugrunde legen, sehen die Immaterialität nicht als exklusives, sondern lediglich als konstitutives Merkmal an.[134]

---

127 Vgl. exemplarisch Skiera (1999), der aufgrund dieses Merkmals eine nicht vorhandene Lagerbarkeit und nicht Übertragbarkeit unterstellt, Bruhn (2004), S. 20ff., der die integrative Leistungserstellung als Besonderheit für das Qualitätsmanagement herausarbeitet sowie integriert und vgl. ebenfalls Fischer (2000), S. 43ff., Steven, Schade (2004), S. 549ff.

128 Vgl. Reckenfelderbäumer (1995), S. 99-104, der neben den Vorteilen einer solchen Vorgehensweise ebenfalls die Nachteile sehr anschaulich darstellt. Für die ausführlichen Auswirkungen einer Verwendung dieser prozessorientierten Abgrenzung eine Kosten- und Erlösplanung vgl. Kapitel 4.

129 Vgl. Kleinaltenkamp (2001), S. 33, und Corsten (2001), S. 22.

130 Vgl. Rück (2000), S. 68ff., der diese Unterscheidung schon bei SAY sowie MARX ausmacht und ausführlich die wissenschaftliche Diskussion aus dieser Abgrenzung bei den klassischen Ökonomen aufzeigt.

131 Vgl. Kleinaltenkamp (2001), S. 33.

132 Vgl. Rück (2000), S. 187, sowie Meffert, Bruhn (2003), S. 28. Das immaterielle Kapital bzw. Intangibles haben dabei auch immer größere Bedeutung in der Unternehmenssteuerung. Vgl. hierzu die unterschiedlichen Darstellungen und Ansichten renommierter Autoren im Sammelband von Horváth, Möller (Hrsg., 2004).

133 Vgl. Bruhn (2004), S. 19, Corsten (2001), S. 22.

134 Exemplarisch stellt MALERI in diesem Zusammenhang, unter Verweis auf z. B. Nominalgüter, fest: „Zwar sind alle Dienstleistungen zu den immateriellen Gütern zu zählen, nicht jedoch alle immateriellen Güter Dienstleistungen." Maleri (2001), S. 129.

Problematisch wird die klare Herausarbeitung und Bestimmung der immateriellen Eigenschaft von Dienstleistungen, wenn diese in einer engen technischen oder leistungsbezogenen Verbindung mit einer materiellen Sachleistung steht. Dies ist exemplarisch bei Wartungsleistungen der Fall, bei denen materielle Sachleistungen (z. B. Ersatzteile) integriert und anschließend untrennbare Bestandteile des Ergebnisses werden.[135] Als Hauptargument gegen diese Abgrenzung von Dienstleistungen wird jedoch argumentiert, dass die bewirkten Veränderungen an Trägermedien (Personen oder Objekten) sichtbar werden.[136] So stellt RÜCK treffend fest, dass das Ergebnis einer Leistung immer nur in Gestalt bzw. an einem Trägermedium sinnlich wahrnehmbar ist und daher die Unterscheidung von diesem nur fiktiv erfolgen kann.[137]

Als Problemlösung für diese Argumentation schlagen einige Autoren vor, ergebnisorientiert an der Wirkung der Dienstleistung anzusetzen.[138] Diese Begründung ist allerdings ebenfalls sehr kritisch zu sehen, da die Wirkungen eines Leistungsergebnisses immer immateriell sind, weil bei einer solchen Betrachtung letztlich der Nutzen des materiellen oder immateriellen Gutes hinterfragt wird.[139]

In der vorliegenden Forschungsarbeit werden aufgrund der aufgeführten Problematik und Argumente Dienstleistungen nicht auf völlige Immaterialität reduziert, sondern vielmehr innerhalb eines Kontinuums von materiell bis immateriell eingeordnet (für eine exemplarische, tendenzielle Darstellung vgl. Abbildung 2)[140].

---

[135] Vgl. Olemotz (1995), S. 19, der dieses Problem an den anschaulichen Beispielen von Leasing, Miete, Pacht und Reparaturleistungen erläutert.

[136] Vgl. Corsten (2001), S. 22., die Hilfskonstruktion einer möglichen „Veredelung" erscheint dabei als Gegenargumentation nicht schlüssig. Vgl. Engelhardt et al. (1993), S. 400.

[137] Vgl. Rück (2000), S. 201, der dadurch ebenfalls wesentliche Operationalisierungsprobleme identifiziert.

[138] Vgl. exemplarisch Corsten (2001), S. 23 sowie analog bereits Hilke (1989), S. 13f.

[139] Vgl. Kleinaltenkamp (2001), S. 33, Mengen (1993), S. 21f., Rück (2000), S. 195-197, sowie Engelhardt et al. (1993), S. 400, die anschaulich feststellen, dass die Wirkung einer Leistung stets immateriell ist, gleichgültig, ob es sich bei dem betrachteten Gut um eine komplexe Beratungsleistung oder eine Bohrmaschine handelt.

[140] Vgl. bereits Shostack (1982), S. 52, und Engelhardt et al. (1993), S. 400-404, sowie die dort aufgeführten Literaturverweise. Analog geht auch Woratschek vor, der festhält, dass „die meisten Wissenschaftler inzwischen davon ausgehen, dass Dienstleistungen auf einem Kontinuum abzubilden sind, das von materiell bis immateriell reicht". Woratschek (2001a), S. 262.

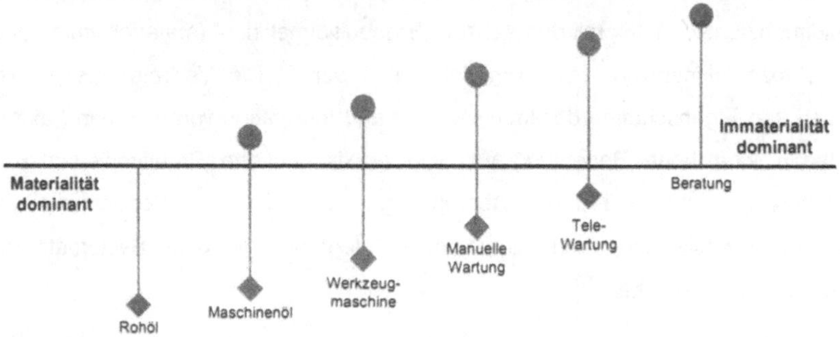

Abbildung 2: Kontinuum von der Materialität und Immaterialität von Leistungsergebnissen

Vollständige Immaterialität eines Ergebnisses ist somit kein notwendiges Kriterium für Dienstleistungen. Wesentlicher ist für die Lösung der vorliegenden Forschungsarbeit, ob und wie Prototypen bei der Bewertung des immateriellen (Teil-) Ergebnisses der Dienstleistung unterstützen können. Das Resultat der Dienstleistungserbringung konkretisiert sich dabei am externen Faktor, der in den Dienstleistungsprozess eingebracht wird.[141]

2.1.2 Leistungstypologische Abgrenzung

Schließlich führten die aufgezeigten Bestimmungsprobleme der verschiedenen, perspektivierenden Definitionsansätze zu einer leistungstypologischen Abgrenzung von Dienstleistungen.[142] Aus Reflexion der Schwächen der Dienstleistungsdefinitionen haben ENGELHARDT, KLEINALTENKAMP UND RECKENFELDERBÄUMER die dichotome Sicht verworfen sowie eine Bestimmung und Einordnung über eine Leistungstypologie vorgenommen. Zur Abgrenzung greifen sie auf den Begriff der Leistungssysteme[143] zurück, um die Absatzobjekte von Unternehmen in stärker dienstleistungsorientierte und stärker sachleistungsorientierte Wirtschaftsleistungen

[141] Vgl. Meffert, Bruhn (2003), S. 29.
[142] Für die ausführliche Darstellung aller Probleme vgl. exemplarisch Kleinaltenkamp (2001), S. 32ff. sowie die dort aufgeführten Literaturverweise.
[143] Andere Autoren sprechen in diesem Kontext auch von Leistungsbündeln, vgl. Spath, Demuß (2003), S. 467ff., Sydow, Windeler (2003), S. 346, oder Leistungsverbunden, vgl. Friege (1995), S. 743ff.

zu differenzieren.[144] Sie schlagen eine Gliederung der Leistungsbündel in eine zweidimensionale Matrix mit den Achsen „Ergebnisdimension" (materiell, immateriell) und „Prozessdimension" (autonom, integrativ) vor.[145] Die Vertreter dieser Sicht weisen den Eigenschaften der Immaterialität und Integration von externen Faktoren weiterhin eine hohe Bedeutung für eine praxisorientierte Problemlösung zu.[146] Daneben ist ein Vorteil dieser Abgrenzung ebenfalls in der Vermeidung einer isolierten Dienstleistungssicht durch eine Integration in eine Systematik von Absatzobjekten zu sehen.[147]

Diese Begriffsumschreibung weist zwar eine hohe Praxisnähe auf und ermöglicht, Interdependenzen zwischen physischem Produkt und produktbegleitender Dienstleistung gut aufzuzeigen, verlagert allerdings die Definitionsprobleme lediglich auf eine andere Ebene, da der Begriff der Leistungssysteme nur näherungsweise dargestellt und abgegrenzt wird.[148] Auch KLEINALTENKAMP selbst sieht in neueren Publikationen Probleme bei der Verwendung solcher definitorischer Grundlagen, „weil sie sich von ihrer Begrifflichkeit her vom allgemeinen Sprachgebrauch entfernen"[149]. Weiterhin verwenden PAUL UND RECKENFELDERBÄUMER in ihrer gemeinsamen Veröffentlichung ebenfalls das konstitutive Merkmal der Immaterialität von Dienstleistungen zur Begriffsbestimmung und eben *nicht* die leistungstypologische Abgrenzung.[150]

Daher wird in der vorliegenden Forschungsarbeit zwar die Bedeutung von Leistungssystemen aus Kundensicht nicht bestritten, aber eine solche Definition, welche die Spezifika von Dienstleistungen nur unzureichend abbildet, nicht zugrunde gelegt.[151] Analog wird in sehr vielen aktuellen, wissenschaftlichen Publikationen

---

[144] Vgl. Burr (2003a), S. 6, sowie Engelhardt et al. (1993), S. 407f., diese Wissenschaftler diskutieren die Abgrenzung anschaulich unter der Überschrift einer „Vermeidung der Dichotomie von Sach- und Dienstleistung".

[145] Vgl. Engelhardt et al. (1993), S. 416f., die dort vorgenommenen Ausführungen zu den vier möglichen Grundtypen von Leistungsbündeln.

[146] Vgl. Engelhardt et al. (1993), S. 418-423, sowie Woratschek (2001a), S. 263f.

[147] Vgl. auch Meyer (1991), S. 197, der die Bedeutung einer solche Vermeidung der isolierten Betrachtung von Dienstleistungen hervorhebt und dafür die Integration in eine Gesamtgütersystematik vorschlägt.

[148] Vgl. Burr (2003a), S. 6.

[149] Kleinaltenkamp (2001), S. 40.

[150] So stellen die beiden Autoren fest: „Ferner sind Dienstleistungen sinnlich meist nur begrenzt wahrnehmbar, weshalb eine ‚physische Immaterialität' konstatiert werden kann." Paul, Reckenfelderbäumer (2001), S. 631.

[151] Zur Bedeutung von Leistungssystemen bzw. Leistungsbündeln vgl. Reiß, Präuer (2001), S. 48, Spath, Demuß (2003), S. 468-470, sowie Belz (2000), S. 430ff.

argumentiert, bei denen die beschriebene Kritik zwar zum Teil wiedergegeben und unterstützt wird, die Begriffsbestimmung über Leistungssysteme bzw. -bündel aber ebenfalls nicht erfolgt.[152]

2.1.3 Arbeitsdefinition „Dienstleistung"

Trotz intensiver wissenschaftlicher Diskussion hat sich keine einheitliche Definition von Dienstleistungen durchgesetzt. Unter Betrachtung der vielschichtigen Erläuterungen und der unterschiedlichen betrachteten Wirtschaftsfelder erscheint auch zweifelhaft, ob dies erfolgen wird und überhaupt realisierbar sein kann.[153] Allerdings hat sich inzwischen ein gewisser Grundkonsens herausgestellt, der als Basis für weitere Untersuchungen dienen soll.[154] Im Rahmen der vorliegenden Arbeit wird ein Begriffsverständnis mit einer Kombination zweier konstitutiver Merkmale unter gleichzeitiger Beachtung der Abhängigkeit von Sach- und Dienstleistung zugrunde gelegt. Durch eine solche Abgrenzung soll eine isolierte Betrachtung des vielschichtigen Untersuchungsgegenstandes vermieden werden.[155]

Unter ***Dienstleistungen*** werden im Rahmen dieser Forschungsarbeit auf Potenzialen beruhende Leistungsversprechen (Potenzialperspektive) subsumiert, deren Erstellung an einem externen Faktor in einem Prozess erfolgt (Prozessperspektive).[156]

---

[152] Vgl. Meffert, Bruhn (2003), S. 27ff., Pepels (2004), S. 883ff., sowie Barth (2003), S. 47ff., der die von Engelhardt et al. (1993) aufgeführte Kritik zwar übernimmt, den Argumentationsschluss hinsichtlich der Bestimmung von Dienstleistungen über Leistungsbündel hingegen unterlässt. Als Gegenposition sei an dieser Stelle weiterhin auf Trachsler (1996), S. 17f., verwiesen, der explizit auf die Abgrenzung von ENGELHARDT ET AL. zurückgreift. Allerdings unternimmt TRACHSLER anschließend einen eigenen Definitionsversuch für industrielle Dienstleistungen, der durch allgemein gehaltene Aussagen für eine Abgrenzung ungeeignet erscheint. Vgl. Trachsler (1996), S. 21. Eine positive Umsetzung und kritische Reflexion erfolgt hingegen bei Gouthier (2003), S. 12ff. und besonders S. 30.

[153] Vgl. Kleinaltenkamp (2001), S. 40.

[154] Vgl. Engelhardt (2002), S. 47.

[155] Vgl. Pepels (2004), S. 884, der ebenfalls eine perspektivierende Betrachtung von Dienstleistungen zur Vermeidung einer isolierten Sicht empfiehlt.

[156] Vgl. Meyer (1998a), S. 6, Meyer (1991), S. 198f., und Woratschek (2001a), S. 265, der allerdings „*individuelle* Leistungsversprechen" zugrunde legt. (Hervorhebung d. V.) Die Individualität erscheint dabei als häufiges Merkmal, nicht jedoch als abgrenzende Eigenschaft sinnvoll. So lassen sich z. B. Vortragstätigkeiten nur über Hilfskonstruktionen als individuelle Weiterbildungsdienstleistung definieren. Für eine ähnliche Definition unter zusätzlichem Einbezug der Ergebnisperspektive vgl. auch Meffert, Bruhn (2003), S. 30.

Diese beiden notwendigen Eigenschaften charakterisieren Dienstleistungen und lassen sich nie vollständig substituieren.[157] Die Immaterialität (Ergebnisperspektive) wird im Rahmen dieses Forschungsprojektes nicht als konstitutives Merkmal, sondern als Eigenschaftsform für eine leistungstypologische Einordnung verwendet. Gleichwohl hat die tendenziell hohe Immaterialität von Dienstleistungen eine große Bedeutung für die Potenziale bei der Prototypunterstützung (z. B. Veranschaulichung), die in die Betrachtung zu integrieren ist und deren Auswirkungen genauer zu untersuchen sind.[158] Das Wissen um die praxisorientierte Einordnung von Dienstleistungen als Teil von Leistungsbündeln wird weiterhin, gerade bei Umsetzung der Fallstudien, zumindest implizit mit berücksichtigt. Durch die Verwendung der Potenzial-, Prozess- und Ergebnisperspektive bei der Abgrenzung und Betrachtung von Dienstleistungen lassen sich ebenfalls generelle Handlungsfelder identifizieren.[159] Somit können die für die Kosten- und Erlösplanung wesentlichen Spezifika strukturiert identifiziert und die verschiedenen Kostenrechnungsinstrumente hinsichtlich ihrer Wirkung betrachtet und bewertet werden.[160]

2.2 Der Begriff der produktbegleitenden Dienstleistung

2.2.1 Bibliometrische Analyse

Zur Einordnung und Betrachtung der Verbreitung des Begriffes der produktbegleitenden Dienstleistung wird zunächst eine einfache bibliometrische Analyse vorgenommen.[161] Dabei erfolgt eine zeitliche Erhebung der Verwendung von verschiedenen spezifischen Ausprägungsformen von Dienstleistungen für den Zeitraum von 1993 bis 2003. Die Ergebnisse der quantitativen Betrachtung zeigt die folgende Abbildung 3:

---

[157] Vgl. Meyer, 1998, S. 6.

[158] Vgl. analog Gouthier (2003), S. 29f., der Immaterialität bzw. Intangibilität nicht als notwendiges Merkmal sieht und trotzdem die Bedeutung dieser Eigenschaft betont und eine Einbeziehung dieser Besonderheit vornimmt.

[159] Vgl. Kapitel 4.

[160] Vgl. analog Scheuch (2002), der die drei Perspektiven bzw. Handlungsfelder zur Herausarbeitung der Verwendung von Marketinginstrumenten nutzt.

[161] Unter bibliometrischen Analysen können quantitative Untersuchungen zu Publikationen, Autoren oder Institutionen (z. B. Bibliotheken oder Forschungseinrichtungen) verstanden werden. Vgl. Danowski et al. (2004), URL siehe Literaturverzeichnis. Dabei können beispielsweise empirische Gesetzmäßigkeiten aus dem Wachstum von Publikationen oder Korrelationen hinsichtlich Zitierungen in speziellen Zeitschriften vorgenommen werden.

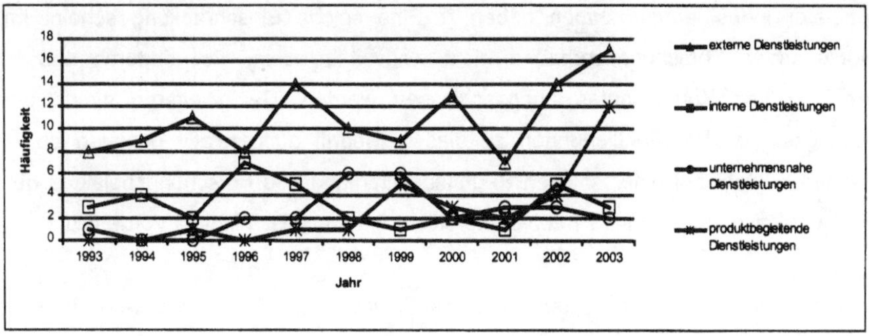

Abbildung 3: Anzahl der Beiträge zu verschiedenen Ausprägungsformen von Dienstleistungen im Zeitablauf

Als Informationsbasis wurde dabei auf die Literaturdatenbank WISO-Net Wiwi[162] zurückgegriffen, in der mehr als 2,4 Millionen Literaturnachweise aus den Wirtschaftswissenschaften zusammengefasst sind.[163] Zu den dieser Forschungsarbeit zugrunde liegenden produktbegleitenden Dienstleistungen existieren erst seit Mitte der 90er Jahre überhaupt Publikationen. Seit 1999 werden verstärkt Veröffentlichungen zu diesem Thema vorgenommen, die im Jahre 2003 mit 12 Beiträgen den vorläufigen Höhepunkt erreicht haben. Trotz dieses relativen Anstieges bei den Veröffentlichungen bleibt der Terminus der produktbegleitenden Dienstleistungen eher ein wissenschaftlich wenig thematisiertes Konstrukt. (Dies gilt allerdings auch für die in der Abbildung dargestellten externen, internen und unternehmensnahen Dienstleistungen.[164])

Artikel zu industriellen Dienstleistungen treten zwar absolut gesehen am häufigsten auf, fokussieren jedoch inhaltlich nur auf Services, die als Nachfrager und/ oder

[162] Die Literaturdatenbank WISO-Net Wiwi enthält Literaturnachweise mit Zusammenfassungen und Abstracts ab 1960. Es handelt sich dabei um eine Meta-Literaturdatenbank, die auf untergeordnete Datenbanken von verschiedenen Wirtschaftsforschungsinstituten zurückgreift. U. a. sind dies BLISS (Gesellschaft für betriebswirtschaftliche Information, München), ECONIS (Deutsche Zentralbibliothek für Wirtschaftswissenschaften, Kiel), FINECON (Österreichische Kontrollbank, Wien), HWWA (Hamburgische Welt-Wirtschafts-Archiv), IFOKAT und IFOLIT (Institut für Wirtschaftsforschung, München), IHSLIT (Institut für höhere Studien, Wien), IWPROD (Institut der deutschen Wirtschaft, Köln). Vgl. Gesellschaft für betriebswirtschaftliche Information (2004), URL siehe Literaturverzeichnis.

[163] Ähnlich verwendet auch MEFFERT die Datenbanken WISO I und WISO II zur einer Darstellung der Anzahl von Veröffentlichungen und des Forschungsstandes Dienstleistungsinnovationen über die letzten 10 Jahre. Vgl. Meffert (2003), S. 261f.

[164] Auf die Abgrenzung und Einordnung von externen und internen Dienstleistungen nach dem Adressaten wird in Kapitel 2.2.2.3 näher eingegangen werden.

Anbieter Industrieunternehmen haben.[165] Eine solche Einschränkung scheint im vorliegenden Forschungsvorhaben nicht sinnvoll zu sein, weil dadurch andere Anbieter und Konsumenten ausgeschlossen werden. Des Weiteren nimmt die Häufigkeit der Veröffentlichungen zu diesem Begriff auch relativ gesehen ab.[166] Weiterhin steht bei einer solchen Begriffsbestimmung des Forschungsobjektes der Produktbezug, der für eine Prototypunterstützung wichtig ist, nicht im Vordergrund.[167]

Aufgrund fehlender Repräsentanz im Social Science Citation Index wurde nach einer Voruntersuchung die tiefergehende Analyse von Zitierungsmaßen bei der Betrachtung von produktbegleitenden Dienstleistungen thematisierenden Artikeln nicht intensiver vorgenommen.[168]

2.2.2 Morphologische Betrachtung

Der Untersuchungsgegenstand der produktbegleitenden Dienstleistungen kann bei einer morphologischen Betrachtung nach vielfältigen Gestaltungsformen differenziert werden.[169] Es existieren zahlreiche Systematisierungen für Dienstleistungen im Allgemeinen in der Literatur, die in eindimensionale und aus diesen abgeleiteten, kombinierten („mehrdimensionale") Ansätze differenziert werden können.[170] Das Ziel der vorliegenden morphologischen Betrachtung liegt dabei darin, auf Basis der unterschiedlichen Erscheinungsformen von produktbegleitenden Dienstleistungen die

165 Vgl. Homburg, Garbe (1999), S. 848, Olemotz (1995), S. 26, sowie Steven, Schade (2004), S. 544.

166 Vgl. Anhang Abbildung 54, welche die Häufigkeit der Nennungen der verschiedenen Begriffe zeigt. So erreichte die Nennung von industriellen Dienstleistungen 1996 mit 99 Beiträgen einen Höchststand. 2002 wurden nur noch 47 und 2003 62 Beiträge publiziert.

167 Da der Produktbezug für das vorliegende Forschungsobjekt so eine zentrale Rolle einnimmt, wurde auch aus semantischen Gründen der Begriff der „produktbegleitenden Dienstleistung" gewählt.

168 Für eine sehr anschauliche bibliometrische Analyse mit dem Social Science Citation Index vgl. Teichert, Talaulicar (2002), S. 409ff., für Analyse von Zeitschriftennachfrage und Häufigkeit der Zitierung vgl. Gorraiz, Schlögl (2003), S. 131ff., sowie zu Basisprinzipien von Bibliometrischen Analysen Vgl. Raan (2003), S. 20ff.

169 Durch die morphologische Betrachtung wird eine perspektivierende Abbildung der vielfältigen Formen und Gestalten von produktbegleitenden Dienstleistungen angestrebt. Zur Morphologie als „Wissenschaft der Gestalten und Formen" vgl. Duden (2001a), S. 651. Zur Anwendung einer Morphologie zur Strukturierung und Gestaltung vgl. bereits Hunt (1971), S. 65ff., sowie ebenfalls Shurig (1984), S. 129, der die Anwendung von Morphologien in der Wissenschaft bereits auf Kondratieff zurückführt. Dabei betont SHURIG die Potenziale der morphologischen Betrachtung im interdisziplinären Kontext: „in subsequent ages the morphology approach to innovation will be utilized to help solve problems of an interdisziplinary nature". Shurig (1984), S. 139. Die Aussage unterstützt somit auch die Anwendung einer morphologischen Betrachtung für das vorliegende interdisziplinäre Forschungsvorhaben.

170 Vgl. Corsten (2001), S. 31ff., sowie Mengen (1993), S. 40ff.

spezielle Problemstruktur dieses Forschungsobjektes aufzuzeigen.[171] Bei der eingehenden Betrachtung verschiedener Erscheinungsformen werden nur jene Gliederungskriterien näher erläutert, die im Rahmen der vorliegenden Forschungsarbeit und der darin aufgezeigten Fallstudien wesentlich sind.

2.2.2.1 Verbindung zum physischen Produkt

Die Verbindung der Dienstleistung zum physischen Produkt ist das wesentliche, notwendige Merkmal der betrachteten, produktbegleitenden Services. Für die im Fokus stehenden Dienstleistungen muss sich eine materielle Beziehung zum Produkt bzw. dessen Produktmodell erstellen lassen. Durch diese Einschränkung werden rein immaterielle Services (z. B. reine Finanzierungs- oder Vortragsdienstleistungen) aus der vorliegenden Untersuchung ausgeschlossen.[172] Die Verbindung zum physischen Produkt kann sowohl in der Potenzial-, Prozess- oder Ergebnisphase der Dienstleistung erstellt werden. Weiterhin spielt es für die generelle Beziehung keine Rolle, wann im Entwicklungsprozess eine Verbindung hergestellt werden kann. Aufgrund dieses Charakters könnte das Betrachtungsobjekt wegen der semantischen Klarheit auch als produkt*verbundene* anstelle produktbegleitender Dienstleistungen bezeichnet werden. Allerdings ist der Begriff der Bündelung und Verbindung durch die englischsprachige, marketingorientierte Literatur bereits anderweitig („Bundling-Unbundling") besetzt.[173]

In der vorliegenden Untersuchung steht nicht die Absatzperspektive, sondern vielmehr eine Beziehung zum Produkt bereits in der Entwicklungsphase über Prototypen im Vordergrund. Zur Vermeidung einer Verwechslung werden daher „produktbegleitende Dienstleistungen" thematisiert, die in Ergänzung zum physischen Produkt angeboten werden und die eine direkte oder indirekte Beziehung zum Prototypen aufweisen. Die Ausprägung dieses Merkmals befindet sich dabei auf

---

[171] Vgl. in Analogie Meffert, Bruhn (2003), S. 49.

[172] Kosten- und Erlösrechnungen für diese speziellen Dienstleistungen sind aufgrund der dort auftretenden Besonderheiten keineswegs trivial. Vgl. exemplarisch für den Hochschulbereich Küpper (1991), S. 71-75.

[173] Für eine eingeschränkte Betrachtung von produkt*verbundenen* Dienstleistungen vgl. Pepels (1996), 25ff., der diese mit sekundären (unselbstständigen) Dienstleistungen gleichsetzt. Bei der Bundling-Problematik steht im Vordergrund, ob der Absatz der Dienstleistung nur zusammen mit dem Produkt („Bundling"), ergänzend („Unbundling") oder gemischt erfolgt („Mixed-Bundling"). Vgl. Meffert, Bruhn (2003), S. 372.

einem Kontinuum von keiner bis zu einer sehr hohen, direkten Verbindung vom Produkt bzw. Produktmodell zur begleitenden Dienstleistung.

2.2.2.2 Innovationsgrad des begleitenden Produktes

Im Rahmen des vorliegenden Forschungsprojektes erfolgt eine weitere Spezialisierung der einbezogenen produktbegleitenden Dienstleistung durch eine Fokussierung auf die einem Innovationsprozess[174] unterliegenden Produkte. Aus einer logischen Schlussfolgerung resultierend, werden nur Dienstleistungen betrachtet, deren begleitende Produkte einer (Neu- oder Weiter-) Entwicklung unterliegen. Falls dies nicht der Fall wäre, könnte zur Kosten- und Erlösplanung der Dienstleistung ein bereits existierendes Produkt verwendet werden und die Notwendigkeit des Einsatzes von Prototypen würde nicht bestehen. Diese Argumentation verdeutlicht weiterhin, dass mit steigendem Innovationsgrad des Produktes der Einsatz von Prototypen tendenziell vorteilhafter erscheint. Neben dieser logischen Argumentation erscheint eine prototypgestützte Betrachtung von produktbegleitenden Dienstleistungen zu innovativen Produkten ebenfalls vorteilhaft, weil bei diesen eine Kombination mit dem Service Engineering gut erfolgen kann.[175]

2.2.2.3 Adressat der Dienstleistung

Neben den bisher aufgezeigten Gestaltungsformen ist weiterhin im Rahmen der explorativen Betrachtung des Forschungsgegenstandes zu klären, ob sowohl unternehmens*interne* als auch *-externe* produktbegleitende Dienstleistungen für die Betrachtung geeignet sind.[176]

Interne produktbegleitende Dienstleistungen – Quantitative Empirie

Für die explorative Untersuchung zu einem verbesserten Problemverständnis einer internen produktbegleitenden Dienstleistung wurde im Januar 2002 am Lehrstuhl

---

[174] Zu einer wissenschaftlichen Einordnung des Begriffs des Innovationsprozesses vgl. Brockhoff (1999), S. 37f., sowie Cassack (2004b), S. 39f.

[175] Für eine anschauliche Darstellung des analogen Entwicklungsprozesses von Produkten und Dienstleistungen vgl. Spath, Demuß (2003), S. 481-489, sowie die ausführlichen Darstellungen und Literaturverweise in Kapitel 5.5.

[176] Von einigen Autoren wird diese Differenzierung auch unter dem Thema „Verwendungsbereich“ der Dienstleistung betrachtet. Vgl. exemplarisch Corsten (2001), S. 32.

Controlling der Universität Stuttgart eine quantitative Studie durchgeführt. Als Grundgesamtheit der Befragung wurde die Forschungsvereinigung Antriebstechnik ausgewählt und der standardisierte Fragebogen an 112 Ansprechpartner versandt. Insgesamt betrug der Rücklauf 28 Fragebögen von denen 27 auswertbar waren.[177] Einen Überblick über die Zusammensetzung der Unternehmen aus den beantworteten Fragebögen in Abhängigkeit vom Umsatz zeigt Abbildung 4.[178]

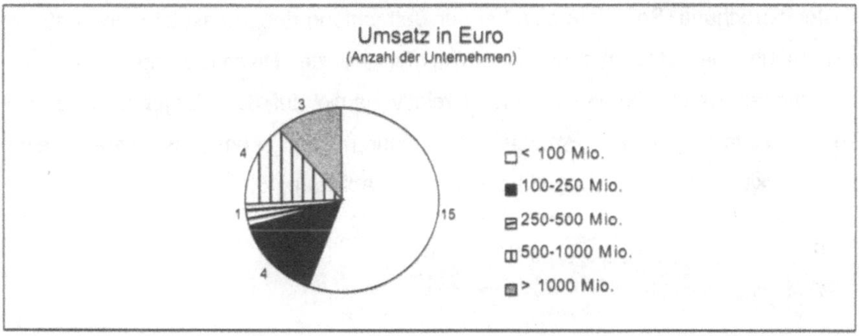

Abbildung 4: Anzahl der Unternehmen in Abhängigkeit vom Umsatz

Die Zielsetzung der Vorstudie bestand in einer Exploration des Controllings und des Managements von internen Dienstleistungen.[179] Dabei wurden vier Basishypothesen formuliert und durch elf abgeleitete Hypothesen konkretisiert.[180] Im Fokus der Studie war die exemplarische, interne Dienstleistung „Auftragsabwicklung", die aus der Lieferung der (physischen) Produkte an den Auftraggeber sowie der finanziellen Abwicklung des Auftrages besteht.[181] Bei diesem unternehmens*internen* Service ist zumindest implizit immer ein Produktbezug vorhanden. Aufgrund der Begrenzung

---

[177] Die effektive Rücklaufquote betrug somit 24,11%.

[178] Die zurückgesandten Fragebögen spiegeln dabei auch die Zusammensetzung der Branche der Antriebstechnik wider. Diese ist überwiegend mittelständisch geprägt und zeichnet sich durch einen relativ hohen Anteil von kleinen und mittelständischen Unternehmen aus. Zur Beschreibung der Branche der Antriebstechnik vgl. Möller (2002), S. 174-176, sowie Pfohl (2002a), S. 123-127. Für einen sehr interessanten Überblick über die Branche und Unternehmen der Antriebstechnik vgl. auch FVA (2004), URL siehe Literaturverzeichnis. Zur Verteilung der Unternehmen in der Stichprobe nach Anzahl der Mitarbeiter siehe Abbildung 52 im Anhang.

[179] Zur Exploration in der empirischen Sozialforschung vgl. Friedrichs (1990), S. 121-123.

[180] Die Basishypothesen lauteten:

1. Unternehmens- und Umweltfaktoren bestimmen die Standardisierung interner Dienstleistungen.
2. Standardisierungsmaßnahmen für interne Dienstleistungen stellen einen Ansatz zur Kostensenkung dar.
3. Umfang und Einsatz von Kostenrechnungsinstrumenten bestimmen die Kostentransparenz von internen Dienstleistungen.
4. Die Kosten der Auftragsabwicklung werden durch Anzahl und Komplexität der Schnittstellen im Prozessablauf bestimmt.

[181] Vgl. Gutenberg (1984), S. 98ff., der ausführlich die einzelnen Bestandteile einer innerbetrieblichen „Auftragsbearbeitung" erläutert.

des Fragebogens wurden interne Dienstleistungen mit drei Konstrukten (Standardisierung, Effektivität der Auftragsabwicklung, Kosten interner Dienstleistungen) operationalisiert und vier mögliche Determinanten berücksichtigt.[182]

Neben der Betrachtung der Auftragsabwicklung erfolgte weiterhin aus Controllingperspektive eine explorative Untersuchung zur Art und Weise der Kostenverrechung. So zeigte sich bei der Betrachtung der eingesetzten innovativen Instrumente der Kostenrechnung, dass für interne Dienstleistungen bei den betrachteten Unternehmen tendenziell relativ häufig auf das Target Costing, ein wenig seltener eine Prozesskostenrechung und am seltensten eine Lebenszyklusrechnung durchgeführt wird (siehe Abbildung 5).[183]

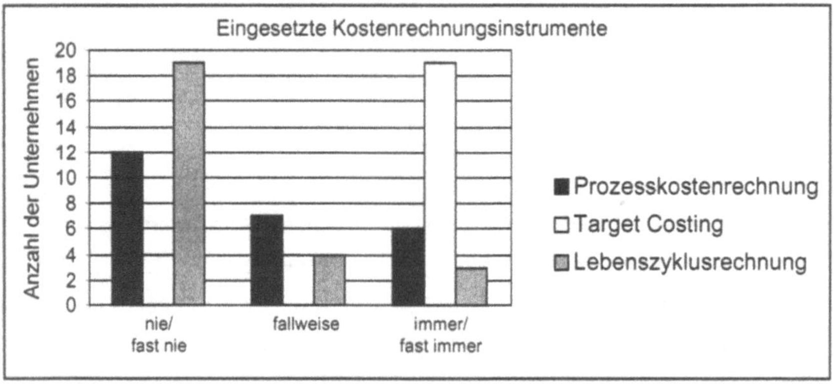

Abbildung 5: Eingesetzte Kostenrechnungsverfahren

Gleichzeitig wurde weiterhin die Gemeinkostenquote der Unternehmen betrachtet. Dabei zeigte sich, dass ein großer Teil der Firmen eine GK-Quote hatte, die größer

182 Für die vier verschiedenen Determinanten wurden verschiedene Konstrukte bzw. Eigenschaften identifiziert und durch weitere Indikatoren operationalisiert. So wurden beispielsweise der Produkttyp und die Produktkomplexität als Eigenschaften des Produktes festgelegt, die einen Einfluss auf die interne Dienstleistung haben. Die Produktkomplexität wurde mit sechs Indikatoren operationalisiert. Die Indikatoren für die Produktkomplexität waren: Elimination von Exoten, Verwendung von Gleichteilen, Standardisierung, Modularer Aufbau, Systembezug von Lieferanten und Sonstige. Gleichzeitig erfolgte eine Hypothesenprüfung durch statische Verfahren der ersten Generation mit Hilfe von Regressionsanalysen, die aber aufgrund der kleinen Stichprobe nur sehr eingeschränkte Ergebnisse lieferte. Zur vorgenommenen Einfach-Regressionanalyse vgl. Kromrey (2002), S. 490-499, sowie Schnell et al. (1999), S. 419f., sowie die dort aufgeführten Erläuterungen einschließlich der Grenzen der Analyse.

183 Bei der Prozesskostenrechnung wurde von zwei Unternehmen und bei der Lebenszykluskostenrechnung von einem Unternehmen keine Antwortmöglichkeit ausgewählt. Bei der Auswertung der Daten erfolgte eine Zusammenlegung der Tendenzen von nie mit fast nie sowie von immer mit fast immer.

als 35% war. Vier Unternehmen aus der Stichprobe wiesen sogar einen GK-Anteil aus der über 50% lag (vgl. Abbildung 6).

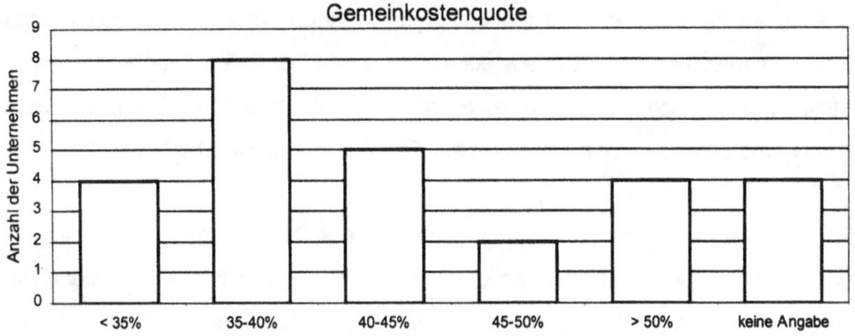

Abbildung 6: Gemeinkostenquote der Stichprobe

Der hohe Gemeinkostenanteil von Unternehmen der Antriebstechnik legt dabei aus theoretischer Sicht den Schluss nahe, dass der Einsatz der Prozesskostenrechnung zur Gemeinkostenplanung und -steuerung von unternehmensinternen Dienstleistungen sehr vorteilhaft ist.[184]

Externe produktbegleitende Dienstleistungen – Qualitative Empirie

Neben der auf interne Dienstleistungen ausgerichteten quantitativen Studie wurden weiterhin 17 teilstrukturierte, explorative Interviews mit 14 Experten[185] zum Kosten- und Erlösmanagement von *externen* produktbegleitenden Dienstleistungen durchgeführt.[186] Im Fokus der stark qualitativ ausgerichteten Studie standen externe Dienstleistungen, die für außerhalb des jeweiligen Unternehmens stehende Kunden erbracht werden (externer Adressat). Der Fragebogen diente eher als Leitfaden und die Interviews hatten zur Exploration sowie Problemfindung einen stark narrativen

---

[184] Vgl. exemplarisch Horváth (2003a), S. 557. Der relativ hohe Gemeinkostenanteil bei Unternehmen der Antriebstechnik wird dabei auch von anderen Autoren konstatiert und besonders auf die hohe Variantenzahl zurückgeführt. Vgl. Pfohl (2002a), S. 127. Gleichzeitig wiesen 21 Unternehmen der Studie eine Wertschöpfungsquote von mehr als 40% auf. Vgl. Abbildung 53 im Anhang.

[185] Der Expertenbegriff wird in der Literatur unterschiedlich verwendet. Dabei ist die Bezeichnung als „Experte" abhängig von dem Befragungs- und Forschungsziel. In der vorliegenden Studie wurden solche Personen als Experten verstanden, die als Funktionsträger einen privilegierten Zugang zu wesentlichen Unternehmensinformation hatten. Vgl. analog Stoi (1999), S. 102.

[186] Für einen Überblick der Ansprechpartner vgl. Abbildung 55 im Anhang. Mit drei Personen wurden je zwei Interviews zur Vertiefung der Erkenntnisse durchgeführt. Die Gliederung des Leitfadens zum State of the Art der Kosten- und Erlösplanung diente dabei lediglich einer generellen Strukturierung und wurde auch durch neue Erfahrungen und Ergebnisse aus ersten Fallstudien abgeändert. Zur generellen Einordnung dieser Form der Befragung vgl. Kromrey (2002), S. 376ff., Friedrichs (1990),

Charakter. Die Gespräche wurden alle vom Autor persönlich durchgeführt (zum Teil in Kooperation mit einem weiteren Interviewpartner) und die Ergebnisse transkribiert.[187] Über diese Interviews hinaus wurden vom Autor zahlreiche weitere Gespräche auf Konferenzen, (Dienstleistungs-)Tagungen und Arbeitskreissitzungen der Forschungsvereinigung Antriebstechnik durchgeführt, deren Ergebnisse implizit ebenfalls in die Exploration von externen produktbegleitenden Dienstleistungen einflossen und somit zu einem verbesserten Problemverständnis beitrugen.

Im Rahmen der Interviews konnte in Analogie zu der Diskussion in der Literatur ein großes Spektrum von externen produktbegleitenden Dienstleistungen identifiziert werden.[188] Die angebotenen Services und ihr Spektrum variieren dabei sehr stark. Selbst innerhalb einer Branche (wie z. B. der Antriebstechnik) lassen sich vielfältige unterschiedliche Ausprägungen von Service-Leveln identifizieren. Für die Kosten- und Erlösplanung von extern-orientierten produktbegleitenden Dienstleistungen lassen sich in der Praxis die **Handlungsfelder** der *Potenzial-* (Kapazitäts-, Leerkostenproblem), *Prozess-* (Einbeziehung des Kunden/ externen Faktors) sowie *Ergebnisplanung* (Qualitäts-, Zielkostenplanung) unterscheiden. Bei der Planung von nach außen gerichteten Dienstleistungen wird zwar die Bedeutung der Beziehung zum Produkt in den Interviews bestätigt, eine strukturierte Einbindung von Prototypen zur Kosten- und Erlösplanung von produktbegleitenden Dienstleistungen existierte bisher jedoch noch nicht. Auch erfolgte bei den betrachteten Unternehmen keine systematische, strukturierte Kopplung der Kosten- und Erlösplanung bei einer gemeinsamen Entwicklung von physischen Produkten und produktbegleitenden Dienstleistungen.[189]

S. 224ff., sowie für eine analoge Nutzung der teilstrukturierten Interviews vgl. Dörnemann (2002), S. 12ff.

[187] Falls angenommen wird, der interpretative Eingriff des Interviewers führe zu einem Reliabilitätsverlust, besteht die Möglichkeit, die Gesprächsunterlagen einzusehen.

[188] Zur Übersicht über die vielfältigen Ausprägungsformen von Dienstleistungen in der Literatur vgl. exemplarisch die sehr ausführliche Darstellung bei Corsten (2001), S. 31ff., und die dort aufgeführten Literaturverweise.

[189] Eine systematische Gestaltung und Entwicklung von Dienstleistungen (im Sinne eines Service Engineering) wurde allerdings von einigen Interviewpartnern angestrebt. Eine Abstimmung von Produkt- und Dienstleistungsentwicklung wird auch von einigen befragten Experten als eine Lösung der in Kapitel 4 erläuterten Handlungsfelder (Potenzial, Prozess und Ergebnis) gesehen.

2.2.2.4 Individualisierungsgrad der Dienstleistung

Durch die Integration des externen Faktors weisen Dienstleistungen häufig einen hohen Individualisierungsgrad auf. Im Vergleich zu physischen Produkten existiert weiterhin auch durch die tendenziell höhere Bedeutung der Immaterialität oft eine geringere Standardisierung bei produktbegleitenden Dienstleistungen, die mit einer Erschwerung der Planung einhergeht.[190] So ist exemplarisch eine Identifikation von standardisierten Prozessen schwerer möglich, was wiederum Auswirkungen auf eine prototypgestützte, prozessorientierte Kosten- und Erlösplanung von produktbegleitenden Dienstleistungen hat.[191]

Im Rahmen des vorliegenden Forschungsprojektes werden daher zwar die Besonderheiten, die aus der Integration eines externen Faktors resultieren, berücksichtigt. Einmalige, individuelle und damit prozessual nicht planbare produktbegleitende Dienstleistungen (z. B. einmalige, individuelle Beratungen) werden allerdings nicht in die Kosten- und Erlösplanung integriert. Dies erscheint auch aus Effektivitätsgründen zur Komplexitätsreduktion sinnvoll, da durch ein solches Vorgehen eine Konzentration auf die wesentlichen Varianten der Dienstleistungserstellung erfolgen kann. Es erfolgt vielmehr eine Fokussierung auf (teil-)standardisierte produktbegleitende Dienstleistungen, die sich durch wiederholende Prozesse (und zum Teil ebenfalls besser planbare Potenziale und Ergebnisse) auszeichnen. Unterschiedliche Dienstleistungsausprägungen (z. B. durch die hohe Varianz der Dienstleistungsergebnisse) werden jedoch zumindest implizit in das Konzept integriert.[192]

2.2.2.5 Einordnung in den Produktlebenszyklus

Für die praktische Realisierung der Kosten- und Erlösplanung hat sich weiterhin eine Differenzierung der produktbegleitenden Dienstleistung hinsichtlich ihrer Stellung im

---

[190] Vgl. Paul, Reckenfelderbäumer (2001), S. 632, die daneben noch auf die unterschiedlichen Qualitätsausprägungen hinweisen.

[191] Weber und Schäffer unterteilen bei ihrer Betrachtung in Dienstleistungen vom Typ A und Typ B hinsichtlich eines Wissensdefizites. Dabei sind Dienstleistungen vom Typ A standardisiert und es existieren geringe Wissensdefizite. Dienstleistungen vom Typ B zeichnen sich nach Ihrer Darstellung durch hohe Wissensdefizite, verbunden mit der Tatsache, dass weder Prozessablauf noch Prozessergebnis ex-ante festliegen, aus. Vgl. Weber, Schäffer (2001), S. 903ff.

Lebenszyklus des physischen Produktes als Einflussfaktor gezeigt. Je nachdem, ob die betrachtete Dienstleistung stärker auf die ***Entwicklungs-, Produktions-*** oder ***Nachsorgephase*** zielt, resultieren Auswirkungen auf die Möglichkeit zur Nutzung des Prototypen. Die produktbegleitende Dienstleistung, die primär auf die Entwicklungsphase fokussiert (z. B. eine technische Prüfung bzw. Engineeringdienstleistung), zeigt dabei andere Ausprägungen als ein vor allem die Produktions- oder Nachsorgephase betreffender Service (z. B. eine technische Wartung). Aus diesem Grund wird in der vorliegenden Arbeit eine frühzeitige Engineeringdienstleistung und eine späte technische Wartung näher betrachtet. Eine ähnliche zeitliche Einteilung von Dienstleistungen wird von einigen Autoren hinsichtlich des Verkaufszeitpunktes (in Pre-Sales, Sales und After-Sales) vorgenommen.[193] Bei dieser Systematisierung erfolgt jedoch keine explizite Berücksichtigung des Produktbezuges.

Die Probleme der Prototypunterstützung zur lebenszyklusorientierten Kosten- und Erlösplanung von physischen Produkten treten zum Teil ebenfalls bei produktbegleitenden Dienstleistungen auf.[194] So existieren gerade bei weiter in der Zukunft durchzuführenden Services in der Nachsorgephase Prognoseprobleme. Diese Unsicherheit besteht jedoch auch ohne den Einsatz von Prototypen und ist ein generelles Problem der Planung.[195] Aus Sicht des vorliegenden Forschungsvorhabens ist entscheidend, inwieweit und auf welche Weise Prototypen zur Reduzierung dieser Unsicherheit gerade bei produktbegleitenden Dienstleistungen beitragen können.

[192] Zu einem möglichen Regelkreis zum Management der Dienstleistungsqualität vgl. Bruhn (2004), S. 191.

[193] Vgl. exemplarisch Schuh et al. (2004), S. 60, sowie die dort aufgeführten ausführlichen Dienstleistungsbeispiele.

[194] Zu den generellen Problemen der Prototypunterstützung bei einer Lebenszyklusbetrachtung, vgl. Pfohl (2002a), S. 92-97, sowie für eine einführende Veranschaulichung des Life Cycle Costing bei produktbegleitenden Dienstleistungen ohne den Einbezug von Prototypen vgl. Seinschedt et al. (2003), S. 91ff.

[195] Für eine erläuternde Betrachtung von Prognosefehlern im Rahmen einer Kosten- und Erlösplanung vgl. Schweitzer, Küpper (2003), S. 307f., und die Ausführungen zur Planung und Entscheidungen unter Ungewissheit und Unsicherheit bei Hahn, Hungenberg (2001), S. 71-75. Die Verknüpfung von Kostenrechnung und Unsicherheit ist dabei kein neues Problem in der Betriebswirtschaft. Vgl. dazu exemplarisch die Monographie von Krönung (1988), der ebenfalls ein entscheidungstheoretisch fundiertes Vorgehen bei seiner Betrachtung wählt, sowie bereits die Ausführungen von Schmalenbach (1956), S. 84f.

2.3 Zwischenfazit: Arbeitsdefinition „produktbegleitende Dienstleistung"

Die beschriebene, morphologische Betrachtung hat aufgezeigt, wie vielfältig und vielschichtig der betrachtete Forschungsgegenstand der produktbegleitenden Dienstleistung ist. In der einschlägigen Literatur existieren zahlreiche weitergehende ein- und mehrdimensionale Systematisierungsvorschläge, die aber im Rahmen der vorliegenden Untersuchung nicht speziell thematisiert und zugrunde gelegt werden sollen.[196]

Einige Autoren fokussieren weiterhin mit ihrer Definition von produktbegleitenden Dienstleistungen lediglich auf spezielle Dienstleistungsarten. So erfolgt z. B. eine Konkretisierung auf spezielle Nachfrager (nur Unternehmen) oder ein Ausschluss spezieller Anbieter (z. B. keine produzierenden Dienstleister).[197] Ein solches Verständnis der ***produktbegleitenden Dienstleistungen im engeren Sinne*** erscheint generell auch sehr gut möglich, wird aber in der vorliegenden Forschungsarbeit *nicht* vertreten. Im Fokus der weiteren Ausführung werden vielmehr ***produktbegleitende Dienstleistungen im weiteren Sinne*** stehen. Diese stellen eine spezielle Ausprägungsform von Services dar und zeichnen sich durch das notwendige Merkmal einer *Verbindung zum physischen Produkt* aus. Diese Beziehung lässt sich dabei nie ganz ersetzen.[198]

Unter produktbegleitenden Dienstleistungen werden daher auf Potenzialen beruhende Leistungsversprechen verstanden (Potenzialsicht), die prozessual unter Einbindung eines externen Faktors erstellt werden (Prozesssicht) und sich durch eine Verbindung zum physischen Produkt auszeichnen.[199]

Durch die Schwerpunktsetzung auf die mögliche Prototypunterstützung im Rahmen der Arbeit wird eine weitere Typologisierung und Fokussierung der betrachteten Services unentbehrlich. Für Produkte, die keiner Verbesserung unterliegen, kann zu

[196] Vgl. erneut die Darstellung bei Corsten (2001), S. 31ff., Mengen (1993), S. 40ff., und die dort aufgeführten Literaturverweise.
[197] Vgl. Spath, Demuß (2003), S. 471ff.
[198] Zum Begriff der produktbegleitenden Dienstleistung vgl. u. a. Buttler, Stegner (1990), S. 934, Killinger (1999), S. 133-135, Kinkel (2003), S. 1, sowie Schneider (1998), S. 10. Pepels (1996), S. 25, verwendet analog den Begriff der produkt*verbundenen* Dienstleistung (Hervorhebung d. V.).
[199] Zu einer solchen Dienstleistungsdefinition vgl. erneut Fußnote 156 sowie die dort aufgeführten Literaturverweise.

einer nachfolgenden Planung das bereits bestehende physische Produkt als Anschauungsobjekt für die Kosten- und Erlösplanung verwendet werden. Die aufwändige Erstellung von Prototypen ist in diesem Fall weder nötig noch sinnvoll. Aus einer logischen Schlussfolgerung wird daher gefordert, dass das zur Dienstleistung gehörende Produkt einer (Neu- oder Weiter-) Entwicklung unterliegt.[200] Die folgende Abbildung fasst die Erläuterungen zur Verbindung zum physischen Produkt sowie dessen Innovationsgrad noch einmal anschaulich zusammen und zeigt das primäre Betrachtungsobjekt des Forschungsprojektes auf.

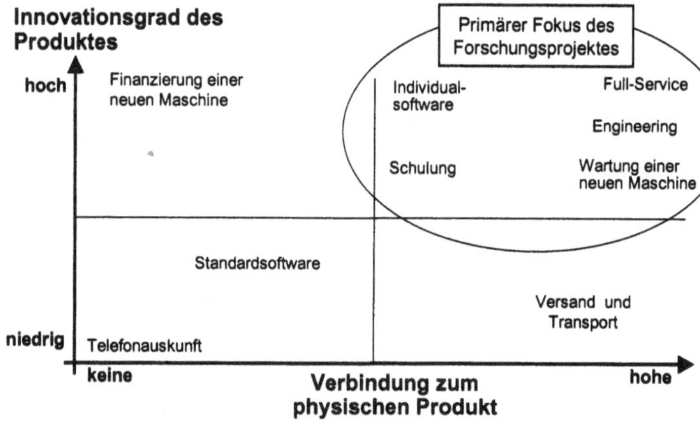

Abbildung 7: Einordnung der produktbegleitenden Dienstleistungen als Betrachtungsobjekt

Die produktbegleitende Dienstleistung kann sich sowohl auf eigen- als auch fremderstellte Produkte beziehen. Somit können auch verselbstständigte Services (ohne Erstellung der physischen Produkte im gleichen Unternehmen) produktbegleitende Dienstleistungen sein.[201] Durch ein solches zweckmäßiges, praxisorientiertes Begriffsverständnis werden auch Engineeringdienstleistungen oder technische Wartungen, die an fremden Produkten erfolgen, mit in die Betrachtung integriert.[202]

[200] Zur Beschreibung des Innovationsgrad des begleitenden Produktes vgl. erneut Kapitel 2.2.2.2.

[201] Vgl. zu einer Gegenmeinung Niemand (1996), S. 14, der selbständige Dienstleistungen von produktbegleitenden Dienstleistungen abgrenzt. Allerdings entfällt durch ein solches Begriffsverständnis die Betrachtung von Dienstleistungen die an Produkten der Konkurrenz (z. B. bei Wartungen) erbracht werden.

[202] Für die Bedeutung der Zweckmäßigkeit von Definitionen gerade auch im Dienstleistungsbereich vgl. Woratschek (2001a), S. 263, sowie erneut zur methodologischen Einordnung der Zweckmäßigkeit von Definitionen im Allgemeinen Schanz (1988), S. 18f.

„It is that prototyping – the build and test activities of each design cycle – is a key management tool for guiding development projects. It is not just a technical tool." [192]

STEVEN C. WHEELWRIGHT AND KIM B. CLARK

3 Typologisierung von Prototypen zur Unterstützung der Kosten- und Erlösplanung

In Analogie zu der Betrachtung und Typologisierung von produktbegleitenden Dienstleistungen soll im Folgenden zunächst eine einfache bibliometrische Analyse von Prototypen erfolgen und danach eine morphologische Betrachtung durchgeführt werden. Schließlich erfolgt die Ableitung einer Arbeitsdefinition für das Verständnis von Prototypen im Rahmen dieser Arbeit.

3.1 Bibliometrische Analyse

Für eine einfache, bibliometrische Einordnung der Bedeutung des Themas wurden in zwei bedeutsamen Datenbanken der Deutschen Bibliothek sowie Wiso-Net Wiwi Recherchen durchgeführt.[193]

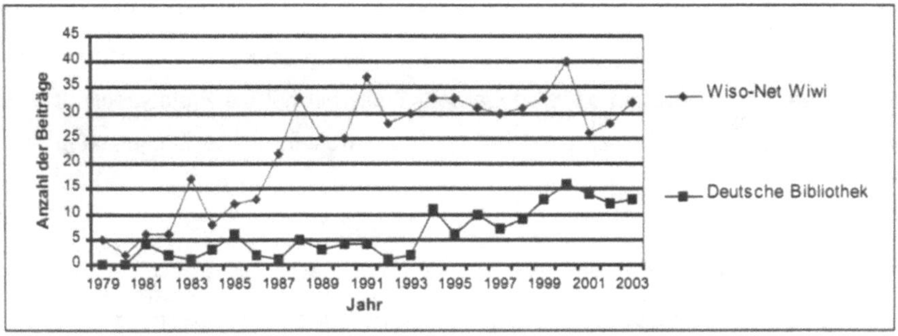

Abbildung 8: Anzahl der Beiträge mit Prototypbezug im Zeitablauf

[192] Wheelwright, Clark (1992), S. 255. WHEELWRIGHT UND CLARK sind Professoren an der HARVARD BUSINESS SCHOOL, BOSTON.

[193] Zur Informationsbasis Wiso-Net Wiwi vgl. erneut die Erläuterung in Kapitel 2.2.1 und die dort aufgeführten Erläuterungen. Weiterhin wurde im Online-Katalog der Deutschen Bibliothek in Frankfurt recherchiert. Dieser umfasst die deutschsprachigen Monographien, Dissertationen, Habilitationsschriften, Zeitschriften seit 1945. Eine Darstellung von einzelnen Beiträgen und Aufsätzen erfolgt in der Online-Datenbank der Deutschen Bibliothek aber nicht. Vgl. Deutsche Bibliothek (2004), URL siehe Literaturverzeichnis.

Es sind dabei alle Beiträge aufgenommen worden, die in der Freitextsuche nach dem Stichwort „Prototyp“ in den beiden Datenbanken erschienen sind.[194] Generell zeigt die Abbildung anschaulich, dass im Laufe der letzten 20 Jahre eine kontinuierliche Zunahme der Publikationen zu vermerken ist, die sich mit Prototypen beschäftigen.[195] Dieser Trend wurde dabei auch durch gezielte Förderung der Forschungsmaßnahmen durch die Deutsche Forschungsgemeinschaft im Rahmen von Sonderforschungsbereichen verstärkt.[196] Die aufgezeigten Beiträge stammen dabei von verschiedenen Wissenschaftszweigen und lassen daher eine differenzierte Analyse sinnvoll erscheinen. Dieses Ergebnis führte zu einer Analyse der Funktionen von Prototypen aus unterschiedlichen Forschungsgebieten.[197]

3.2 Morphologische Betrachtung

Bei der Untersuchung von Prototypen lassen sich vielfältige Formen und Ausprägungen identifizieren. Ein Verständnis dieser verschiedenen Systematisierungsansätze erscheint aus Sicht einer Darstellung der Unterstützungspotenziale von Dienstleistungen vorteilhaft, um die Möglichkeiten und Grenzen aufzuzeigen. Im Folgenden wird daher zunächst auf die vielfältigen Funktionen von Prototypen näher eingegangen. Dabei soll insbesondere auch der Blickwinkel verschiedener Wissenschaftszweige aufgezeigt und damit die potenziellen Aufgaben von Prototypen kontextbezogen erläutert werden. Weiterhin hat die Prototypensubstanz eine bedeutende Auswirkung auf den Einsatz zur Kosten- sowie Erlösplanung und

---

[194] Die vorgenommene Suche stellt eine einfache bibliometrische Analyse dar. Neben dieser Auswertung erfolgte weiterhin eine Nutzung von CiteSeer, eines nicht-kommerziellen Analysetool, das von der National Science Foundation (NSI), der School of Information Science und Technology (Pennsylvania), der NEC Corporation und Microsoft Research betrieben wird. Genau wie der kommerzielle SSCI ermöglicht CiteSeer den Zugang zu zitierten Referenzen, zeigt den Zitierungskontext sowie ähnliche Dokumente auf. CiteSeer ermöglicht statistische Analysen, Graphiken und verschafft zahlreiche weitere Informationen. Vgl. School of Information Science and Technology (2004), URL siehe Literaturverzeichnis. So wurden 41 Publikationen mit der Kombination „Prototype and Service“ sowie 14 Publikationen zu den Schlagwörtern „Prototype and Costs“ gefunden. Abhängigkeiten und Querzitierungen wurden ebenfalls betrachtet, jedoch ergaben sich keine signifikanten Ergebnisse.

[195] Bei der Einordnung der Ergebnisse ist zu beachten, dass bei der Datenbank der Deutschen Bibliothek lediglich Monographien und Herausgeberwerke aufgezeigt wurden, wohingegen bei Wiso-Net Wiwi auch Zeitschriftenaufsätze mit in die Zählung einflossen.

[196] So wurden seit Mitte der neunziger Jahre zwei Sonderforschungsbereiche (Sfb 361 „Modelle und Methoden zur integrierten Produkt- und Prozessgestaltung“ sowie Sfb 374 „Entwicklung und Erprobung innovativer Produkte – Rapid Prototyping“) von der DFG gefördert.

[197] Vgl. ausführlich Kapitel 3.2.1.

soll daher ebenfalls beleuchtet werden.[198] Die möglichen Konkretisierungen vom Design- bis zum technischen Prototypen sowie verschiedene Verfahren zur Prototypenerstellung sind ebenfalls wesentlicher Bestandteil der morphologischen Betrachtung. Schließlich erfolgt eine Untersuchung hinsichtlich der branchenspezifischen Bedeutung von Prototypen.

3.2.1 Funktion des Prototyps

Die Prototypfunktionen werden in den verschiedenen Wissenschaftszweigen unterschiedlich beschrieben. Die folgende Abbildung 9 gibt einen Überblick über die Aufgaben in ausgewählten Veröffentlichungen aus psychologischer, ingenieurwissenschaftlicher und betriebswirtschaftlicher Perspektive, welche nachfolgend näher erläutert werden. Neben diesen Sichtweisen existieren weitere Betrachtungen aus anderen Wissenschaftszweigen, die jedoch nicht im Fokus dieser Arbeit stehen.[199]

Psychologische Perspektive		**Ingenieurwissenschaftliche Perspektive**		**Betriebswirtschaftliche Perspektive**	
Hacker & Sachse	**Herzog**	**VDI**	**Bullinger et al.**	**Specht et al.**	**Vorliegende Arbeit**
• Analysehilfe • Evaluationshilfe • Lösungshilfe • Speicherhilfe • Kommunikationshilfe • Dokumentationshilfe	Erkenntnistheoretische Funktion: • Interpretation • Repräsentation • Selektion • Heuristische Funktion • Illustration	• Problemdefinition • Lösungsfindung • Lösungsbeschreibung • Lösungsbeurteilung • Lösungsauswahl	Unterstützung bei der Erarbeitung alternativer Konzepte Unterstützung einer späten Entscheidung und Spezifikation des Produktes	• Unterstützung bei der Planung und Steuerung • Information und Kommunikation • Einbindung von Anforderungen der Kunden und Lieferanten	• Analyse • Gestaltung/ Entscheidung • Dokumentation

Abbildung 9: Ausgewählte Differenzierungen der Funktionen von Prototypen (eigene Darstellung)

3.2.1.1 Psychologische Perspektive

Die Funktionen von Prototypen werden in Veröffentlichungen von Psychologen vielschichtig betrachtet. Im Folgenden sollen dabei im Hinblick auf das Forschungsziel zwei unterschiedliche psychologische Differenzierungen der

[198] Exemplarisch lassen sich in Abhängigkeit von der Prototypensubstanz (physische oder virtuelle Prototypen) verschiedene Eigenschaften identifizieren. Vgl. Cassack (2002a), S. 25.

[199] So werden Prototypen und unterschiedliche Gliederungen der Prototypenfunktionen exemplarisch auch in Veröffentlichungen in der Physik (vgl. Kühnel (1995), S. 2ff.), Informatik (vgl. Spitta (1989), S. 185ff.) oder aber auch in der Linguistik (vgl. Taylor (2003), S. 41ff.) identifiziert.

Funktionen näher erläutert werden. Zunächst werden die Forschungsergebnisse von SACHSE UND HACKER und anschließend die von HERZOG näher betrachtet.[200] Weiterhin soll durch einige Anwendungen die konkrete Umsetzung der Funktionsdifferenzierung in der Psychologie aufgezeigt werden.

SACHSE UND HACKER nehmen eine umfassende Untersuchung der Aufgaben von Prototypen in der Produktentwicklung vor, indem sie in explorativen, halboffenen Interviews mit Konstrukteuren und Maschinenbauern unterschiedliche Aspekte der Prototypunterstützung erfragten.[201] Bei diesen Untersuchungen wurden Prototypen als eine Untergruppe von Modellen im Sinne von mentalen Repräsentationen verstanden.[202] In nachfolgenden Untersuchungen hat HACKER weiterhin durch umfassende Experimente mit Konstruktionsaufgaben unterschiedlicher Komplexität den Nutzen von Prototypen aus psychologischer Sicht bewertet. Dabei zeigte er, dass die expertenbewertete Lösungsgüte bei der Entwicklung mit Prototypen besser ist. Weiterhin ergab seine Untersuchung, dass die Gesamtbearbeitungszeit nicht signifikant verlängert wurde, obwohl durchschnittlich rund 20 Prozent der Produktentwicklungszeit durch das Prototyping genutzt wurden. Aus der Sicht der Konstrukteure war die erlebte Schwierigkeit der Aufgabe schließlich niedriger.[203] Diese psychologischen Untersuchungen zeigen somit auch einen empirisch quantifizierbaren Nutzen von Prototypen auf. Die vorgenommene Einteilung sowie Untersuchungen der Prototypfunktionen fokussieren dabei jedoch primär und direkt auf die Entwicklung eines physischen Produktes. Sekundär bzw. indirekt lassen sich diese Ergebnisse jedoch auch sehr anschaulich auf die Bedeutung von Prototypen für produktbegleitende Dienstleistungen transferieren.[204] Im Folgenden soll ein solcher Transfer in Analogie zu den Ergebnissen von ***HACKER UND SACHSE*** erfolgen.

[200] Für eine weitere anschauliche Betrachtung von Modellen in der Psychologie und deren Anwendung vgl. auch Tyrer, Steinberg (1997) sowie bereits die Erläuterungen von Bruder (1973).

[201] Vgl. Sachse, Hacker (1995), S. 11ff., die für die Studie 21 Konstrukteure und Maschinenbauer aus verschiedenen Arbeitsbereichen befragten. Bei dem zugrunde liegenden Fragebogen war dabei die Funktion (im Sinne der Aufgabe) von Modellen ein zentrales Problem. Vgl. Sachse, Hacker (1995), S. 25.

[202] Vgl. Sachse, Hacker (1995), S. 2.

[203] Vgl. Hacker (1999), S. 31f. Bei der Untersuchung wurden 90 Experimente mit Konstruktionsaufgaben unterschiedlicher Schwierigkeit von verschiedenen Gruppen durchgeführt.

[204] Ein solcher genereller Transfer erscheint auch aufgrund der durchgeführten Fallstudien möglich zu sein. Eine psychologische Betrachtung der Prototypunterstützung für produktbegleitende Dienstleistungen oder Dienstleistungen im Allgemeinen wurde nach Kenntnis des Verfassers noch nicht durchgeführt.

Dabei werden die Funktionen in die Analyse-, Evaluations-, Speicher-, Lösungs-, Kommunikations- und Dokumentationshilfe differenziert.[205]

Als **Analysehilfe** können Prototypen auch für die produktbegleitenden Dienstleistungen zur frühzeitigen Problemerkennung, zur Schwachstellenuntersuchung und -reduzierung, zur Reduzierung von Fehlhandlungen, Fehlentscheidungen, Fehlentwicklungen sowie zur Vermeidung von Denkfehlern beitragen.[206] Auch bei Services erscheint es möglich, dass Produktmodelle die Veranschaulichung und Vorstellungsunterstützung bei fehlender Erfahrung ermöglichen. Dies kann insbesondere für Dienstleistungen, die eine hohe Verbindung zum physischen Produkt aufweisen, zutreffen. Im Sinne einer Analysehilfe tragen Prototypen dazu bei, die visuelle Vorstellung zu konkretisieren und haptische Erfahrungen zu unterstützen.[207] Dieser Vorteil hat insbesondere durch den großen Einfluss der Immaterialität bei vielen Dienstleistungen eine hohe Bedeutung.[208]

Prototypen können nach den Forschungsergebnissen von SACHSE UND HACKER darüber hinaus auch als **Evaluationshilfe** eingesetzt werden. Neben der für Produkte wichtigen Beurteilung von physikalischen Sachverhalten, kann eine Bewertung von Montage- und Sicherheitseigenschaften, der Flexibilität und Bedienungsmöglichkeit erfolgen. Dies gilt gerade auch für „klassische" produktbegleitende Dienstleistungen wie Wartung, Reparatur und Instandhaltung.[209] Weiterhin kann eine Fehler- und Zuverlässigkeitsprüfung am Prototypen nicht nur für das physische Produkt, sondern auch für den begleitenden Service Rückschlüsse auf Art und Häufigkeit von Problemen erlauben. Analog können die Erfahrungen bezüglich der Informationsbewertung von physischen Produkten auf die produktbegleitenden Dienstleistungen transferiert werden.

---

205 Zur generellen Betrachtung der Funktionen von Prototypen für die Produktentwicklung vgl. im Folgenden Sachse, Hacker (1995), S. 12ff. Dabei konstatieren die Autoren auch eine ökonomische Funktion, da Prototypen zeitsparend und kostengünstige Alternativen darstellen und mehrfach einsetzbar sind.

206 Zur Stärke von Denkmodellen zur Vermeidung von Denkfehlern vgl. auch die Ausführungen bei Betsch (1995), S. 24ff.

207 Für den Einfluss der Haptik und das Potenzial am Beispiel des Automobilbereiches vgl. Stolz (2002), S. 76f.

208 Zur Bedeutung der Immaterialität vgl. erneut die Ausführungen in Kapitel 2.1.1.4.

209 Ähnliches gilt jedoch auch für innovative Dienstleistungen wie z. B. einen Teleservice. Zur anschaulichen Darstellung eines solchen Teleservices vgl. Kirsch (2004), S. 307-310.

Daneben können Prototypen eine **Lösungshilfe** darstellen. Auch für Services können so mentale Barrieren überwunden sowie Assoziationen unterstützt werden.[210] Produktmodelle ermöglichen so, neue Ideen zu prüfen (z. B. für ein Full-Service-Paket) und tragen zu einer besseren Beherrschung der Komplexität bei. Informationen zur Problemlösung werden damit transparenter dargestellt sowie einfacher variier- und manipulierbar. Ebenso wird eine iterative Rückkopplung zur Lösungsfindung unterstützt.

Die Funktion der **Speicherhilfe** besteht in der Bewahrung von Selektierten, Aktivierten, Hergeleiteten bzw. Erzeugten. Aus psychologischer Perspektive betonen die beiden Autoren unter diesem Punkt weiterhin die Aufgabe der Gedächtnisentlastung durch Prototypen.[211] Skizzen und Abbildungen können so nicht nur als eine Erinnerungshilfe für die physischen Produkte, sondern auch für die an diesen wirkenden produktbegleitenden Dienstleistungen dienen. Dadurch werden wesentliche Informationen systematisch bereitgestellt und zu einer vorläufigen Lösung zusammengefasst.

Die Untersuchung von SACHSE UND HACKER zeigt weiterhin eine **Kommunikations- und Dokumentationshilfe** von Prototypen auf. Gerade bei konkurrierenden oder sich sogar widersprechenden Anforderungen kann dadurch eine Abstimmung zwischen den Mitarbeitern erfolgen und der Prototyp zur Dokumentation von (Zwischen-) Ergebnissen für das physische Produkt sowie die begleitende Dienstleistung verwendet werden.[212]

Eine allgemein beschreibende, weitere Untersuchung zu Funktionen von Modellen aus psychologischer Perspektive wird ausführlich ebenfalls von ***HERZOG*** vorgenommen.[213] Die verschiedenen Aufgaben sollen im Folgenden näher erläutert und ihre mögliche Bedeutung für die Unterstützung bei der Planung von produktbegleitenden Dienstleistungen aufgezeigt werden. HERZOG differenziert in eine

[210] Eine solche Integration erscheint z. B. gut durch die Einbindung in verschiedene Kreativitätstechniken möglich. Für einen sehr anschaulichen, erläuternden Überblick über verschiedene Methoden vgl. Specht et al. (2002), S. 136-140.
[211] Vgl. Sachse, Hacker (1995), S. 12.
[212] Vgl. ebenfalls die Ergebnisse von Hacker (1999), S. 22ff.
[213] Vgl. Herzog (1984), S. 84ff., der ebenfalls gut eine Einordnung des Untersuchungsgegenstandes „Maschinenmodells" vornimmt und die zugrundeliegenden Annahmen erläutert. Vgl. Herzog (1984), S. 97ff.

- Erkenntnistheoretische Funktion,
- Interpretierende Funktion,
- Repräsentierende Funktion,
- Selektierende Funktion,
- Heuristische Funktion sowie
- Illustrierende Funktion.

Die psychologische Betrachtung der **erkenntnistheoretischen Funktion** von Modellen betrifft die Meta-Ebene. In einer solchen psychologischen und philosophischen Betrachtung von Modellen erfolgt eine Nutzung dieser Bilder, um erkannt zu werden.[214] Dementsprechend sind Modelle nichts anderes als Hilfsmittel, die der Bildung von solchen Vorstellungen dienen.[215] Dieser erkenntnistheoretischen Funktion von Modellen lassen sich die einzelnen, folgenden Teilfunktionen zuordnen. Daher kann die erkenntnistheoretische Funktion als eine Meta-Aufgabe verstanden werden. In Analogie können aus dieser Perspektive Prototypen als Produkt-Modelle eine Meta-Funktion zur Erkenntnisgewinnung wahrnehmen.

Die **interpretierende Funktion** von Modellen findet vor allem in der mathematischen Psychologie Verwendung. Sie spezialisieren und konkretisieren eine Struktur auf ein an diese Form angepasstes Einzelsystem, dass nur abstrakt-strukturelle Eigenschaften abbildet. Dabei sind Modelle spezifische, interpretierende Ausgestaltungen von Basissystemen.[216] Die Funktionen von mathematischen Modellen in der Psychologie lassen sich gut mit den Aufgaben von mathematischen Modellen bei der Produktentwicklung vergleichen. Für die Betrachtung von produktbegleitenden Dienstleistungen können analog Interpretationen hinsichtlich der Auswirkung von unterschiedlichen Grundlagen auf die Eigenschaften des Produktes, welche die Dienstleistung beeinflussen, vorgenommen werden.

---

[214] „Erkenntnis wurzelt in einem subjektiven Akt, der Vor-Stellung des Seienden [...] Das ‚Seiende' lässt sich nur erkennen insofern es vom ‚vorstellend-herstellenden Menschen' erkennbar gemacht wird." Herzog (1984), S. 84. Ähnlich wird auch bereits von HEIDEGGER konstatiert: „Das Erkennen als Forschung zieht das Seiende zur Rechenschaft darüber, wie es und wie weit es dem Verstellen verfügbar zu machen ist." Heidegger (1950), S. 80.

[215] Vgl. Herzog (1984), S. 85.

[216] Zu mathematischen Modellen in der Psychologie vgl. ebenfalls Tack (1975), S. 232ff.

Zwischen der **repräsentierenden** und der **selektierenden Funktion** von Modellen besteht aus psychologischer Perspektive eine hohe Interdependenz.[217] Auch STEINBUCH sieht das Ziel von Modellen vor allem darin, dem Menschen, der in seinem Bewusstseinsumfang beschränkt ist, komplexe Tatbestände erfassbar zu machen. Aus dieser Tatsache resultiert die Aufgabe von Modellen in einer Repräsentation der Realität. Modelle dienen so als Abbilder, wobei sie einer Selektion unterliegen.[218] Diese Selektivität ist aus psychologischer Perspektive ein wesentliches Merkmal. Sie führt allerdings auch zu einer Kritik, die eine zu starke Simplifizierung feststellt.[219]

Aus psychologischer Sicht haben Modelle weiterhin eine **heuristische Funktion**, da sie als ein Hilfsmittel für ein Verständnis neuer, erstmaliger Erscheinungen dienen können. So lassen sich neuartige Erfahrungen mit bestehenden Modellen aus länger bekannten Bereichen strukturieren (z. B. bei der Elektrizität im 19. Jahrhundert).[220] Eine heuristische Aufgabe wird weiterhin erfüllt, wenn Modelle eingesetzt werden, um bereits bekannte Gegebenheiten aus einer neuen Perspektive zu betrachten.[221] Allerdings weißt LEWIN auch auf die Grenzen solcher Übertragungen hin, die bei der Nutzung von Modellen physikalischer oder nicht-physikalischer Natur bestehen. Deswegen steht LEWIN generellen Analogien mit Hilfe von Modellen kritisch gegenüber.[222] Eine solche heuristische Funktion erscheint trotzdem tendenziell für die Übertragung von Erfahrungen von der Produktentwicklung auf das Service Engineering in einigen Bereichen gegeben.[223]

[217] Vgl. Herzog (1984), S. 85f., sowie ebenfalls die Ausführungen zur Anwendung von verschiedenen Modellen aus psychologischer Sicht bei Tyrer, Steinberg (1997), S. 143ff.

[218] Vgl. Steinbuch (1971), S. 55.

[219] Für Modelle in der Psychologie (aber nicht nur für dieses Fachgebiet) ist es daher essenziell immer den Zweck aufzuzeigen, für den ein bestimmtes Modell konstruiert wurde. Vgl. Steinbuch (1971), S. 56, sowie generell für die verschiedenen Zwecke von Modellen in der Psychologie Tyrer, Steinberg (1997), S. 10ff.

[220] Als ein anschauliches Beispiel für die heuristische Funktion von Modellen können mechanische Denkmodelle gesehen werden, die im 19. Jahrhundert eingesetzt wurden, um die Phänomene der Elektrizität besser zu verstehen. Vgl. Herzog (1984), S. 86.

[221] Für ein solches heuristisches Vorgehen vgl. Pohl et al. (2002), S. 270ff.

[222] Vgl. Lewin (1969), S. 95f., der festhält: „Ein Modell pflegt sehr viel Willkürliches zu enthalten. Ebenso wie ein Anschauungsbild pflegt man es nur so weit zu benutzen, als die „Analogie“ reicht, d.h. in Wirklichkeit, solange es einem bequem ist. Sobald sich Konsequenzen ergeben, die mit den realen Sachverhalten nicht mehr übereinstimmen, pflegt man darauf hinzuweisen, dass es sich eben „nur“ um ein „Modell“ oder einen „Vergleich“ handelt.“

[223] Im Rahmen des Service Engineering existieren zahlreiche Voraussetzungen, die implizit auf dieser psychologischen Aufgabe von Modellen beruhen. Für eine Aufführung von Veröffentlichungen vgl. Bullinger, Scheer (2003), S. 3-17.

Die **illustrierende Funktion** von Modellen geht nach HERZOG über die Repräsentanz hinaus und bewirkt eine Veranschaulichung der Realität.[224] Diese Aufgabe sowie eine symbolhafte, bildliche Darstellung und Beschreibung lässt sich anschaulich beim Einsatz zur Veranschaulichung der psychischen Entwicklung eines Menschen nutzen. Modelle und Analogien (z. B. der Vergleich des Wachstums eines Musikstückes für Orchester mit dem Wachstum eines Menschen) können komplexe Sachverhalte illustrieren.

HERZOG betont in seiner Betrachtung zu Aufgaben von Modellen, dass die *Funktion* ein wesentliches *konstituierendes Merkmal* von Modellen darstellt. Der konkrete Untersuchungsgegenstand in der Psychologie resultiert häufig in Modellen, die oft als Metapher oder Analogien aus den außerpsychologischen Kontexten übernommen werden. So konstatiert HERZOG, dass der psychologische „Gegenstand" auch abstraktiv, ohne Kontexteinbindung, gefunden werden kann, jedoch solche Modelle eher nicht im Fokus der Psychologie stehen.[225] Diese Erfahrungen aus der Psychologie erscheinen für ein generelles Verständnis zum Erkennen und Verwenden von Produktmodellen bzw. Prototypen sehr treffend zu sein.

3.2.1.2 Ingenieurwissenschaftliche Perspektive

Neben den Untersuchungen von Psychologen *über* Ingenieure und deren Nutzung von Prototypen scheint weiterhin interessant zu sein, wie Ingenieure selbst die Funktionen von Produktmodellen bewerten. Dabei dominiert in Publikationen aus ingenieurwissenschaftlicher Perspektive die Betrachtung der technischen Funktionen von Prototypen. In den Richtlinien des ***Vereines Deutscher Ingenieure (VDI)*** lassen sich fünf Hauptfunktionen von Prototypen zur Entwicklung und Konstruktion von Produkten ableiten. So sind Aufgaben nach der VDI-Richtlinie 2221 in der *Problemdefinition, Lösungsfindung, Lösungsbeschreibung, Lösungsbeurteilung* und *Lösungsauswahl* zu sehen.[226] Diese Unterscheidung findet bei konventionellen Phasenabläufen der Konstruktion häufig Anwendung und ermöglicht eine klare

[224] Vgl. Herzog (1984), S. 87.
[225] Vgl. Herzog (1984), S. 96.
[226] Vgl. VDI (1993).

Struktur und Gliederung der Aufgaben von Produktmodellen.[227] Eine solche Differenzierung der Funktionen von Prototypen in Anlehnung an die VDI-Richtlinie 2221 im Produktentwicklungsprozess übertragen SPATH UND DEMUSS aus Ingenieurperspektive anschaulich auf den Dienstleistungsbereich.[228] Als wesentlichen Unterschied halten die beiden Autoren dabei fest, dass materielle-technische Bestandteile von Leistungsbündeln physisch konstruiert, immaterielle Bestandteile von Leistungsbündeln hingegen entwickelt werden. Ansonsten konstatieren sie jedoch eine generelle Übertragbarkeit der VDI-Richtlinie auf den Dienstleistungsbereich.[229]

Eine weitere Untergliederung der Funktionen von Prototypen nehmen ***BULLINGER ET AL.*** vor. Diese unterscheiden zwei Hauptaufgaben. Dabei besteht die erste Funktion in einer *Unterstützung bei der Erarbeitung alternativer Konzepte* für ein neues Produkt und die zweite Funktion in der möglichst *späten Entscheidung und Spezifikation* des Produktes.[230] Durch diese zweite Aufgabe von Produktmodellen besteht weiterhin indirekt über die Zeit eine Beziehung zu Kosten- und Qualitätsgrößen im Sinne des „magischen Dreiecks". BULLINGER ET AL. betonen dabei die Potenziale von Prototypen zur Unterstützung einer iterativen und evolutionären Planung.[231] Analog zur Entwicklung physischer Produkte erscheinen diese Funktionen von Prototypen ebenfalls auf die iterative und evolutionäre Planung von produktbegleitenden Dienstleistungen übertragbar. Die Aufgaben einer Erarbeitung alternativer Konzepte und eine möglichst späte Entscheidung sowie Spezifikation erscheinen auch für produktbegleitende Services (wie z. B. eine technische Wartung) durch Prototypen unterstützbar.

---

[227] Für eine exemplarische Anwendung dieses Verständnisses vgl. Grabowski, Leutsch (2002), S. 66ff. Daneben existieren aber auch einige Veröffentlichungen, die weitere Phasenschemata mit anderen Schwerpunktsetzungen für den Konstruktionsprozess vorschlagen. Vgl. z. B. Conrad (2003), S. 53.

[228] Vgl. Spath, Demuß (2003), S. 485-489.

[229] Vgl. Spath, Demuß (2003), S. 485ff. Analog unterstellen auch EVERSHEIM ET AL., dass eine Anpassung der Methoden erforderlich ist, der „generelle Ansatz, nämlich den Prozess der Entwicklung von der Idee bis zur innovativen Leistung durch geeignete Vorgehensweisen und Methoden zu unterstützen, ist jedoch in den Grundzügen gleich". Eversheim, Kuster, Liestmann (2003), S. 419.

[230] Vgl. Bullinger et al. (2002), S. 88. Als untergeordnete Funktionen von Prototypen lassen sich nach BULLINGER ET AL. weiterhin die Aufgaben der einfachen Änderbarkeit, Duplizierbarkeit und Übertragbarkeit identifizieren. Bullinger et al., (1996), S. 311.

[231] Vgl. Bullinger et al. (2002), S. 91ff. In der Betonung eines iterativen und evolutionären Vorgehens bei der Produktentwicklung ist dabei eine wesentliche Schwerpunktverschiebung von der VDI-Richtlinie 2221 und den innovativen Aufgaben von Prototypen im Rahmen des Rapid Product Development zu sehen.

Auch in der ***internationalen, englischsprachigen Literatur*** werden ähnliche Funktionen von Prototypen aus Ingenieursicht konstatiert. So beschreibt RUSINKO die Aufgaben in einer Ermöglichung eines „rational plan, communication [..] and disciplined problem solving".[232] Die Ergebnisse ihrer großangelegten, quantitativen Studie (n=828) hinsichtlich des New Product Development unter US-amerikanischen Ingenieuren erscheint dabei aber nicht direkt und unmittelbar auf deutsche produktbegleitende Dienstleistungen übertragbar. Gerade Dienstleistungen hängen durch den starken Einbezug des Kunden in den Entwicklungs- und Erstellungsprozess stark von dem jeweiligen kulturellen Kontext ab. So besteht in den USA tendenziell eine ausgeprägtere Servicekultur.[233] Europäische Autoren wie HVAM ET AL. von der Technical University of Denmark arbeiten ähnliche technische Funktionen von Prototypen bzw. Produktmodellen heraus wie die deutschen Forscher. So identifizieren sie Funktionen einer besseren Problemdefinition („to understand the product structure"), die Aufgabe neue Lösungen zu finden („different viewpoints") und die Durchführung einer Lösungsauswahl („determine which viewpoints the product models shall support").[234]

Generell fokussieren allerdings die ingenieurwissenschaftlichen Publikationen stark auf technische, konstruktive Funktionen und Möglichkeiten von Prototypen. Einzelne Publikationen setzen sich auch mit den arbeitswissenschaftlichen Auswirkungen und Potenzialen von Produktmodellen (z. B. der Förderung von informellem Austausch) auseinander. Diese stellen jedoch eine Minderheit dar.[235] Zum Teil wird jedoch die Möglichkeit der Übertragung der Ergebnisse für das physische Produkt auf Dienstleistungen festgestellt und Konsequenzen von Maschinenmodellen für verschiedene Services beschrieben.[236]

---

[232] Vgl. Rusinko (1999), S. 56.

[233] Für anschauliche Beispiele von unterschiedlichen Service-Kulturen vgl. Meffert (1998), S. 126ff., und die dort aufgeführten Beispiele der AVIS-AUTOVERMIETUNG, UNITED PARCEL SERVICE sowie der DEUTSCHEN LUFTHANSA.

[234] Hansen, Hvam (1999), URL siehe Literaturverzeichnis, S. 3, sowie vgl. ebenfalls Hvam et al. (2001), URL siehe Literaturverzeichnis, S. 3ff. Einen sehr interessanten Überblick gibt sich über die Internetseite www.productmodels.org, die vom Centre for Product Modelling des Department of Manufacturing Engineering, Technical University of Denmark, Lyngby gepflegt wird. Als Beispiel weiterer europäischer Autoren arbeiteten CORBO ET AL. von der Universität in Ancona, Italien, ähnliche Funktionen von Prototypen heraus. Vgl. Corbo et al. (2004), S. 65ff.

[235] Vgl. Bullinger et al. (2002), S. 98f.

[236] Vgl. Wieland (2000), S. 130f.

3.2.1.3 Betriebswirtschaftliche Perspektive

Generelle Funktionen von Prototypen in der Betriebswirtschaft

In betriebswirtschaftlichen Publikationen, die sich mit den Funktionen von Prototypen beschäftigen, stehen Aufgaben der Managementunterstützung im Fokus. So sehen SPECHT ET AL. beim Einsatz von Prototypen eine *Unterstützung bei der Planung und Steuerung* von Kosten, Zeit sowie Qualität des Entwicklungsprozesses genauso wie bei neuen Produkten.[237] Weitere Aufgaben sehen sie daneben in der strukturierten Unterstützung von Iterationszyklen und Lernprozessen. Auch wird nach SPECHT ET AL. durch den Einsatz von Prototypen in einer integrierten Produktentwicklung eine funktions- und phasenübergreifende *Information* sowie *Kommunikation* angeregt. Eine weitere Funktion von Produktmodellen besteht schließlich in der *Einbindung von Anforderungen der Kunden und Lieferanten* sowie einer Integration von internen Produktionsgegebenheiten.[238] Bei dieser Beschreibung der Funktionen von Prototypen und deren Auswirkungen auf das Management der Produktentwicklung wird dabei auf die Erkenntnisse aus ingenieurwissenschaftlichen Veröffentlichungen zurückgegriffen.[239] Ähnliche Funktionen von Prototypen werden auch in der relevanten englischsprachigen Managementliteratur identifiziert und in diesen ebenfalls sehr anschaulich eine Verbindung zwischen ingenieurwissenschaftlicher sowie betriebswirtschaftlicher Sichtweise beschrieben.[240]

Gerade in der Literatur der Wirtschaftsinformatik und Informatik werden Prototypen häufig als erste Versionen einer angestrebten Software angesehen und mit diesen unterschiedliche Produktkomponenten abgebildet.[241] Die Prototypfunktionen werden oft analog zu den bisher beschriebenen Aufgaben gesehen, allerdings unterbleibt die

---

[237] Vgl. auch für die folgenden Darstellungen Specht et al. (2002), S. 142ff.

[238] Vgl. Specht et al. (2002), S. 142.

[239] So verwenden SPECHT ET AL. ebenfalls die VDI-Richtlinie 2221 zur Beschreibung von auftretenden Problemen und erläutern dabei (auch unter Einbezug von Produktmodellen) ihre Problemlösungsvorschläge für das Management. Vgl. Specht et al. (2002), S. 144ff.

[240] Ein solches Verständnis lässt sich so exemplarisch bei WHEELWRIGHT UND CLARK von der HARVARD BUSINESS SCHOOL identifizieren. Vgl. Wheelwright, Clark (1992), S. 138ff., die den zeitlichen Verlauf der Produktenwicklung beschreiben und aufzeigen, welche Funktionen bei den verschiedenen Phasen bestehen sowie das Prototyping sehr anschaulich in den Gesamtprozess der Produktentstehung integrieren.

[241] Vgl. exemplarisch die anschauliche Darstellung zur Entwicklung der „Architektur integrierter Informationssystem" (ARIS) und der Softwareentwicklung vgl. Scheer (2004), S. 110f., Spitta (1989), S. 185ff., sowie Herzwurm (1993), S. 192ff. mit dem Fallbeispiel „ExpertAssistant". An diesem Beispiel der Wirtschaftsinformatik an der Schnittstelle zwischen Betriebswirtschaftslehre und

physische Repräsentation eines angestrebten materiellen Produktes. Da ein solches (wirtschafts-) informatisches Verständnis von Prototypen primär nicht im Fokus der vorliegenden Betrachtung steht, sollen die softwaretechnischen Funktionen nicht ausführlich erläutert werden.[242] Gleichzeitig existieren in der einschlägigen, betriebswirtschaftlichen Literatur Betrachtungen von Dienstleistungsprototypen, die als Muster oder Modell für spätere Services eingesetzt werden.[243] Bei solchen Dienstleistungsprototypen bestehen zwar Ähnlichkeiten gerade auch bei den Funktionen zu Prototypen, die im Rahmen der traditionellen Produktentwicklung verwendet werden, trotzdem werden diese Servicemodelle im Folgenden nicht vertieft betrachtet.[244]

Spezielle Differenzierung der Prototypfunktionen in der vorliegenden Arbeit

Im Rahmen des Sonderforschungsbereiches 374 „Entwicklung und Erprobung innovativer Produkte – Rapid Prototyping" erfolgt schon seit Mitte der 90er Jahre eine intensive Betrachtung der Funktionen von Prototypen.[245] Die Fokussierung auf physische Produkte hatte bei den bisherigen Publikationen auch Auswirkungen auf die Gliederung der identifizierten Funktionen von Produktmodellen. So differenzieren DITTMAR und SCHOLL nach den bereits ausführlich beschriebenen Funktionen von Prototypen in Analogie zu SACHSE UND HACKER.[246] Diese Gliederung hat sich dabei für die Betrachtung der betriebswirtschaftlichen Potenziale von Prototypen für das Kostenmanagement von physischen Produkten als sehr passend erwiesen. Besonderheiten von Dienstleistungen bleiben bei einer solchen Unterscheidung allerdings unberührt.

Informatik lässt sich auch sehr gut die gegenseitige Beeinflussung verschiedener Wissenschaftszweige erkennen.

242 Für eine eingehende Darstellung der Funktionen von Prototypen bei der Softwareentwicklung vgl. Pressman (2001), S. 30-32 sowie 290f., und die Prototypenbedeutung bei der Softwarentwicklung aus Controllingperspektive bei Baumöl (1999), S. 103ff.

243 Ein solches Verständnis ist insbesondere bei Betrachtungen zur Dienstleistungsentwicklung vorhanden, vgl. Bruhn (2003c), S. 246ff.

244 Für Anforderungen, aus denen sich die Funktionen der Dienstleistungsprototypen ableiten lassen, vgl. Bruhn (2003c), S. 246f.

245 Vgl. Dittmar (1998), S. 42-44, Scholl (1998), S. 63-65, sowie Pfohl (2002a), S. 55-57. Erste Unterstützungspotenziale und Funktionen von Prototypen lassen sich aber auch bereits implizit bei Horváth et al. (1994), S. 42ff. identifizieren.

246 Vgl. erneut Kapitel 3.2.1.1 sowie die Darstellungen bei Dittmar (1998), S. 42ff., und Scholl (1998), S. 63ff.

Eine Weiterentwicklung der Betrachtung von Prototypfunktionen erfolgt bei PFOHL.[247] Dieser nimmt die Unterscheidung von SACHSE UND HACKER zwar auch auf, aber entwickelt darauf aufbauend für die Forschung zur Lebenszyklusrechnung eine weitere, neue Gliederung der Funktionen von Produktmodellen in *Beschreibungs-, Erklärungs-, Entscheidungs-/ Gestaltungsfunktionen*.[248] Diese Unterscheidung weißt dabei große Ähnlichkeit zu den Ergebnissen von PICKARDT auf, die aus philosophischer Perspektive eine Differenzierung der Funktionen von wirtschaftswissenschaftlichen Modellen in Beschreibung, Erklärung (im Sinne einer Analyse) und Entscheidung vornimmt. Als Anwendungsbeispiel nutzt PICKARDT dabei anschaulich verschiedene Modelle (unter anderem aus GUTENBERGS Produktionstheorie).[249]

Auf Basis der bisherigen Publikationen soll in der vorliegenden Forschungsarbeit eine speziell auf die Unterstützungspotenziale bei der Kosten- und Erlösplanung differenzierte Gliederung der Prototypfunktionen vorgenommen werden. Die beschriebenen psychologischen und ingenieurswissenschaftlichen Differenzierungskriterien sind dabei in das Gliederungsschema implizit und explizit integriert worden.[250] Daher erfolgt eine ***entscheidungsorientierte, prozessorientierte*** Differenzierung der verschiedenen Funktionen von Prototypen bei der ***Analyse, Gestaltung/ Entscheidung*** und ***Dokumentation***.[251] Eine entscheidungsorientierte Fundierung wird dabei auch bei zahlreichen anderen Konzeptionen im Controlling zugrunde gelegt.[252]

[247] Vgl. Pfohl (2002a), S. 56f.
[248] Vgl. Pfohl (2002a), S. 56f., der eine solche Differenzierung in Anlehnung an die generelle Unterscheidung von Modellen durchführt.
[249] Vgl. Pickardt (1990), S. 47ff., sowie die dort aufgeführten weiteren anschaulichen Beispiele und Literaturverweise.
[250] Explizit lassen sich z. B. direkt starke Ähnlichkeiten zur Differenzierung von Pickardt erkennen. Auch die Gliederung von SACHSE UND HACKER geht explizit in die Betrachtung mit ein, indem deren sechs Funktionen den vorliegenden drei Aufgaben *Analyse* (Analyse-, Kommunikationshilfe), *Entscheidung* (Evaluation-, Lösungshilfe) und *Dokumentation* (Speicher-, Dokumentationshilfe) auch eingehen. Implizit werden auch die anderen Differenzierungen der Prototypfunktionen z. B. der ingenieurwissenschaftlichen Betrachtung vom VDI (über die Konkretisierung des Prototypen) integriert.
[251] Der Ablauf des Entscheidungsprozesses ist dabei nach HEINEN eine wesentliche Einflussgröße innerhalb der Entscheidungstheorie. Vgl. Heinen (1971), S. 438. Weiterhin stellt er fest: „*Phasenschemata* des Entscheidungsprozesses (...) sind bezüglich ihres empirischen Gehalts umstritten, seit sie aufgestellt wurden. Als analytische Funktionsgliederung eines interdependenten Entscheidungs- und Problemlösungsprozesses (...) erweisen sich diese Schemata als sinnvoll." Heinen (1971), S. 438. (Hervorhebungen im Original.)
[252] Vgl. exemplarisch Friedl (2003), S. 1ff., sowie die anschaulichen Erläuterungen zum entscheidungstheoretischen Ansatz bei Hahn, Hungenberg (2001), S. 3ff.

Eine solche entscheidungs- und prozessorientierte Differenzierung der Funktionen von Produktmodellen hat sich dabei auch in den Experteninterviews und Fallstudien als praxisrelevant gezeigt. Damit ist eine prozessorientierte Gliederung parallel zur ablauforientiert erstellten Dienstleistung gut möglich.[253] Die Unterteilung ermöglicht ebenfalls die Bestimmung von Meilensteinen, die sich in der Produktentwicklung als vorteilhaft gezeigt haben.[254] Gleichzeitig erlaubt diese funktionale Betrachtung neben der Berücksichtigung der Prozess- auch die Potenzial- sowie Ergebnissicht und enthält implizit auch eine Kombination von Dienstleistung und physischem Produkt in einem Leistungsbündel. Damit können die direkte Verbindung zur Planung von Kosten und Erlösen sowie die Unterstützungsmöglichkeiten aufgezeigt werden.

Die folgende Abbildung 10 zeigt am Beispiel der produktbegleitenden Dienstleistung „technische Wartung“ anschaulich, wie eine generelle funktionale Gliederung für die Kosten- und Erlösplanung durchgeführt werden kann.

	Analyse	Gestaltung/ Entscheidung	Dokumentation
Beispiele für konkrete Prototyp-funktionen	• Problemerkennung bei bestehenden Wartungsdienstleistungen • Konkretisierung und Visualisierung möglicher Alternativen für verschiedene Wartungen (12/24/36 h Vor-Ort-Wartung; Fern-/Telewartungen; Vollzeit-Vor-Ort-Wartungsingenieur; etc.) • Potenzialanalyse • Konkretisierung der Varianten am Prototyp	• Grobschätzung von Prozesszeiten für die verschiedenen Varianten der Wartungen • Transformation der Prozesszeiten in Kapazitäten • Kostenmäßige Gewichtung der Kapazitäten • Erste Erlösschätzung • Berücksichtigung von Sensitivitäten → Auswahl der weiter zu entwickelnden Varianten der Wartungsdienstleistungen	• Aufzeigen des aktuellen Standes der (Dienstleistungs-) Entwicklung → vorläufige Lösungsfestlegung unter Aufzeigen der Beziehung innerhalb des Leistungssystems (Produkt/ Dienstleistung) • Beschreibung des Zusammen-wirkens von Produkt und technischer Wartung • Erste Dokumentation der Kosten- und Erlösplanung für die Wartungsdienstleistung

Abbildung 10: Funktionale Gliederung der Prototypunterstützung am Beispiel „technische Wartung“

3.2.2 Substanz des Prototyps

Aus Perspektive einer prototypgestützten Kosten- und Erlösplanung für produktbegleitende Dienstleistungen ist weiterhin von wesentlicher Bedeutung,

253 Für eine Anwendung der Prototypunterstützung, die prozessorientiert ausgerichtet ist, vgl. Cassack (2002a), S. 23ff.

254 Zur Verwendung von Meilensteinen bzw. „Gates“ in der Produktentwicklung und Konstruktion vgl. Ehrenspiel (2003), S. 208, Dinger (2001), S. 14ff., sowie zur Bedeutung von Meilensteinen für Innovationsprozesse ebenfalls Hausschildt (2004), S. 538. Zur kritischen Reflexion dieses Vorgehens und zum Vorschlag eines stärker informationsorientierten Ablaufs der Entwicklung Holman et al. (2003), S. 28ff. Eine Synthese für eine neue „Era of Open Innovation“ schlägt Chesbrough (2003), S. 35ff., vor.

welche Substanz, im Sinne eines gegenständlichen Bestandteiles, die Prototypen haben.[255] Generell können dabei virtuelle und physische bzw. materielle Komponenten identifiziert werden.[256] Aus diesen unterschiedlichen Substanzen resultieren wiederum virtuelle und physische Prototypen.

Unter ***virtuellen Prototypen*** können digitale Produktmodelle verstanden werden, deren Generierung mittels einer computerunterstützten Entwicklung erfolgt.[257] Ein virtueller Prototyp stellt dabei eine rechnerbasierte Darstellung eines zukünftigen Produktes dar. Durch die inzwischen hohe Leistungsfähigkeit von Computern sowie Visualisierungsgeräten können auch komplexe Produktmodelle mit dreidimensionalen CAD-Programmen anschaulich dargestellt werden.[258] Inzwischen gelangen Projektionsräume bzw. CAVEs (**C**omputer **A**ided **V**irtual **E**nvironment) zum Einsatz, bei denen von außen angestrahlte Flächen den Konstrukteur umgeben und damit eine noch realitätsnähere Darstellung ermöglichen.[259] Die Erstellung solcher CAD-Produktmodelle erlaubt auch eine frühzeitige Eigenschaftsoptimierung. Dies kann z. B. durch das Aufzeigen von konstruktiven Alternativen und einer schnellen Veränderung bei Berechnungen geschehen.[260] Der Vorteil von virtuellen Prototypen liegt dabei weiterhin in einer möglichen verteilten Produktentwicklung. Als eine Reaktion auf die Untergliederung von Wirtschaftsprozessen kann so eine Segmentierung des Produktmodells erfolgen und damit eine beschleunigte, parallele Konstruktion unterstützt werden. Weiterhin wird so eine kooperative Produktentwicklung trotz betrieblicher und geografischer Arbeitsteilung ermöglicht.[261] Diese

[255] Die Immaterialität oder Materialität hat dabei Auswirkungen (z. B. aus der Ergebnisperspektive von Dienstleistungen oder auf die mögliche Integration des externen Faktors und Planbarkeit am Prototypen).

[256] Vgl. exemplarisch für eine analoge Differenzierung Bullinger et al. (1996), S. 307, Gomes de Sá (2001), S. 31, sowie Haller (2002a), S. 18.

[257] Vgl. Gausemeier et al. (2001), S. 383, Specht et al. (2002), S. 282, sowie Spur (1999), S. 370.

[258] Ein anschauliches Beispiel für die Leistungsfähigkeit von modernen CAD-Programmen stellt die Entwicklung der Boing 777 dar. Dies ist das erste Flugzeug, das vollständig mit CAD-Systemen entwickelt wurde. Zwischen 1990 und 1994 wurde eine komplette digitale Produktbeschreibung für das Flugzeug erstellt. Die Boing 777 besteht dabei aus 132300 entworfenen Teilen sowie drei Millionen Normteilen. Dabei wurde eine Zeitreduktion von Montage- und Bauversuchen, bei denen Teile nicht zusammenpassen, um ca. 75% erreicht. Vgl. Gausemeier et al. (2001), S. 385f.

[259] Vgl. Dreher (2003), S. 10, sowie die anschaulichen Erläuterungen und Darstellungen zu CAVEs bei Haselberger (2003), S. 2ff.

[260] Vgl. Reinhart, Weißenberger (1997), S. 571ff.

[261] Vgl. Spur (1999), S. 374f., sowie Bullinger et al. (2001), S. 63ff. Unter einer virtuellen Produktenwicklung können dabei Verbindungen von kooperierenden Mitarbeitern verstanden werden, die Zeit, Raum sowie Organisationsgrenzen überwinden. Vgl. Bullinger et al. (2001), S. 63. Zu den Aktionsfeldern, die für das Controlling aus dieser virtuellen Vernetzung resultieren vgl. Ries (2001), S. 96ff., und insbesondere auch das Vorgehen sowie die Ergebnisse der empirischen Studie zu diesem Thema. Vgl. ebenda, S. 259ff.

verbesserte Kooperation durch virtuelle Prototypen in der Entwicklung führt auch dazu, dass eine vereinfachte Zusammenarbeit mit externen Partnern (z. B. in F&E-Netzwerken[262]) erleichtert wird.[263] Dabei resultiert aus dieser Digitalisierung der Produktentwicklung weiterhin die Veränderung von Datenflüssen sowie Prozessen im Rahmen der F&E bei Unternehmen.[264]

Aus diesen Besonderheiten von virtuellen Prototypen und veränderten Prozessabläufen resultieren auch Auswirkungen auf die möglichen Integrationspotenziale von produktbegleitenden Dienstleistungen in den Entwicklungsprozess. So sind z. B. haptische Besonderheiten bei der Durchführung einer technischen Wartung nur begrenzt simulierbar, wohingegen Zeiten der einmaligen Realisierung eines solchen Services bereits im Rahmen einer virtuellen Realität am Produktmodell durchführbar sind.[265] Diese Merkmale und Grenzen von virtuellen Prototypen sollten auch bei der Integration in die Kosten- und Erlösplanung beachtet werden (z. B. hinsichtlich der Grenzen der Genauigkeit bei der Planung).

Physische Prototypen zeichnen sich durch eine reale Substanz im Sinne einer tatsächlichen Gegenständlichkeit aus.[266] Im Gegensatz zu virtuellen Prototypen lässt sich bei diesen somit eine faktische Materialität identifizieren.[267] Durch diese zusätzliche Eigenschaft können im Rahmen der Entwicklung andere Tests und Methoden (z. B. die Kundenreaktion auf reale Veränderungen am Produktmodell) durchgeführt werden. Auch können Komplexitäten und einzelne Parameter (z. B. olfaktorische Auswirkungen bei einer technischen Reinigung) nur mit materiellen

---

[262] Zu F&E-Netzwerken sowie den daraus resultierenden spezifischen Management und Controllinganforderungen in den verschiedenen Lebenszyklusphasen der Netzwerke vgl. Horváth et al. (2004), S. 19ff.

[263] Vgl. Bullinger et al. (2001), S. 64, die bei einer Betrachtung von Kooperationen feststellen, dass bei der Entwicklung von Automobilen eine Zunahme der extern vergebenen Arbeit von 40% im Jahr 1989 auf 80% in 1999 gemessen werden kann.

[264] Vgl. Meier et al. (1999), S. 58ff., die dabei insbesondere auch auf eine verstärkte und veränderte Einbindung der Kunden in den Produktentwicklungsprozess hinweisen.

[265] Für die Durchführung der virtuellen, manuellen Montage und Demontage einer Automobilheckklappe vgl. Gomes de Sá (2001), S. 137ff., sowie Hagenmeyer et al. (2003), S. 70f., die anschaulich eine Kransteuerung in einer virtuellen Realität beschreiben. Haptische Elemente des zukünftigen Produktes werden z. B. durch spezielle, gezielt vibrierende Datenhandschuhe versucht zu imitieren. Zu einer Übersicht der haptischen Geräte für virtuelle Realität und deren Einschränkungen vgl. Joosten, Sofariu (2003), S. 13.

[266] Vgl. auch Bullinger et al. (1996), S. 306, die ebenfalls zwischen physischen und virtuellen Prototypen unterscheiden.

[267] Vgl. Dreher (2003), S. 10. Die Materialität wird dabei mittels „generativer, umformender oder abrasiver Verfahren" erreicht. Vgl. Bullinger et al. (1996), S. 307.

Prototypen getestet werden.[268] Die mit den Verfahren des Rapid Prototyping erstellten materiellen Produktmodelle lassen sich dabei ebenfalls den physischen Prototypen zuordnen.[269]

Trotz der sinkenden Kosten von Systemen der virtuellen Realität existieren weiterhin einige Gründe zur Erstellung von materiellen Prototypen, wie sie bereits die psychologische Perspektive der Funktionen von Prototypen aufgezeigt hat.[270] Ein weiterer Vorteil von physischen Prototypen besteht zusätzlich darin, dass sie möglichen Forderungen nach einer stärkeren Endproduktnähe eher gerecht werden als virtuelle Produktmodelle.[271] Einzelne Services (z. B. Engineeringdienstleistungen beim finalen Crashtest im Automobilbereich) lassen sich, auch nach vorherigen virtuellen Probeläufen, nur mit materiellen Prototypen realitätsnah durchführen.[272] Analog können auch produktbegleitende Dienstleistungen (z. B. die Wartung oder Demontage von technischen Komponenten[273]) zwar ohne materielle Prototypen durchgeführt werden, eine wirklichkeitsgetreue Illustration erscheint allerdings trotz der Möglichkeiten der virtuellen Realität nur mit physischen Produktmodellen möglich.[274] Dies gilt besonders für die Integration des externen Faktors in den Dienstleistungserstellungsprozess. Die Besonderheiten von virtuellen und materiellen Prototypen sind dabei auch in der Planung angemessen zu berücksichtigen (z. B. durch Einbezug einer Schwankungsbreite für Unsicherheit).[275]

---

[268] Vgl. Jansen, Schmidt (2001), S. 27, die auf die Probleme bei der elektronischen Übertragung von Produkten hinweisen, die stark olfaktorisch, gustatorisch oder kinästehtisch (durch Riechen, Schmecken, Fühlen) wahrgenommen werden. Für die erweiterten, speziellen Möglichkeiten für physische Prototypen vgl. ebenfalls Kersten (2000), S. 382, und die dort beschriebenen Ausführungen zu einem Physical Mock Up.

[269] Vgl. Specht et al. (2002), S. 278ff.

[270] Vgl. exemplarisch die Ausführungen von Sachse, Hacker (1995), S. 12, zur Analysehilfe von Prototypen sowie erneut Kapitel 3.2.1.1.

[271] Vgl. Dreher (2003), S. 10.

[272] Crashtests können dabei generell bereits sehr gut simuliert werden. Vgl. Laidig, Rößler (2004), S. 117. Aus Sicherheitsgründen erscheint ein vollständiger Ersatz allerdings nicht möglich.

[273] Zu Möglichkeiten der Verwendung von Rapid-Prototyping-Modellen für eine Demontage vgl. Uhlmann, Friedrich (2003), S. 14f.

[274] Die Grenzen des Einsatzes von virtuellen Prototypen werden gerade auch in der Medizintechnik sichtbar. So lassen sich chirurgische Eingriffe zwar auch am virtuellen Prototypen üben, die Schulung am realen, physischen Prototypen kann aber trotzdem nie ganz ersetzt werden. Für die Potenziale von Prototypen im Allgemeinen und des Rapid Prototyping in der Medizintechnik im Speziellen vgl. Lüth, Kneissler (2003), S. 18f.

[275] Eventuell erscheint aufgrund einer geringen Unsicherheit bezüglich des Endproduktes tendenziell ein niedrigerer Preis für Werkzeuge zur Endprodukterstellung am Markt zu bestehen. „Toolmakers tend to quote a more attractive price when there is a physical model at hand, whereas with a CAD model, they tend to play it safe." Sherman (2001), S. 63. Diese Besonderheit von physischen Prototypen erscheint dabei auch auf produktbegleitende Dienstleistungen übertragbar.

Aus den speziellen Vor- und Nachteilen resultiert häufig eine Kombination der beiden Prototypen in der Produktentwicklung in einer „***Mixed Reality***". Virtuelle Prototypen dienen häufig als Basis für die Erstellung von physischen Produktmodellen, die wiederum in einem weiteren Iterationszyklus als Grundlage für neue virtuelle Prototypen einsetzbar sind.[276] Über den Austausch von digitalisierten Produktmodellen ist weiterhin die Erstellung von physischen Modellen mittels Rapid Prototyping an geographisch verteilten Orten gut möglich.[277] Bei einer solchen Verbindung von virtuellen und physischen Prototypen lassen sich weiterhin frühzeitig in der Produktentwicklung arbeitswissenschaftliche Untersuchungen kostengünstig durchführen.[278] Solche kombinierten Anwendungen scheinen daher auch sehr gut für produktbegleitende Dienstleistungen geeignet zu sein, weil bei diesen die Humankomponente (u. a. durch Einbindung als externer Faktor) eine große Bedeutung hat. So wird die Qualität der produktbegleitenden Dienstleistung häufig durch die Einbindung des Kunden bewertet.[279]

3.2.3 Konkretisierung des Prototyps

Bei der morphologischen Betrachtung von Prototypen nach der Konkretisierung erfolgt eine Differenzierung nach dem wahrnehmbaren Stadium im Produktentwicklungszyklus. Dabei wird von zahlreichen Autoren in zeitlicher Reihenfolge in Design-, geometrischen, Funktions- und technischen Prototyp unterschieden.[280] Diese Modelle werden zunehmend konkreter und repräsentieren immer mehr das angestrebte Endprodukt. Die Prototypen resultieren als Ergebnisse der Produktentwicklung in der Design-, Konzeptions-, Entwurfs- sowie Ausarbeitungsphase und liefern immer detailliertere Informationen, die für die Planung von produktbegleitenden Dienstleistungen verwendet werden können. Die genaue Bezeichnung

---

[276] Bullinger et al. (1996), S. 307, sowie ebenfalls Dreher (2003), S. 10.

[277] Vgl. Hatsopoulos (2001), S. 40ff., welche auf die Potenziale von Rapid Prototyping in Verbindung mit einer Vernetzung hinweist, sowie Meier et al. (1999), S. 58ff., für den Einsatz von solchen digitalen Produktmodellen, die auch zwei Beispiele aus dem Maschinenbau aufführen.

[278] Vgl. Hagenmeyer et al. (2003), S. 71ff., die dabei eine frühzeitige Durchführung von physiologische, biochemische und psychologischen Untersuchungen bereits in der Produktentwicklungsphase aufzeigen.

[279] Vgl. Bruhn (2004), S. 98ff., für kundenorientierte Messansätze in der Dienstleistungsqualität, der diese in objektive und subjektive Methoden gliedert.

[280] Vgl. König et al. (1993), S. 93, Horváth et al. (1994), S. 43, Haller (2002a), S. 19, sowie Dreher (2003), S. 11. Eine analoge Differenzierung lässt sich dabei auch in der englischsprachigen Literatur identifizieren vgl. exemplarisch Wheelwright, Clark (1992), S. 255ff., sowie Rusinko (1999), S. 56ff.

der einzelnen Produktmodelle differiert dabei zwischen verschiedenen Unternehmen und Branchen.[281]

In der Vorentwicklungsphase erfolgt häufig die Nutzung von ***Designprototypen***.[282] Diese werden häufig in Einzelfertigung produziert und fokussieren primär auf optische und haptische Bedarfe.[283] Im Rahmen der frühen Produktplanung dienen sie zur Bewertung von Ideen sowie Design- und Ergonomiestudien. Auch kann mit diesen Produktmodellen in der Vorentwicklungsphase eine konkrete Problembeschreibung (z. B. mit Lastenheften) erfolgen.[284] Sofern es sich um einen physischen Prototypen handelt, wird in der Regel ein Modellbaustoff verwendet. Als Designprototypen werden aber gerade auch virtuelle Prototypen aufgrund ihrer schnellen Erstellung und Änderbarkeit für erste Formstudien verwendet.[285] Der Vorteil von Designprototypen besteht insbesondere in der frühzeitigen Visualisierung des zukünftigen Produktes sowie in der Unterstützung von Marktanalysen.[286] Analog können so auch produktbegleitende Dienstleistungen veranschaulicht und das Problem der Immaterialität überwunden werden. Der Erstellungsprozess für das Designmodell und die konkrete Verarbeitung sind dabei generell für die frühe Nutzung unbedeutend.[287]

Die Verwendung von ***geometrischen Prototypen*** erfolgt primär in der Entwurfsphase. Mit diesem Modell werden Gestalt und Form des zukünftigen Produktes dargestellt. Daher stehen bei dem geometrischen Prototyp vor allem Anforderungen zu Form- und Längentoleranzen sowie einer angemessenen Formgenauigkeit im Vordergrund.[288] Geometrische Produktmodelle werden in der Regel ebenfalls in der

---

[281] Vgl. Fischer, Warschat (1997), S. 206. Dies liegt auch an den zahlreichen unterschiedlichen Phasenmodellen für F&E. Für einen guten Überblick über zahlreiche Modelle vgl. Bürgel et al. (1996), S. 190., sowie zur anschaulichen Verwendung von Prototypen im Rahmen der Konstruktion vgl. Ehrenspiel (2003), S. 511ff.

[282] Gelegentlich wird dieses Produktmodell auch als Konzeptprototyp oder Anschauungsmodell bezeichnet. Vgl. exemplarisch Dittmar (1998), S. 36. Vgl. ebenfalls Wheelwright, Clark (1992), S. 261, die dies als einen Design Verification Cycle bezeichnen.

[283] Vgl. Fischer, Warschat (1997), S. 206.

[284] Vgl. Bürgel et al. (1996), S. 187f.

[285] So können zum Beispiel mit einem einfachen, virtuellen Konzeptprototyp in der Antriebstechnik bereits Simulationen für die Arbeitsraumfüllung und mögliche Kollisionen durchgeführt werden. Vgl. Reinhart, Weißenberger (1997), S. 571f.

[286] Vgl. Haller (2002a), S. 19, sowie Fischer, Warschat (1997), S. 206. Neben diesen Marktanalysen für physische Produkte scheinen diese auch bereits am Prototyp für produktbegleitende Dienstleistungen vorteilhaft zu sein.

[287] Vgl. Dusel (2000), S. 16.

[288] Vgl. Fischer, Warschat (1997), S. 206.

Stückzahl von einem Prototypen und mit Modellbauwerkstoffen erstellt.[289] Der Anwendungsbereich dieser Produktmodelle liegt besonders in der Prozessplanung zur Erstellung eines Produktionskonzeptes. Weiterhin werden geometrische Prototypen zur Überprüfung der Montier- und Herstellbarkeit eingesetzt.[290] Diese Tests von Montage und Herstellung lassen sich dabei analog auch auf produktbegleitende Dienstleistungen (z. B. für technische Wartungen) übertragen. Durch Zeitmessungen am geometrischen Prototypen können so Informationen für die frühzeitige Kostenplanung erhoben werden.

Die Erstellung von ***Funktionsprototypen*** wird oft in höheren Stückzahlen durchgeführt. Damit in der Funktionsmusterphase das Arbeitsprinzip überprüft und verbessert werden kann, erfolgt dabei häufig der Einsatz seriennaher Werkstoffe.[291] Der Erstellungs- und Verarbeitungsprozess des Modells steht dabei nicht im Vordergrund. Vielmehr wird bei Funktionsprototypen häufig auf einzelne Eigenschaften fokussiert (z. B. mechanische Parameter). Diese werden identisch zum späteren Serienbauteil erstellt, um die Aufgaben des Prototypen genau testen und optimieren zu können.[292] Neben der Darstellung von Spezifikationen des Produktes können diese Modelle weiterhin die Produktionsvorbereitung beeinflussen.[293] Durch den Einsatz von Simulationen können gerade bei virtuellen Funktionsprototypen sehr schnell einzelne Nutzungsarten simuliert und gegebenenfalls Veränderungen vorgenommen werden. Dies bietet sich dabei gerade bei einer verteilten Entwicklung an.[294] Die Eigenschaften der Prototypen können dabei so ausgestaltet werden, dass einzelne bedeutsame Tätigkeiten der produktbegleitenden Dienstleistungen bereits in ihren Grundfunktionen am Produktmodell getestet werden können.[295]

---

[289] Vgl. Haller (2002a), S. 19.

[290] Vgl. Fischer, Warschat (1997), S. 206, die weiterhin auf die Unterstützung der Grobplanung von Produktion und Montage durch geometrische Prototypen hinweisen.

[291] Vgl. Haller (2002a), S. 19.

[292] Vgl. Gomes de Sá (2001), S. 19, der dabei auf die Rückkopplungen zu Simulationsrechnungen hinweist, sowie Dusel (2000), S. 16. DUSEL konstatiert sogar, dass der Verarbeitungsprozess des Funktionsprototypen beliebig gewählt werden kann. Vgl. ebenda. Zu einer exemplarischen Erstellung gegossener Funktionsprototypen vgl. Dieckhues (2002), S. 19ff.

[293] Vgl. Ehrenspiel (2003), S. 513f., der zeigt, wie aus Probeläufen am funktionalen Prototyp Verbesserungen generiert werden konnten, sowie Dreher (2003), S. 11.

[294] Vgl. Bullinger et al. (2001), S. 63ff., die dabei auch auf die Möglichkeiten von virtuellen Teams hinweisen, sowie für eine potenzielle Durchführung von Funktionsanalysen in der virtuellen Realität Hagenmeyer et al. (2003), S. 70ff. Bei einer Vernetzung können die CAD-Daten dann mittels Rapid-Prototyping-Methoden in physische Prototypen umgewandelt werden. Vgl. Hatsopoulos (2001), S. 40. Zu den aus dieser verteilten Entwicklung gerade in F&E-Netzwerken resultierenden Aufgaben an das Controlling vgl. Horváth et al. (2004), S. 19ff.

[295] Vgl. Gomes de Sá (2001), S. 19, der auf die frühzeitige Prüfung hinsichtlich des Services hinweist.

Der ***technische Prototyp*** ist das erste Produktmodell das hinsichtlich der Eigenschaften der Bauteile sowie des verwendeten Materials mit dem späteren Serienprodukt übereinstimmt. Als Unterschied im Vergleich zu den zuvor beschriebenen Produktmodellen wird daher generell ein serienähnlicher Verarbeitungsprozess angestrebt, um wichtige Erfahrungen für die nachfolgende Produktion zu generieren.[296] Damit eine hohe Wirklichkeitsnähe erreicht werden kann, erfolgt in dieser weit fortgeschrittenen Phase der Produktentwicklung vor allem ein verstärkter Einsatz von physischen und weniger von virtuellen Produktmodellen.[297] Die technischen Prototypen dienen dabei für erste, marktnahe Einsatztests, die für eine letzte Konstruktionsoptimierung unter Berücksichtigung des geplanten Produktionsprozesses durchgeführt werden.[298] Die sehr hohe Ähnlichkeit von technischen Prototypen mit dem späteren Produkt lässt genauere Aussagen für die Durchführung von produktbegleitenden Dienstleistungen möglich erscheinen. Bei Entscheidungen über mögliche Änderungen des Produktmodells sind allerdings die Gesamtauswirkungen in diesem späten Stadium der Produktentwicklung mit einzubeziehen.

3.2.4 Erstellung des Prototyps

3.2.4.1 Konventionelle Verfahren der Prototyperstellung

Bei der Entwicklung von neuen Produkten und Maschinen wird schon seit jeher auf die Verwendung von Modellen zurückgegriffen. Im Mittelalter wurden Darstellungen in technischen Skizzen durchgeführt und durch erläuternden Text vom Konstrukteur näher beschrieben.[299] Ein anschauliches Beispiel eines solchen „Produktmodells" von LEONARDO DA VINCI zeigt die Abbildung 11.

---

[296] Vgl. Haller (2002a), S. 16, sowie Dreher (2003), S. 11.

[297] Vgl. Dusel (2000), S. 16ff., sowie die dort beschriebenen Besonderheiten zur Erstellung solcher physischer Prototypen mit einer schnellen Werkzeugentwicklung (Rapid Tooling).

[298] Vgl. Fischer, Warschat (1997), S. 207.

[299] Vgl. Kaiser (1996), der die historische Entwicklung von Produktdarstellungen ausführlich erläutert und auch durch ein anschauliches Beispiel der Skizzen und Erläuterungen einer Schraubenwinde von LEONARDO DA VINCI darstellt. Herzog (1984), S. 97, führt in seinen anschaulichen Darstellungen das Maschinenmodell bereits auf die aristotelische Logik zurück.

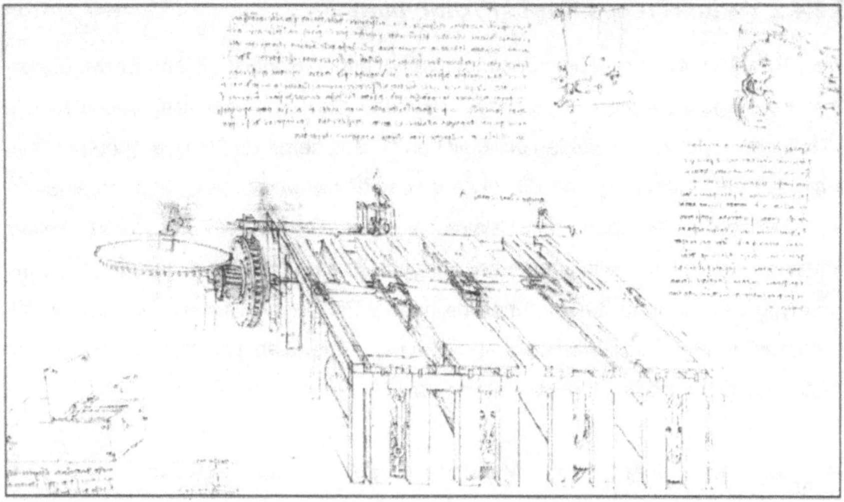

Abbildung 11: Leonardo da Vinci – Maschine zum Scheren von Wollstoffen[300]

SPUR skizziert in seiner Darstellung den systematischen Einsatz von konventionellen Verfahren der Prototyperstellung seit der Mitte des 19. Jahrhunderts.[301] Die Erstellung von Produktmodellen kann somit ein wesentlicher Bestandteil der Entwicklung und Konstruktion von Produkten sein und wurde in Form eines Prototypenbaus bereits lange vor dem Aufkommen der neuen Rapid Prototyping Verfahren durchgeführt.[302] Konventionelle Verfahren der Prototyperstellung beruhen dabei auf den traditionellen Methoden der Fertigungstechnik. So können generell Urformen, Umformen, Fügen, Trennen und Beschichten zur Modellgenerierung sowie -verarbeitung zum Einsatz gelangen.[303] Die traditionelle Produktentwicklung und die damit verbundene Prototyperstellung ist häufig am sequentiellen Prozess der VDI Richtlinie 2221 orientiert, die ein Vorgehen in Planen, Konzipieren, Entwerfen und Ausarbeiten vorsieht.[304]

[300] Aus Arasse (2002), S. 204: „Machine pour le tondage des étoffes de laine".
[301] Vgl. Spur (1999), S. 373.
[302] Vgl. Specht et al. (2002), S. 278.
[303] Für eine Einführung in die verschiedenen Verfahren und Methoden der Fertigungstechnik anhand der DIN 8580 vgl. Westkämper, Warnecke (2002), S. 5ff.
[304] Vgl. VDI (1993), für eine ausführliche Beschreibung eines solchen methodischen Vorgehens vgl. Kaiser (1996), S. 42ff., Pahl et al. (2003), S. 164ff., sowie zusätzlich Schuhmacher (2002), S. 19f., der neben dieser phasenorientierten Vorgehensweise auch Möglichkeiten der iterativen Produktentwicklung aufzeigt.

3.2.4.2 Verfahren des Rapid Prototyping

Unter Rapid Prototyping (RP) können im vorliegenden Kontext all jene Entwicklungs- und Fertigungsverfahren verstanden werden, die eine deutlich beschleunigte Erstellung von Produktmodellen ermöglichen.[305] Seit deren Einführung Ende der 80er Jahre hat die Bedeutung und die Anzahl von RP-Verfahren stetig zugenommen.[306] Diese Methoden beruhen auf dreidimensionalen CAD-Daten, mit deren Einsatz materielle Produktmodelle generiert werden können.[307] Dabei lassen sich die Prototypen direkt ohne Zerspanungsvorgänge erzeugen.[308] Die gebräuchlichen RP-Verfahren können hinsichtlich der verwendeten *Materialart* und der durchgeführten *Verarbeitungsverfahren* differenziert werden.[309]

Bei der zugrundeliegenden ***Materialart*** können die Methoden nach der pulverisierten, flüssigen oder festen Zustandsform des verwendeten Rohstoffes gegliedert werden. Die verschiedenen Materialarten haben dabei nicht nur Auswirkungen auf die Vorbereitung und Durchführung des Rapid Prototyping.[310] Bei den ***Verarbeitungsverfahren*** lassen sich die verschiedenen Facetten der generativen Fertigungstechnik auch im Rahmen der RP-Verfahren identifizieren.[311] Die Anzahl der Methoden hat dabei in den letzten Jahren weiter zugenommen, so dass für die unterschiedlichen Ansprüche in der Produktentwicklung inzwischen kontextbezogen das passende Verarbeitungsverfahren mit der gewünschten Materialart ausgewählt werden kann.[312] Die folgende Abbildung gibt einen Überblick

---

305 Vgl. Specht et al. (2002), S. 278, sowie Fischer, Warschat (1997), S. 205.

306 Vgl. die Darstellung des zeitlichen Verlaufes des weltweiten Verkaufs von Rapid Prototyping Systemen bei Ebenhoch (2001), S. 10. Dabei stellt er fest, dass mehr als die Hälfte der Systeme in die USA verkauft wurden. AHN ET AL. identifizieren den Beginn des Rapid Prototyping bereits Ende der 70er Jahr. Vgl. Ahn et al. (2002), S. 1193.

307 Vgl. Dusel (2000), S. 14. Vgl. ebenfalls Gausemeier et al. (2001), S. 377ff., zur Entwicklung der dreidimensionalen CAD-Darstellungen seit Anfang der 60er Jahre. Diese beschreiben dabei auch anschaulich die Forschungstätigkeiten von IVAN E. SUTHERLANDS am MASSACHUSETTS INSTITUTE OF TECHNOLOGY.

308 Vgl. Weinert, Stjepandic (1995), S. 6, die festhalten, dass CAD-Daten eine „unabdingbare Voraussetzung" für RP-Verfahren sind, sowie Dusel (2000), S. 14. Gegebenenfalls sind zur Erreichung von einer angestrebten Genauigkeit Nachbearbeitungen notwendig. Gelegentlich erfolgt auch eine Einordnung von Fräsverfahren wie das High Speed Cutting zu den RP-Methoden. Generell werden diese jedoch nicht in die Betrachtung mit einbezogen. Vgl. Ebenhoch (2001), S. 3, sowie die dort aufgeführten Literaturverweise.

309 Vgl. Greul (1996), S. 5ff., Specht et al. (2002), S. 278ff., Weinert, Stjepandic (1995), S. 6ff.

310 Für die Auswirkungen bei verschiedenen Materialien vgl. Eschl (2002), S. 18ff.

311 Vgl. Ebenhoch (2001), S. 3.

312 Vgl. Gebhardt (2003), S. 28, der konstatiert, dass gerade in den letzten Jahren sehr viele neue Versionen entwickelt wurden.

über die verschiedenen RP-Methoden und differenziert dabei, wie beschrieben, nach der Materialart und den Verarbeitungsverfahren.

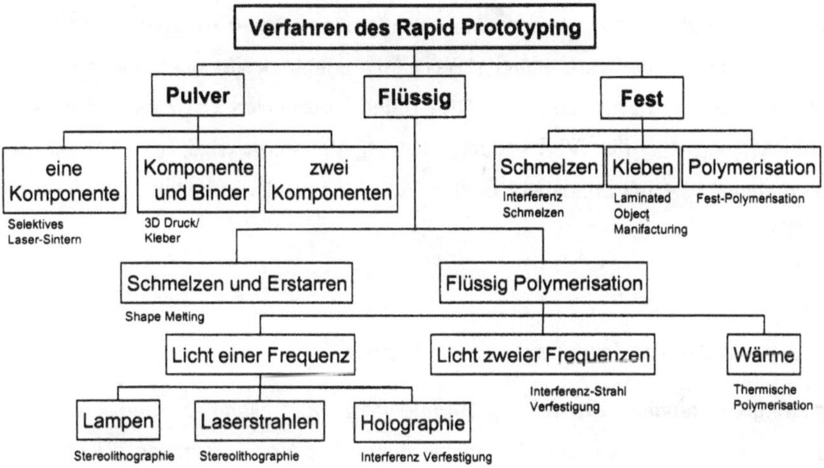

Abbildung 12: Verfahren des Rapid Prototyping differenziert nach Materialart und Verarbeitungsverfahren[313]

Die generellen *Vorteile* des Rapid Prototyping bestehen im Vergleich zu traditionellen Prototyperstellungsverfahren in der schnellen und kostengünstigen Fertigung von einzelnen Produktmodellen. Durch die sinkenden Kosten der RP-Systeme sind inzwischen auch dreidimensionale RP-Drucker an den CAD-Arbeitsplätzen keine Utopie mehr.[314] Die Preise für einfache RP-Systeme sind so bereits unter die 25.000 €-Grenze gesunken.[315] Gerade in Verbindung von virtuellen und physischen Prototypen im Rapid Prototyping werden schnelle Iterationszyklen und verbesserte Rückkopplungen möglich.[316] Durch die einfachere und schnellere Erstellung bieten sich Prototypen daher auch für den Einsatz zur Planung von Dienstleistungen immer mehr an.

---

[313] Vgl. Specht et al. (2002), S. 279, Weinert, Stjepandic (1995), S. 7, sowie ebenfalls die ausführlichen Erläuterungen zu den verschiedenen Verfahren bei Greul (1996), S. 5ff.

[314] Vgl. Gebhardt (2003), S. 28.

[315] Vgl. Stratasys (2004), URL siehe Literaturverzeichnis und Z. Corporation (2004), URL siehe Literaturverzeichnis.

[316] Vgl. Bullinger et al. (2002), S. 88f. Diese betonen auch, dass durch das schnelle Feedback weiterhin mehr Produktalternativen einbezogen und generell spätere Entscheidungen zur Spezifikation des Produktes getroffen werden können. Weitere Vorteile ergeben sich aus den Funktionen von Prototypen. Vgl. erneut Kapitel 3.2.1.

Die *Nachteile* der RP-Modelle gegenüber traditionellen Prototypen sind zunächst in der eingeschränkten Abbildung des zukünftigen Produktes und deren Eigenschaften zu sehen. Weiterhin lässt sich eine ökonomisch sinnvolle Erstellung von Modellen meist nur bei relativ kleinen bis mittelgroßen Teilen durchführen.[317] Als Beschränkung für die Verbreitung scheint im Augenblick vor allem die begrenzte Nutzung von dreidimensionalen CAD-Daten wesentlich zu sein, die eine Voraussetzung für die Verwendung der RP-Verfahren sind. Der Anteil der Unternehmen, die mit dreidimensionalen Volumenmodellen arbeiten, nimmt jedoch zu.[318]

3.2.5 Branchenbedeutung des Prototyps

Ursprünglich fanden virtuelle CAD-Prototypen vor allem in der Luft- und Raumfahrttechnik sowie der Automobilindustrie starke Verbreitung.[319] Virtuelle, dreidimensionale Modelle wurden in diesen Branchen frühzeitig zur Entwicklung und für Designstudien verwendet.[320] Die Unternehmen der Automobil- und Automobilzulieferindustrie haben auch maßgeblich an der verstärkten Verbreitung von Systemen und Modelldarstellungen der virtuellen Realität mitgewirkt. Seit Mitte der 90er Jahre erfolgt die industrielle Nutzung von Anwendungen der virtuellen Realität zur prototypgestützten Produktentwicklung.[321] Dabei haben sich bei der umfassenden Anwendung von Prototypen gerade der Werkzeug- und Maschinenbau sowie die Antriebstechnik als innovative Branchen gezeigt.[322] Inzwischen werden Prototypen in sehr vielen unterschiedlichen Wirtschaftszweigen zur Produkt-

---

[317] Vgl. Specht et al. (2002), S. 280, die auf die beschränkte Nachbildung von Kunststoffeigenschaften hinweisen. Auch erscheint z. B. eine 1:1-Abbildung eines Automobils mit den aktuellen RP-Verfahren nicht möglich. Vgl. exemplarisch Ebenhoch (2001), S. 4. Der Anwendungsbereich in der Automobilindustrie bezieht sich daher immer auf einzelne Teile.

[318] Vgl. Dusel (2000), S. 16, der aufführt, dass von 8000 befragten Unternehmen 67% mit CAD-Systemen arbeiten, dreidimensionale Volumenmodelle aber nur bei 26% eingesetzt werden.

[319] Vgl. erneut Fußnote 258 sowie die dort aufgeführte ausführliche Beschreibung zur Entwicklung der Boing 777.

[320] Vgl. Gausemeier et al. (2001), S. 382, die ebenfalls aufzeigen, dass die heute sehr erfolgreiche Software „CATIA" als Projekt „**C**omputer-**A**ided **T**hree-Dimensional **I**nteractive **A**pplication" beim französischen Flugzeughersteller Avion Marcel Dassault entstanden ist.

[321] Vgl. Laidig, Rößler (2004), S. 118. Diese betonen weiterhin, dass Systeme der virtuellen Realität gerade mit sinkenden Kosten für die Hardware verstärkt an Bedeutung gewinnen. Für eine exemplarische Nutzung bei BMW vgl. Rude (2001), S. 23ff., sowie für die Verwendung bei Bosch vgl. Mahfoudh (2001), S. 131ff.

[322] Einen anschaulichen Einsatz von Prototypen im Werkzeug- und Maschinenbau zeigt Haller (2002a), S. 21ff. Für die Verwendung von Prototypen in der Antriebstechnik vgl. exemplarisch Scholl (1998), S. 143ff., sowie Pfohl (2002a), S. 122ff.

entwicklung eingesetzt. Neben den genannten Branchen liegen große Potenziale von Produktmodellen in der elektrotechnischen Industrie und der Medizintechnik.[323] Aber auch in der Architektur und der Spielwarenindustrie finden Prototypen zur Entwicklung von Produkten Verwendung.[324]

Die generelle Akzeptanz der Prototypenunterstützung im betriebswirtschaftlichen Gebiet ist abhängig von der Verwendung von Prototypen in technischen Unternehmensbereichen.[325] In den Expertengesprächen zeigten Unternehmen, die einen häufigen und intensiven konstruktiven Einsatz von Produktmodellen vornahmen, eine tendenziell höhere Bereitschaft der Verwendung von Prototypen zur Planung von produktbegleitenden Dienstleistungen. Die branchenspezifische Bedeutung von Prototypen hat Auswirkungen auf die Auswahl der Fallstudienunternehmen. Es erscheint angemessen, Branchen zu bestimmen, in denen ein relativ hoher Verwendungsgrad von Prototypen existiert. Dadurch sollen Unternehmen ausgewählt werden, bei denen eine möglichst große Akzeptanz der Nutzung von Prototypen besteht.

3.3 Zwischenfazit: Arbeitsdefinition „Prototyp"

Die vorangegangenen Beschreibungen haben gezeigt, wie facettenreich und vielschichtig der Begriff des Prototyps verwendet wird. Ergänzend sei noch kurz auf die Linguistik hingewiesen, in der unter einem Prototyp ein „Muster, Urbild"[326] verstanden und für semantische Differenzierungen genutzt wird. Diese Definition ähnelt der dargestellten ingenieurwissenschaftlichen Auffassung, nach der Prototypen „meist eine erste Testversion"[327] des zu entwickelnden Objektes darstellen.[328] Dabei zeigt die morphologische Betrachtung weiterhin auf, dass

[323] Für ein anschauliches Beispiel und Potenzial in der Medizintechnik vgl. Lüth, Kneissler (2003), S. 18f.
[324] Vgl. Dusel (2000), S. 16., sowie für ein anschauliches Beispiel der Verwendung von Prototypen in der Architektur zum Modellbau vgl. Elsner, Dreher (2003), S. 22f.
[325] Vgl. für die Bedeutung des technischen Gebrauches für die betriebswirtschaftliche Nutzung von Prototypen Scholl (1998), S. 144, sowie Pfohl (2002a), S. 128.
[326] Duden (2001b), S. 775. Dabei handelt es sich um eine Fachbedeutung, die sich von der umgangssprachlichen Bedeutung des „ersten, vor der Serienproduktion hergestellten Exemplars" unterscheidet. Zu einer sprachwissenschaftlichen Analyse des Begriffs „Prototyp" vgl. Kleiber (2002), S. 30f., sowie Mangasser-Wahl (2000), S. 14f.
[327] Bullinger, Meiren (2001), S. 162.
[328] Vgl. analog Anderl et al. (2003), S. 62, Eversheim, Assmus, Schröder (2003), S. 109, Ebenhoch (2001) S. 3, Fallbäumer (2000), S. 20, sowie Haller (2002a), S. 19. Auch Spitta (1989), S. 4, versteht

Prototypen als eine Teilmenge von Modellen[329] verstanden werden können.[330] Eine Übertragung der für Modelle im Allgemeinen gefundenen Unterscheidungen ist daher prinzipiell für Prototypen ebenfalls möglich.[331]

Als Arbeitsdefinition werden im vorliegenden Forschungsprojekt ***Prototypen*** verstanden als *„frühe Versionen des zu entwickelnden Produktes, die einige oder alle Leistungsmerkmale der Endversion enthalten"*[332]. Durch diese Definition wird ein hinreichender Produktbezug des Prototypen gewährleistet, gleichzeitig aber auch alle Produktmodelle der frühen Phasen mit in die Betrachtung integriert.[333] Eine ähnliche Definition wird auch im Frascati Manual der OECD-Definition gewählt. Danach ist ein Prototyp: „(...) an original model constructed to include all the technical characteristics and performances of the new product"[334]. Diese zweckmäßig gewählte Definition ermöglicht dabei auch, die vielschichtigen Potenziale der Prototypunterstützung bei der Kosten- und Erlösplanung für produktbegleitende Dienstleistungen aufzuzeigen.[335]

unter einem Prototypen „frühe Versionen des zu entwickelnden Produktes, die einige oder alle Leistungsmerkmale der Endversion enthalten".

[329] SCHNEIDER versteht unter Modellen „gedankliche Abbilder von Problemen und Problemlösungsversuchen in Worten, Symbolen und ihren Verknüpfungen". Schneider (1993), S. 8. Ähnlich definieren dies ebenfalls Wöhe, Döring (2002), S. 36, Bea (2000), S. 314, sowie Schweitzer, Küpper (1998), S. 56.

[330] Vgl. Ebenhoch (2001), S. 3, Kühnel (1995), S. 4.

[331] Zu Typologisierungen von Modellen im Allgemeinen vgl. Pickardt (1990), für betriebswirtschaftliche Modelle Schweitzer, Küpper (1998), S. 56ff., Bea (2000), S. 314ff., Wöhe, Döring (2002), S. 36ff., sowie aus psychologischer Perspektive die bereits aufgezeigten Ergebnisse von Sachse, Hacker (1995), S. 7.

[332] Spitta (1989), S. 4. Ein analoges Begriffsverständnis verfolgen auch Dittmar (1998), S. 31, Scholl (1998), S. 60, sowie Pfohl (2002a), S. 55.

[333] Vgl. Dittmar (1998), S. 31.

[334] OECD (Hrsg., 1993), S. 42. Der Titel des Werkes resultiert aus dem Ort des ersten Treffens 1963 in Frascati/ Italien. Dabei wird der Einsatz von Prototypen anschaulich anhand einer chemischen Pumpe erläutert und auch auf die Bedeutung von Iterationszyklen bei der Produktentwicklung (mittels „feedback loops") hingewiesen. Vgl. ebenda.

[335] Zur Zweckmäßigkeit bei der Begriffswahl vgl. Wittgenstein (1971), S. 56-63, sowie die anschaulichen Erläuterungen zu Nominal- und Realdefinitionen bei Schanz (1988), S. 18f., der dabei ebenfalls auf die Zweckmäßigkeit eingeht.

„Aus diesen Eigenschaften ergibt sich, daß sich Dienstleistungen oft nur schwer präzise messen und vergleichen lassen. Dies kann für eine Kosten- und Erlösrechnung zu schwierigen Problemen führen."[347]

MARCELL SCHWEITZER UND HANS-ULRICH KÜPPER

4 Handlungsfelder der Kosten- und Erlösplanung für produktbegleitende Dienstleistungen

Das Eingangszitat dieses Kapitels macht es deutlich: Aus den bereits in Kapitel zwei geschilderten Besonderheiten von produktbegleitenden Dienstleistungen leiten sich die generellen Handlungsfelder für die Kosten- und Erlösplanung ab.[348] Im vorliegenden Kapitel sollen dabei jene Bereiche und Instrumente identifiziert werden, bei denen die Unterstützungspotenziale von Prototypen vorteilhaft erscheinen. Aufgrund der Vielzahl möglicher Controllinginstrumente wird ausgehend von den verschiedenen Handlungsfeldern und Merkmalen der Dienstleistungen eine Fokussierung vorgenommen.[349] Dabei werden Methoden identifiziert, die sich aus theoretischer Perspektive gut für die Lösung der Probleme eignen und als Basis für das nachfolgende, prototypgestützte Konzept dienen können. Gleichzeitig erfolgt weiterhin eine Berücksichtigung der in den Experteninterviews identifizierten Bedarfe der Praxis.

Die Beschreibung der Handlungsfelder nach der Potenzial-, Prozess- und Ergebnisperspektive von Dienstleistungen resultiert aus den bereits vorgestellten Besonderheiten von Services. Ein ähnliches Vorgehen wird auch häufig in

---

[347] Schweitzer, Küpper (2003), S. 722. Die beiden Autoren beziehen sich dabei mit „diesen Eigenschaften" auf die Besonderheiten von Dienstleistungen. SCHWEITZER UND KÜPPER fokussieren in ihrer Argumentation auf eine Kosten- und Erlös*rechnung*. Die Argumentation kann allerdings auch ohne Probleme analog auf eine Kosten- und Erlös*planung* für Dienstleistungen übertragen werden.

[348] Zur ausführlichen Abgrenzung von Dienstleistungen, einer Darstellung der daraus resultierenden Besonderheiten und der damit verbundenen Kritik vgl. erneut Kapitel 2.1 sowie die ausführlichen Darstellungen in Rück (2000), S. 228ff., und dessen kritische Betrachtung, dass „Besonderheiten" bei der Betrachtung einen „Normalfall" der ökonomischen Theorie implizieren. Da dieser „Normalfall" generell in der industriellen Fertigung materieller Güter gesehen wird, leiten sich die Besonderheiten fast ausschließlich aus dem Merkmal der Immaterialität ab. Vgl. Rück (2000), S. 228f. Aus analytischer, kritischer Betrachtung ist dieser Feststellung von RÜCK zunächst zuzustimmen. Zur praxisorientierten Lösung scheint die pragmatische Vorgehensweise mit „Besonderheiten" (im Sinne von tendenziell stärker ausgeprägten Eigenschaften) produktbegleitender Dienstleistungen dennoch sinnvoll zu sein.

[349] Für einen Überblick über die Vielzahl verschiedener Controllinginstrumente vgl. Horváth (2003a) sowie für den Transfer auf den Dienstleistungsbereich vgl. Fischer (2000), S. 52ff., und Witt (2003), S. 47ff.

Veröffentlichungen aus dem Marketingbereich gewählt.[350] An der Schnittstelle von Produktionsmanagement und Controlling wurde eine analoge Unterteilung der Besonderheiten der Potenzial-, Prozess-, und Ergebnisebene ebenfalls bereits von CORSTEN UND GÖSSINGER vorgenommen.[351]

Die drei Handlungsfelder können dabei auch ablauforientiert als zeitliche Differenzierung der Perspektive einer produktbegleitenden Dienstleistung gesehen werden. Damit kann ein Service in einer Vorkontakt-, Kontakt- und Nachkontaktphase betrachtet werden.[352] So wird zunächst ein Potenzial bereitgestellt und eine Leistung versprochen. In der nächsten Phase erfolgt die Erbringung der Dienstleistung. Der zeitliche Abschluss erfolgt durch die Ergebniserzielung.[353] Ein solches ablauforientiertes, zeitliches Verständnis lässt dabei den Schluss zu, dass die im Folgenden aufgeführten Besonderheiten auch zeitlich nacheinander und ohne Überlagerungen zwischen den Perspektiven auftreten. Neben theoretischen Einwänden gegen eine solche überschneidungsfreie Differenzierung lassen sich auch weiterhin Praxiserfahrungen und Praxisbeispiele gegenüber einer solchen reinen Isolierung aufführen.[354] Für eine systematisierte Begründung zur Auswahl und

[350] Vgl. exemplarisch Scheuch (2002), S. 95ff., sowie die Ausführungen zur Standardisierung und Individualisierung von industriellen Dienstleistungen anhand der Potenzial-, Prozess- und Ergebnisperspektive bei Speth (2001), S. 69ff. In Veröffentlichungen aus dem Rechnungswesen hingegen erfolgt häufig eine Konzentration auf einzelne Besonderheiten, wie z. B. Fixkosten, ohne die durchgängige Dreiteilung in Perspektiven aus den Definitionsansätzen aufzunehmen. Vgl. beispielhaft Knust (2002), S. 60ff., sowie Reckenfelderbäumer (1995), S. 10ff., der bei seiner Konzeption eines Marketing-Accounting auf die Parameter der „Immaterialität“ und „Integrativität“ von Dienstleistungen fokussiert.

[351] Vgl. Corsten, Gössinger (2003), die aus produktionswirtschaftlicher Sicht konzeptionelle Vorschläge für ein Controlling von Dienstleistungen vornehmen. Dabei unterscheiden sie neben der Betrachtung von Potenzial-, Prozess- und Ergebnisebene zusätzlich, analog zur Produktionswirtschaft, zwischen Vor- und Endkombination. Vgl. Corsten, Gössinger (2003), S. 19ff. Eine solche zusätzliche Untergliederung scheint allerdings aus Sicht des Verfassers für den vorliegenden Untersuchungsgegenstand einer möglichen Prototypunterstützung nicht vorteilhaft zu sein. Dadurch existieren auch Abgrenzungsprobleme zwischen Potentialebene und Vorkombination sowie zwischen Prozessebene und Endkombination.

[352] Eine solche Betrachtung der Perspektiven von Dienstleistungen als Phasen nimmt z. B. Haller (2002b), S. 8, sowie Meffert, Bruhn (2003), S. 29f., vor. Ähnlich argumentiert auch CORSTEN, der aber auch aufführt, dass ein solches Vorgehen zwar nicht unproblematisch, aber inhaltlich gehaltvoll erscheint. Vgl. Corsten (2001), S. 26f.

[353] Vgl. analog Niemand (1996), S. 76f. Dieser führt wegen der ablauforientierten Betrachtung die Perspektiven zusammen und betrachtet industrielle Dienstleistungen als einen umfassenden Prozess, der aus einzelnen Teilprozessen besteht.

[354] Für eine ausführliche Betrachtung und kritische Reflexion der phasenorientierten Abgrenzung vgl. die Ausführungen bei Frehse (2002), S. 32ff. Die gegenseitigen Einflüsse der verschiedenen Dienstleistungsperspektiven wurden auch in den zahlreichen, vom Autor durchgeführten, explorativen Expertengesprächen deutlich. Trotz der Probleme bei der Trennung der verschiedenen Dienstleistungsphasen wird diese differenzierte Betrachtung der Besonderheiten auch von zahlreichen anderen Autoren zu einem besseren Verständnis vorgenommen. Vgl. exemplarisch Benkenstein (2001), S. 690ff.

Fokussierung der zugrunde liegenden Controllinginstrumente erscheint die separierte Betrachtung der verschiedenen Handlungsfelder dennoch sehr vorteilhaft.[355] Aus einer solchen phasenorientierten Differenzierung können so die spezifischen Probleme herausgearbeitet und kostenrechnerische Instrumente aufgezeigt werden, die Ansatzpunkte zu einer Integration von Prototypen in der Konzeption bieten. Allerdings muss dabei beachtet werden, dass sich die Phasen gegenseitig beeinflussen und auch die aus den Besonderheiten resultierenden Probleme nicht nur einen begrenzten, zeitlichen Abschnitt betreffen.[356] Aufgrund dieser zwar wissenschaftlich fundierten, aber eher theoretisch ausgerichteten Betrachtung der verschiedenen Handlungsfelder soll in der anschließenden Konzeption nur an wesentlichen, ausgewählten Stellen explizit auf die unterschiedlichen Perspektiven eingegangen werden.

4.1 Handlungsfeld Potenzial

Das Handlungsfeld Potenzial resultiert aus den Besonderheiten produktbegleitender Dienstleistungen, die sich aus dem ***Leistungsversprechen*** an Kunden ergeben. Dabei leiten sich die besonderen Handlungsbedarfe für die Kosten- und Erlösplanung bei dieser Perspektive aus den Strukturen und angestrebten Fähigkeiten des Anbieters ab.[357]

Das primäre Problem und Handlungsfeld aus Potenzialsicht ist die **Kapazitätsfestlegung**.[358] Eine zeitlich schwankende Nachfrage bedingt Kosten für die Bereitstellung von Ressourcen und die mögliche Gefahr von Leerkosten.[359] Somit ergibt sich für die Kostenplanung von produktbegleitenden Dienstleistungen häufig ein Dilemma zwischen Leerkosten und Bereitstellungskosten.[360] Eine Variabilisierung dieser Kosten (z. B. durch den Einsatz von Leiharbeitern etc.) ist oft nur in sehr

[355] Ein ähnliche Meinung vertreten auch Meffert, Bruhn (2003), S. 30, sowie Corsten (2001), S. 27, der weiter aufführt, dass eine solche Differenzierung einen tragbaren heuristischen Rahmen bietet.

[356] So hat beispielsweise eine Standardisierung bei den Prozessen Auswirkungen auf die Differenzierungsmöglichkeiten bei den Erlösen aus der Ergebnisperspektive. Vgl. Corsten, Gössinger (2003), S. 23.

[357] Vgl. Meffert, Bruhn (2003), S. 652.

[358] Die Bereithaltung und angemessene Festlegung von Kapazitäten ist in der Betriebswirtschaft schon lange ein wesentliches Betrachtungsobjekt. Vgl. exemplarisch Riebel (1994), S. 83f., der auch bereits auf die Stellungnahmen und Erläuterungen von SCHMALENBACH im Rahmen dieses Handlungsfeldes hinweist.

[359] Vgl. Corsten, Gössinger (2003), S. 20, sowie Reckenfelderbäumer (2004), S. 217.

eingeschränktem Maße möglich. So sind beispielsweise bei der Durchführung einer Wartung häufig umfangreiche technische Kenntnisse erforderlich, die sich nicht einfach erlernen oder unproblematisch ersetzen lassen. Die Auswirkung der Kapazitätsfestlegung und die Probleme einer nicht möglichen Variabilisierung sind dabei umso größer, je bedeutsamer das spezifische Wissen ist.[361]

Ein weiteres wesentliches Problem beim Handlungsfeld Potenzial hängt indirekt mit der Kapazitätsfestlegung zusammen. Die **Gestaltungsproblematik** von Kosten und Erlösen wird von zahlreichen Autoren angesprochen.[362] Auch nach der Kapazitätsfestlegung sind so gestaltende Maßnahmen zur frühen Beeinflussung möglich und häufig erforderlich. Gerade wegen dieser Bedeutung der frühen Gestaltung von Kosten und Erlösen bietet sich beim Handlungsfeld Potenzial die Integration von Prototypen in die Planung für produktbegleitende Dienstleistungen an, da diese als Auslöser zur Analyse, Entscheidung und Dokumentation dienen können. Zu einem besseren Kapazitätsmanagement erscheint die Integration von Prototypen in die verschiedenen Methoden aus Sicht des Handlungsfeldes Potenzial sinnvoll. Bei der Gestaltungsproblematik ist weiterhin zu berücksichtigen, dass die einzusetzenden, prototypgestützten Instrumente auch die häufig starke Immaterialität in der Potenzialphase mit abbilden können.[363] Da diese jedoch oft primär mit dem Output in Verbindung gebracht wird, soll auf die Auswirkung der Immaterialität auf die Auswahl der Instrumente auch im Rahmen des Handlungsfeldes Ergebnis näher eingegangen werden.

Die Potenzialperspektive zeigt schließlich aus einem weiteren Grund ein wesentliches Handlungsfeld auf. Gerade bei der Planung von zukünftigen

---

[360] Vgl. Borrmann (2003), S. 25.

[361] Wegen dieser Bedeutung und Auswirkung des Faktors Wissen nehmen SCHÄFFER UND WEBER eine Differenzierung von Dienstleistungen nach dem Wissensdefizit vor. Vgl. Schäffer, Weber (2002), S. 6ff. In der vorliegenden Arbeit wird die Bedeutung des Faktors Wissen auf Kosten und Erlöse berücksichtigt. Der primäre Fokus liegt jedoch auf den Potenzialen von Prototypen zur Planung. Zur Komplexitätsreduktion wird daher eine solche explizite Differenzierung in verschiedene Wissenskategorien nicht vorgenommen.

[362] Vgl. Corsten, Gössinger, (2003), S. 20 sowie Leidig, Sommerfeld (1998), S. 40. So impliziert die Potenzialgestaltung ein Fixkostenmanagement, das durch die Quantität und Qualität der bereitgestellten Kapazität beeinflusst wird. Vgl. Corsten, Gössinger (2003), S. 20. Dabei handelt es sich keineswegs um ein vollkommen neues Thema. Die Betrachtung der Kapazitätskosten und eine Problemlösung für die Gemeinkostenschlüsselung wird so bereits von RIEBEL betrachtet. Vgl. Riebel (1994), S. 618ff.

[363] Zur Bedeutung der Immaterialität der Leistungsfähigkeit und -bereitschaft vgl. Mengen (1993), S. 29, sowie die ausführlichen Darstellungen und kritischen Erläuterungen bei Rück (2000), S. 199ff. und die dort aufgeführten Literaturverweise.

Dienstleistungspotenzialen wird eine Schnittstelle zwischen strategischer Ausrichtung und operativer Umsetzung ersichtlich.[364] Die prototypgestützten Methoden, die in der nachfolgenden Konzeption verwendet werden, sollten eine solche Kombination ebenfalls ermöglichen und auch eine Integration von strategischen Betrachtungen im Kosten- und Erlösmanagement für produktbegleitende Dienstleistungen unterstützen.

4.2 Handlungsfeld Prozess

In der Prozessphase der produktbegleitenden Dienstleistung erfolgt ein Kontakt zwischen Anbieter und Kunden bzw. dessen Verfügungsobjekt.[365] Für dieses Handlungsfeld lassen sich drei primäre Einflussparameter (***Externer Faktor, Ablauforientierung*** *und* ***Uno-Actu-Prinzip***) identifizieren, die wesentliche Auswirkungen auf die resultierenden Probleme und die daher einsetzbaren prototypgestützten Instrumente haben.[366]

Auf diesem Handlungsfeld wird von zahlreichen Autoren die **Qualitätsproblematik**, die aus der Integration des externen Faktors resultiert, als sehr einflussreich gesehen.[367] Dabei hängt die Qualität des Erstellungsprozesses von Dienstleistungen (und damit indirekt auch das Ergebnis in der nächsten Phase) von autonomen Faktoren ab, die vom Dienstleistungsanbieter nur sehr bedingt gesteuert werden können.[368] SCHÄFFER UND WEBER betonen weiterhin, dass der Integration des Kunden in den Prozess auch quantitativen empirischen Studien zufolge eine sehr hohe Bedeutung zukommt.[369] Daneben stellen sie jedoch auch fest, dass diese Einsicht für die Steuerung allerdings nur äußerst begrenzt umgesetzt wird.[370] Für dieses Handlungsfeld lässt sich daher zunächst als angestrebtes Ziel durch die

---

364 Zu einer anschaulichen Integration des Dienstleistungsmanagements in den Kontext des strategischen Managements vgl. Meyer, Blümelhuber (2001), S. 373ff., sowie bereits Olemotz (1995), S. 105ff.

365 Vgl. Meffert, Bruhn (2003), S. 652.

366 Zur Identifikation und Herleitung der primären Einflussfaktoren für das Handlungsfeld Prozess vgl. erneut Kapitel 2.1.1.3.

367 Vgl. exemplarisch Eversheim, Jaschinsky, Reddemann (2003), S. 83ff., Gouthier (2003), S. 29, sowie Bruhn (2004), S. 6ff., der in der Dienstleistungsqualität einen wesentlichen Schlüsselfaktor sieht und daher eine umfassende Betrachtung vornimmt.

368 Vgl. Kißling (1999), S. 50, sowie Hope, Mühlemann (1997), S. 30f. Diese stellen sogar fest: „Quality control in services where the customer is present is limited to process control." Hope, Mühlemann (1997), S. 31.

369 Vgl. Schäffer, Weber (2002), S. 8.

370 Vgl. Schäffer, Weber (2002), S. 8, sowie die dort aufgeführten Literaturverweise.

Prototypeinbindung eine instrumentale Verbesserung konstatieren. Es scheint zur Lösung der Qualitätsproblematik möglich zu sein, die Integration des externen Faktors zu simulieren und damit auch Qualitätsrisiken bei der Dienstleistungserstellung zu reduzieren.

Damit kann weiterhin der **Integrationsunsicherheit** entgegengewirkt werden, welche für die produktbegleitenden Dienstleistungen aufgrund der starken Abhängigkeit von individuellen Gegebenheiten beim Nachfrager besonders hoch ist.[371] Die Kostenplanung, Steuerung und Dokumentation ist besonders dann schwierig, wenn eine *starke Integration des externen Faktors* erfolgt. Die Mitwirkung des Kunden, die sich sowohl positiv als auch negativ auf die Erstellung der Dienstleistung auswirken kann, wird im traditionellen Rechnungswesen häufig nur unzureichend abgebildet.[372] Zur Reduktion dieser Unsicherheit erscheint der Einsatz von Prototypen generell geeignet, um auch die Schwankungsbreite von Kosten und Erlösen zu reduzieren.

Bei der Untersuchung der *Abläufe* von produktbegleitenden Dienstleistungen wird in Verbindung mit der *Integration des externen Faktors* von vielen Autoren die **Standardisierungsproblematik** aufgeführt.[373] Aus konzeptioneller Sicht ist es dabei von wesentlicher Bedeutung, Kosten- und Erlöstreiber zu identifizieren, um eine kostenstellenübergreifende Planung, Steuerung und Kontrolle zu ermöglichen.[374] Zum Teil kann die Standardisierungsproblematik durch Bestimmung von Muster-Services und Teilprozessen reduziert werden.[375] Durch die Bedeutung des externen Faktors und der durch diesen bedingten Unsicherheit lassen sich die Probleme einer fehlenden Standardisierung jedoch nicht ganz vermeiden. Allerdings bestehen hinsichtlich der Standardisierung auch weiterhin Unterschiede bei der Auswahl der konkreten produktbegleitenden Dienstleistungen. Vollständige individuelle Dienst-

[371] Zur Integrationsunsicherheit bei der Dienstleistungserstellung vgl. Corsten, Gössinger (2003), S. 20, Gouthier (2003), S. 28, Lay (2003), S. 23, sowie Backhaus, Weiber (1993), S. 73.

[372] Der externe Faktor kann dabei kostensenkend wirken, wenn es gelingt durch gezielte Integration eigene Prozesskosten zu senken. Gleichzeitig kann eine intensive Integration des externen Faktors zu einer Komplexitätssteigerung führen, die einen erhöhten zeitlichen Aufwand impliziert. Vgl. Lay (2003), S. 17.

[373] Vgl. exemplarisch Bruhn (2004), S. 72, Haller (2002b), S. 16f., Meyer (1991), S. 199f., Witt (2003), S. 17, oder Kißling (1999), S. 49, der diese Thematik unter „Problem der Aufgabenteilung" kritisch reflektiert. Gleichzeitig zeigt die Standardisierungsproblematik auch die Beziehung zu anderen Handlungsfeldern auf. Vgl. Meffert, Bruhn (2003), S. 23.

[374] Zur anschaulichen Verwendung von Kostentreibern und Maßgrößen vgl. Palloks-Kahlen, Kuczynski (2000), S. 140, sowie Serfling, Jeiter (1995), S. 323.

leistungen (z. B. eine individuelle Spezialsoftware) sind aus dieser Perspektive problematischer als repetitive Dienstleistungen (z. B. eine wiederkehrende Wartung).[376] Allerdings zeigt dieses Spektrum von einer geringen bis stark ausgeprägten Individualisierung der produktbegleitenden Dienstleistung auch noch einmal das bereits erläuterte Problem der konstitutiven Merkmale auf. Es handelt sich bei der Standardisierung- bzw. Individualisierungsproblematik daher um ein ausprägungsabhängiges Charakteristikum, das tendenziell höher ist als bei physischen Produkten.[377]

Weiterhin lässt sich bei produktbegleitenden Dienstleistungen im Handlungsfeld Prozess häufig das *Uno-Actu-Prinzip* (im Sinne der Simultanität von Produktion und Absatz) identifizieren und daraus eine **Speicher- bzw. Lagerhaltungsproblematik** ableiten.[378] Die Lagerhaltung im weiteren Sinne kann dabei in eine marktliche und eine technische Lagerhaltung differenziert werden. Unter *marktlicher Lagerhaltung* kann dabei die zeitliche Entkopplung von Produktion und Verwendung verstanden werden. *Technische Lagerhaltung* betrifft hingegen als Untermenge die Speicherung im Sinne einer möglichen Vergegenständlichung.[379] Die eingeschränkte Lagerhaltung wirkt sich sehr stark auf die Kapazitätsplanung aus und verstärkt daher die Bedeutung der frühzeitigen Potenzialplanung, da eine Vorratsproduktion nur sehr begrenzt möglich ist.[380]

Hinsichtlich der prozessualen Integration des externen Faktors resultiert weiterhin die Besonderheit, dass bei der Durchführung des Dienstleistungsprozesses häufig Freiheitsgrade bestehen. (So kann z. B. ein Mitarbeiter den Wartungsprozess selbstständig ausgestalten.) Motivationale Aspekte und Vertrauenseigenschaften sind daher nicht nur aus Sicht des Kunden, sondern auch aus Sicht des Dienstleistungs-

---

375 Vgl. Bruhn (2004), S. 72, sowie Palloks-Kahlen, Kuczynski (2000), S. 138.

376 Zur Individualität versus Standardisierung von Dienstleistungen vgl. die Ausführungen von Meyer (1991), S. 199f. Dieser stellt dabei fest: „Persönlich erbrachte Dienstleistungen sind oft sogar „doppelt individuell", weil sie sowohl für den Anbieter als auch für den Nachfrager individuelle Leistungen darstellen." Meyer (1991), ebenda.

377 Der Grad der Standardisierung bzw. Individualisierung kann als Systematisierungskriterium auf einem Spektrum von vollständig bis nicht vorhanden gesehen werden.

378 Vgl. Corsten (2001), S. 22 sowie die Erläuterungen und Literaturverweise zur prozessorientierten Dienstleistungsdefinition in Kapitel 2.1.1.3.

379 Zur ausführlichen Differenzierung und Analyse von Lagerhaltung bzw. Lagerbarkeit und den daraus resultierenden Konsequenzen vgl. Rück (2000), S. 230ff., sowie die dort aufgeführten Literaturverweise, der die Betrachtungen zu Speicher- und Lagerbarkeit bereits bei SMITH, SAY und MARX identifiziert.

380 Vgl. Fischer (2000), S. 43.

anbieters mit in die Betrachtung und Steuerung einzubeziehen.[381] Daher sollten auch, zumindest indirekt, verhaltenstheoretische Aspekte im Handlungsfeld Prozess berücksichtigt werden.[382] Bei der prototypgestützten Konzeption werden deshalb wegen der prozessualen Besonderheiten auch Motivations- und Anreizkomponenten integriert.[383]

4.3 Handlungsfeld Ergebnis

Wesentliche Auswirkungen auf die kostenrechnerischen Instrumente, die im Rahmen der prototypgestützten Konzeption zum Einsatz kommen, resultieren schließlich aus den Besonderheiten im Handlungsfeld Ergebnis. Produktbegleitende Dienstleistungen weisen outputorientiert häufig einen ***hohen immateriellen Anteil*** auf.[384] Aus diesem tendenziell höheren Anteil von immateriellen Ergebnissen resultieren verschiedene Probleme, die bei der Auswahl der kostenrechnerischen Instrumente zu berücksichtigen sind.

Aus der Immaterialität resultiert auf diesem Handlungsfeld ein Stellhebel in der **Qualitätsproblematik**. Eine produktbegleitende Dienstleistung und ihre Qualität ist aufgrund der immateriellen Anteile begrenzt sinnlich wahrnehmbar.[385] Zur Messung der Dienstleistungsqualität sind in der Marketingliteratur bereits vielfältige unterschiedliche Verfahren entstanden (vgl. Abbildung 13), daher wird diese nicht im Vordergrund der Arbeit stehen.

[381] Vgl. Kißling (1999), S. 45, der die Bedeutung von Erfahrungs- und Vertrauenseigenschaften bei Dienstleistungen besonders betont.
[382] Vgl. Schäffer, Weber (2002), S. 8, die ebenfalls auf die hohen Freiheitsgrade im Leistungserstellungsprozess hinweisen, sowie analog ebenfalls Borrmann (2003), S. 24.
[383] Vgl. Borrmann (2003), S. 24, sowie zu Anreizsystemen Kossbiel (1994), S. 75ff.
[384] Vgl. erneut Meyer (1998a), S. 6f., welcher der Immaterialität eine sehr hohe Bedeutung zurechnet, obwohl auch er sie nicht als konstitutives Merkmal ansieht.
[385] Vgl. Bruhn (2004), S. 17.

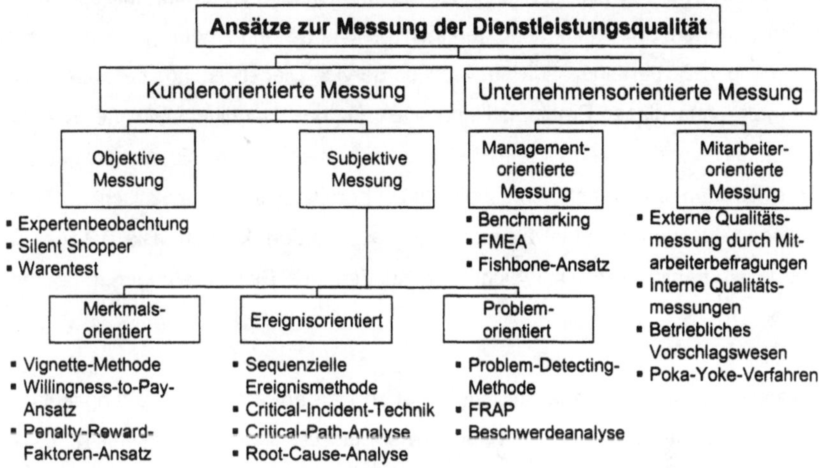

Abbildung 13: Ansätze zur Messung der Dienstleistungsqualität[386]

Trotzdem können die Auswirkungen der Qualität auf die Kosten- und Erlösplanung von Dienstleistungen nicht unberücksichtigt bleiben. So existiert häufig keine vollständige Information über die Qualität, Menge und Kostentreiber der produktbegleitenden Dienstleistungen.[387] Die Besonderheiten aus der Qualität des Dienstleistungsergebnisses sind daher in den anzuwendenden Instrumenten angemessen zu berücksichtigen.[388] Neben der Bedeutung für die Kosten resultieren aus der Immaterialität auch Probleme bei der Erzielung und Verrechnung von Erlösen. Da für den Kunden die Qualität häufig nicht bewertbar und vergleichbar ist, besteht für ihn eine Unsicherheit hinsichtlich der Preisbereitschaft.[389]

Das bereits angesprochene Fehlen von Mengen und Kostentreibern weist weiterhin auf eine **Quantitätsproblematik** hin, die ebenfalls aus der Immaterialität resultiert. So ergibt sich aus der begrenzten physischen Wahrnehmbarkeit eine erschwerte

[386] Vgl. Bruhn (2004), S. 97ff., Bruhn (2003a), S. 7ff., sowie Bruhn (2003b), S. 45ff., und die dort aufgeführten Beschreibungen und Erläuterungen zu den einzelnen Verfahren zur Messung der Dienstleistungsqualität. Auch werden dort weitere beispielhafte Ansätze aufgeführt und zugeordnet. Die einzelnen Methoden der Qualitätsmessung und ihre prototypgestützte Anpassung stehen allerdings nicht im Vordergrund dieser Arbeit.

[387] Vgl. Serfling, Jeiter (1995), S. 321.

[388] Dies kann so durch die Integration von qualitativen Parametern in das Target Costing geschehen. Implizit sollen auch Methoden zur Qualitätsmessung, die vornehmlich aus dem Marketing stammen, integrierbar sein. Für eine marketingorientierte Adaption der Qualität in das Controlling vgl. Pepels (1996), S. 95ff.

quantitative Erfassbarkeit.[390] Die Quantitätsproblematik ist dabei für spezifische Dienstleistungen (mit einer sehr geringen gleichen Menge oder gar individuellen Erbringung z. B. bei einer individuellen Full-Service-Dienstleistung) besonders ausgeprägt.[391] Aus dieser Problematik resultiert für das Handlungsfeld die Lösungsmöglichkeit, standardisierte (Teil-) Leistungen zu bestimmen, die als Kostenträger dienen können und durch eine individuelle Kombination zu spezifischen Dienstleistungen für den Kunden zusammengefasst werden können. Die Menge des Outputs ist häufig auch aus Sicht des Kunden der Dienstleistung nur begrenzt messbar.

So kann zwar eine Aussage darüber getroffen werden, wie viele Wartungsaufträge angenommen wurden, aber es ist nur schwer messbar, „wieviel" Ergebnis (z. B. aus einer gleichzeitig durchgeführten Beratung) erreicht wurde. In diesem Fall müssen zur näherungsweisen Ermittlung des jeweiligen Outputs geeignete Messgrößen bestimmt werden.[392]

Schließlich existiert auch im Handlungsfeld Ergebnis die **Speicher- bzw. Lagerhaltungsproblematik**, die sich ebenfalls aus der tendenziell hohen Immaterialität ergibt. Die eingeschränkte Lagerhaltung zeigt dabei auch noch einmal die Abhängigkeit zwischen den verschiedenen Handlungsfeldern auf. So ergibt sich aus dieser eine Rückkopplung zur flexiblen Bereitstellung von Kapazitäten (Handlungsfeld Potenzial) und einer Reaktionsfähigkeit auf die Kundenwünsche in der Prozessphase (Handlungsfeld Prozess). Falls keine Lagerbarkeit von produktbegleitenden Dienstleistungen und Nutzung des Potenziales existiert, besteht die Gefahr von Leerkosten. Daher kommt der Kapazitäts- und Kostenplanung auch aus diesem Handlungsfeld eine große Bedeutung zu.[393]

389 Vgl. Palloks-Kahlen, Kuczynski (2000), S. 137. Im Umkehrschluss kann die Unsicherheit und mögliche Variabilität bei der Preisbereitschaft aber auch positive Wirkungen bei der Preissetzung haben.

390 Vgl. Steven, Schade (2004), S. 548, die dabei auch den Zusammenhang von qualitativen und quantitativen Problemen der Erfassbarkeit aufzeigen.

391 Vgl. Lay (2003), S. 17, sowie Reckenfelderbäumer (2004), S. 218. Die Definition von (Teil-) Leistungen hat dabei weiterhin den Vorteil der Vereinfachung, da eine individuelle Verrechnung von Aktivitäten zu einer enormen Komplexitätssteigerung führen würde.

392 Vgl. Schäffer, Weber (2002), S. 8.

393 Vgl. Kißling (1999), S. 47, der diese Nichtlagerfähigkeit betont und auch einen Querverweis auf die Kapazitäten bzw. Potenziale vornimmt.

4.4 Ausgewählte Instrumente zur Integration der Handlungsfelder

Aus den aufgezeigten Handlungsfeldern, Besonderheiten und Problemen produktbegleitender Dienstleistungen resultiert die Eignung von verschiedenen, ausgewählten Controllinginstrumenten, die sich im Rahmen der explorativen Experteninterviews als innovative Lösungsansätze zur Kosten- und Erlösplanung zeigten. Weiterhin ergaben sich bei den Unternehmen übereinstimmend die gleichen Handlungsfelder.[394] Diese Instrumente sollen im Folgenden hinsichtlich der Nützlichkeit für die Konzeption kurz erläutert werden.

4.4.1 Prozesskostenrechnung

Der Aufbau eines Potenzials und die Kapazitätsfestlegung führt, wie beschrieben, weiterhin zu steigenden Leer- und Bereitschaftskosten, welche häufig Gemeinkosten darstellen.[395] Daher erscheint bereits aus diesem Handlungsfeld eine prototypgestützte Prozesskostenrechnung vorteilhaft, um eine höhere Transparenz im Gemeinkostenbereich zur besseren Planung und Steuerung erzielen zu können. Gleichzeitig unterstützt die Prozessorientierung eine differenzierte, prototypgestützte Kalkulation, um die Leistungsinanspruchnahme des Potenzials verursachungsgerechter aufzuzeigen.[396] Auf dem Handlungsfeld Prozess besteht die Möglichkeit, der Standardisierungsproblematik entgegenzuwirken. Im Rahmen der anvisierten prototypgestützten Prozesskostenrechnung müssen dabei standardisierte (Teil-) Leistungen definiert werden.[397] Durch Mess- und Vergleichbarkeit dieser Prozesse

---

[394] Vgl. erneut die Erläuterungen zur qualitativen Empirie mittels Expertengesprächen in Kapitel 2.2.2.3. Teilweise wurden von den Interviewpartnern semantisch andere Begriffe gewählt, die aber nach Rücksprache jeweils den Handlungsfeldern Potenzial, Prozess und Ergebnis zugeordnet werden konnten. Bei den Interviews dominierte bei den Gesprächspartner die positive Einschätzung hinsichtlich Target Costing und Prozesskostenrechnung.

[395] Vgl. Fischer (2000), S. 88. Die Problematik der Kapazitätsfestlegung für Dienstleistungsunternehmen ähnelt dabei den Schwierigkeiten im Gemeinkostenbereich von traditionellen Industrieunternehmen. Vgl. Schweitzer, Küpper (2003), S. 722.

[396] Die prozessorientierte Kalkulation kann als eine Basisanwendung der Prozesskostenrechnung verstanden werden. Vgl. Horváth (2003a), S. 559. Bei der Argumentation zum Einsatz der Prozesskostenrechnung besteht eine inhaltliche Schnittstelle zu den Konsequenzen aus dem Handlungsfeld Prozess und Ergebnis. Auch WITT konstatiert, dass die Prozesskostenrechnung für Dienstleistungen anderen einsetzbaren Instrumenten überlegen sei. Vgl. Witt (2003), S. 63. Die prozessorientierte Planung steht daher am Anfang der nachfolgenden Konzeption und ist von zentraler Bedeutung

[397] Vgl. Serfling, Jeiter (1995), S. 323, die diese Standardleistungen in ihren Erläuterungen als Grundprozesse bezeichnen.

kann weiterhin der Qualitätsproblematik auch beim Output entgegengewirkt werden.[398] Dadurch wird gleichzeitig eine Problemlösung für das Handlungsfeld Ergebnis möglich. Somit bietet sich eine prototypgestützte Prozesskostenbetrachtung zur Integration der aufgezeigten Handlungsfelder und zur Lösung der daraus resultierenden Probleme an.

4.4.2 Time Driven Activity Based Costing

Aus den Betrachtungen zur prototypgestützten Prozesskostenrechnung resultiert weiterhin die Integration der aktuellen Weiterentwicklung eines Time Driven Activity Based Costing (TD ABC) für produktbegleitende Dienstleistungen.[399] Durch die Anwendung eines prototypgestützten TD ABC erscheint eine genauere Kapazitätsplanung (Handlungsfeld Potenzial) sowie auch eine Detaillierung der Prozesskostenplanung möglich. Insbesondere kann eine Abweichungsanalyse für das Aufzeigen ungenutzter Kapazitäten (Leerkosten) verwendet werden, die sich beim Entwicklungs- und Planungsstadium nach dem jeweiligen Prototypstadium richtet.[400] Weiterhin können durch ein prototypgestütztes TD ABC direkt die Problematiken des Handlungsfeldes Prozess und indirekt auch die Schwierigkeiten auf dem Handlungsfeld Ergebnis gelöst werden. Bei den Gesprächspartnern der explorativen Interviews war das TD ABC häufig nicht bekannt. Die Bedeutung von Prozesszeitstudien und ein systematisches Kapazitätsmanagement zum Aufzeigen von Leerkapazitäten wurde jedoch mehrfach angesprochen.

4.4.3 Target Cost Management

Die Erläuterungen zum Handlungsfeld Potenzial haben gezeigt, dass eine Integration der Kundenerwartungen beim Aufbau von Kapazitäten vorteilhaft erscheint, um

[398] Vgl. Bruhn (2004), S. 370ff., der ebenfalls aber auch auf den erforderlichen organisatorischen und finanziellen Mehraufwand für eine qualitätsbezogene Prozesskostenrechnung hinweist. Vgl. Bruhn (2004), S. 372. Dabei besteht allerdings das Risiko, dass dieser Aufwand noch durch die Integration von Prototypen steigen kann.

[399] Zur detaillierten Beschreibung der Neuerungen durch ein Time Driven Activity Based Costing vgl. Kaplan, Anderson (2004), S. 131ff., sowie Kapitel 5.2.6, die dort aufgeführten Literaturverweise und die Vorgehensweise zu einer möglichen Prototypintegration.

[400] Für eine Erläuterung der Gleichsetzung von ungenutzten Kapazitäten mit den Leerkosten vgl. Coners, von der Hardt (2004a), S. 110.

Kapazitäten marktorientiert zu planen.[401] Aus diesem Grund soll eine prototypgestützte Adaption des Target Costing für produktbegleitende Dienstleistungen vorgenommen werden. Das Target Cost Management ermöglicht dabei auch Zielkostenerreichungsmaßnahmen, die frühzeitig am Prototypen angestoßen werden können.[402] Damit erscheinen auch Gegenmaßnahmen zu der aufgezeigten Gestaltungsproblematik beim Handlungsfeld Potenzial möglich. Daneben können beim Handlungsfeld Prozess die Abläufe und die Integration des externen Faktors marktorientiert gestaltet werden. Schließlich müssen Dienstleistungen eine Marktfähigkeit aufweisen, d. h. am Ende des Prozesses muss ein vermarktungsfähiges, nutzenstiftendes Ergebnis stehen. Dabei ist es unerheblich, ob dieses gegen Entgelt erfolgt oder nicht.[403] Aus diesen Gründen bietet sich der Ansatz des Target Costing besonders an und soll in der Konzeption intensiv berücksichtigt sowie die mögliche Prototypunterstützung aufgezeigt werden.

4.4.4 Service Engineering

Für das Service Engineering, als eine systematische Entwicklung und Gestaltung innovativer Dienstleistungen, existieren bereits Konzepte, welche Problemlösungen für die aufgezeigten Handlungsfelder ermöglichen.[404] Dabei beeinflusst das Service Engineering die frühzeitige Einflussnahme auf die Potenziale (z. B. welche Ressourcen bereitgestellt werden müssen) und auf die Prozesse.[405] Gleichzeitig kann eine Integration des Kunden weiterhin die Schwierigkeiten des Handlungsfeldes Ergebnis (z. B. durch Reduktion der Qualitätsproblematik) vermindern helfen.[406] Allerdings ist für das Service Engineering noch keine Integration von Prototypen aus Controllingsicht vorgenommen worden. Diese Einbindung von Produktmodellen an der Schnittstelle des Controllings mit der Entwicklung erscheint zur Unterstützung

[401] Für eine anschauliche Verwendung des Target Costing und den konkreten Vorteilen bei der Nutzung für Dienstleistungen vgl. bereits Niemand (1996), S. 27ff.

[402] Zur Bedeutung von Zielkostenerreichungsmaßnahmen und deren Möglichkeiten vgl. bereits Seidenschwarz (1993), S. 227ff., sowie für die Verwendung bei der prototypgestützten Planung von physischen Produkten bereits Dittmar (1998), S. 75ff.

[403] Vgl. Pepels (2004), S. 884.

[404] Vgl. exemplarisch Scheer et al. (2003), S. 32ff., die eine mögliche Modellierung von Ressourcen, Prozessen und Dienstleistungsprodukten aufzeigen.

[405] Vgl. Scheer et al. (2003), S. 34-36.

[406] Für eine Verbesserung der Kundenorientierung im Service Engineering vgl. Stanik (2003), S. 87ff., der dabei besonders auf die Einflussparameter Service Demand, Service Competence und Service Strategy hinweist.

und Systematisierung der Kosten- und Erlösplanung allerdings vorteilhaft.[407] Die Möglichkeiten der konkreten Ausgestaltung einer solchen Integration sollen daher auch im Rahmen der neuen, prototypgestützten Konzeption mitberücksichtigt werden.[408]

4.4.5 Lebenszyklusrechnung

Die aufgezeigten Instrumente zur Lösung der Probleme der verschiedenen Handlungsfelder wurden in den Experteninterviews und dem Literaturstudium als sehr vorteilhaft identifiziert. Auch erscheint bei diesen Methoden eine Prototypen-integration sehr gut möglich. Daneben sind jedoch auch andere Controlling-instrumente anwendbar, diese werden aber in der vorliegenden Untersuchung nicht primär problematisiert. (Exemplarisch sei an dieser Stelle ebenfalls noch auf die Grenzplankostenrechnung verwiesen, die allerdings fixe Kosten unberücksichtigt lässt und somit keine Vollkostenbetrachtung ermöglicht.[409]) Bei einer Lebenszyklus-rechnung haben bisherige Untersuchungen zur prototypgestützten Kostenplanung auch die Möglichkeiten der Prototypunterstützung aufgezeigt. Die sehr gut strukturierte Konzeption von PFOHL fokussiert dabei allerdings stark auf das physische Produkt. Produktbegleitende Dienstleistungen werden nur am Rande thematisiert.[410] Eine Langzeitstudie, die zur Überprüfung der Praktikabilität einer prototypgestützten Lebenszyklusrechnung für produktbegleitende Dienstleistungen notwendig wäre, erscheint im Rahmen dieser Arbeit aufgrund der Komplexität und der vielfältigen Einflussfaktoren nicht durchführbar. (Exemplarisch sei dabei nur auf die zusätzlichen Parameter aus der Integration von externen Faktoren hingewiesen.[411]) Die Bedeutung der Lebenszyklusbetrachtung wird dabei auch in der

---

[407] Zur Verwendung von Prototypen an der Schnittstelle von Controlling und Entwicklung vgl. Dittmar (1998), S. 86ff.

[408] Zur ausführlichen Erläuterung und prototypgestützten Einbindung des Service Engineering vgl. Kapitel 5.5.

[409] Zu einer guten Darstellung und Erläuterung der Grenzplankostenrechnung vgl. Schweitzer, Küpper (2003), S. 395ff. Die Verwendung der Grenzplankostenrechnung für den Dienstleistungsbereich beschreibt anschaulich auch Vikas (1991), S. 229ff., der dabei auch eine Einordnung zu traditionellen Verfahren der Kostenrechnung vornimmt. Daneben könnten generell auch (relative) Deckungsbeitragsrechnungen zum Einsatz kommen, die jedoch ebenfalls nicht im Fokus der vorliegenden Arbeit stehen. Zur relativen Einzelkosten- und Deckungsbeitragsrechnung vgl. Riebel (1994), S. 173ff.

[410] Vgl. Pfohl (2002a), S. 81ff.

[411] Einen sehr anschaulichen Überblick aus einer Praxisfallstudie über die vielfältigen Parameter für Lebenszykluskosten bei produktbegleitenden Dienstleistungen liefern Seinschedt et al. (2003),

vorliegenden Konzeption generell bestätigt. Aufgrund der bereits aufgeführten zu implementierenden Controllinginstrumente wird jedoch diese Methode zur Komplexitätsreduktion nur implizit integriert.[412]

4.5 Zwischenfazit

Aus den Handlungsfeldern resultieren, wie aufgezeigt, wesentliche Besonderheiten für produktbegleitende Dienstleistungen. Dadurch ergeben sich wiederum spezielle Probleme, die durch geeignete Instrumente gelöst werden können. In der vorliegenden Konzeption erfolgt die instrumentale Lösung durch die ***explizite*** Adaption eines prototypgestützten, prozessorientierten Kostenmanagements, TD ABC, Target Costing sowie eines prototypgestützten Service Engineering. Einen Überblick der Argumentationskette von Handlungsfeldern zu den instrumentalen Lösungen zeigt Abbildung 14:

Handlungsfeld	Besonderheit	Wesentliche Probleme für die prototypgestützte Kosten- und Erlösplanung produktbegleitender Dienstleistungen		Instrumentale Lösung in der vorliegenden Konzeption besonders durch...
Potenzial	• Leistungsversprechen	• Kapazitätsproblematik • Gestaltungsproblematik	Gegenseitige Beeinflussung	• Prototypgestütztes, prozess-orientiertes Kostenmanagement • Integration eines Time Driven Activity Based Costing • Prototypgestütztes Target Costing • Prototypgestütztes Service Engineering
Prozess	• Integration des externen Faktors • Ablauforientierung • Uno-Actu-Prinzip	• Qualitätsproblematik • Integrationsunsicherheit • Standardisierungsproblematik • Lagerhaltungs- und Speicherungsproblematik		
Ergebnis	• Tendenzielle Immaterialität	• Qualitätsproblematik • Quantitätsproblematik • Lagerhaltungs- und Speicherungsproblematik		

Abbildung 14: Handlungsfelder, Probleme und instrumentale Lösungen im Überblick

Neben diesen explizit in der Konzeption integrierten Instrumenten besteht ***implizit*** die Möglichkeit, weitere Ansätze eines Kosten- und Erlösmanagements mit einzubinden. An einigen Stellen wird daher in der Konzeption auf weitere Instrumente (z. B. Quality Function Deployment, Life Cycle Costing oder Yield Management[413])

S. 92. Aus diesem Überblick lässt sich auch die Komplexität der lebenszyklusorientierten Prototypintegration für die Kosten- und Erlösplanung von Dienstleistungen ableiten.

[412] Zur Integration der Lebenszyklusbetrachtung in die Kosten- und Erlösplanung vgl. Schweitzer, Küpper (2003), S. 215-228, sowie zur ausführlichen Integration von Prototypen ebenfalls die Ausführungen bei Pfohl (2002a).

[413] So wird beispielsweise im Rahmen des Target Costing auf das Quality Function Deployment (QFD) näher eingegangen. Eine ausführliche praktische Umsetzung sowie Betrachtung der Beson-

hingewiesen und Potenziale dieser Methoden aufgezeigt. Eine ausführliche Integration (insbesondere auch in den Fallstudien) wird allerdings aus Komplexitätsgründen nicht vorgenommen. Gleichzeitig soll auch auf die Bedeutung von Motivations- und Verhaltenswirkungen bei der Planung und Steuerung hingewiesen, diese aber nicht primär problematisiert werden.[414]

Wegen der kostenstellenübergreifenden Erstellung existiert häufig auch keine organisatorische Verankerung der produktbegleitenden Dienstleistung.[415] Bei der Adaption der verschiedenen Instrumente in eine umfassende prototypgestützte Konzeption scheint daher auch eine abgestimmte Integration von organisatorischen Besonderheiten (z. B. die Bestimmung eines Prozessverantwortlichen) vorteilhaft zu sein.[416]

Gerade durch den Bezug zum physischen Produkt besteht für die begleitenden Dienstleistungen bei den verschiedenen aufgezeigten Handlungsfeldern eine gegenseitige Abhängigkeit, die eine gemeinsame Betrachtung erforderlich macht. (Exemplarisch sei noch einmal auf die Qualitätsproblematik hingewiesen, welche sowohl die Prozess- als auch die Ergebnis- und indirekt auch die Potenzialperspektive betrifft.) In der Konzeption werden daher die Handlungsfelder und die daraus folgenden Probleme integriert analysiert und daraus resultierend die Möglichkeit einer Prototypunterstützung aufgezeigt.[417]

derheiten dieser Methode und eine Anwendung für die prototypgestützte Kosten- und Erlösplanung erfolgt aus Gründen der Fokussierung jedoch nicht. Für eine anschauliche, umfassende Darstellung des QFD vgl. Herzwurm et al. (2000). Diese Darstellung zeigt auch die Adaptionsnotwendigkeiten auf.

414 So betont KÜPPER, dass gerade durch den besonderen Einfluss des Menschen auf die Dienstleistungsprozesse den Motivations- und Anreizkomponenten, aber auch dem Personalführungssystem eine große Bedeutung zukommt. Vgl. Küpper (1998), S. 380.

415 Vgl. Reckenfelderbäumer (2004), S. 212.

416 Die ausführliche organisatorische Betrachtung steht allerdings ebenfalls nicht im Vordergrund der Arbeit. Zu generellen Anforderungen an Organisationsformen im Dienstleistungssektor vgl. Picot, Neuburger (2001), S. 805-807.

417 Eine gemeinsame Analyse der Auswirkung der Besonderheiten aus den Handlungsfeldern wird von zahlreichen anderen Autoren ebenfalls vorgenommen. Vgl. exemplarisch Fischer (2000), S. 41ff., Witt (2003), S. 16ff.

„Fruchtbare Sozialwissenschaft muß sehr weitgehend ein Studium dessen sein, was nicht ist: eine Konstruktion hypothetischer Modelle von möglichen Welten, die existieren könnten, wenn einige der veränderbaren Bedingungen anders gestaltet würden."[418]

FRIEDRICH AUGUST VON HAYEK

5 Konzeption einer prototypgestützten Kosten- und Erlösplanung für produktbegleitende Dienstleistungen

5.1 Entstehung, Fokussierung und Grundkonzeption

5.1.1 Entstehung und Fokussierung der Konzeption

Ausgangspunkt für die Darstellung zur **Entstehung der Konzeption** ist zunächst die differenzierte Betrachtung von Theorien und Konzeptionen im Controlling. Einen sehr guten Überblick über eine generelle Einordnung liefern dabei SCHERM UND PIETSCH.[419] Dabei unterscheiden sie bei der Controllingforschung *theoretische Analysen* und *Konzeptionen*.[420]

Unter einer ***Theorie*** kann auch in der Controllingforschung ein „System logisch widerspruchsfreier Aussagen"[421] verstanden werden.[422] SCHNEIDER formuliert vier Sachverhalte, die gleichzeitig gegeben sein müssen, damit von einer Theorie gesprochen werden kann.[423] Aufbauend auf diesen Bedingungen definiert er Theorien als „testbar formulierte Strukturkerne von Problemlösungsideen"[424]. Eine solche theoretische Fundierung ist auch für das Controlling als wissenschaftliche Teildisziplin zur Verankerung unerlässlich.[425] Generell können dabei vielfältige

---

[418] Hayek (1980), S. 33.

[419] In diesem Herausgeberband erfolgt eine sehr gute Differenzierung und Darstellung von Theorien und Konzeptionen im Controlling. Vgl. Scherm, Pietsch (Hrsg., 2004) sowie die Erläuterungen dazu bei Scherm, Pietsch (2004), S. 6ff.

[420] Vgl. Scherm, Pietsch (2004), S. 10f. Zu den theoretischen Analysen lassen sich demnach besonders die Ansätze der neuen Institutionenökonomie, Verhaltensökonomie sowie soziologische und sozialphilosophische Ansätze differenzieren.

[421] Kromrey (2002), S. 48.

[422] Ein ähnliches Verständnis von Theorie haben auch Chmielewicz (1994), S. 87, sowie Friedrichs (1990), S. 62. Für eine ausführliche Betrachtung und Einordnung der Bedeutung von Theorien im Allgemeinen vgl. ebenfalls Popper (1994), S. 31ff.

[423] Zur ausführlichen und anschaulichen Erläuterung und Begründung dieser vier Sachverhalte sowie zu verschiedenen Erscheinungsformen von Theorien in den Wirtschaftswissenschaften vgl. Schneider (1987), S. 53ff.

[424] Schneider (1987), S. 59.

[425] Vgl. Küpper (2004), S. 27, der sich dabei auf die zuvor dargestellte Quelle von SCHNEIDER bezieht.

theoretische Ansätze differenziert werden.[426] Die Neuentwicklung eines theoretischen Ansatzes steht allerdings nicht im Fokus dieser Arbeit. Eine theoretische Fundierung der Konzeption erscheint aber zur Darstellung der Anwendungsperspektiven zwingend erforderlich.[427]

Unter einer ***Konzeption*** wird bei den anschließenden Erläuterungen ein „praktisch-normatives Aussagensystem“[428] verstanden. Der Begriff soll dabei weiterhin in der vorliegenden Darstellung gleichbedeutend mit dem Ausdruck „Konzept“ genutzt werden.[429] Die nachfolgend beschriebene Konzeption basiert wissenschaftstheoretisch auf dem ***entscheidungsorientierten Ansatz der Betriebswirtschaftslehre***.[430] Bei einer solchen Entscheidungsorientierung kann ferner zwischen entscheidungslogischen und realtheoretischen Ansätzen, die sich am tatsächlichen Entscheidungsverhalten orientieren, differenziert werden.[431] Ein realtheoretischer Ansatz liegt auch der nachfolgenden Konzeption zugrunde. So soll zur Planung und Steuerung ein prototypgestützter Regelkreis der Analyse, Entscheidung und Dokumentation für die verschiedenen Prototypenphasen aufgezeigt werden.[432] Die Aufgabe von Prototypen besteht dabei in der Reduktion von Unsicherheit zur Unterstützung von Entscheidungen in diesem Regelkreis.[433] Durch eine solche Konzeption soll auch eine handlungspraktische Gestaltung der Entscheidungs-

---

[426] Vgl. exemplarisch Scherm, Pietsch (2004), S. 10f., sowie Küpper (2004), S. 28ff.

[427] Diese Fundierung wird in der vorliegenden Konzeption durch die Entscheidungstheorie und Systemtheorie vorgenommen. Vgl. erneut Kapitel 1.3, S. 12, und die dort aufgeführten Quellen.

[428] Scherm, Pietsch (2004), S. 8.

[429] Für ein analoges Vorgehen vgl. Möller (2002), S. 16.

[430] Vgl. Heinen (1969), S. 207ff., sowie Heinen (1971), S. 429ff. Dabei stellt HEINEN fest: „Neu und für die Zukunft richtungsweisend ist nicht so sehr die Tatsache, *daß* sich die Betriebswirtschaftslehre mit Entscheidungen befaßt, sondern die Art und Weise, *wie* sie Entscheidungen untersucht.“ Heinen (1969), S. 208.

[431] Vgl. Schanz (2000), S. 110. Dabei sind die entscheidungslogischen Ansätze durch mathematische Verfahren geprägt, die von einer unterstellten Zielfunktion ausgehen. Vgl. ebenda. Die Ansätze der Entscheidungstheorie können darüber hinaus weiter in beschreibende (deskriptive) sowie vorschreibende (präskriptive) differenziert werden. Vgl. Laux (2003), S. 1, sowie für dieselbe Differenzierung Salinger (2003), S. 1 und Rommelfanger, Eickemeier (2002), S. 2ff.

[432] Zur zeitlichen, entscheidungsorientierten Differenzierung der Prototypenfunktionen in Analyse, Entscheidung und Dokumentation vgl. erneut Kapitel 3.2.1.3. Auch HAHN UND HUNGENBERG legen den entscheidungsorientierten Ansatz zur Fundierung von Planung und Kontrolle zugrunde. Vgl. Hahn, Hungenberg (2001), S. 3ff.

[433] Konkret unterstützen Prototypen dabei besonders bei Entscheidungen unter Risiko, d. h. es können Wahrscheinlichkeitsurteile gefällt werden. Gleichzeitig können Prototypen jedoch auch dazu beitragen, Entscheidungen unter Ungewissheit, bei denen keine Wahrscheinlichkeiten zugeordnet werden können, in Entscheidungen unter Risiko zu modifizieren. Zur Differenzierung des Informationsstandes der Unsicherheit in Risiko und Ungewissheit vgl. Salinger (2003), S. 16, oder Laux (2003), S. 23, der allerdings anstelle von Ungewissheit von Unsicherheit im engeren Sinne schreibt.

prozesse für die Planung von produktbegleitenden Dienstleistungen unterstützt werden.[434]

Aus der bereits in Kapitel 1.2 beschriebenen Zielsetzung und den daraus resultierenden Teilzielen ergibt sich die **Abgrenzung und Fokussierung** der Konzeption. Es soll untersucht werden, wie Prototypen aus Controllingperspektive zur Kosten- und Erlösplanung für produktbegleitende Dienstleistungen eingesetzt werden können.[435] Das Forschungsprojekt soll also aufzeigen, wie frühe Versionen des zu entwickelnden Produktes die Dienstleistungsplanung verbessern können. Die Art und Weise des Prototypeneinsatzes sowie die möglichen Funktionen bei einer Wirtschaftlichkeitsbetrachtung sind daher wesentlicher Schwerpunkt der Arbeit. Damit ist das Forschungsvorhaben stark durch eine *betriebswirtschaftliche Perspektive* geprägt. Technische Unterstützungspotenziale liegen somit nicht im speziellen Fokus der Arbeit, werden aber teilweise tangiert.

Aus praktischer Sicht erscheint es im weiteren Forschungsverlauf zweckmäßig, eine branchenspezifische Fokussierung vorzunehmen, da produktbegleitende Dienstleistungen innerhalb dieser Anwendungsbereiche variieren.[436] Aufgrund der hohen Bedeutung der auch in der gesamten Industrie stark verbreiteten produktbegleitenden Services der Engineeringdienstleistung und technischen Wartung scheinen aus den bisherigen Projekten die Branche der *Antriebstechnik* sowie der *Werkzeugmaschinenbau* sehr geeignete Branchen zu sein.[437]

Daneben soll die prototypgestützte Kosten- und Erlösplanung für *produktbegleitende* Dienstleistungen erfolgen. Daher werden in der vorliegenden Arbeit *„reine"* Dienstleistungsunternehmen (z. B. Versicherungs-, Finanzunternehmen, Unternehmensberatungen) sowie auch selbstständige Organisationsbereiche, deren

[434] Ähnlich halten auch SCHERM UND PIETSCH fest: „Es werden Aussagesysteme benötigt, die sich weniger an den primären Zielen der Beschreibung und Erklärung ausrichten, sondern eher dem handlungspraktischen Ziel der Gestaltung verpflichtet sind." Scherm, Pietsch (2004), S. 8.

[435] Dabei soll im Sinne des Eingangszitats von FRIEDRICH AUGUST VON HAYEK eine neue „mögliche Welt" aufgezeigt werden, die existieren könnte, wenn der Einbezug von Prototypen als „veränderbare Bedingungen" mit in die Kosten- und Erlösplanung von produktbegleitenden Dienstleistungen integriert würde.

[436] Vgl. Lay, Schneider (2001), S. 17. Analog geht auch Burr (2003a), S. 15f., vor.

[437] Vgl. Borrmann (2003), S. 18ff., Cassack (2003), S. 436ff., sowie ebenfalls die ausführliche, quantitative Analyse bei Rainfurth (2003), S. 41ff.

Dienstleistungen keinen direkten Bezug zu einem physischen Produkt haben, nicht in die Betrachtung mit einbezogen.[438]

Des Weiteren sind auch öffentliche Dienstleistungsbetriebe, bei denen keine Gewinnerzielungsabsicht vorliegt, nicht Gegenstand des Forschungsprojektes. Bezogen auf den *Adressat der Dienstleistung* erfolgt eine Fokussierung auf externe, produktbegleitende Dienstleistungen.[439] Indirekt erscheint die gefundene Lösung im Rahmen von unternehmensimmanenten Märkten allerdings auch auf interne Dienstleistungen übertragbar.[440]

Hinsichtlich der inhaltlichen Vorgehensweise sollen allgemeine Beschreibungen von Ansätzen des Kostenmanagements nur so weit vorgenommen werden, wie dies für das Verständnis der Arbeit notwendig ist. Im Zentrum des Forschungsvorhabens steht vielmehr eine prototypfokussierte Weiterentwicklung dieser Ansätze für produktbegleitende Dienstleistungen.[441] Einen wesentlichen Innovationsbeitrag stellt weiterhin die prototypgestützte Integration der Kosten- und Erlösplanung in ein Service Engineering dar. Die Fokussierung wird dabei auf eine prototyporientierte Anpassung gelegt. Ein neues, weiteres *Vorgehensmodell der Dienstleistungsentwicklung* soll *nicht* gefunden werden.[442]

Bezüglich der betrachteten *Unternehmensfunktion* erfolgt eine Schwerpunktsetzung auf das Controlling sowie den Forschungs- und Entwicklungsbereich, da durch

---

[438] Für einen guten Überblick über die verschiedenen Facetten vgl. Gillmann (2002), Maser, Wittmer (2002), Schierenbeck et al. (Hrsg., 2001).

[439] Zur Abgrenzung von Dienstleistungen nach dem Adressaten vgl. erneut Kapitel 2.2.2.3 sowie die dort aufgeführten empirischen Studien und verschiedenen Literaturverweise.

[440] Dies gilt insbesondere dann, wenn ein interner Markt für Dienstleistungen besteht und von den Unternehmensbereichen Service Level Agreements durchgeführt werden. Vgl. dazu Burr (2003b), S. 33ff., sowie Ellis, Kauferstein (2004), S. 14ff.

[441] Schwerpunktmäßig werden dabei wegen Ihrer Bedeutung in Theorie und Praxis die Ansätze des Target Costing und der Prozesskostenrechnung prototypgestützt für den Einsatz bei produktbegleitenden Dienstleistungen adaptiert und weiterentwickelt. Zur Bedeutung des Target Costing beim Kostenmanagement von Dienstleistungen vgl. u. a. Fischer (2002), S. 91f., Paul (1998), S. 11, Witt (2003), S. 95-98. Zur Bedeutung der Prozesskostenrechnung für den Dienstleistungsbereich vgl. u. a. Cooper, Kaplan (1999) S. 454ff., Leidig, Sommerfeld (1998), S. 40, Fischer (2002), S. 90f., Palloks-Kahlen, Kuczynski (2000), S. 138, Rau et al. (2002), S. 249, Witt (2003), S. 70-79.

[442] In der Literatur existieren bereits einige Vorgehensmodelle für das Service Engineering. Diese lassen sich in Phasenmodelle und iterative Modelle untergliedern, wobei in der Realität Mischformen existieren. Zu Phasenmodellen vgl. u. a. Ramaswamy (1996), S. 23ff., Edvardsson, Olsson (1996), S. 140ff., sowie DIN (Hrsg., 1998), S. 34. Für Iterative Vorgehensmodelle vgl. u. a. Scheuing, Johnson (1989), S. 25ff., Shostack (1984), S. 133ff., sowie in Analogie für ein iteratives Vorgehen

diesen Bereich Prototypen generiert und zur Verfügung gestellt werden. Absatzpolitische Fragestellungen und die verschiedenen Wahlalternativen des *Marketing-Mixes* stehen nicht im Vordergrund der Arbeit. Dies gilt insbesondere auch für die Preispolitik.[443]

Das vorliegende Forschungsprojekt baut weiterhin auf den Erfahrungen aus anderen Arbeiten auf, die im Rahmen des Sonderforschungsbereiches 374 „Rapid Prototyping" erstellt wurden. Die *Fokussierung* besteht jedoch auf einem Innovationsbeitrag für den speziellen Bereich der *produktbegleitenden Dienstleistungen*. Im Folgenden wird das Projekt daher von anderen aus dem Sonderforschungsbereich Arbeiten abgegrenzt.

DITTMAR setzt den Schwerpunkt auf die prototypgestützte Zielkostenplanung und den Zielkostenplanungsprozess.[444] Die wesentlichen Neuerungen der Forschungsarbeit liegen dabei in der Verbesserung der Qualität von Zielkostenvorgaben für physische Produkte und dem Aufzeigen des Anwendungspotenzials von Prototypen.[445] Produktbegleitende Dienstleistungen werden in ihrer Methodik jedoch nicht berücksichtigt.[446]

Der Innovationsbeitrag von SCHOLL liegt insbesondere in einer konstruktionsbegleitenden Kalkulation für Produkte auf Basis von Prototypen.[447] Weiterhin erfolgt eine innovative, softwaretechnische Umsetzung in VBA (Visual Basic für Applikationen) innerhalb von Microsoft Excel®.[448] SCHOLL tangiert bei seiner Betrachtung die Thematik der unternehmensinternen Dienstleistungen. Eine prototypgestützte Kosten- und Erlösplanung produktbegleitender Dienstleistungen unterbleibt jedoch.

---

bei der Softwareentwicklung vgl. Pressman (2001), S. 34ff., und die ausführlichen Darstellungen in Kapitel 5.5.

[443] Für die generelle Preispolitik bei Dienstleistungen vgl. Meffert, Bruhn (2003), S. 517ff., Scheuch (2002), S. 234ff., Simon, Damian (1999), S. 157ff., sowie zur konkreten Spezifikation Siems (2003), Skiera (1999). Die Ausgestaltung der preispolitischen Parameter hat dabei direkt Auswirkungen auf die Erlöse, soll aber trotzdem aufgrund einer zu großen Komplexität nicht in der vorliegenden Konzeption berücksichtigt werden.

[444] Vgl. Dittmar (1998).

[445] Vgl. Dittmar (1998), S. 3.

[446] Obwohl eine Einbindung in die Methodik nicht erfolgt, wird trotzdem die Bedeutung von produktbegleitenden Dienstleistungen und die Möglichkeit der Bewertung über Prototypen von DITTMAR erkannt und kurz aufgezeigt. Vgl. Dittmar (1998), S. 60-62. Eine ausführliche Analyse der Integration von Prototypen zur Kosten- und Erlösplanung von Dienstleistungen nimmt sie jedoch nicht vor.

[447] Vgl. Scholl (1998).

[448] Vgl. Scholl (1998), S. 201.

Der innovative Kern von PFOHL besteht in einer konzeptionellen Weiterentwicklung der Lebenszyklusrechnung für Produkte. Die entwickelte, prototypgestützte Methode ist dabei prozessorientiert gestaltet und berücksichtigt einen dynamischen Kostenverlauf mit Lerneffekten.[449] PFOHLS spezielle Fokussierung liegt auf dem Produkt. Produktbegleitende Dienstleistungen werden nur in Ansätzen betrachtet. Weder die Erlösplanung noch die Zielkostenfindung und -spaltung werden in die Methode integriert. Das vorliegende Forschungsprojekt unterscheidet sich weiterhin durch die Einbeziehung einer Typologisierung von produktbegleitenden Dienstleistungen, der Nutzung eines TD ABC und die Integration in das Service Engineering.

Zu zahlreichen weiteren Veröffentlichungen, die sich mit der Kosten- und Erlösplanung von Dienstleistungen im Allgemeinen beschäftigen, existieren ebenfalls wesentliche Unterschiede, die sich insbesondere aus der innovativen Integration von Prototypen ergeben.[450] Als eine Konsequenz der in Kapitel vier dargestellten Handlungsfelder und Probleme soll in der vorliegenden Konzeption eine integrative Betrachtung der kurz aufgeführten kostenrechnerischen Instrumente erfolgen. Im Zentrum der Untersuchung stehen dabei die möglichen Unterstützungspotenziale von Prototypen.[451]

---

[449] Vgl. Pfohl (2002a), S. 3ff., sowie für einen guten zusammenfassenden Überblick Pfohl (2002b), S. 143ff. Dabei wird auch deutlich, dass PFOHL zwar in einigen Bereichen auch Dienstleistungen thematisiert, aber nicht die Spezifika und Handlungsfelder für diese produktbegleitenden Services in den Vordergrund rückt.

[450] Solche weiteren Veröffentlichungen sind z. B. Borrmann (2003), Fischer (2000), Niemand (1996), Reckenfelderbäumer (1995), Weber (1999), Witt (2003) oder die sehr praxisorientierten Darstellungen in Kinkel et al. (Hrsg., 2003). Eine gute Übersicht über generelle Controllingliteratur für verschiedene Dienstleistungsbereiche wird auch im Sonderheft 2/2002 der Zeitschrift Kostenrechnungspraxis gegeben. Vgl. o.V. (2002), S. 116f. Diese Veröffentlichungen beziehen sich dabei vorwiegend auf Dienstleistungen im Allgemeinen. *Produktbegleitende* Dienstleistungen werden nicht betrachtet.

[451] Die unterschiedlichen Methoden der Kosten- und Erlösplanung werden dabei, soweit es für die Konzeption notwendig ist, erläutert. Für eine ausführliche Betrachtung der verschiedenen Instrumente für Dienstleistungen im Allgemeinen sei jedoch auf die angegebenen Literaturquellen und speziellen Betrachtungen verwiesen.

5.1.2 Generelles Grundkonzept

Die vorliegende Konzeption basiert zunächst auf den Forschungsergebnissen zu produktbegleitenden Dienstleistungen und Prototypen. (Analog zu den Erläuterungen in Kapitel 2 und 3.) Als Grundlage für die Vorgehensweise dienen weiterhin die ermittelten Handlungsfelder.[452] Ausgehend von diesen Rahmenbedingungen und der beschriebenen Fokussierung der Forschungsarbeit ergibt sich folgendes vierstufiges Phasenschema.

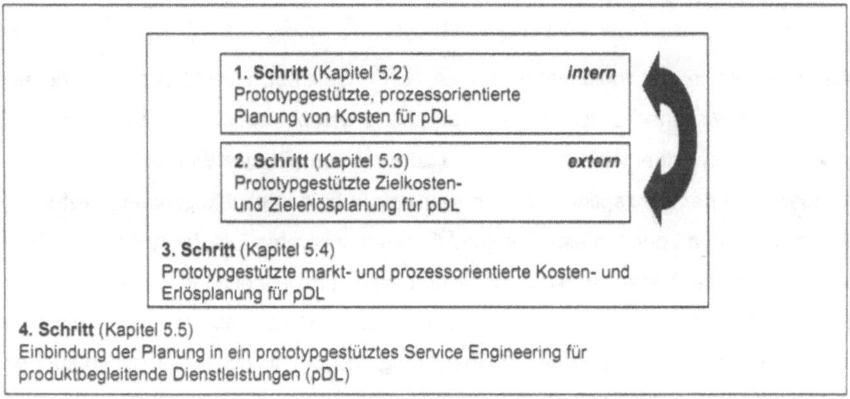

Abbildung 15: Übersicht über das generelle Grundkonzept

Der erste wesentliche konzeptionelle Bestandteil resultiert aus der durchgängigen *Prozessorientierung*. Ausgehend von einer internen Perspektive sollen im **ersten Schritt** prototypgestützt die prognostizierten Standardkosten für eine produktbegleitende Dienstleistung ermittelt werden (Kapitel 5.2).[453] Des Weiteren erfolgt im **zweiten Schritt** eine starke Betonung der *Marktorientierung*. Die Einbindung der externen Perspektive wird durch eine prototypgestützte Zielkosten- und Zielerlösplanung erfolgen (Kapitel 5.3). Damit sollen auch die frühen Phasen der Produktentwicklung in das Konzept integriert werden. Im Rahmen der Zielkosten- und Zielerlösplanung kommt der Integration des externen Faktors eine besondere Rolle zu. Nach der internen und der externen Perspektive werden die beiden Sichten im nachfolgenden **dritten Schritt** (Kapitel 5.4) zusammengeführt. Dabei wird aufgezeigt, wie eine retrograde Kalkulation für die produktbegleitenden Dienst-

[452] Vgl. erneut Kapitel 4.
[453] Für ein ähnliches durchgängig prozessorientiertes, prinzipielles Vorgehen vgl. in Analogie ohne Prototypbezug Serfling, Jeiter (1995), S. 322ff.

leistungen realisiert werden kann.[454] Bei diesem Vorgehen soll eine besondere Berücksichtigung eines *iterativen* Vorgehens zur Einbindung der Prototypen erfolgen. Weiterhin wird durch dieses generelle Vorgehen auch die *strategische Perspektive* bei der Konzeption berücksichtigt.[455] Einen wesentlichen, innovativen Beitrag stellt schließlich der **vierten Schritt** mit der Integration in das Service Engineering dar. So soll eine systematische Berücksichtigung des *Prototypbezugs* von produktbegleitenden Dienstleistungen auch bereits im Rahmen der Entwicklung von physischen Produkten aufgezeigt werden.

Generell wird in der vorliegenden Konzeption angestrebt, sowohl den Ansprüchen nach einer Wissenschaftlichkeit des Vorgehens gerecht zu werden, als auch eine praktische Verwertbarkeit der Ergebnisse zu erreichen (***Rigour and Relevance***). Die Vierstufigkeit der Konzeption wird daher analog in beiden nachfolgenden Fallstudien übernommen und durch diese illustriert.[456] Das angestrebte Ziel der Konzeption liegt somit in einer hohen wissenschaftlichen und praxisorientierten Relevanz der Forschungsergebnisse.[457] Durch diese gezielte Abstimmung des methodischen Vorgehens und der inhaltlichen Fokussierung soll somit insgesamt ein möglicher Zielkonflikt von Wissenschaftlichkeit und praktischer Verwertbarkeit vermieden werden.[458]

---

[454] Der Fokus liegt damit auf einer Kostenträger*stück*rechnung. Eine Kostenträger*zeit*rechnung im Sinne einer Erfolgsrechnung wird nicht primär thematisiert. Zur generellen Darstellung einer Kostenträgerrechnung vgl. Schweitzer, Küpper (2003), S. 155ff.

[455] In der Konzeption werden somit auch strategische Aspekte berührt. Gerade durch die Verwendung des Angebotes von produktbegleitenden Dienstleistungen zur Differenzierung im Wettbewerb, kommt dem Einbezug der strategischen Perspektive eine besondere Bedeutung zu. Vgl. bereits Porter (1996), S. 64, der dabei anschaulich festhält: „The essence of strategy is choosing to perform activities differently than rivals do." Ob die Konzeption dabei zur Betrachtung der Effizienz oder der Effektivität eingesetzt wird, ist abhängig von der zugrunde liegenden Fragestellung.

[456] Vgl. Kapitel 6 und Kapitel 7.

[457] HODGKINSON ET AL. schlagen durch dieses kombinierte Vorgehen die Überwindung der Relevanzlücke vor: „Only work that is rigorous both theoretically and methodologically *and* centred on issues of focal concern to a wide range of stakeholder (e.g. managers, government policy makers, trades unionists, and consumer groups) will truly bridge the relevance gap." Hodgkinson et al. (2001), S. S46 (Kursivierung im Original).

[458] Ein solcher Zielkonflikt von Theorie und Praxis wird in der einschlägigen Literatur auch unter dem Thema „Trade Off zwischen Rigour und Relevance" behandelt und zum Teil heftig diskutiert. Vgl. exemplarisch die Theorie-Praxis-Debatte in Nicolai (2004), S. 101ff., sowie die Ausführungen zu „rigour-vs.-relevance-Debatten" bei Nicolai, Kieser (2002), S. 589, und die dort aufgeführten Literaturverweise.

5.2 Prototypgestützte, prozessorientierte Planung von Kosten der produktbegleitenden Dienstleistungen

Produktbegleitende Dienstleistungen können, wie bereits beschrieben, über die Potenzial- und Prozessperspektive definiert werden. Diese Abgrenzung zeigt dabei direkt die Bedeutung von Gemeinkosten (aus den notwendigen Potenzialen) und Prozessen (aus der ablauforientierten Sicht) auf und legt daher wie aufgezeigt unmittelbar über Handlungsfelder die Möglichkeit einer prozessorientierten Planung der Kosten nahe.[459] Verschiedene Arten und Anpassungen von Prozesskostenrechnungen wurden bereits auch für Dienstleistungen im Allgemeinen und spezielle Dienstleistungsbereiche (z. B. der Telekommunikationsunternehmen) durchgeführt.[460] Eine mögliche, ausführliche Integration von Prototypen für produktbegleitende Dienstleistungen wurde allerdings noch nicht thematisiert. Dabei erscheinen Prototypen gerade auch aus der Ergebnisperspektive zur Veranschaulichung von Prozessen mit immateriellem Resultat von Vorteil zu sein.[461]

Der erste Schritt der vorliegenden, prototypgestützten Konzeption basiert wiederum auf einer fünfstufigen Vorgehensweise zur Prozesskostenplanung, die um die Integration eines *Time Driven Activity Based Costing* (TD ABC) ergänzt wird.[462] Dabei erfolgt zunächst die *Bestimmung der einzubeziehenden Bereiche* und die prototypgestützte *Vorstrukturierung der Hauptprozesse*. Ein Schwerpunkt der Konzeption besteht in der anschließenden *Tätigkeits- und Teilprozessplanung* für die produktbegleitenden Dienstleistungen am Produktmodell. Danach wird eine prozessorientierte *Planung von Kapazitäten und Kosten* sowie eine *Hauptprozessverdichtung* dargestellt. Im ergänzenden Integrationsschritt soll

---

459 Vgl. Paul, Reckenfelderbäumer (2001), S. 645, sowie analog für das Activity Based Costing (ABC) Cooper, Kaplan (1999), S. 454, die festhalten, dass „ABC, from its origins, has been service rather than production-oriented".

460 Für Anpassungen der Prozesskostenrechnungen für Dienstleistungen im Allgemeinen vgl. Fischer (2000), S. 88ff., Paul, Reckenfelderbäumer (2001), S. 627ff., Witt (2003), S. 70ff. Für eine Anpassung der Prozesskostenrechnung für Telekommunikationsunternehmen vgl. Rau et al (2002), S. 249ff., sowie für Anpassung für Dienstleistungen im Business-to-Business-Bereich vgl. Paul (1998).

461 Vgl. Scholl (1998), S. 95ff., der den Einsatz von Prototypen für den indirekten Bereich von produzierenden Unternehmen aufzeigt.

462 Für eine Darstellung der zugrundegelegten fünfstufigen Vorgehensweise der Prozesskostenrechnung im Allgemeinen, ohne den Einbezug von Prototypen, vgl. Horváth (2003a), S. 553ff., Horváth, Mayer (1993), S. 15ff., sowie Stoi (1999), S. 25ff. Hinsichtlich einer umfassenden Weiterentwicklung in einer Kapazitätskostenrechnung vgl. Mayer (1998b). Als sehr guten einführenden Übersichtartikel über das Time Driven Activity Based Costing vgl. Kaplan, Anderson (2004), S. 131ff., sowie die ausführlichen Erläuterungen in Kapitel 5.2.6.

schließlich die Anpassung sowie Ausnutzung der Ergebnisse für ein prototypgestütztes TD ABC erfolgen und damit eine Einbindung der Konzeption an aktuelle Weiterentwicklungen der prozessorientierten Kostenplanung durchgeführt werden.[463]

Die Art und Weise der Prototypunterstützung bei der prozessorientierten Kostenplanung wird im vorliegenden Konzept hinsichtlich der Analyse, Entscheidung und Dokumentation sowie der Potenzial-, Prozess- und Ergebnisperspektive zukünftiger produktbegleitender Dienstleistungen aufgezeigt.

5.2.1 Bestimmung der einzubeziehenden Bereiche

Für die Durchführung einer prototypgestützten Prozesskostenplanung ist zuerst der in die Betrachtung eingehende Bereich zu bestimmen. In einem solchen abgegrenzten Teil der Unternehmung können so zunächst Erfahrungen gesammelt werden, die dann zu einer Ausweitung und zu einem Transfer der Prozesskostenplanung auf andere Bereiche führen können.[464] Generell sollte ein Pilotbereich ausgewählt werden, bei dem auch ein „Macht-Promotor" die prototypgestützte Konzeption und eine Erhebung der notwendigen Informationen unterstützt.[465] Das Vorgehen der Bestimmung eines Pilotbereiches erscheint auch aufgrund der Unterschiede zu anderen Kostenrechnungssystemen vorteilhaft. Für die zu planenden produktbegleitenden Dienstleistungen können unter Einsatz des Prototypen die relevanten Bereiche (z. B. Controlling, Vertrieb, Entwicklung), aber auch bereits betroffene Kostenstellen bestimmt werden.[466] Die *Analyse* und

[463] Zur anschaulichen Darstellung des Time Driven Activity Based Costing vgl. Kaplan, Anderson (2004), S. 131ff., Kaplan, Anderson (2003), S. 1ff., sowie in Anlehnung an diesen Artikel auch Bruggeman, Moreels (2003), S. 51ff., und Coners, von der Hardt (2004a), S. 108ff. Eine solche Integration erscheint auch aus Praxissicht zur Umsetzung der Konzeption vorteilhaft. Die Verfahrensgrenzen von der Prozesskostenrechnung und dem Activity Based Costing sind in der Praxis nicht scharf. Vgl. Gaiser (1998), S. 75.

[464] Zu einem ähnlichen Vorgehen für die Prozesskostenrechnung im Allgemeinen vgl. Horváth, Mayer (1993), S. 20, sowie Stoi (1999), S. 25.

[465] Zur Bedeutung von Promotoren als wesentliche Akteure der Innovation im Unternehmen sowie zur ausführlichen Darstellung des Promotoren-Modells von Fach-, Prozess- und Macht-Promotoren vgl. Hausschild (2004), S. 191-237, sowie bereits Witte (1973), S. 14-22. Vgl. auch Horváth, Mayer (1993), S. 20, die Verbündete zur Realisierung z. B. in Bereichsverantwortlichen sehen, die aussagekräftigere und transparente Kosteninformationen benötigen. Vgl. weiterhin zur Bedeutung und Einbindung der Unternehmenskultur Spath (2003), S. 21.

[466] Vgl. für die Auswahl von Kostenstellen in den indirekten Bereichen einer konstruktionsbegleitenden Kalkulation Scholl (1998), S. 95. So lässt sich beispielsweise bereits an einem Designprototypen eines mechatronischen Produktes erkennen, dass vielfältige Produktkomponenten notwendig sind

Entscheidung über die einzubeziehenden Bereiche können dabei mit dem aktuellen Entwicklungsstadium des Prototypen *dokumentiert* werden.

Bei der Bestimmung der Kostenstellen können Prototypen ebenfalls die Analyse von kritischen, notwendigen *Potenzialen* unterstützen. Am Produktmodell können so die Unternehmensbereiche bestimmt werden, bei denen beim Angebot der produktbegleitenden Dienstleistung relativ hohe Fixkosten resultieren und die Gefahr von Leerkosten besteht.[467] Ein sofortiger Einsatz der prototypgestützten Kostenplanung produktbegleitender Dienstleistungen für das gesamte Unternehmen verursacht, durch die Integration in bestehende Kostenrechnungssysteme, eine verstärkte Komplexität und erscheint nicht vorteilhaft.[468] Neben der aufgezeigten Potenzialperspektive erscheint es so sinnvoll, *Prozess- und Ergebnisperspektive* der produktbegleitenden Dienstleistung zu berücksichtigen.

Aus der *Prozessperspektive* ist es wichtig, Besonderheiten, die unter anderem aus der Integration des externen Faktors resultieren, bei der Festlegung des Unternehmensbereiches zu berücksichtigen. (So kann z. B. am Prototyp festgestellt werden, dass eine spezielle Wartungsart eine hohe Integration des Kunden erfordert und sehr stark individuell ausgeprägt ist sowie kundenspezifische Prozesse impliziert. Der betreffende Bereich kann dann eventuell zunächst vernachlässigt werden.[469]) Bei der Auswahl der betreffenden Bereiche sind allerdings auch strategische Aspekte zu berücksichtigen. Eine gezielte Integration des Kunden in den Dienstleistungserstellungsprozess kann so z. B. Absicht einer Dienstleistungsstrategie sein.[470] Die oft operativen Informationen der Produktmodelle sind daher bereits bei der Bestimmung der einzubeziehenden Bereiche mit den gegebenen

und eine kooperative Entwicklung von verschiedenen Bereichen erfordern. Gegebenenfalls kann auch unter Einbezug des Prototyps die Planung eines Entwicklungsnetzwerkes erfolgen.

467 Dieses Vorgehen ermöglicht die Fokussierung auf wichtige Bereiche und erfolgt in Analogie zu Prozesskostenrechnungen für Dienstleistungen im Allgemeinen. Vgl. exemplarisch Rau et al. (2002), S. 250.

468 Im Kontrast hierzu schlagen SERFLING UND JEITER vor, die Prozesskostenrechnung in Dienstleistungsbetrieben als alleiniges Kostenrechnungssystem zu verwenden. Vgl. Serfling, Jeiter (1995), S. 321. Dies birgt bereits für reine Servicebetriebe zahlreiche Probleme, erscheint allerdings für Unternehmen, die produktbegleitende Dienstleistungen und physische Produkte anbieten, erst recht nicht sinnvoll.

469 Zur Problematik aber auch zu Vorteilen, die aus einer Individualisierung bei Dienstleistungen resultieren, vgl. Speth (2001), S. 45-47

470 Eine solche kann beispielsweise eine Full-Service-Strategie im Rahmen eines Customer Related Service Engineering (CoRSE) sein. Vgl. Stanik (2003), S. 87ff. Zu einem anschaulichen Überblick über grundsätzliche Strategietypen für Dienstleistungen im Allgemeinen vgl. Rösner (1998), S. 111ff.

strategischen Rahmenbedingungen abzugleichen. Die *Ergebnisperspektive* der produktbegleitenden Dienstleistung kann ebenfalls bereits bei einer frühen Diskussion am Prototypen zu Konsequenzen hinsichtlich der Auswahl des Unternehmensbereiches führen. Gut messbare Ergebnisse und klar bestimmbare Maßgrößen sowie Cost Driver der produktbegleitenden Dienstleistungen können so bereits am Prototypen den Ausschlag für die Auswahl eines Pilotbereiches geben.[471] Weiterhin kann, z. B. bei einer komplexen Fern- oder Telewartung, schon am ersten Produktmodell festgestellt werden, dass der Unternehmensbereich der IT-Entwicklung und die in diesem Unternehmensfeld zu entwickelnde Software wesentliche Auswirkungen auf die Kosten der produktbegleitenden Dienstleistung haben.[472] Die dort entstehenden Kosten sind dann ebenfalls frühzeitig in die Untersuchung zu integrieren.

Für die Auswahl der Unternehmensbereiche ist auch die Zielsetzung einer Verwendung der prozessorientierten Rechnung von großer Bedeutung. Die primäre Absicht der internen Betrachtung besteht im Rahmen der vorliegenden Gesamtkonzeption in einer prototypgestützten, prozessorientierten Planung der Kosten. Weitere Vorteile des Vorgehens bestehen außerdem in der Erhöhung der Transparenz sowie der Unterstützung einer frühzeitigen (Vor-) Kalkulation für die produktbegleitende Dienstleistung.[473] Diese Zielsetzungen sollten in den betroffenen Unternehmensbereichen kommuniziert werden, um den Nutzen der Konzeption aufzuzeigen und die Akzeptanz sowie Beteiligung bei den Mitarbeitern zu steigern.

5.2.2 Vorstrukturierung der Hauptprozesse

Zur Erstellung eines Gesamtüberblickes über den zu betrachtenden Bereich ist eine Vorstrukturierung der Hauptprozesse von wesentlicher Bedeutung.[474] Der Prototyp ermöglicht so eine *Analyse* potenzieller, produktbegleitender Dienstleistungen und

[471] Vgl. auch Horváth, Mayer (1993), S. 20, die eine einfache Erhebung von Cost Drivern und Maßgrößen im Allgemeinen als eine Voraussetzung für die Auswahl eines Pilotbereiches sehen.

[472] Zur Bedeutung der Software und den Auswirkungen auf die Kosten bei einem Teleservice im Maschinen- und Anlagenbau vgl. Kirsch (2004), S. 307f.

[473] Neben diesen Zielsetzungen erscheinen auch andere Absichten möglich. Vgl. Horváth, Mayer (1993), S. 20, Fischer (2000), S. 91, sowie Stoi (1999), S. 25. Insbesondere eine Transparenz über die Prozessstruktur kann so zu Ansatzpunkten für mögliche gegensteuernde Optimierungsmaßnahmen dienen.

[474] Vgl. Horváth, Mayer (1993), S. 20, Mayer (1998b), S. 12, sowie Stoi (1999), S. 25.

eine erste Bestimmung wesentlicher Hypothesen der Hauptprozesse. Bei diesem Vorgehen kann dabei jede produktbegleitende Dienstleistung als ein Hauptprozess dargestellt werden.[475] So lassen sich beispielweise die verschiedenen Reinigungsalternativen elektrotechnischer Bauteile (chemische, thermische, mechanische Reinigung und eine Komplettreinigung) als Hauptprozesse interpretieren. Auch erste *Gestaltungs*maßnahmen, die notwendig sind, um andere, auch neue Dienstleistungen (z. B. eine innovative Schulung) anzubieten, können in Prozessteams diskutiert und vorläufig *entschieden* werden.[476] Durch die weitgehende Gleichsetzung von Dienstleistungsprozessen (z. B. einer speziellen Wartung) mit den zunächst hypothetischen Hauptprozessen besteht die Aufgabe darin, die zu planenden produktbegleitenden Dienstleistungen zu identifizieren, zu visualisieren und gegebenenfalls zusammenzufassen.[477] Prototypen können bei dieser *Analyse* durch eine Veranschaulichung unterstützen und durch visuelle Informationen zu einer Konkretisierung beitragen.

In der vorliegenden Konzeption dienen Prototypen weiterhin gerade bei interdisziplinären Teams als Ausgangspunkt für die *Analyse* von Cost Drivern[478] der Hauptprozesse. Wichtig erscheint dabei, wie bereits kurz angesprochen, dass die Mengen der Kosteneinflussfaktoren (z. B. Anzahl an Wartungen) direkt quantifizierbar sind.[479] Dies gilt aus der Ergebnisperspektive besonders dann, wenn der immaterielle Teil der produktbegleitenden Dienstleistung sehr dominant ist und Produktmodelle damit zur Veranschaulichung sowie vereinfachten Informationsbereitstellung dienen können. Weiterhin kann am Prototypen eine gemeinsame *Entscheidung* getroffen werden, dass diese Cost Driver zur Planung und Steuerung

---

475 Ein Hauptprozess wird im vorliegenden Forschungsvorhaben verstanden als „eine Kette homogener Aktivitäten, die demselben Kosteneinflußfaktor unterliegen und für die Prozeßkosten ermittelt werden sollen". Horváth, Mayer (1993), S. 16. Ein Teilprozess ist hingegen „eine Kette homogener Aktivitäten einer Kostenstelle, die einem oder mehreren Hauptprozessen zugeordnet werden kann und für die Prozeßkosten ermittelt werden". Horváth, Mayer (1993), S. 17. Analog nehmen auch Cibis, Niemand (1993), S. 201, sowie Palloks-Kahlen, Kuczynski (2000), S. 139, eine Gleichsetzung der Dienstleistung mit dem Hauptprozess vor.

476 Eine solche Dienstleistung „Schulung anbieten" kann dann ebenfalls als ein Hauptprozess verstanden werden. Vgl. Niemand (1996), S. 96. Für die systematische Entwicklung und Gestaltung der innovativen Dienstleistung kann dabei auf die Instrumente und Methoden des Service Engineering zurückgegriffen werden. Vgl. als Überblick Bullinger, Scheer (2003), S. 3ff.

477 Vgl. Reinhold, Lentrodt (1998), S. 159-161.

478 Ein Cost Driver ist: „Als Kosteneinflußfaktor die Meßgröße für die Kostenverursachung, aber auch für den Leistungsort eines Hauptprozesses." Horváth (2003a), S. 553.

479 Vgl. Mayer (1998b), S. 12, sowie Horváth, Mayer (1993), S. 20.

geeignet sind und somit eine Verknüpfung mit Anreiz- und Vergütungssystemen erfolgen kann.[480]

Am Ende der Vorstrukturierung der Hauptprozesse ist eine *Dokumentation* der Ergebnisse vorteilhaft, um die Vorarbeiten für die anschließende prototypgestützte Tätigkeits- und Teilprozessermittlung systematisch zu hinterlegen. Auch bei dieser Dokumentation kann der Status der Prototypenentwicklung zusammen mit einer Liste der Hauptprozesse und Cost Driver gerade in der frühen Phase der Produktentwicklung (z. B. zusammen mit den CAD-Daten eines Designprototyps einer komplexen Maschine) als Beleg über den aktuellen Konstruktionsstand dienen.[481] Bei einer iterativen Verbesserung und weiteren Ausgestaltung zu einem geometrischen oder Funktionsprototyp kann dieser Status als Ausgangspunkt einer neuen Analyse und überarbeiteten Entscheidung eingesetzt werden. Damit sind die zuvor ermittelten Informationen komprimiert bereitgestellt. Der iterative Prozess der Neustrukturierung von Hauptprozessen erscheint dabei besonders für sehr innovative Produkte und produktbegleitende Dienstleistungen mittels immer weiter konkretisierten Prototypen vorteilhaft.[482]

5.2.3 Tätigkeits- und Teilprozessplanung

Die prototypgestützte Tätigkeits- und Teilprozessplanung ist die aufwändigste Aufgabe für die interne Kostenplanung von produktbegleitenden Dienstleistungen.[483] Analog zu den Erfahrungen der Unterstützung im indirekten Bereich bei einer konstruktionsbegleitenden Kalkulation können Prototypen bei der Kostenprognose für Aktivitäten und Prozessen von produktbegleitenden Dienstleistungen eingesetzt

[480] Zu generellen Voraussetzungen für eine effiziente Ausgestaltung betrieblicher Anreizsysteme vgl. Kossbiel (1994), S. 75ff., sowie für eine konkrete Ausgestaltung, die auch die Verknüpfung zum Zielkostenmanagement aufzeigt, vgl. Dörnemann, Pfitzer (2000), S. 25ff.

[481] Zur Betrachtung einer solchen Liste im Allgemeinen vgl. Horváth, Mayer (1993), S. 21.

[482] So können neue produktbegleitende Dienstleistungen z. B. durch E-Services zu neuen Hauptprozessen mit neuen Cost Drivern führen. Zu einer ausführlichen Darstellung von E-Services vgl. Bruhn (2002), S. 3ff. Weiterhin können Veränderungen bei unternehmensexternen Faktoren, z. B. neuer strategischer Ausrichtung bei einer Co-Produktion mit dem Kunden, Auswirkungen auf die zu planenden Dienstleistungen haben. Zu einer solchen Co-Produktion und den Auswirkungen auf die produktbegleitende Dienstleistung vgl. Grün, Brunner (2002), S. 19ff.

[483] Vgl. Fischer (2000), S. 92. Für eine einfache Tätigkeits- und Teilprozessplanung vgl. Reckenfelderbäumer (1995), S. 90-93. Eine umfassende Durchführung kann dabei wesentlich komplexer sein. So berichten Krugmann, Wagner (2004), S. 260, von einem Prozessmodell mit 1.635 Teilprozessen.

werden.[484] Die Basis der Tätigkeits- und Teilprozessplanung bildet dabei zunächst die Analyse und Strukturierung am Prototyp.[485] Am Produktmodell kann so untersucht werden, welche Tätigkeiten für die Erstellung einer produktbegleitenden Dienstleistung notwendig sind. Weiterhin ist eine anschließende Verdichtung dieser Tätigkeiten zu Teilprozessen der produktbegleitenden Dienstleistung möglich, die am Prototyp analysiert und entschieden werden kann. In Abhängigkeit vom Output der Kostenstelle lassen sich dabei leistungsmengeninduzierte (lmi) und leistungsmengenneutrale (lmn) Teilprozesse identifizieren.[486]

Die *leistungsmengeninduzierten* Teilprozesse sind direkt abhängig von der Häufigkeit der erbrachten produktbegleitenden Dienstleistung. Durch diese intensivere Beziehung lassen sie sich besser an den Produktmodellen identifizieren als leistungsmengenneutrale Teilprozesse. Mit zunehmender Konkretisierung vom Design- zum technischen Prototypen kann dabei weiterhin eine genauere Abschätzung von mengenvariablen Tätigkeiten erfolgen. Aufgrund der Bedeutung der Tätigkeitsanalyse für die Kostenplanung der produktbegleitenden Dienstleistung bietet sich mindestens eine (gegebenenfalls mehrere) Iterationsschleife mit dem konkretisierten Prototyp an.[487] Mit einer solchen Iterationsschleife soll in der vorliegenden Konzeption gleichzeitig eine Reduktion der Schwankungsbreite für die Kostenplanung angestrebt werden. Für die leistungsmengeninduzierten Kosten wird in der vorliegenden Konzeption ebenfalls eine *Analyse, Entscheidung* und *Dokumentation* anhand des Produktmodells vorgeschlagen. Diese Prototyp-unterstützung erscheint auch deshalb für die Planung sinnvoll, da damit die lmi-Teilprozesse mengenmäßig quantifizierbar werden.[488]

Problematischer stellt sich die Planung der *leistungsmengenneutralen* Kosten dar. Am Prototypen können zwar bedingt notwendige neutrale Potenziale geschätzt

---

484 Zu dem Einsatz von Prototypen zur Unterstützung der konstruktionsbegleitenden Kalkulation im indirekten Bereich von produzierenden Unternehmen vgl. Scholl (1998), S. 155ff.

485 Zu einem analogen Vorgehen für die Prozesskostenrechnung vgl. Horváth, Mayer (1993), S. 20f.

486 Zur generellen Differenzierung von leistungsmengeninduzierten und leistungsmengenneutralen Kosten vgl. bereits Horváth, Mayer (1989), S. 216.

487 Ein solches sukzessives Vorgehen wird auch von Pfohl (2002a), S. 136, empfohlen.

488 Vgl. Mayer (1998b), S. 13, sowie für eine mögliche Differenzierung und Strukturierung solcher Maßgrößen hinsichtlich der Beziehung zum Prototyp und der Beeinflussbarkeit durch den Konstrukteur Scholl (1998), S. 99ff. So kann an einem Prototyp ein Vergleich mit bestehenden eigenen, aber auch mit Konkurrenzprodukten erfolgen. Gegebenenfalls ist sogar eine Identifizierung von möglichen neuen Wettbewerbern auch aus anderen Branchen möglich. Zu einer strategischen

werden, allerdings existiert bei diesem Kostenblock (z. B. Imn-Marketingkosten für die Services) häufig eine geringere Beziehung zum Prototypen. Für die Planung einer Grundauslastung für die Mitarbeiterführung lassen sich die Kosten am Produktmodell nicht besser planen, als dies ohne Prototyp der Fall wäre. Indirekt können allerdings am Prototypen eventuell konkrete Ziele bestimmt werden (z. B. Marketingziele für den Dienstleistungsbereich), die eine Planung der Kosten ermöglichen.[489]

Bei der vorgeschlagenen Konzeption erfolgt neben der Unterscheidung in Imi- und Imn-Prozesse in Anlehnung an RECKENFELDERBÄUMER eine zusätzliche Untergliederung, mit der die Potenziale von Prototypen zur Planungsunterstützung detaillierter identifizierbar und beschreibbar sind. So werden die in die Rechnung eingehenden Dienstleistungsteilprozesse nach ihrer ***Verbindung zum physischen Produkt*** in Prozesse ***ersten, zweiten und dritten Grades*** differenziert und damit die Möglichkeiten einer Prototypunterstützung aufgezeigt (vgl. Abbildung 16).[490] Prozesse ersten Grades weisen dabei eine direkte Verbindung zum physischen Produkt auf (z. B. eine chemische oder thermische Reinigung). Eine Veränderung am physischen Produkt hat so unmittelbare Auswirkungen auf die Potenziale, den Prozess und das Ergebnis der produktbegleitenden Dienstleistungen. Ein indirekter Bezug zum physischen Produkt bzw. zu Prototypen dieses Produktes lässt sich bei Prozessen zweiten Grades herstellen. (Dies könnte exemplarisch die Entwicklungs- oder Marketingleistungen betreffen.) Bei diesen Services resultiert nur eine mittelbare Reaktion auf die Veränderung des Prototyps bzw. physischen Produktes. Prozesse dritten Grades umfassen schließlich Aktivitäten, die keine oder nur eine sehr lose Verbindung zum physischen Produkt haben (z. B. Geschäftsbereich leiten).[491]

Analyse der Wettbewerbskräfte vgl. die Übersichtsdarstellung bei Porter (1999), S. 34, sowie die Erläuterungen zur Strukturanalyse, ebenda, S. 33ff.

489 Vgl. in Analogie für physische Produkte Dittmar (1998), S. 121.

490 Zur Bedeutung der Verbindung zum physischen Produkt siehe erneut auch Abbildung 7. Zur Unterscheidung in Prozesse ersten bis dritten Grades siehe auch Reckenfelderbäumer (1995), S. 122ff., der diese Einteilung jedoch mit *Bezug zum Absatzobjekt* durchführt und keine Berücksichtigung von Prototypen vornimmt. Analog führen auch Palloks-Kahlen, Kuczynski (2000), S. 139ff., eine Kalkulation durch und differenzieren dabei hinsichtlich des Bezugs zum Kalkulationsobjekt, jedoch ebenfalls ohne Prototypen zu integrieren.

491 Die Analogie dieser Unterscheidung zu Imi (für die Prozesse ersten und zweiten Grades) und Imn (dritten Grades) ist offensichtlich. Allerdings steht bei dieser Differenzierung nicht die *Mengen*induktion, sondern allein die Verbindung zum physischen Produkt im Fokus.

Verbindung zum physischen Produkt	Beispiele	Unterstützung der Planung durch Prototypen
Prozesse 1. Grades (direkte Verbindung zum physischen Produkt)	- Chemische Reinigung - Thermische Reinigung - Mechanische Reinigung	- Direkte ***Analyse*** der Ablaufvarianten - ***Entscheidung*** über mögliche Prozesstreiber - ***Dokumentation*** der Ergebnisse für eine iterative Verbesserung
Prozesse 2. Grades (indirekte Verbindung zum physischen Produkt)	- Entwicklungsleistung - Generelles Marketing	- Indirekte ***Analyse*** notwendiger allgemeiner Entwicklungsleistungen - ***Entscheidung*** über Marketing - ***Dokumentation*** der Ergebnisse und evtl. iterative Verbesserung
Prozesse 3. Grades (keine oder sehr lose Verbindung zum physischen Produkt)	- Geschäftsführung	- Unterstützung durch den Prototyp nicht vorteilhaft

Abbildung 16: Prototypunterstützung in Abhängigkeit von der Verbindung zum physischen Produkt

Neben diesen inhaltlichen, theoretischen Aspekten bei der Durchführung der Tätigkeits- und Teilprozessplanung sind weiterhin praktische Aspekte bei der Umsetzung und Erhebung der Informationen zu beachten. Generell können auch die für die prototypgestützte Tätigkeits- und Teilprozessplanung notwendigen Informationen durch schriftliche Fragebögen erhoben werden.[492] Vorteile dafür sind besonders eine bessere Vergleichbarkeit der Ergebnisse sowie die Möglichkeit für Mitarbeiter, die Fragen besser durchdenken zu können. Problematisch ist dabei jedoch die geringe Flexibilität und das Fehlen von persönlichen Erläuterungen zu sehen.[493] Dies erscheint gerade für die Integration von Prototypen von besonderer Bedeutung. Auch der prototypgestützte Transfer von Informationen aus bisherigen Dokumentenanalysen oder bereits durchgeführten anderen Analysen (z. B. Gemeinkostenwertanalyse[494]) auf die zu planende produktbegleitende Dienstleistung erscheint prinzipiell möglich, aber nur sehr bedingt sinnvoll.[495]

In Analogie zu bisherigen Forschungsvorhaben auf diesem Gebiet wird in der vorliegenden Konzeption die Erhebung der Daten für die Tätigkeitsanalyse und

---

[492] Vgl. Fischer (2000), S. 92. Auch die dort vorgeschlagene Auswertung jüngerer Gemeinkostenanalysen kann bedingt als Ausgangspunkt für die Tätigkeits- und Teilprozessplanung eingesetzt werden.

[493] Für die generellen Vor- und Nachteile von schriftlicher Befragung und Interviews sowie methodische Anregungen vgl. Diekmann (2003), S. 439ff.

[494] Zur kritischen Reflexion der Gemeinkostenwertanalyse vgl. Gutzler (1992), S. 120ff., sowie Hahn, Hungenberg (2001), S. 560f., und die dort aufgeführten Literaturverweise.

[495] Zu generellen Verfahren der Tätigkeitsanalyse vgl. Horváth, Mayer (1993), S. 20. Bei einem prototypgestützten Transfer von bestehenden Analysen wird so von bestehenden Ergebnissen

Teilprozessplanung durch eine persönliche, mündliche Befragung vorgeschlagen, da diese hinreichend offen ist, um die spezielle Situation im Unternehmen abzubilden. Auch können Erläuterungen, gerade zu Prototypen, zu einer höheren Aussagekraft der Antworten beitragen.[496] Ein solches Vorgehen mit Interviews und Teamsitzungen wird dabei auch in Veröffentlichungen von zahlreichen Praktikern, die allerdings keinen Prototypbezug vornehmen, als vorteilhaft angesehen.[497]

Gerade bei der Planung von Tätigkeiten und Teilprozessen an frühen Prototypen (Design- oder geometrischen Prototypen) erscheint es im Rahmen der Konzeption wichtig, die Teilprozessdifferenzierung nicht zu detailliert vorzunehmen. Neben den notwendigen, zusätzlichen Softwareänderungen bei der Umgestaltung nach einer prototypgestützten Planungsiteration resultieren auch Akzeptanzprobleme, wenn die Realität nicht mehr abgebildet wird.[498] Dies kann gerade bei einer iterativen Verbesserung, wie es für die prototypgestützte Produktentwicklung typisch ist, häufig vorkommen.[499] Aus diesen Gründen kann bei einer nachfolgenden Dienstleistungsplanung anhand von technischen Prototypen eine weitere Differenzierung vorgenommen werden, die aber nicht zu fein gestaltet sein sollte.

Eine Prozess-*Analyse* am Prototypen kann so insgesamt zu einer Transparenz über die Teilschritte der Dienstleistung und zur Identifizierung der notwendigen konkreten Teilprozesse führen.[500] Die identifizierten Tätigkeiten und Teilprozesse dienen anschließend als Ausgangspunkt für eine kostenstellenübergreifende Zusammenfassung zu Hauptprozessen bzw. produktbegleitenden Dienstleistungen.[501] Die *Analyse* der Teilprozesse am Prototyp kann dabei auch eine Zuordnung zu

ausgegangen und diese auf die neue Situation übertragen. Dadurch kann es geschehen, dass eine kreativitätsfördernde Diskussion am Prototypen unterbleibt.

[496] Vgl. Scholl (1998), S. 97. Für eine systematische, wissenschaftliche Ausgestaltung solcher offener oder halb-offener Interviews vgl. Bogner et al. (2002). Allerdings sei an dieser Stelle ebenfalls auf den großen Aufwand bei diesem Vorgehen hingewiesen. So stellen KAPLAN UND ANDERSON in Analogie für ABC fest: „The traditional ABC model has been difficult for many organizations to implement because of the high costs incurred to interview and survey people". Kaplan, Anderson (2003), S. 1.

[497] Vgl. exemplarisch Kieninger (1998), S. 35ff., der dabei besonders die Bedeutung von Prozessoptimierungsteams hervorhebt, sowie ebenfalls die Darstellungen bei Binder (2003), S. 98f.

[498] Vgl. Horváth, Mayer (1993), S. 20.

[499] Vgl. Bullinger et al. (1996), S. 306.

[500] Vgl. in Analogie für eine Prozessanalyse ohne den Einbezug von Prototypen Niemand (1996), S. 78f., sowie Kaplan, Cooper (1998), S. 240ff., die allerdings ebenfalls keinen Prototypbezug zur Identifizierung von Aktivitäten bei Dienstleistungsunternehmen nutzen.

[501] Vgl. Fischer (2000), S. 92, welche die Prozessanalyse und Zusammenfassung innerhalb einer Prozesskostenrechnung für Dienstleistungen anschaulich beschreibt.

Hauptprozessen vereinfachen. Das Vorgehen ermöglicht ebenfalls die *Gestaltung* von Prozessschritten am Prototyp und die *Entscheidung* für ein bestimmtes Vorgehen. So kann eine Gestaltung von wertschöpfenden und nicht-wertschöpfenden Prozessen erfolgen und es lassen sich bisher durchgeführte überflüssige Teilprozesse eliminieren.[502] (Für eine solche Betrachtung kann beispielweise am Prototyp ein Service Blueprint entwickelt werden, um einen Serviceprozess zu visualisieren.[503]) Schließlich kann mit dem Prototyp eine *Dokumentation* der Bestimmung von Tätigkeiten und Teilprozessen erfolgen und damit ein iteratives Vorgehen (vom Design- zum technischen Prototyp) unterstützt werden.[504]

Die Bestimmung der Teilprozesse und die Ermittlung der Teilprozesskosten hat wesentliche Auswirkungen auf die Aussagekraft der prototypgestützten Kalkulation. Durch die aufgezeigte Differenzierung der Prozesse vom ersten bis zum dritten Grad in Abhängigkeit vom physischen Produkt kann der Prototypbezug direkt in der Rechnung mitverwendet werden.[505] Dadurch lassen sich dann auch spezifische Schwankungsbreiten in Abhängigkeit von Prototypen identifizieren. Einen Überblick über den Aufbau der Prozesskostenrechnung und die Zuordnung der Kosten zeigt Abbildung 17.[506]

---

502 Vgl. in Analogie für eine solche Prozessbereinigung Niemand (1996), S. 89-93. Am Prototyp können so ähnliche Dienstleistungen aus der Vergangenheit identifiziert werden, z. B. generelle Wartungen, und mit diesen ein Vergleich am Produktmodell erfolgen.

503 Zur Visualisierung mittels Service Blueprints vgl. Shostack (1984), S. 133ff.

504 Vgl. zu einem ähnlichen Vorgehen für die Tätigkeitsanalyse in den indirekten Kostenbereichen bei einer konstruktionsbegleitenden Kalkulation Scholl (1998), S. 97f. Die prototypgestützte Konzeption kann dabei sehr gut mit einer Komplexitäts-Index-Analyse kombiniert werden. Vgl. Kaufmann (1996), S. 212ff. Dabei kann die Analyse und Entscheidung über die Ankertätigkeit (, die einen Indexwert von 100 erhält,) sehr gut mit Prototypen unterstützt werden. Anschließend können Differenzen von Teilprozessen zur Realisierung der produktbegleitenden Dienstleistung am Prototypen identifiziert und die Abweichung von der Ankertätigkeit dokumentiert werden. Durch diese Dokumentation kann die iterative Planungsrunde anhand von detaillierteren Prototypen unterstützt werden.

505 Vgl. erneut Fußnote 490.

506 Vgl. ebenfalls Reckenfelderbäumer (1995), S. 125, der allerdings keinen Prototypenbezug herstellt und zusätzlich noch integrative und autonome Prozesse unterscheidet.

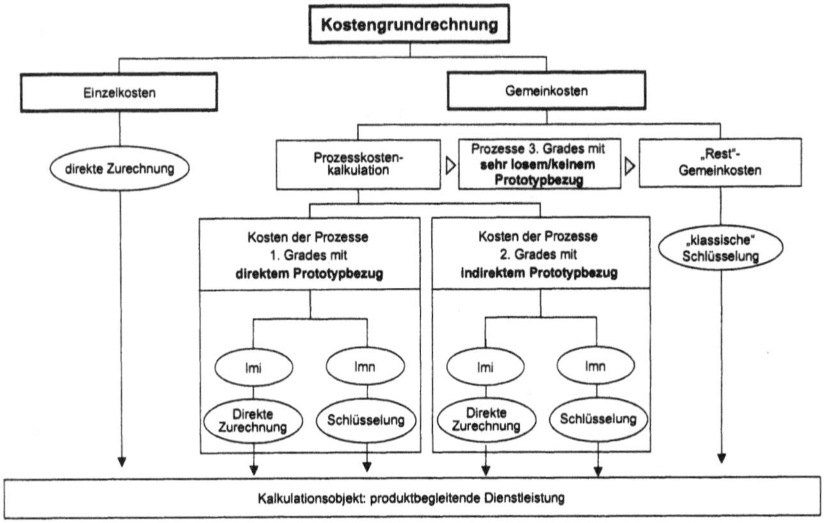

Abbildung 17: Integration der Teilprozesskosten in die Kalkulation

5.2.4 Kapazitäts- und Kostenplanung

Die prototypgestützte Planung der für die produktbegleitenden Dienstleistungen notwendigen Zeiten und Kapazitäten ist im Rahmen der Konzeption ausgehend von einer bestehenden Kostenstellenstruktur grundsätzlich mit zwei Vorgehensweisen entweder „Top down" oder „Bottom up" möglich.[507]

Bei einem retrograden ***Top-down-Ansatz*** wird zunächst die gesamte Mitarbeiterkapazität geplant und anschließend auf die betroffenen Teilprozesse verteilt. Produktmodelle können dabei die Diskussion zur Aufteilung von Kosten auf die Teilprozesse von produktbegleitenden Dienstleistungen unterstützen. Aus der Division von Kapazitäten in Mitarbeiterjahre (MJ) durch die Maßgrößenmengen ergeben sich die Kapazitätsanteile je einmaliger Durchführung eines Teilprozesses.[508] Das Verfahren erscheint bei stark unterschiedlichen Services

[507] In Analogie, allerdings ohne den Prototypbezug, vgl. Mayer (1998a), S. 146f., sowie Witt (2003), S. 78f.

[508] Vgl. in Analogie Mayer (1998a), S. 147, sowie Mayer (1998b), S. 13. Coners, von der Hardt (2004a), S. 109, konstatieren dabei, dass das Top-down-Vorgehen in der Praxis am häufigsten durchgeführt wird. Rau et al. (2002), S. 251, führen eine solche Prozessanalyse für Telekommunikationsdienstleistungen, allerdings ohne Prototypunterstützung, durch.

anwendbar, wenn die Teilprozesszeiten sehr stark schwanken und schwer prognostizierbar sind. Weiterhin ist es aufgrund der aggregierten Darstellung weniger aufwändig und schneller durchführbar, als das Bottom-up-Vorgehen.[509] Allerdings wird mit diesem Verfahren keine Detailplanung und Detailanalyse für die produktbegleitenden Dienstleistungen unterstützt und insbesondere die Einbindung in ein Time Driven Activity Based Costing erscheint schwer möglich.[510]

Ausgangspunkt für ein ***Bottom-up-Vorgehen*** bei der Planung von Kapazitäten und Zeiten ist die Dauer (in Minuten) für die Durchführung einzelner Teilprozesse der produktbegleitenden Dienstleistungen. Die Menge der geplanten Teilprozesse multipliziert mit den Minutenwerten für die Durchführung ergibt die Jahresarbeitsminuten für die betrachtete Kostenstelle.[511] Damit ergibt sich die Sollarbeitszeit pro Mitarbeiter und Jahr (in Minuten) ohne Rüst-, Verteil- und Leerzeiten.[512] Das Bottom-up-Vorgehen liegt als primäres Verfahren dem vorliegenden Konzept zugrunde, da bei diesem die Vorteile von Prototypen am besten realisiert werden können. So können die Informationen aus der prototypgestützten Tätigkeitsanalyse und Teilprozessplanung direkt umgesetzt und damit Zeiten und Kapazitäten bestimmt werden.[513] Als problematisch ist bei dem Bottom-up-Vorgehen festzuhalten, dass eine Rückkopplung mit den im Unternehmen vorhandenen Ressourcen nur indirekt vorhanden ist. So ist gerade bei innovativen produktbegleitenden Dienstleistungen zu klären, ob für die geplante Durchführung von Teilprozessen auch angemessene Kapazitäten (u. a. hinreichend qualifizierte Mitarbeiter) vorhanden sind.[514] Dafür können auch Top-down-Informationen z. B. von vorhandenen Kostenstellenkosten mit in die Konzeption eingehen. Bei einer solchen Integration kann gleichzeitig erneut ein Vergleich zwischen bestehendem Produkt und Dienstleistung mit dem Prototypen und den zukünftigen Services erfolgen.

---

[509] Vgl. Witt (2003), S. 79.

[510] Für die Planung fehlen hierdurch häufig Sollzeiten und eine Abweichungsanalyse ist nicht bzw. nur sehr begrenzt möglich. Vgl. Bruggeman, Moreels (2003), S. 62ff., sowie Coners, von der Hardt (2004a), S. 110ff.

[511] Vgl. in Analogie Mayer (1998a), S. 146., sowie Mayer (1998b), S. 13. Die geplanten Zeiten sind dabei hinsichtlich ihrer Adäquanz zu hinterfragen und gegebenenfalls mit anderen Zeiten, z. B. aus REFA-Studien, zu benchmarken. Vgl. Serfling, Jeiter (1995), S. 323f.

[512] Vgl. Coners, von der Hardt (2004a), S. 110.

[513] Vgl. in Analogie für das Vorgehen der prototypgestützten Planung im indirekten Bereich bei der konstruktionsbegleitenden Prozesskostenprognose Scholl (1998), S. 105ff.

[514] Zur Berücksichtigung von angemessenen Kapazitäten und Berücksichtigung von Kompetenzen gerade bei der Neuentwicklung von Dienstleistungen vgl. Stanik (2004), S. 20f.

Beim Bottom-up-Vorgehen zur prototypgestützten Kapazitäts- und Kostenplanung sollte auch die Intensität der Abhängigkeit der Teilprozesse für mögliche prototypgestützte Iterationsschleifen berücksichtigt werden, da diese auch Auswirkungen auf die Genauigkeit und Schwankungsbreite der Zeiten sowie Kosten hat. Für Prozesse ersten Grades und bedingt auch für die Prozesse zweiten Grades kann durch eine Konkretisierung des Prototypen gegebenenfalls eine verbesserte *Analyse* und *Entscheidung* vorgenommen werden.[515] Für Teilprozesse dritten Grades, die keine oder nur eine sehr lose Beziehung zum Prototypen aufweisen, ist aus pragmatischen Gesichtspunkten in der vorliegenden Konzeption keine weitere Iterationsschleife vorgesehen, da durch diese nur bedingt mehr prototypgestützte Informationen generiert werden können. Allerdings lassen sich Veränderungen bei diesen Teilprozessen dritten Grades trotzdem noch in der Kalkulation berücksichtigen. Zur Erhöhung der Transparenz erscheint es weiterhin sinnvoll, die Gliederung in Kosten ersten bis dritten Grades auch in der kostenstellenbezogenen Kapazitätsplanung vorzunehmen. Dadurch können Auswirkungen von Veränderungen am Produkt auf die Kapazitäten und Kosten der produktbegleitenden Dienstleistungen in den jeweiligen Kostenstellen besser dargestellt werden.

5.2.5 Hauptprozessverdichtung

Nach der Durchführung einer kostenstellenorientierten Teilprozessplanung erfolgt eine Verdichtung der lmi-Teilprozesse zu kostenstellenübergreifenden Hauptprozessen, den betrachteten produktbegleitenden Dienstleistungen.[516] Bei der Zurechnung können im Rahmen einer prototypgestützten *Analyse* verschiedene Alternativen der Verdichtung bewertet, am Produktmodell eine *Entscheidung* über die Zurechnung vorgenommen und anschließend für eine mögliche Iterationsschleife am Prototyp *dokumentiert* werden. Diese Zurechnungen von Kosten für die produktbegleitenden Dienstleistungen können dabei auch anteilig erfolgen, indem für den Hauptprozess nur die Kosten geplant werden, die diesem direkt zugeordnet

[515] So kann bei einer innovativen Wartung mit einem technischen Prototypen eine Iterationsschleife zur kritischen Reflexion von Teilprozessen und Kostenplanung erfolgen. Eine solche Planung erscheint besonders für Dienstleistungen, die mit komplexen, großen Produkten verbunden sind, geeignet. Vgl. Palloks-Kahlen, Kuczynski (2000), S. 139ff., welche die Unterteilung in Prozesse ersten bis dritten Grades für die Wartungen von Groß-Kopieranlagen durchführen.

[516] Vgl. in Analogie Horváth, Mayer (1993), S. 23 sowie Horváth (2003a), S. 555.

werden können.[517] Je nach Bedeutung und Häufigkeit der produktbegleitenden Dienstleistung kann auch diese *Analyse* und *Entscheidung* hinsichtlich des Anteils an den Kosten durch einen Prototypeneinsatz unterstützt werden. Allerdings sind gleichzeitig Aufwand und Nutzen abzuwägen. Die Hauptprozesse sind dabei von Kostenstellen und den gegebenen Organisationsstrukturen unabhängig.[518] Die unterschiedlichen Organisationsstrukturen (z. B. eines familiengeführten, zentralgeführten Maschinenbauunternehmens versus einer internationalen, dezentralen Holding) haben allerdings Auswirkungen auf die spezielle Ausgestaltung einer produktbegleitenden Dienstleistung.[519]

Als Ergebnis dieses Vorgehens der internen Betrachtung stehen für die produktbegleitenden Dienstleistungen prototypbasierte, prognostizierte *Prozessstandardkosten* („drifting costs“[520]) zur Verfügung, die als Ausgangspunkt für die externe Betrachtung eingesetzt werden können.[521] Zuvor soll jedoch noch die mögliche Integration eines prototypgestützten Time Driven Activity Based Costing als aktuelle Weiterentwicklung dargestellt werden.

5.2.6 Integration eines Time Driven Activity Based Costing

Das bisher beschriebene Konzept zur Integration von Prototypen in eine prozessorientierte Planung birgt, wie aufgezeigt, große Vorteile zur systematischen Analyse, Gestaltung, Entscheidung und Dokumentation. Durch die ausführliche Darstellung wurde jedoch auch ein wesentlicher Nachteil des vorliegenden Konzeptes deutlich. Die beschriebenen Maßnahmen erfordern einen großen Aufwand für die Durchführung von Interviews und schriftlichen Befragungen sowie einen hohen Einsatz von Personal zur regelmäßigen, informationstechnischen

---

517 Vgl. Niemand (1996), S. 102. Mayer (1998a), S. 149, schlägt auch für eine Zurechnung und Verdichtung die Trennung in Imi- und Imn-Kosten vor, damit in Abhängigkeit von der Entscheidungssituation die jeweils relevanten Kosten zur Verfügung stehen.

518 Vgl. analog ohne Prototypen- und Dienstleistungsbezug Stoi (1999), S. 28.

519 Vgl. z. B. für ein traditionelles Maschinenbauunternehmen Cassack (2003), S. 433ff., sowie für eine internationale Holding die Beschreibungen in Schuh et al. (2004), S. 171ff.

520 Der Begriff der „Drifting Costs“ hat sich inzwischen für die prognostizierten Standardkosten etabliert. Passender wäre allerdings der Begriff der „Estimated Standard Costs“. Vgl. zur ausführlichen Einordnung Gleich (1996), S. 85f., sowie die dort aufgeführten Quellen und Erläuterungen.

521 Für die Verwendung und Integration der Prozessstandardkosten in die Gesamtkonzeption vgl. Kapitel 5.3.

Anpassung der Datenbasis.[522] Dies gilt besonders im Rahmen der Tätigkeits- und Teilprozessplanung für die notwendige Aktualisierung der Prozesskapazitätsdaten sowie Durchführung von Zeitschätzungen.[523]

Die beschriebenen Nachteile der prototypgestützten Konzeption existieren neben der traditionellen Prozesskostenrechnung ebenfalls beim traditionellen Activity Based Costing. Die Begriffe der Prozesskostenrechnung sowie des Activity Based Costing werden auch bei den nachfolgenden Ausführungen nicht gleichgesetzt, sondern unter Berücksichtigung der besonderen Bedingungen des deutschen bzw. des amerikanischen Rechnungswesens heraus verstanden.[524] Allerdings sind die Unterschiede der beiden Verfahren inzwischen geringer geworden. So hat beispielsweise die Prozessorientierung auch im Activity Based Costing an Bedeutung gewonnen.[525] Neben dieser theoretischen Annäherung sind die Verfahrensgrenzen der Prozesskostenrechnung und des Activity Based Costing ebenfalls in Praxisanwendungen häufig nicht scharf zu trennen.[526] In der aktuellen Diskussion in Wissenschaft und Praxis zur Weiterentwicklung des prozessorientierten Kostenmanagements in amerikanischen und europäischen Veröffentlichungen zu einem Time Driven Activity Based Costing stehen die Differenzen der beiden Konzeptionen auch nicht im Vordergrund.[527] Im Bewusstsein der Unterschiede zwischen Prozesskostenrechnung und Activity Based Costing soll im Folgenden jedoch eine Fokussierung auf die *Prototypunterstützung für ein TD ABC* in einem systematischen Konzept erfolgen, ohne die Differenzen von PKR und TD ABC speziell zu thematisieren.[528]

[522] Vgl. Kaplan, Anderson (2003), S. 5, die in Analogie für ein Activity Based Costing festhalten: „In summary, the process of calculating activity expenses through interviews, observation and surveys has proven to be time-consuming and costly to collect the data, expensive to store, process and report, difficult to update in light of changing circumstances, and theoretically incorrect, by suppressing the role for unused capacity when calculating cost driver rates." Vgl. ebenfalls die Ausführungen bei Grob et al. (2004), S. 604f.

[523] Vgl. Kaplan, Anderson (2004), S. 132, sowie Bruggeman, Moreels (2004), S. 598ff.

[524] Vgl. Horváth (2003a), S. 551-553, sowie zu einer ausführlichen und vergleichenden Darstellung sowie Entwicklungen der beiden Konzepte Stoi (1999), S. 7ff.

[525] Vgl. Horváth (2003a), S. 552. KAPLAN UND COOPER beschreiben in diesem Kontext ein "Extending Acitivity-Based Cost Systems", vgl. Kaplan, Cooper (1998), S. 252ff.

[526] Vgl. Gaiser (1998), S. 75.

[527] Für einen guten Überblick über die aktuelle Diskussion, vgl. Kaplan, Anderson (2004), S. 131ff., Kaplan, Anderson (2003), S. 1ff., Bruggeman, Moreels (2004), S. 597ff., Bruggeman, Moreels (2003), S. 51ff., Coners, von der Hardt (2004a), S. 108ff., Coners, von der Hardt (2004b), S. 639ff. sowie Grob et al. (2004), S. 603ff.

Die vorliegende Konzeption eines prototypgestützten TD ABC basiert in Anlehnung an KAPLAN UND ANDERSON auf der Schätzung für zwei wesentliche Parameter.[529] Zum Ersten ist die Betrachtung der *Stundenkostensätze* für die betrachtete Kostenstelle erforderlich.[530] Diese ergeben sich durch eine Division der geplanten Kostenstellenkosten durch die geplante Nettokapazität der Kostenstelle. Die Nettokapazität errechnet sich dabei aus der Gesamtarbeitszeit der Mitarbeiter der Kostenstelle (in Stunden) abzüglich einer geschätzten, nicht-produktiven Zeit für Krankheit, Urlaub und Verteilzeiten.[531] KAPLAN UND COOPER setzen für diese Nettokapazität („Practical Capacity") einen Wert von 80% bis 85% der Gesamtarbeitszeit an.[532] Zum Zweiten erfordert das TD ABC die Schätzung der *Sollzeiten*, die zur einmaligen Prozessdurchführung erforderlich sind. Für diese Zeiten ist keine absolute Genauigkeit erforderlich, vielmehr sind sie im Sinne einer Tendenzaussage zu verstehen.[533] Die Annahmen dieser Sollzeiten ersetzen dabei die aufwändigen erhobenen Vermutungen zur prozentualen Verteilung von Gesamtarbeitszeiten auf einzelne Aktivitäten. Zur Schätzung dieser beiden wichtigen Parameter (Stundensätze und Sollzeiten) wird im Rahmen der vorliegenden Konzeption der Einsatz von Prototypen vorgeschlagen. Dabei lassen sich Produktmodelle erneut zur Unterstützung bei der Analyse, Entscheidung und Dokumentation dieser wesentlichen Einflussfaktoren verwenden.

Bei der Bestimmung der ***Stundenkostensätze*** können Prototypen hinsichtlich der *Analyse* der möglichen betroffenen Kostenstellen eingesetzt werden. So kann der Prototyp frühzeitig als Diskussionsgrundlage dienen, welche Kostenstellen bei der späteren Durchführung einer produktbegleitenden Dienstleistung betroffen sind. Am Prototyp kann weiterhin eine *Entscheidung* über die zu betrachtenden Kostenstellen

---

[528] Einen anschaulichen Vergleich zwischen Activity Based Costing und Prozesskostenrechnung zeigt Stoi (1999), S. 31-33.

[529] Vgl. im Folgenden Kaplan, Anderson (2004), S. 132ff., Kaplan, Anderson (2003), S. 6ff., sowie für eine konkrete, sehr praxisorientierte Anwendung ohne Prototypenbezug Coners, von der Hardt (2004a), S. 110ff.

[530] Kaplan und Anderson benennen dies „unit cost" und berechnen die Kosten pro Minute für die Durchführung einer Aktivität. Vgl. Kaplan, Anderson (2003), S. 7. In Anlehnung an die Gegebenheiten im deutschen Rechnungswesen werden diese „unit cost" nicht mit Stückkosten, sondern als ein Stundenkostensatz transferiert. Diese Stundenbetrachtung geschieht auch aus Gründen einer besseren Vergleichbarkeit. Eine Umwandlung in Minuten ist abhängig von den betrachteten Teilprozessen, jedoch auch möglich.

[531] Vgl. Coners, von der Hardt (2004a), S. 111.

[532] Vgl. Kaplan, Cooper (1998), S. 127.

[533] Kaplan, Anderson (2003), S. 7, stellen dazu fest: „Precision is not critical; rough accuracy is sufficient."

und deren geplanter Nettokapazität getroffen werden, für die ein TD ABC durchgeführt werden soll. Aufgrund der Innovativität des Instrumentes sollte dabei zunächst in einem begrenzten Bereich begonnen werden.[534] Das TD ABC ermöglicht unter Nutzung von operativen Informationssystemen und vorhandenen Datenbanken grundsätzlich eine regelmäßige, iterative Ermittlung von Prozesskosten mit geringen manuellen Eingriffen.[535] (Ein iteratives Vorgehen ist auch typisch für die prototypgestützte Produktentwicklung.) Die Ergebnisse der Analyse und die Entscheidung können dabei in einer prototypgestützten *Dokumentation* aufbereitet werden und damit für weitere iterative Kostenplanungen zur Verfügung stehen.

Prototypen unterstützen weiterhin bei der Planung der ***Sollzeiten*** die Analyse, Entscheidung und Dokumentation. So können Produktmodelle wesentliche Informationen und Alternativen für produktbegleitende Dienstleistungen veranschaulichen und so die *Analyse* beschleunigen. Am Prototyp können so Schätzungen der Sollzeiten für Teilprozesse der produktbegleitenden Dienstleistung verändert und die Auswirkungen direkt aufgezeigt werden. Die verschiedenen Möglichkeiten können damit flexibel abgebildet und die Veränderungen schnell dargestellt werden.[536] *Entscheidungen* über veränderte Sollzeiten (z. B. für die einmalige Durchführung einer neuen technischen Wartungsalternative) lassen sich auch mit dem jeweiligen Entwicklungsstand der verschiedenen Prototypen *dokumentieren* und damit für eine neues, iteratives Vorgehen zur Verfügung stellen. In prozessorientierten Teams können so an einem Prototyp Zeitverbrauchsfunktionen analysiert, diskutiert, entschieden und dokumentiert werden.[537] Dadurch kann die Kostenplanung für die Teilprozesse der produktbegleitenden Dienstleistung gezielt beeinflusst werden. Eine solche mögliche Zeitverbrauchsfunktion am Beispiel einer technischen Wartung zeigt Abbildung 18.

---

[534] In einem solchen Bereich können damit zunächst Erfahrungen gesammelt werden, die für den weiteren Transfer im Unternehmen ausgenutzt werden können. Vgl. in Analogie für ein solches Vorgehen bei der generellen Prozesskostenrechnung Horváth, Mayer (1993), S. 20, Stoi (1999), S. 25, sowie die Ausführungen zur Prototypunterstützung bei einer Auswahl der einzubeziehenden Bereiche in Kapitel 5.2.1.

[535] Vgl. Coners, von der Hardt (2004a), S. 114ff. Diese zeigen anschaulich auf, wie ein Data Warehouse in ein TD ABC integriert werden kann und welche Anforderungen zur operativen Umsetzung eines solchen Systems existieren.

[536] Vgl. für ein anschauliches Beispiel zur Flexibilität und schnellen Darstellung von Veränderungen durch das TD ABC im Generellen Bruggeman, Moreels (2003), S. 62-64.

[537] Zum umfassenden Einsatz von Zeitstudien, allerdings ohne den Einsatz von Prototypen vgl. Coners (2003), S. 257ff.

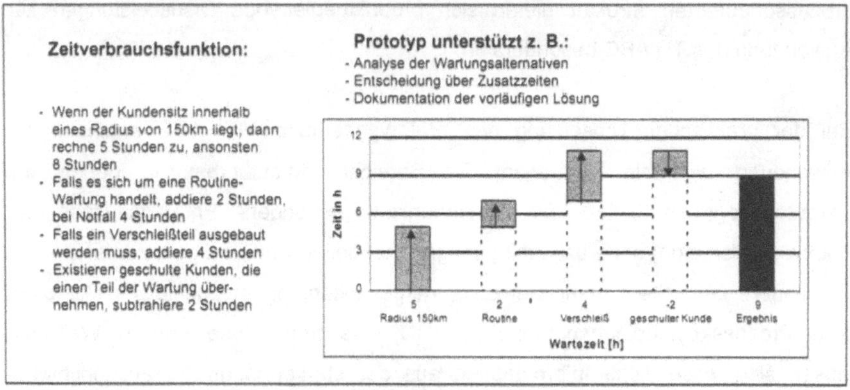

Abbildung 18: Beispiel der Zeitverbrauchsfunktion einer technischen Wartung[538]

Die zusätzlichen relevanten Informationen aus den Prototypen und der Untersuchung der Prozesse können dabei in einer Datenbank („Process Warehouse") zusammen mit der prozessorientierten Kostenplanung verknüpft und für Auswertungen bereitgestellt werden.[539]

Die Integration eines prototypgestützten TD ABC bietet, wie aufgezeigt, eine sinnvolle Erweiterung zur unterjährigen Kostenplanung der produktbegleitenden Dienstleistungen mittels prozessbezogener Sollzeiten und Stundensätzen. Dabei stellt das prototypgestütztes TD ABC kein revolutionär neues prozessorientiertes Kostenplanungsinstrument dar, sondern vielmehr eine Weiterentwicklung und Adaption zur flexiblen und schnellen Bereitstellung von Prozesskosteninformationen.[540] Zur frühzeitigen Planung der Kosten für produktbegleitende Dienstleistungen ist dabei, wie aufgezeigt, die Integration von Prototypen möglich und kann zur Entscheidungsfundierung integriert werden. Wegen der

[538] Vgl. in Analogie Grob et al. (2004), S. 604, die eine Zeitverbrauchsfunktion für die Bearbeitung eines Kreditantrages aufzeigen.

[539] Für eine Einbindung des Time Driven Activity Based Costing in Data Warehouses vgl. Coners, von der Hardt (2004b), S. 639ff., sowie ebenfalls Grob et al. (2004), S. 604ff., die auch auf die konkrete Ausgestaltung und Systemarchitektur eines solchen „Process Warehouse" eingehen und dabei auch mögliche Auswertungen beschreiben.

[540] Vgl. Kaplan, Anderson (2004), S. 133, die dies als „Revised Approach" bezeichnen, sowie auch die Erläuterungen bei Kaplan, Anderson (2003), S. 16. Auch Bruggeman, Moreels (2004), S. 597ff. sehen keine radikale Neuerung, sondern bewerten das TD ABC als „Modified Approach". Bruggeman, Moreels (2004), S. 597. Eine anschauliche Vorstufe der Zeit- und Kapazitätsbetrachtung in der deutschen wissenschaftlichen Literatur existiert bereits bei Mayer (1998a), S. 148.

prozessorientierten Struktur bieten sich produktbegleitende Dienstleistungen zur Anwendung des TD ABC besonders an.[541]

Bei der praktischen Umsetzung des prototypgestützten TD ABC erscheint die Anwendung weiterhin vor allem für Bereiche durchführbar, in denen die prozessbezogenen Daten aus Datenbanken (besonders Enterprice-Resource-Planning-Systemen) ohne bzw. mit geringen manuellen Aufwand generierbar sind.[542] Für andere Bereiche kommt der zuvor dargestellten, prototypgestützten Adaption einer Prozesskostenplanung (ohne TD ABC) eine große Bedeutung zu. Weiterhin lassen sich wesentliche Informationen aus der stärker langfristig ausgerichteten prototypgestützten Prozesskostenplanung durch Informationen aus einer eher kurzfristig orientierten prototypgestützten TD ABC ergänzen. Auch können die Informationen aus den Teilprozessen eines TD ABC in eine Hauptprozessebene verdichtet werden, damit eine Verknüpfung mit Informationen der Prozesskostenplanung erfolgen und so eine Planung und Steuerung mittels Prozesskosten unterstützt werden kann.[543] Somit ist bei einer praktischen Implementierung einer prototypgestützten, prozessorientierten Planung von Kosten der produktbegleitenden Dienstleistungen auch eine Integration und Ergänzung von beiden Vorgehen möglich.[544]

541 Vgl. Coners (2003), S. 255ff., der die Anwendung des TD ABC anschaulich für Logistikdienstleistungen beschreibt, sowie ebenfalls Grob et al. (2004), S. 604ff., die das TD ABC an einer Finanzdienstleistung erläutern.

542 Vgl. in Analogie ohne den Prototypbezug Kaplan, Anderson (2004), S. 134f., sowie Kaplan, Anderson (2003), S. 12f.

543 Für die Möglichkeit einer Planung und Steuerung mittels Prozesskosten vgl. Mayer (1998b), S. 24ff.

544 Vgl. in Analogie Grob et al. (2004), S. 610f.

5.3 Prototypgestützte Zielkosten- und Zielerlösplanung

Neben der prototypgestützten ***internen*** Betrachtung umfasst das Konzept weiterhin eine systematische Integration der Markt- und Kundenperspektive (***externe*** Sicht).[545] Dabei lassen sich zunächst verschiedene Unterstützungspotenziale von Prototypen im Rahmen des ***Zielkostenfindungszyklus*** identifizieren und strukturiert im Konzept nutzen.

5.3.1 Zielkostenfestlegung

Die Funktionen und die Einsatzmöglichkeiten von Prototypen können im Rahmen der Zielkosten- und Zielerlösfindung für produktbegleitende Dienstleistungen ebenfalls sehr gut hinsichtlich der vorgeschlagenen Differenzierung in *Analyse, Entscheidung und Dokumentation* aufgezeigt werden. Im Fokus der vorliegenden Konzeption steht dabei zunächst die *Potenzial*perspektive der produktbegleitenden Dienstleistungen. Die Zielkosten- und Zielerlösfestlegung bestimmt den Aufbau von Kapazitäten und hat dabei wesentliche Auswirkungen auf Fix- und Leerkosten.[546] Gleichzeitig hat die Potenzialfestlegung auch starke Interdependenzen zu *Prozessen* und *Ergebnissen* der produktbegleitenden Dienstleistung.

Für die konkrete Prototypunterstützung zur marktorientierten Zielkostenfestlegung erscheint die Berücksichtigung der speziellen Kontextfaktoren und eine bereits aufgezeigte Typologisierung von produktbegleitenden Dienstleistungen und angewendeten Prototypen zwingend notwendig.[547] So können bei einer hohen Beziehungsintensität zwischen Produktmodell und begleitenden Services (z. B. bei einer technischen Reinigung) am Prototyp Teilprozesse der Dienstleistung genauer analysiert und eine analoge Marktleistung bestimmt werden. Auch die aufgezeigte Konkretisierung des Prototypen hat Auswirkungen auf die *Analyse* zur Zielkostenfestlegung.[548] Mit einem Designprototyp können so zu Beginn der

---

[545] Vgl. erneut die Übersichtsdarstellung mit den vier Schritten der vorliegenden Konzeption in Abbildung 15.

[546] Zu Besonderheiten für die (Ziel-) Kostenrechnung vgl. Paul, Reckenfelderbäumer (2001), S. 634-637, sowie zu den Handlungsfeldern und daraus resultierende Probleme Kapitel 4.

[547] Zu den verschiedenen Ausprägungsarten von produktbegleitenden Dienstleistungen vgl. erneut Kapitel 2 sowie zu den diversen Funktionen von Prototypen, die ebenfalls Auswirkungen auf die Konzeption haben, Kapitel 3.

[548] Zur Konkretisierung von Prototypen vgl. König et al. (1993), S. 93, sowie Haller (2002a), S. 19.

Entwicklung tendenziell weniger Aussagen über die produktbegleitenden Dienstleistungen und den möglichen Markt vorgenommen werden. Dafür besteht allerdings auch noch ein großes Änderungspotenzial. Bei der *Analyse* mit technischen Prototypen hingegen sind die physischen Produkte zwar schon sehr ausdifferenziert, allerdings existieren zu diesem Zeitpunkt der Produktentwicklung nur noch geringere Gestaltungsmöglichkeiten für Adaptionen.[549]

Am Prototypen können im Rahmen einer *Analyse* verschiedene mögliche Konkurrenzunternehmen einfacher identifiziert und die Gesamtzielkosten für die produktbegleitende Dienstleistung festgelegt werden.[550] So ist anhand der Prototypen die Betrachtung der verschiedenen Alternativen für die Zielkostenfestlegung (Market into Company, Out of Company, Into and out of Company, Out of Competitor und Out of Standard Costs) möglich.[551]

Bei der Methode des ***Market into Company*** kann mittels Prototypen zunächst eine Markteinordnung erfolgen. Anhand des Produktmodells können interdisziplinäre Teams einfacher analysieren, welches Marktsegment durch die produktbegleitende Dienstleistung bearbeitet werden soll. Durch die Visualisierung ist damit eine Überwindung der häufig sehr stark ausgeprägten Immaterialität möglich, die zu Problemen bei der Bestimmung des Marktsegmentes führt. Weiterhin kann am Produktmodell aufgezeigt werden, wie der externe Faktor in den Dienstleistungserstellungsprozess integriert werden soll (z. B. wie die Einbindung eines Kunden bei einer Wartung erfolgt).[552] Damit kann auch die gerade bei Dienstleistungen wichtige Qualitätssignalwirkung eines Marktpreises bereits frühzeitig berücksichtigt werden.[553] Indirekt ist weiterhin über die Bestimmung der Integration des externen Faktors am

---

549 Analog betont auch Seidenschwarz (1994), S. 80 für die Zielkostenfestlegung von physischen Produkten: „Entscheidend bei den Prototypen ist (...) deren schnelle und möglichst frühzeitige Verfügbarkeit."

550 In der vorliegenden Erläuterung des Konzeptes wird eine Unbundling-Strategie verfolgt, so dass die produktbegleitende Dienstleistung als eigenständige Leistung betrachtet wird. Eine Bundling-Strategie und eine Zielkostenfestlegung für ein (untrennbares) Leistungsbündel ist analog möglich, würde die vorliegende Darstellung jedoch wesentlich umfangreicher gestalten. Zu Alternativen und Einordnung des Bundlings von Dienstleistungen vgl. Scheuch (2002), S. 76f.

551 Für eine ausführliche, allgemeine Darstellung der Methoden der Zielkostenfestlegung vgl. Seidenschwarz (1993), S. 115ff.

552 So können am Prototypen verschiedene Varianten der Einbindung des externen Faktors analysiert, entschieden und dokumentiert werden. Zu den Möglichkeiten der Integration des externen Faktors vgl. Kuhnert (2003), S. 46f.

553 Vgl. Meyer (1998a), S. 11, der weiterhin auf die mangelnde Markttransparenz und damit erschwerte Preisbestimmung von Dienstleistungen hinweist.

Prototyp das Kundensegment identifizierbar und es kann auch eine *Entscheidung* hinsichtlich des angestrebten Adressatenkreises vorgenommen werden.

Problematisch stellt sich die *Analyse* und *Entscheidung* für produktbegleitende Dienstleistungen dar, die aufgrund starker Differenz des externen Faktors sehr individualisiert sind. Bei diesen kann häufig trotz einer großen Beziehung zum Absatzprojekt nur bedingt ein Marktpreis ermittelt werden.[554] Prototypen können dabei die Art der Individualisierung von Dienstleistungen sowie mögliche Verallgemeinerungen aufzeigen. Gegebenenfalls kann durch eine Standardisierung von Teilprozessen eine interne Vereinfachung erreicht werden. Gleichzeitig können diese Teilprozesse neu kombiniert werden und so zu einer externen Differenzierung beitragen.

Die Bestimmung der Zielkosten ist einerseits aus einer Gesamtbetrachtung bezogen auf ein gesamtes Marktvolumen oder andererseits aus einer einzelnen Einheit bei der Dienstleistungserstellung möglich.[555] Der Prototyp hilft so, die produktbegleitende Dienstleistung abzugrenzen und den Marktpreis zu ermitteln. Falls dieser auf eine Einheit bezogen ist, kann der Prototyp weiterhin zu einer Analyse des möglichen Absatzvolumens beitragen, das für eine Gesamtbetrachtung notwendig erscheint. Da Services häufig zur Realisierung einer Differenzierungsstrategie eingesetzt werden, ist die Tendenz zur Annahme einer Unvergleichbarkeit größer als bei rein physischen Produkten.[556] Prototypen können dieser Tendenz entgegenwirken und helfen die „Reinform" der Zielkostenfestlegung, das Market into Company, auch für produktbegleitende Dienstleistungen einsetzbar zu machen. Somit ist auch die Darstellung unterschiedlicher Dienstleistungsqualitäten am Produktmodell möglich und Qualitätseinflussfaktoren können aufgezeigt und messbar gemacht werden.[557] Ein solcher Vergleich von produktbegleitenden Dienstleistungen am jeweiligen Prototypen kann weiterhin dazu führen, die Grenzen einer Differenzierungsstrategie

---

[554] Vgl. Reckenfelderbäumer (1995), S. 183.

[555] Häufig erfolgt so eine Gesamtbetrachtung für mögliche technische Wartungen. Vgl. in Analogie für eine Installation Niemand (1996), S. 64ff. Für die Bestimmung der Zielkosten aus einer Einheit (generell eine Stunde) mittels Multiplikation des gesamten Marktvolumens vgl. Fischer (2000), S. 220f. Die Vorgehensweise ist dabei aber auch abhängig von den möglichen Verrechnungsarten vgl. Trachsler (1996), S. 31ff.

[556] Vgl. Meffert, Bruhn (2003), S. 228ff.

[557] Zur Analyse der Dienstleistungsqualität und zu möglichen Messansätzen vgl. Bruhn (2003a), S. 7ff., Bruhn (2003b), S. 45ff., Bruhn (2004), S. 63ff., Scheuch (2002), S. 37f., Schnauder (1998)

und Substitutionsmöglichkeiten durch andere Services im Markt aufzuzeigen.[558] Die Bestimmung von Ersatzmöglichkeiten der produktbegleitenden Dienstleistungen in angrenzenden Märkten und Branchen kann damit ebenfalls in die Zielkostenfestlegung einfließen.[559] (Eventuell ist durch ein solches Vorgehen auch wieder eine Rückkopplung auf die Entwicklung von Produkten und produktbegleitenden Dienstleistungen möglich.)

Die Marktpreise von Produkten und Dienstleistungen verändern sich im Laufe eines Lebenszyklusses. Eine lebenszyklusorientierte *Analyse* im Rahmen der Market-into-Company-Methode kann durch die Einbindung von Prototypen verbessert werden.[560] Anhand des Prototypen kann so eine Abschätzung von Auswirkungen der Lerneffekte für das physische Produkt auf den Marktpreis erfolgen.[561] Im Sinne eines Transfers erscheint diese *Analyse* auch für die produktbegleitenden Dienstleistungen möglich, wobei die Prognosen als Tendenzaussage zu verstehen sind. Daher ist die *Dokumentation* der Prämissen und Ergebnisse unter Einbindung des Prototyps sowie des aktuellen Status der Entwicklung von besonderer Bedeutung. Dies gilt besonders für die spätere Durchführung von prototypgestützten Kosten- und Erlöserreichungsmaßnahmen.[562] Der Vorteil der Dokumentation am Prototypen besteht in der direkten Kombination von erforderlichen, verbalen Erläuterungen mit der visuellen Darstellung am Prototypen. So erscheint es sinnvoll und möglich, das Pflichtenheft, Berechnungen, Patentbeschreibungen und ähnliche Dokumente direkt mit dem Prototyp und der produktbegleitenden Dienstleistung zu verknüpfen.[563]

Als wesentlicher Unterschied im Vergleich zu physischen Produkten ist jedoch die stärkere, kurzfristige Varianz des Marktpreises von produktbegleitenden Dienstleistungen zu berücksichtigen. Der mögliche Umsatz mit Services variiert durch die stärkere Abhängigkeit von der Kapazitätsauslastung auch bei Konkurrenten

und Woratschek (2004), S. 73ff. Angestrebte Qualitätsunterschiede können dabei auch quantifiziert in eine Analyse eingehen.

558 Vgl. zur generellen Substitution Corsten (1998), S. 615-617.

559 Für eine strategische Wettbewerbsanalyse vgl. Porter (1999), S. 33ff.

560 Vgl. Pfohl (2002a).

561 Für eine prototypgestützte, lebenszyklusorientierte Abschätzung von Lerneffekten auf die Kosten von physischen Produkten vgl. Pfohl (2002a), S. 141ff. Die Argumentation und Vorgehensweise scheint dabei auch für produktbegleitende Dienstleistungen durchführbar.

562 Vgl. Kapitel 5.4.3.

563 Andere Dokumente, die ebenfalls mit dem Prototypen dokumentiert werden können, sind Richtlinien, Skizzen, Funktionsbeschreibungen, Schaltpläne, Prospekte, Layouts, Vorkalkulationen, Stücklisten, Arbeits- und Prüfpläne. Vgl. Kaiser (1996), S. 12.

wesentlich stärker innerhalb von Monaten, Wochen, Tagen oder Tageszeiten. (So ist der Marktpreis für einen Notfall-Service mit Störungsbehebung höher als für eine Standard-Wartung und gleichzeitig können sich Preise hinsichtlich der Werktage und Wochenenden unterscheiden.[564]) Diese Besonderheit sollte dabei auch bei der Zielkostenfestlegung nach der Market-into-Company-Methode berücksichtigt werden. Bei der Festlegung des Zielpreises kann der Prototyp auch zu einer besseren *Analyse* durch die Konkretisierung und Verknüpfung mit den Erfahrungen aus dem Yield Management helfen.[565] Dabei kann am Prototypen bereits in der Phase der Zielkostenfestlegung *analysiert* werden, ob und wie weit die produktbegleitende Dienstleistung für eine zeitliche Preisdifferenzierung mittels Yield Management geeignet ist.[566] (So erscheint eine regelmäßig durchgeführte technische Reinigung aufgrund der Möglichkeit des Verschiebens der Durchführung tendenziell besser geeignet als eine Notfall-Instandsetzung.)

Eine mögliche Integration von Prototypen in ein Yield Management für eine produktbegleitende Dienstleistung zeigt die Abbildung 19, die im Folgenden kurz erläutert werden soll.

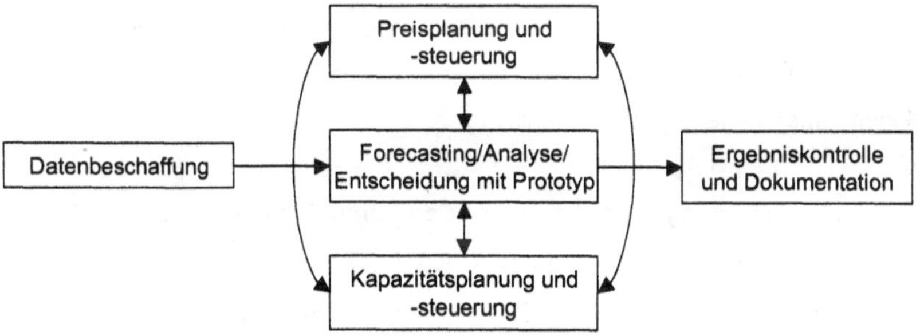

Abbildung 19: Prototypgestütztes Yield Management für produktbegleitende Dienstleistungen[567]

[564] Vgl. dazu auch die anschaulichen Schilderungen bei Schuh et al. (2004), S. 184f.

[565] Auch CORSTEN UND GÖSSINGER schlagen eine informationsmäßige und gedankliche Integration des Yield Managements bereits in einer Vorkombinationsphase bei der Planung des Potenzials vor. Vgl. Corsten, Gössinger (2003), S. 19. Für die Beschreibung der historischen Entwicklung und Anwendung des Yield Managements für Services vgl. Desiraju, Shugan (1999), S. 44ff. Zu einer ausführlichen Darstellung des State of the Art im Yield Management im Allgemeinen vgl. Tscheulin, Lindenmeier (2003), S. 629ff., sowie die dort aufgeführten Literaturverweise.

[566] Neben dieser zeitlichen Preisdifferenzierung, die aus der häufig eingeschränkten Lagerbarkeit resultiert, kann eventuell auch eine räumliche Arbitrage durch Preisdifferenzierung zwischen abgrenzbaren Gebieten bereits am Prototypen diskutiert werden. Für eine zeitliche und räumliche Preisdifferenzierung vgl. Simon, Damian (1999), S. 161f. Gegebenenfalls kann dabei die Dienstleistung auch so ausgestaltet werden, dass ein Yield Management ermöglicht wird.

[567] Vgl. Tscheulin, Lindenmeier (2003), S. 631.

Produktmodelle können so zu einer möglichen Klassenbildung als Voraussetzung für Preisdifferenzierungen bereits in der Zielkostenfestlegungsphase beitragen.[568] Anhand von Prototypen kann eine *Analyse* für die Services leichter anschaulich gemacht werden. So lassen sich Alternativen der Preis- und Kapazitätssteuerung zur Kontingentierung transferieren und statische sowie dynamische Problemlösungsansätze berücksichtigen.[569] Damit können am Produktmodell verschiedene Dienstleistungsszenarien (z. B. für verschiedene Wartungsvarianten) durchdacht und im Team diskutiert sowie die Auswirkungen auf den vom Markt erlaubten Preis betrachtet werden. Die Szenarien können dabei mit Yield-Erfolgsgrößen erfolgen, wie dies auch in anderen Dienstleistungsbranchen bereits exemplarisch erfolgreich durchgeführt wurde.[570] Die in der Zielkostenfestlegung gemachten Erfahrungen können so sehr gut im Rahmen der Zielkostenerreichungsphase als Ausgangspunkt für *Analysen* und Ergebniskontrollen verwendet werden.[571] Gleichzeitig ist damit auch eine Verbindung zum Service Engineering möglich.

Die Methode des Market into Company stellt die Idealform der Zielkostenfestlegung dar, weil sie die wesentlichen Wettbewerbsinformationen berücksichtigt.[572] In der Praxis können jedoch auch die anderen Festlegungsmethoden aus pragmatischen Gründen Verwendung finden, weshalb im Folgenden das Potenzial von Prototypen zu einer systematischen *Analyse* und Unterstützung von *Entscheidungen* bei diesen Methoden näher aufgezeigt werden soll.

Bei der Zielkostenfindung nach der ***Out-of-Company-Methode*** werden die Kosten der produktbegleitenden Dienstleistungen aus bestehenden eigenen Kapazitäten abgeleitet. Prototypen können dabei zu einer realistischeren *Analyse* der notwendigen Ressourcen und einer Konkretisierung des anzubietenden Services beitragen. So können einzelne Prozessschritte am Produktmodell bestimmt sowie hinsichtlich einer möglichen Umsetzung aus Unternehmenssicht bewertet werden.

568 Zur Klassenbildung für das Yield Management vgl. Desraj, Shugan (1999), S. 45f., die in drei Klassen untergliedern und gleichzeitig noch auf die Bedeutung einer hohen und niedrigen Preissensitivität hinweisen.

569 Vgl. Tscheulin, Lindenmeier (2003), S. 634ff.

570 Vgl. Hoffjan (2003), S. 468, der eine solche Szenarioanalyse mit der Bestimmung von Yield-Erfolgsgrößen für Krankenhausdienstleistungen einsetzt.

571 Zur Verwendung in späteren Entwicklungs- und Produktionsphasen erscheint dabei auch eine strukturierte *Dokumentation* der Planungsparameter zusammen mit dem Prototyp sinnvoll. Zur Beschreibung einer systematischen Integration von Informationen in die F&E-Planung vgl. ebenfalls Bürgel et al. (1996), S. 243ff.

Auch der Einbezug von internen Lerneffekten in die *Analyse* ist gut möglich.[573] Die in der Literatur beschriebenen generellen Nachteile dieser Methode können allerdings auch durch den Einsatz von Prototypen nicht überwunden werden. So fehlt bei diesem Vorgehen besonders der direkte Marktbezug. Dieser wird lediglich indirekt durch die Erfahrungen der Mitarbeiter hergestellt. Das Verfahren ist somit stark abhängig von der Markttransparenz des Personals.[574] Gerade aus der möglichen unterschiedlichen Dienstleistungsqualität, die stärker als bei physischen Produkten variieren kann, ergibt sich weiterhin eine große Schwankungsbreite für die Kosten.[575] Diese resultierende Varianz bei der Zielkostenfestlegung bewirkt damit eine stark erschwerte Kostenkontrolle.[576]

Das Vorgehen des ***Into and out of Company*** stellt eine Kombination der zuvor beschriebenen Alternativen dar. Die Anforderungen des Marktes werden den internen Gegebenheiten und Möglichkeiten des Unternehmens gegenübergestellt.[577] Bei der *Analyse* können Prototypen dabei zur Konkretisierung und Veranschaulichung der Markt- und Unternehmenssituation beitragen. Dieses Vorgehen erscheint bei großer Marktunsicherheit (z. B. bei komplexen, hochinnovativen, produktbegleitenden Dienstleistungen) bedingt geeignet, vorläufige Zielkosten zu bestimmen.[578] Die Problematik dieser Methode besteht insbesondere im notwendigen, zeitaufwändigen Abstimmungsbedarf für innovative Dienstleistungsmodule. Prototypen können dabei sehr gut als Kommunikationshilfe im Sinne einer Erklärungs- und Diskussionsgrundlage dienen und damit eine Koordination vereinfachen.[579]

---

572 Vgl. Seidenschwarz (1993), S. 116.

573 Dies erfolgt in Analogie zum Vorgehen bei physischen Produkten. Vgl. Pfohl (2002a), S. 141ff.

574 Vgl. Seidenschwarz (1993), S. 128, Baumöl (1999), S. 163.

575 Zu Besonderheiten und Bedeutung der Qualität und des Qualitätsmanagements von Dienstleistungen vgl. Bruhn (2004), S. 34ff., sowie zur möglichen Messung der Dienstleistungsqualität Bruhn (2003a), S. 7ff., und Bruhn (2003b), S. 45ff. Pepels (1996) widmet ein ganzes Werk dem „Qualitätscontrolling bei Dienstleistungen" und zeigt auch Auswirkungen auf das Kostenmanagement auf. Vgl. Pepels (1996), S. 95ff. Generell fokussiert er jedoch primär auf Marketingaspekte des Qualitätsmanagements.

576 Vgl. Niemand (1996), S. 61

577 Vgl. Seidenschwarz (1993), S. 128, Baumöl (1999), S.163, sowie Arnaout (2001), S. 48.

578 Vgl. Niemand (1996), S. 61, der auf die Bedeutung für innovative Dienstleistungen im Allgemeinen hinweist. So können für neue und innovative Leistungsarten am Prototypen über Stundensätze für Services tendenzielle Marktpreise ermittelt und diese den internen Kosten gegenübergestellt werden. Allerdings besteht dabei auch die Gefahr, dass die Marktanforderungen relativiert werden und eine Aufweichung des Marktbezuges erfolgt. Vgl. Seidenschwarz (1993), S. 128.

579 Zur effizienten Koordination bei der Leistungserstellung vgl. Burr (2002), S. 156ff.

Die Kosten der Konkurrenz werden bei der ***Out-of-Competitor-Methode*** als Basis der Zielkostenfestlegung gewählt. Dadurch ist zwar das Angebot der Wettbewerber in den Zielkosten berücksichtigt, allerdings erfolgt die Festlegung nur imitatorisch und vernachlässigt die Sicht und Integration des Kunden.[580] Dies erscheint bei produktbegleitenden Dienstleistungen ein großer Nachteil zu sein, da die Integration des externen Faktors von wesentlicher Bedeutung ist. Mit Hilfe von Prototypen kann identifiziert werden, ob es sich bei der angestrebten Leistung um einen Standard-Service handelt. Für einen solchen scheint dieses Verfahren der Zielkostenfestlegung geeignet zu sein, da dieser keine Differenzierung am Markt ermöglicht.[581] Bei innovativen, komplexen Dienstleistungen können Prototypen eine *Analyse* und Evaluation der Marktsituation unterstützen. Allerdings lassen sich die neuen Leistungen (z. B. für eine komplexe, maschinenindividuelle Wartung) nur bedingt mit denen von Konkurrenten vergleichen. Der wesentliche Nachteil der Vernachlässigung des Kundennutzens wird auch durch die Integration von Prototypen in den Prozess der Zielkostenfindung nach der Methode des Out of Competitor nicht überwunden.

Die Methode des ***Out of Standard Costs*** ähnelt der des Out of Company. In den Zielkosten werden allerdings zusätzlich Kostensenkungsmöglichkeiten berücksichtigt.[582] Prototypen können dabei eingesetzt werden, um eine Vergleichbarkeit mit Kosten produktbegleitender Dienstleistungen in der Vergangenheit herzustellen. SAKURAI verwendet diese Methode (ohne Prototypenbezug) zur Ermittlung der Kosten für die Dienstleistung „Softwareentwicklung". Dabei werden die Zielkosten für den Service aus den historischen Kosten abgeleitet und die „neuen" Kosten können wiederum als Ausgangspunkt für die nächste Zielkostenbestimmung dienen.[583] Somit werden die Kosten aus den aktuellen Kapazitäten und ohne direkten Einfluss von Markt- und Kundeninformationen erstellt. Ein solches Vorgehen wird dabei auch in aktuellen Publikation für interne IT-Dienstleistungen im Rahmen eines Service-Level-Management beschrieben.[584] Im Rahmen der Softwareentwicklung stellen diese (Software-) Prototypen ein wesentliches Analyse- und Entscheidungsinstrument dar,

[580] Vgl. Seidenschwarz (1993), S. 60f. sowie Baumöl (1999), S. 162f.
[581] Vgl. Niemand (1996), S. 61.
[582] Vgl. Seidenschwarz (1993), S. 129 sowie Baumöl (1999), S. 163f.
[583] Vgl. Sakurai (1989), S. 49ff.
[584] Vgl. Thomas (2003), S. 127ff., zur Bedeutung der Methode des Out of Standard Costs bei der Softwareentwickung Baumöl (1999), S. 163f., sowie zu ausführlichen, anschaulichen Fallstudien zu IT-Dienstleistungen Burr (2003a), S. 138ff.

das regelmäßig Anwendung findet.[585] Modelle von physischen Produkten können bedingt auch im Rahmen der Zielkostenfestlegung nach der Out-of-Standard-Costs-Methode eingesetzt werden. So unterstützen Prototypen bei der *Analyse* von vergangenen Dienstleistungsprojekten und bei der Auswahl einer angemessenen Vergleichsbasis. Bei stark immateriell geprägten produktbegleitenden Dienstleistungen (z. B. Softwareentwicklung für Werkzeugmaschinen) können Modelle der physischen Produkte auch bei dieser Methode eine Veranschaulichung ermöglichen.[586] Außerdem besteht die Chance, notwendige verschiedene Alternativen (z. B. bei der Softwarerealisierung) zu bewerten. Das Problem der fehlenden Kunden- und Marktintegration bei dieser Zielkostenbestimmung wird allerdings auch durch die Integration von Prototypen nicht überwunden.

Neben der *Analyse innerhalb* der verschiedenen, aufgezeigten Verfahren zur Zielkostenfestlegung können Prototypen auch bei der *Analyse* und *Entscheidung* zur Auswahl *aus* den möglichen Vorgehensweisen eingesetzt werden. Tendenziell sollte angestrebt werden, die produktbegleitende Dienstleistung möglichst an den Markterfordernissen, im Sinne der Reinform des Market into Company, auszurichten. Am Produktmodell (z. B. einer komplexen Druckmaschine) kann aber auch als Ergebnis einer *Analyse* die Auswahl des Out of Company evtl. in Kombination mit dem Out-of-Standard-Costs-Vorgehens erfolgen.[587] Neben einer Typologisierung können Prototypen gerade für hochinnovative, produktbegleitende Dienstleistungen (wie das Angebot eines Teleservice für eine komplexe Maschine) die *Analyse* und *Entscheidung* für die Festlegung eines Marktpreises nach der Methode des Market into Company unterstützen. Die marktorientierte Bedarfsanalyse und die Bestimmung von kommerziellen Zielen werden so wesentlich vereinfacht.[588] Gerade bei elektronisch dominierten produktbegleitenden Dienstleistungen, wie dem Teleservice, bietet sich die *Analyse, Gestaltung* und *Entscheidung* mit Produktmodellen zur Zielkostenfestlegung an, um diese besonderen Herausforderungen (z. B. die

585 Vgl. Spitta (1989), S. 4ff., Pressman (2001), S. 34ff. sowie zu einer anschaulichen Anwendung Padovan et al. (2002), S. 93ff.

586 Zu einer ausführlichen Darstellung der Zielkostenfestlegung in der Softwareentwicklung, vgl. Baumöl (1999), S. 161ff. Dabei können auch sehr gut Anknüpfungspunkte und Potenziale von Prototypen zur Analyse, Gestaltung, Entscheidung sowie Dokumentation konkretisiert werden.

587 Für die Auswahl des Out-of-Standard-Costs-Vorgehens vgl. Sakurai (1989), S. 39ff.

588 Zur Bedarfsanalyse und Bestimmung von kommerziellen Zielen für den Teleservice im Maschinenbau vgl. Kirsch (2004), S. 307-310.

Immaterialität) zu überwinden.[589] Ein wesentlicher Vorteil des Einsatzes von Prototypen zur *Gestaltung* und *Entscheidung* besteht weiterhin im typischen iterativen Vorgehen.[590] Prototypen können so zu einer kontinuierlichen, kritischen Reflexion der angestrebten Kosten und Erlöse beitragen.

Damit das Produktmodell diese Funktion der Reflexion in Iterationsschleifen erfüllen kann, muss der jeweilige Status nach der *Entscheidung* in einer systematischen und vergleichbaren *Dokumentation* zusammengefasst werden.[591] Diese Dokumentation dient dabei zum Beleg der Konstruktionsideen und der daraus resultierenden Analyse. Weiterhin kann der Prototyp bei der Zielfestlegung helfen, den aktuellen Status zu speichern. Die Informationen der Zielkostenfestlegung zur betrachteten produktbegleitenden Dienstleistung können somit nicht nur verbal gespeichert, sondern diese Informationen ganzheitlich mit dem aktuellen Modell des physischen Produktes verbunden werden. Damit kann eine einheitliche Informationsbereitstellung erfolgen, die gerade bei häufig immateriellen produktbegleitenden Services und unterschiedlichem Erfahrungshintergrund interdisziplinärer Teams vorteilhaft erscheint.[592] Durch diese strukturierte Informationsverarbeitung und vorläufige Lösungsfestlegung tragen Produktmodelle mit einer systematischen Dokumentation ebenfalls dazu bei, auf Veränderungen bei der Ausgestaltung des Produktes zu reagieren. Somit kann für eine iterative *Analyse* von produktbegleitenden Dienstleistungen eine geeignete Basis zur Verfügung gestellt werden. Ein Vorteil von Prototypen für die Zielkostenfestlegung ist daher weiterhin in einer Rückkopplung bei Veränderung des Produktes zu sehen, die ohne diese Informationen nicht angeregt würde.[593]

Weiterhin kann der Prototyp auch bei einer generellen Absatz*analyse* unterstützen. So erscheint die Nutzung von Produktmodellen für eine interdisziplinäre Betrachtung der Zielerlöse aus der Durchführung einer Absatzanalyse unter Einsatz einer

[589] Vgl. zu den zu überwindenden Herausforderungen Meyer, Blümelhuber (2002), S. 67ff.
[590] Vgl. Bullinger et al. (1996), S. 306, sowie Schuhmacher (2002), S. 23.
[591] Die nachfolgenden Dokumentationsfunktionen wurden in Anlehnung an Hacker und Sachse (1995), S. 12f. von physischen Produkten auf produktbegleitende Dienstleistungen transferiert.
[592] Die hohe Bedeutung der funktionierenden Zusammenarbeit von interdisziplinären Target-Costing-Teams betont auch Seidenschwarz (1994), S. 74.
[593] Für die Bedeutung von Rückinformationen innerhalb des Planungsprozesses vgl. Hahn, Hungenberg (2001), S. 46.

mengenorientierten Preisdifferenzierung vorteilhaft.[594] Damit werden auch Teammitgliedern, die keine Fachleute für die Verwendung solcher Instrumente sind, die Ergebnisse veranschaulicht. Daneben können auch *Gestaltungsmöglichkeiten* aufgezeigt werden und Informationen aus verschiedenen Produktmodellen in absatzpolitische *Entscheidungen* für die Services einfließen. Allerdings sollen im Rahmen der vorliegenden Forschungsarbeit die absatzpolitischen Fragestellungen und Wahlalternativen des Marketing-Mixes nicht im Vordergrund stehen. Aufgrund der Komplexität werden insbesondere die preispolitischen Maßnahmen ausgegrenzt.[595]

5.3.2 Zielerlösfestlegung

Im Rahmen des Zielkostenfindungszyklus ist weiterhin die Festlegung und Bestimmung eines marktadäquaten ***Zielgewinns („Target Profit")*** für die produktbegleitende Dienstleistung von Bedeutung. In der einschlägigen Target-Costing-Literatur wird häufig die Umsatzrentabilität als Zielgröße empfohlen, für die insbesondere die Klarheit und Einfachheit spricht.[596] Gerade bei produktbegleitenden Dienstleistungen ist jedoch oft die Zurechnung von gebundenem Kapital nicht immer eindeutig durchführbar und die Kapitalstruktur häufig sehr heterogen. Daher weist die Festlegung einer Zielkapitalrentabilität große Probleme auf.[597] Prototypen können zwar eine bessere Analyse und Zuordnung von Dienstleistungen (z. B. zu einem Produktbereich) erleichtern, insgesamt bleibt diese Problematik jedoch vorhanden. Absolute Ergebnisvorgaben können damit als Alternative dienen, weisen aber ebenfalls Probleme auf.[598] Bei der Festlegung einer Zielumsatzrendite sollte diese

[594] Zur Durchführung einer mengenorientierten Preisdifferenzierung für Dienstleistungen vgl. Skiera (1999), S. 19ff., sowie Auerbach (2001), S. 22ff.

[595] Für die generelle Preispolitik bei Dienstleistungen und die dabei existierenden Möglichkeiten vgl. Meffert, Bruhn (2003), S. 517ff., Scheuch (2002), S. 234ff., Simon, Damian (1999), S. 157ff., sowie zu einer anschaulichen, konkreten Spezifikation Siems (2003).

[596] Vgl. Seidenschwarz (1993), S. 122, sowie Arnaout (2001), S. 45. Im Vergleich zum „Return on Investment" muss weiterhin ebenfalls nicht das gebundene Kapital ermittelt werden. Vgl. ebenfalls Franz (1993), S. 127, der auch darauf hinweist, dass der „Return on Sales" üblicherweise bei japanischen Unternehmen für das Target Costing verwendet wird.

[597] Vgl. Fischer (2000), S. 220, die anhand des Beispiels einer betriebswirtschaftlichen Beratung auf die Heterogenität der Kapitalstruktur hinweist, sowie ebenfalls Franz (1993), S. 127f., der auch darauf hinweist, dass das jeweils gebundene Kapital auch in seiner Höhe schwanken kann (z. B. bei High-Tech-Unternehmungen).

[598] Vgl. Paul (1998), S. 243ff. Dabei weist dieser insbesondere darauf hin, dass Effizienzaspekte bei der Vorgabe von absoluten Beiträgen nicht berücksichtigt werden und damit eine Fehlallokation von Ressourcen erfolgen kann.

weiterhin in ein Target Investment integriert werden, um auch die langfristige Rentabilität sicherzustellen.[599] Für eine solche strategische Entscheidung (auch die Einbindung in eine Shareholder-Value-Perspektive) erscheint die Unterstützung der Analyse, Entscheidung und Dokumentation durch Prototypen allerdings nur sehr eingeschränkt möglich und wird daher im Rahmen der vorliegenden Konzeption nicht vertieft.[600]

Da sich der Zielerlös aus der Multiplikation der angestrebten Menge mit dem Zielpreis ergibt, wird bei der Zielerlösfestlegung wieder eine notwendige Zusammenarbeit zwischen den verschiedenen Unternehmensfunktionen (Controlling, Entwicklung, Marketing etc.) deutlich. Nur durch eine solche interdisziplinäre Kooperation kann eine Preisoptimierung zur Erlösmaximierung der Dienstleistungen gezielt geplant werden.[601] Die systematische Einbindung von Prototypen kann dabei erneut als ein illustratives Verbindungsglied zur Analyse, Entscheidung und Dokumentation eingesetzt werden. Beim Einsatz von prototypgestützten Instrumenten, wie dem bereits erläuterten Yield Management, wird gleichzeitig auch die wechselseitige Beeinflussung der Kosten- und Erlösplanung bei produktbegleitenden Dienstleistungen deutlich.[602]

Nachdem wesentliche Möglichkeiten und Einflusspotenziale von Prototypen beim Zielkostenfindungszyklus aufgezeigt wurden, soll im nächsten Schritt die prototypgestützte Zusammenführung näher erläutert werden. Aufgrund der praktischen Bedeutung wird dabei primär von einer Zielkostenfestlegung nach der oben dargestellten *Market-into-Company-Methode* für die produktbegleitenden Dienstleistungen ausgegangen.[603]

[599] Zur Integration und Möglichkeiten des Target Investments vgl. Claassen, Ellßel (1997), S. 1090ff.

[600] Eventuell können Prototypen zur Identifikation von ähnlichen produktbegleitenden Dienstleistungen in anderen Branchen dienen und damit auch ein Benchmarking bei der Zielerlösfestlegung unterstützen.

[601] Zu Möglichkeiten der Preisoptimierung im Rahmen der Preispolitik für industrielle Dienstleistungen vgl. Simon, Damian (1999), S. 165ff., sowie Jung Erceg (2003), S. 67ff. Die von diesen Autoren vorgeschlagenen Methoden zur Preisermittlung der Expertenbefragung, direkten und indirekten Kundenbefragung sowie des Conjoint Measurement zeigen dabei weiterhin Schnittstellen zur Zielkostenfindung und Zielkostenspaltung auf.

[602] Für die mögliche Einbindung von Prototypen in das Yield Management vgl. erneut Kapitel 5.3.1.

[603] Vgl. analog Seidenschwarz (1993), S. 138f., der ebenfalls die Market-into-Company-Methode zugrunde legt.

5.4 Prototypgestützte markt- sowie prozessorientierte Kosten- und Erlösplanung

In der vorliegenden prototypgestützten Konzeption wurde zunächst eine ***interne*** Sichtweise zur prototypgestützten Bestimmung der prozessorientierten Kostenplanung der produktbegleitenden Dienstleistungen sowie anschließend eine ***externe*** Perspektive zur Zielkosten- und Zielerlösplanung beschrieben. Im vorliegenden Kapitel 5.4 erfolgt nun eine prototypgestützte ***Integration dieser beiden Perspektiven***. Dabei wird zunächst in einer retrograden Kalkulation eine prototypgestützte Kostenträgerstückrechnung vorgenommen und so für die produktbegleitende Dienstleistung eine Planung der Kosten und Erlöse zusammengeführt.[604] Anschließend werden die Unterstützungspotenziale von Prototypen bei einer Zielkostenspaltung für produktbegleitende Dienstleistungen erläutert und danach aufgezeigt, wie die Zielkosten- und Zielerlöserreichung durch Prototypen unterstützt werden kann. Neben Betrachtung und Erläuterung von monetären Parametern soll schließlich auch noch kurz auf die Einflussmöglichkeiten für nicht-monetäre Faktoren hingewiesen werden.

5.4.1 Retrograde Kalkulation

Bei der retrograden Kalkulation wird generell ausgehend von dem am Markt erzielbaren Zielumsatz je einmaliger Durchführung produktbegleitender Dienstleistung zunächst eine Zielrendite subtrahiert.[605] Es ergeben sich die vom Markt erlaubten Kosten („Allowable Costs"), die den prognostizierten Standardkosten („Drifting Costs") der produktbegleitenden Dienstleistung gegenübergestellt werden. Aus der Differenz von Allowable Costs und Drifting Costs resultiert der notwendige Kostensenkungsbedarf.[606]

Die Plankalkulation für die produktbegleitende Dienstleistung unterliegt in Abhängigkeit vom Konkretisierungsgrad des Prototypen einer Unsicherheit. An

[604] Für die Kalkulation im Allgemeinen vgl. Schweitzer, Küpper (2003), S. 49f. sowie S. 156ff. Für eine prototypgestützte, konstruktionsbegleitende Kalkulation im Speziellen vgl. Scholl (1998).

[605] Zur Problematik der Zielgewinnermittlung vgl. Paul (1998), S. 243ff., sowie die Quellen und Ausführungen in Fußnote 596.

[606] Zur generellen Grundidee für die retrograde Kalkulation des Target Costing vgl. Horváth (2003a), S. 540f., sowie Horváth, Seidenschwarz (1992), S. 142f.

frühen Prototypen (Design- und geometrischen Produktmodellen) können zwar erste Kosten- und Erlösschätzungen vorgenommen werden, allerdings unterliegen nicht nur die Prototypen, sondern auch die produktbegleitenden Dienstleistungen, die von den Produktmodellen abhängen, noch einer großen Schwankungsbreite.[607] Da in der Vorentwicklungs- und Entwurfsphase tendenziell stärkere Änderungen vorgenommen werden bzw. werden können, lassen sich auch Potenzial und Prozesse einer produktbegleitenden Dienstleistung nur bedingt abschätzen.[608] So wirken beispielsweise die Unsicherheiten von Prototypen auch auf das notwendige Potenzial und die ablaufenden Prozesse einer technischen Wartung für eine komplexe Maschine. Diese Unsicherheit hat wiederum Auswirkungen auf die Schwankungsbreite der Plankalkulation. Bei funktionalen und technischen Prototypen hingegen, die das zukünftige Produkt bereits seriennaher abbilden, lassen sich Potenziale und Prozesse der produktbegleitenden Dienstleistung genauer prognostizieren. Je nach Umfang der betrachteten Dienstleistung erscheint ebenfalls eine weitere prototypgestützte Differenzierung der Plankalkulation in Abhängigkeit der Verbindung zum physischen Produkt nach ersten, zweien und dritten Grad sinnvoll.[609] Damit kann eine prototypgestützte Bewertung der Kalkulation erfolgen und auch die Grenzen der Planung aufgezeigt werden.

5.4.2 Zielkostenspaltung

Die Präferenzen des Kunden stellen im Rahmen der marktorientierten Zielkosten- und Zielerlösplanung direkt (nach der Methode des Market into Company) oder indirekt (nach den übrigen vorher aufgezeigten Methoden der Zielkostenfindung) den Ausgangspunkt für die anschließende Zielkostenspaltung dar.[610] Die Aufteilung der Gesamtzielkosten auf die einzelnen Funktionen, Komponenten und Prozesse ist

[607] Zu Unsicherheiten der Zielkostenplanung für physische Produkte mit Design- und geometrischen Prototypen vgl. Dittmar (1998), S. 89ff. Zur Berücksichtigung von Unsicherheiten könnten generell auch stärker finanzwirtschaftliche Instrumente (z. B. Realoptionen) eingesetzt werden. Zu Realoptionen vgl. Cassack (2002b), S. 30f. Solche Instrumente stehen jedoch nicht im Fokus der vorliegenden Konzeption.

[608] Hinsichtlich der Anforderungen an Designmodelle und geometrische Prototypen vgl. Haller (2002a), S. 19.

[609] Für den Vergleich einer differenzierten und undifferenzierten prozessorientierten Kalkulation vgl. Reckenfelderbäumer (1994), S. 81ff., der dabei zwischen einer direkt-undifferenzierten Kalkulation (amerikanische Variante) sowie einer indirekt-differenzierte Kalkulation (deutsche Variante) unterscheidet. Siehe ebenfalls die Ausführungen bei Fischer (2000), S. 95-97, und die dort beschriebenen Vor- und Nachteile des jeweiligen Vorgehens.

[610] Vgl. erneut die Ausführungen in Kapitel 5.3.1.

dabei ein wesentliches und schwieriges Problem.[611] Als Lösungsansatz zur Aufteilung der Kosten haben sich besonders die ***Komponenten- und Funktionsmethode*** etabliert.[612] Diese sollen im Folgenden näher erläutert und die prototypenspezifische Ausgestaltung beschrieben werden.

Der einfach konzipierten **Komponentenmethode** liegt die Annahme zugrunde, dass eine Komponente des physischen Produktes die Erfüllung einer Funktion bewirkt.[613] In Analogie für produktbegleitende Services wird so unterstellt, dass einzelne Komponenten bzw. Teilprozesse der Dienstleistungen für spezielle Funktionen verantwortlich sind. Dabei werden die Zielkosten für die einzelnen Prozesse nach der Kostenrelation einer ähnlichen, bestehenden Dienstleistung aufgespaltet. Damit wird auch die gegebene Kostenstruktur übernommen.[614] Prototypen können dabei die Auswahl einer ähnlichen, existierenden Dienstleistung unterstützen und so beispielweise veranschaulichen, ob die Services von ihrer Prozessstruktur tatsächlich analog ablaufen. Aus dieser Nutzung bestehender Dienstleistungen und Prozessmodelle resultieren allerdings auch die Probleme der Komponentenmethode. Es erfolgt eine Festschreibung der Struktur des Status Quo und Kundenwünsche werden nicht explizit in die Festlegung der Zielkosten für die einzelnen Prozesse integriert.[615] Durch die Einbeziehung von Prototypen zu einer *Analyse, Entscheidung* und systematischen *Dokumentation* scheint zumindest eine Vergleichbarkeit des Vorgehens bei der Bestimmung der Zielkostenanteile besser gegeben. Die intangiblen Bestandteile von produktbegleitenden Dienstleistungen können so veranschaulicht werden. Ein wesentliches Problem der Komponentenmethode besteht schließlich in der Abbildung und Bewertung von innovativen produktbegleitenden Dienstleistungen.[616] Für radikal neue, emergente Services kann

[611] Vgl. Franz (1993), S. 125 und S. 129f., sowie ebenfalls Witt (2003), S. 96, der die große Bedeutung, aber auch die Schwierigkeit der Zielkostenspaltung beim Target Costing von Dienstleistungen aufzeigt.

[612] Zur generellen Zielkostenspaltung vgl. Horváth, Möller (2003), S. 463, sowie für eine weitere generelle Methodendarstellung Seidenschwarz (1993), S. 152-159. FISCHER fokussiert ebenfalls auf Komponenten- und Funktionsmethode. Vgl. Fischer (2000), S. 103 und 221ff. BETZ schlägt die Integration der Erfahrungskurve in die Zielkostenspaltung vor. Vgl. Betz (1998), S. 255ff. Bei diesem Vorgehen lässt sich jedoch nur sehr bedingt eine Marktorientierung konstatieren.

[613] Vgl. Horváth, Möller (2003), S. 463, sowie Seidenschwarz (1994), S. 79.

[614] Vgl. Arnaout (2001), S. 51f.

[615] Vgl. Horváth, Möller (2003), S. 463, sowie Möller (2002), S. 157.

[616] Vgl. Seidenschwarz (1994), S. 80, der bezogen auf physische Produkte die Komponentenmethode bei *inkrementellen* Innovationen empfiehlt. Mit der gleichen Begründung erscheint ein solches Vorgehen in Analogie auch für inkrementelle Innovationen von produktbegleitenden Dienstleistungen sinnvoll zu sein.

dabei allerdings auch der Prototyp nicht die Probleme der Bestimmung der Kosten- und Prozessstruktur überwinden helfen.

Die **Funktionsmethode** integriert die kaufentscheidenden Kriterien des Kunden in die Zielkostenspaltung.[617] Auf Basis der Kundenanforderungen erfolgt eine Bestimmung der wesentlichen Dienstleistungsfunktionen und deren Gewichtung.[618] Dabei bestehen Services aus verschiedenen Leistungsfunktionen (z. B. fachliche Kompetenz als Teilfunktion einer Wartung), die sich wiederum in einzelne konkrete Teilprozesse untergliedern lassen.[619] Prototypen können im Rahmen der Zielkostenspaltung nach dieser Methode sehr gut für die Analyse der Funktionen eingesetzt werden. So kann an den Produktmodellen eine Veranschaulichung und Konkretisierung der produktbegleitenden Dienstleistung (z. B. der konkreten Teilprozesse einer Wartung) erfolgen.[620] Weiterhin erleichtern Produktmodelle die Informationsbewertung, Gestaltung der Problemlösung und insgesamt die konkrete Entscheidung in der Funktionenkomponentenmatrix (bzw. Leistungsfunktion-Teilprozess-Matrix).[621] Aufgrund der hohen Bedeutung der ermittelten Zielkosten für die Teilprozesse erscheint schließlich auch die *Dokumentation* bzw. Beschreibung der Lösungsfestlegung am Prototypen vorteilhaft.

Die prototypgestützte Funktionsmethode bietet sich durch dieses Vorgehen im Vergleich zur Komponentenmethode besonders für die Zielkostenspaltung von neuen, innovativen Produkten und produktbegleitenden Dienstleistungen an.[622] Dabei ist zu berücksichtigen, dass durch die Integration des Prototypen in die Zielkostenspaltung tendenziell ein Mehraufwand für die Planung resultiert. Es ist daher abzuwägen, ob der angestrebte Nutzen aus der Steigerung der Genauigkeit und Senkung der Schwankungsbreite bei der Planung den Mehraufwand rechtfertigt. Zur Erstellung einer Funktionenkomponentenmatrix sind so auch die für die

[617] Vgl. Horváth, Möller (2003), S. 463, sowie Arnaout (2001), S. 51. Die Ursprünge des Verfahrens lassen sich dabei bereits auf Tanaka (1985), S. 625ff., zurückverfolgen.

[618] Vgl. Paul (1998), S. 181ff., sowie Knust (2002), S. 115ff. Fischer (2000) S. 221 schlägt dabei eine Bestimmung der Kundenanforderungen über Experten verschiedener Unternehmensbereiche vor. Dies stellt allerdings eine indirekte Ermittlung der Kundenanforderungen dar. Daher steht die Prototypunterstützung bei dieser Vorgehensweise nicht im Vordergrund der Erläuterungen.

[619] Vgl. Palloks-Kahlen, Kuczynski (2000), S. 141, sowie Witt (2003), S. 95ff.

[620] Zur Analyse von Funktionen bei Dienstleistungen im Business-to-Business-Bereich vgl. auch Paul (1998), S. 181ff.

[621] Dabei stellt die Gestaltung und Entscheidung der Funktionenkomponentenmatrix ein sehr schwieriges Problem dar. Vgl. Franz (1993), S. 125 sowie 129f.

[622] Vgl. Cooper, Slagmulder (2002b), S. 37ff. sowie Cooper, Slagmulder (2002a), S. 6ff.

produktbegleitenden Dienstleistung durchzuführenden Teilprozesse zu bestimmen.[623] Die Leistungskomponenten stellen Teilprozesse der produktbegleitenden Dienstleistung dar. Daher kann eine solche Zielkostenspaltung sehr gut mit den Ergebnissen einer prototypgestützten Tätigkeits- und Teilprozessplanung kombiniert werden. Die Differenzierung nach Verbindung zum physischen Produkt in Teilprozesse ersten bis dritten Grades kann so unterstützen, direkte Abhängigkeiten aufzuzeigen.[624]

		Leistungsfunktionen	Ergebnisqualität		Prozessqualität		Technische Kompetenz		Flexibilität (Termindisposition)		
	Bezug zum Prototypen	*Gewichtung der Funktion*	*55*		*25*		*5*		*15*		Gewicht der Teilprozesse
Teilprozesse	1.Grades	Demontage	*10%*	5,5	*10%*	2,5	*25%*	1,25		0	9,25
	1.Grades	Zerlegen	*5%*	2,75	*5%*	1,25	*10%*	0,5		0	4,5
	1.Grades	Reinigen	*20%*	11	*5%*	1,25	*10%*	0,5		0	12,75
	1.Grades	Austausch Verschleißteile	*25%*	13,75	*5%*	1,25	*10%*	0,5		0	15,5
	1.Grades	Fetten	*10%*	5,5	*5%*	1,25	*10%*	0,5		0	7,25
	1.Grades	Zusammenbauen	*5%*	2,75	*5%*	1,25	*10%*	0,5		0	4,5
	1.Grades	Montage	*10%*	5,5	*10%*	2,5	*25%*	1,25		0	9,25
	Summe 1. Grad										***63,00***
	2.Grades	Kundenkontakt		0	*15%*	3,75		0	*15%*	2,25	6
	2.Grades	Vertragsabschluss		0	*15%*	3,75		0		0	3,75
	2.Grades	Auftragsabwicklung		0		0		0	*50%*	7,5	7,5
	2.Grades	Aussortieren Teile	*5%*	2,75		0		0	*5%*	0,75	3,5
	2.Grades	Vorbereitung	*5%*	2,75		0		0	*5%*	0,75	3,5
	2.Grades	Nachbereitung		0	*5%*	1,25		0		0	1,25
	2.Grades	Dokumentation		0	*5%*	1,25		0		0	1,25
	2.Grades	Fakturierung		0	*5%*	1,25		0		0	1,25
	2.Grades	Fahrten	*5%*	2,75	*10%*	2,5		0	*25%*	3,75	9
	Summe 2. Grad										***37,00***
	Summe		*100%*		*100%*		*100%*		*100%*		***100,00***

Abbildung 20: Funktionenkomponentenmatrix

Die Einteilung in Prozesse ersten und zweiten Grades in der Funktionenkomponentenmatrix kann dabei bereits frühzeitig die produktabhängige Unsicherheit und daraus resultierende Schwankungsbreite der Kosten aufzeigen.[625] Bei Prozessen ersten Grades besteht wegen der direkten Abhängigkeit ein direkter Ursache-Wirkungs-Zusammenhang. Veränderungen am Prototyp haben so direkte Auswirkungen auf die produktbegleitende Dienstleistung. Bei Prozessen zweiten Grades ist dieser nur noch indirekt gegeben. Prozesse dritten Grades (z. B. Unternehmensführung) werden aufgrund der lose oder nicht vorhandenen Kopplung nicht berücksichtigt.

Wegen der hohen Bedeutung zur Zielkostenspaltung sowie der verschiedenen Möglichkeiten, die gerade für produktbegleitende Dienstleistungen existieren, wird im

[623] Zu einer Funktionenkomponentenmatrix für eine Dienstleistung vgl. Knust (2002), S. 117.
[624] Für eine prototypgestützte Tätigkeits- und Teilprozessplanung vgl. Kapitel 5.2.3. Die vorgenommene Ermittlung der prognostizierten Standardkosten kann dabei parallel zur externen Betrachtung erfolgen. Somit können auch die Ergebnisse in die Zielkostenspaltung einfließen.
[625] So zeigt auch Abbildung 20 eine Unterscheidung in Teilprozesse ersten und zweiten Grades.

Folgenden auf das Conjoint Measurement sowie auf das Quality Function Deployment (QFD) eingegangen und werden Unterstützungspotenziale durch Prototypen aufgezeigt.[626]

Unter dem Begriff des ***Conjoint Measurement*** werden die unterschiedlichen dekompositionellen Methoden zur Schätzung der Präferenzen von Kunden zusammengefasst.[627] Dabei sollen für verschiedene Ausprägungen des (Gesamt-) Produktes inklusive der produktbegleitenden Dienstleistung der jeweilige Nutzen aus Sicht der Konsumenten ermittelt werden.[628] Für die vielfältigen Anwendungsmöglichkeiten wurden inzwischen zahlreiche Verfahrensvarianten entwickelt, welche bei der Überwindung konkreter Schwächen unterstützen können.[629] Für diese Varianten haben sich zahlreiche Ablaufschemata gebildet, die unterschiedliche, spezielle Anknüpfungspunkte für Prototypen bieten.[630]

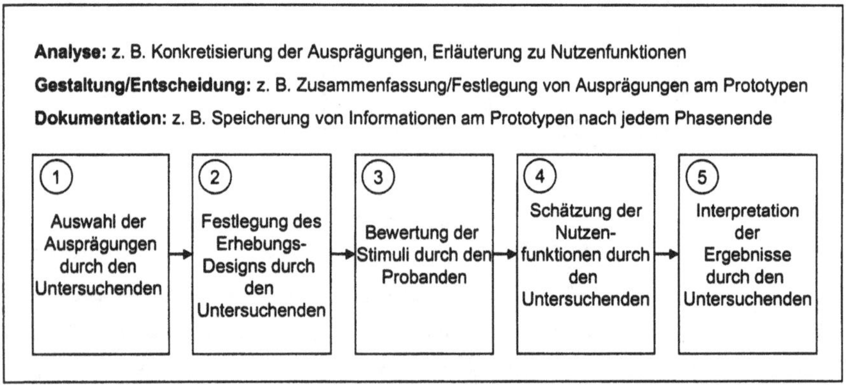

Abbildung 21: Ablaufschritte des Conjoint Measurement und mögliche Integration von Prototypen[631]

[626] Neben diesen beiden Methoden lassen sich weitere Möglichkeiten der Zielkostenspaltung in der Literatur identifizieren. Vgl. exemplarisch Baumöl (1999) S. 161ff. Bei diesen erscheint generell ebenfalls eine Integration und Unterstützung mittels Prototypen sinnvoll. Aufgrund der häufigen Verwendung des Conjoint Measurement sowie des Quality Function Deployment in der einschlägigen Target-Costing-Literatur wird allerdings lediglich auf diese beiden Verfahren fokussiert.

[627] Vgl. Hartmann, Sattler (2004), S. 3. Einen guten Überblick über den Stand der internationalen Literatur gibt Gustafsson et al. (2001), S. 5ff. Bei den sogenannten dekompositionellen Verfahren wird zunächst der Gesamtnutzen ermittelt und dieser anschließend aufgeteilt. Im Gegensatz dazu erfolgt bei den kompositionellen Verfahren eine Addition der Teilnutzen von verschiedenen Eigenschaften oder Produktausprägungen. Vgl. Skiera, Gensler (2002), S. 200f.

[628] Vgl. Bauer et al. (1994), S. 82.

[629] Für einen guten Überblick über die zahlreichen Veröffentlichungen vgl. Gustafsson et al. (2001), S. 5ff.

[630] Vgl. exemplarisch Simmons, Esser (2001), S. 67ff.

[631] Vgl. Skiera, Gensler (2002), S. 201.

Die Abbildung 21 zeigt in Anlehung an SKIERA UND GENSLER ein übersichtliches Vorgehen, in dem die wesentlichen Ablaufschritte dargestellt sind. Dabei wurden bereits die Möglichkeiten der parallelen Integration von Prototypen in das Phasenschema aufgezeigt und kurz generelle Funktionen der Analyse, Entscheidung und Dokumentation beschrieben.[632]

Im Rahmen des Conjoint Measurement wird häufig neben verbalen Beschreibungen bereits auf Bilder, Muster oder Modelle zur Bewertung der Produktvarianten zurückgegriffen.[633] Dies betrifft oft den dritten Schritt der Abbildung 21, der Bewertung der Stimuli durch den Probanden. Eine solche Nutzung von Bildern und Modellen kann durch eine systematische Integration von Prototypen und unter Einbezug der Analyse, Gestaltung, Entscheidungs- und Dokumentationsfunktion durch eine Einbindung in die Kosten- und Erlösplanung erfolgen. Dabei können Prototypen, wie in der Abbildung 21 beispielhaft aufgezeigt, generell in allen Phasen des Conjoint Measurement unterstützen.

Prototypen können weiterhin zum Teil eine Reduktion von Nachteilen und Problemen beim Einsatz des Conjoint Measurement bewirken.[634] Die Einbindung des für Dienstleistungen bedeutenden externen Faktors lässt sich so besser abbilden (z. B. Beteiligung des Kunden bei der Wartung am Prototyp). Zusätzlich kann auch die Reaktion des Konsumenten auf diese Integration besser verarbeitet und mit dem Prototypen dokumentiert werden. Am Prototypen kann weiterhin einfacher eine Reduktion der betrachteten Eigenschaften erfolgen.[635] Das letzte Argument zeigt aber ebenfalls auf, dass wesentliche Probleme, wie die Beschränkung der Eigenschaften, ein Fehlen des Konkurrenzverhaltens sowie eine mögliche Make-or-Buy-Entscheidung auch durch die Einbindung von Prototypen nicht überwunden werden können.

[632] Die verschiedenen Konkretisierungsstufen von Prototypen ermöglichen dabei erneut ein iteratives Vorgehen. Auch lassen sich die einzelnen Funktionen der Analyse, Entscheidung und Dokumentation so integrieren.

[633] Vgl. Woratschek (1998), S. 27.

[634] Zu einer anschaulichen Darstellung der nachfolgend aufgeführten Bedingungen und Probleme beim Conjoint Measurement vgl. Woratschek (1998), S. 42f., Woratschek (2001b), S. 619-621, sowie zu einer kritischen Betrachtung ebenfalls Hartmann, Sattler (2004), S. 3ff., und Backhaus, Brzoska (2004), S. 52f.

[635] Zu den Funktionen von Prototypen aus psychologischer Perspektive vgl. erneut Kapitel 3.2.1.1.

Das **Quality Function Deployment** stellt ein umfassendes Konzept zur kundenorientierten, systematischen Qualitätsplanung dar.[636] Dabei erfolgt in einem mehrphasigen Diskussionsprozess die Bestimmung von Qualitätsmerkmalen und Zielgrößen aus Kundensicht und deren Festlegung in messbaren Prozess- und Produktspezifikationen.[637] Wegen der hohen Bedeutung und Variabilität der Qualität bei Dienstleistungen erscheint eine Integration von Prototypen in das Quality Function Deployment geeignet, um die Schwankungsbreite und Genauigkeit der Planung besser steuern zu können.[638] Eine solche Integration kann beispielweise auf Basis einer prototypgestützten, stufenweisen Funktionsanalyse wie in Abbildung 22 erfolgen.

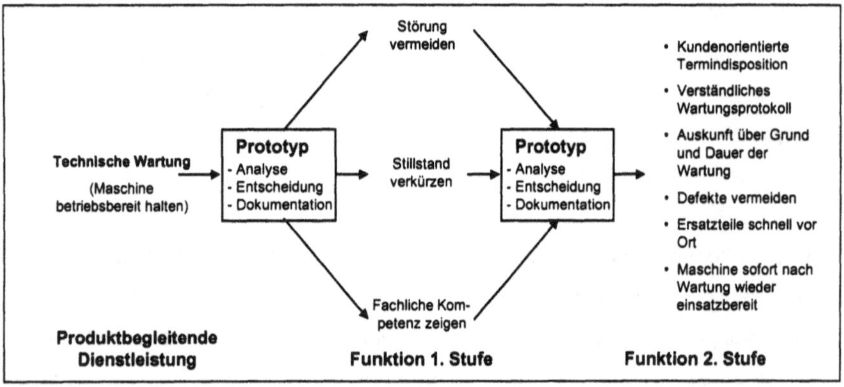

Abbildung 22: Prototypgestützte, stufenweise Funktionsanalyse für eine technische Wartung[639]

Bei der Betrachtung der Genauigkeit ist allerdings auch der dafür notwendige Mehraufwand zu berücksichtigen.[640] Durch die Einbeziehung von Prototypen in ein Quality Function Deployment für die produktbegleitende Dienstleistung „technische Wartung" sind so verschiedene Unternehmensfunktionen (z. B. Entwicklung, Vertrieb, Controlling) zu integrieren. Dabei kann jedoch gerade die Dokumentation der

[636] Vgl. Bruhn (2004), S. 200f., sowie ebenfalls Pepels (1996), S. 50, der zusätzlich die teamorientierte und funktionsübergreifende Vorgehensweise beim QFD betont. Zu einer ausführlichen, anschaulichen Darstellung der Möglichkeiten und Umsetzung eines QFD vgl. Herzwurm et al. (2000), S. 15ff.
[637] Vgl. Paul (1998), S. 183, sowie Bruhn (2004), S. 202f.
[638] Zur hohen Bedeutung der Qualität bei Dienstleistungen vgl. erneut die Fußnote 575 sowie die dort aufgeführten Anmerkungen.
[639] Vgl., allerdings ohne den Einbezug von Prototypen, Paul (1998), S. 184.
[640] Vgl. Zacharias (2003), S. 757, der weiterhin auf die stark erklärungsbedürftige Vorgehensweise sowie die starke Abhängigkeit der Ergebnisse vom Input hinweist. Vgl. Zacharias (2003), S. 758.

Entwurfsschritte im QFD in Kombination mit der Dokumentation am Prototypen positiv auf die Qualitätssicherung wirken.[641]

Die Funktionsanalyse kann über den Prototypbezug ebenfalls in den Ansatz eines *Value Engineering* für produktbegleitende Dienstleistungen integriert werden.[642] Bei dieser Methode werden Kosten und Erlöse gleichzeitig betrachtet. Für die Wertgestaltung bei physischen Produkten wird ein weiterer iterativer Prototypenzyklus durchlaufen.[643] Analog ist eine solche Unterstützung auch für Services vorteilhaft. Dabei können Erfahrungen aus der systematischen Entwicklung und Gestaltung innovativer Dienstleistungen, dem Service Engineering, bei der Anwendung des Value Engineering unterstützen.[644] Weiterhin können Prototypen generell bei der Verwendung von anderen Methoden zur Bestimmung von Leistungsfunktionen, wie dem Kundenbegeisterungsmodell von KANO, einbezogen werden und so im Rahmen der Zielkostenspaltung Nutzen stiften.[645] Die Funktionen von Prototypen sind bei diesen Methoden analog zu den bereits dargestellten und werden daher nicht spezifisch betrachtet.

Als Ergebnis der prototypgestützten Zielkostenspaltung liegen für die Teilprozesse der produktbegleitenden Dienstleistung eigene Zielkosten und -erlöse vor, welche als Ausgangspunkt für eine prototypgestützte Ausgestaltung der Leistungsbestandteile zur Erreichung der konkreten (Funktions- bzw. Kunden-) Anforderungen dienen können.[646] Aufbauend auf den Ergebnissen der internen und externen Betrachtung ist damit eine Zusammenführung in einer retrograden Kalkulation sowie die Durchführung von Maßnahmen zu einer prototypgestützten, permanenten Zielkosten- und Zielerlöserreichung möglich.[647]

---

[641] Vgl. Baumöl (1999), S. 221. Diese stellt neben der positiven Auswirkung einer Dokumentation für die Dienstleistung einer Softwareentwicklung weiterhin die Unterstützung einer kosteneffizienten Entwicklung fest. Dies führt sie u. a. auch auf effektivere Reaktion bei Qualitätsmängeln zurück.

[642] Vgl. Paul (1998), S. 182. Zur generellen Integration eines Value Engineering in das Target Costing für Produkte vgl. bereits Tanaka (1985), S. 625ff., sowie Cooper, Slagmulder (2002a), S. 5ff.

[643] Vgl. Dittmar (1998), S. 72f., sowie Tanaka (1985), S. 630.

[644] Zum generellen Vorgehen des Service Engineering vgl. Bullinger, Scheer (2003), S. 3ff., sowie Cassack (2004a), S. 55f.

[645] Vgl. Seidenschwarz (1994), S. 80, der für physische Produkte bereits die Bedeutung von Prototypen hervorhebt. Zur Integration des Kundenbegeisterungsmodells von KANO in die Zielkostenspaltung vgl. Möller (2002), S. 157, der allerdings keinen Prototypbezug vornimmt. Zur ausführlichen Erläuterung des Modells von KANO vgl. Bruhn (2004), S. 42f.

[646] Vgl. in Analogie, ohne Einbezug von Prototypen, Horváth, Möller (2003), S. 463.

[647] Neben dieser primären Funktion können die Ergebnisse durch die Dokumentation auch für weitere Iterationszyklen zur Verfügung stehen.

Die Verbindung der Teilprozesse von produktbegleitenden Dienstleistungen zum physischen Produkt kann auch bei der Bestimmung von *Zielkostenindizes* durch die Differenzierung in Prozesse ersten bis dritten Grades anschaulich dargestellt werden.[648] So kann bei einer Gegenüberstellung von Zielkosten und Zielnutzen auch die produktabhängige Unsicherheit und daraus resultierende mögliche Schwankungsbreite der Kosten und Erlöse aufgezeigt werden.[649] Die Darstellung im Zielkostenkontrolldiagramm ist anschließend mit einer Visualisierung der Zielkostenindizes sowie der produktabhängigen Unsicherheit und daraus resultierenden Schwankungsbreite möglich.[650] Aufgrund der geringen bis nicht vorhandenen Abhängigkeit der Dienstleistungsteilprozesse dritten Grades kann das Diagramm Aktionsnotwendigkeiten und die Grenzen der Beeinflussung durch Veränderungen am Prototypen auch gut visualisieren. (Eine vereinfachte, schnelle Bewertung der Zielkostenindizes kann dabei weiterhin durch die Festlegung einer Zielkostenzone erfolgen.[651]) Bei dieser Anwendung des Zielkostenkontrolldiagramms werden prototypspezifische Anpassungsmöglichkeiten deutlich. So kann bei einer Veränderung im Produktentwicklungszyklus vom Design- über den geometrischen zu einem technischen Prototypen die Modifikation auch im Diagramm dargestellt und diskutiert werden.[652] Über *Analysen* am Prototypen können einfach Simulationen für die Teilprozesse durchgeführt und Sensitivitäten und Extrempunkte aufgezeigt werden.[653] Auf Basis dieser prototypgestützten Sensitivitätsanalysen können anschließend *Entscheidungen* getroffen werden und kann erneut zusammen mit den Prototypdaten eine *Dokumentation* erfolgen.

---

[648] Zum generellen Vorgehen zur Bestimmung von Zielkostenindizes vgl. bereits Horváth, Seidenschwarz (1992), S. 146f., sowie für eine Umsetzung für Dienstleistungen im Allgemeinen vgl. Niemand (1996), S. 63ff.

[649] Für Prozesse ersten und zweiten Grades besteht dabei, wie bereits beschrieben, eine direkte bzw. indirekte Ursache-Wirkungs-Beziehung. Weiterhin liegt einer solchen Untersuchung die in Experteninterviews bestätigte Annahme zugrunde, dass eine Änderung bei den Prototypen eine größere Auswirkung auf die Dienstleistungsteilprozesse ersten Grades und eine kleinere auf die zweiten Grades hat. Aufgrund eines fehlenden Produktbezuges erscheint eine ausführliche Berücksichtigung der Prozesse dritten Grades nicht vorteilhaft zu sein.

[650] Zum generellen Einsatz eines Zielkostenkontrolldiagramms vgl. bereits Horváth, Seidenschwarz (1992), S. 147f.

[651] Für die Bestimmung eines Entscheidungsparameters für die Zielkostenzone und die rechnerische Verwendung in eine Kontrolldiagramm vgl. bereits Tanaka (1985), S. 632-636.

[652] So kann aber auch hinterfragt und diskutiert werden, ob die Veränderungen negative Auswirkungen auf die strategische Ausrichtung hat.

[653] Zur Sensitivitätsanalyse für Zielkostenindizes bei Dienstleistungen im Allgemeinen vgl. Fischer (2000), S. 224. Gerade die Extrempunkte der Schwankungen können dabei als Grundlage für Diskussionen über die Kosten sowie Erlöse der produktbegleitenden Dienstleistungen dienen.

In Verbindung mit der prototypgestützten Zielkostenspaltung dienen Informationen aus der prototypgestützten retrograden Kalkulation als Ausgangspunkt für die permanenten Erreichungsmaßnahmen, um das Kosten- und Erlösniveau an die Sollvorgaben anzugleichen.[654] Daneben können die Auswirkungen und Sensitivitäten auf die Kalkulation beim iterativen Prototypentstehungsprozess regelmäßig aufgezeigt werden.

5.4.3 Permanente Zielkosten- und Zielerlöserreichung

Nach dem Zielkostenfindungs- und Zielkostenspaltungszyklus können Prototypen weiterhin zu einem strukturierten, zyklischen Vorgehen bei der Zielkosten- und Zielerlöserreichung eingesetzt werden. Die verwendeten Instrumente lassen sich nach verschiedenen Kriterien differenzieren.[655] So ist eine Unterscheidung in ingenieurorientierte und managementorientierte Verfahren im Zielkostenerreichungszyklus von physischen Produkten möglich.[656] Dabei sind Prototypen bei den erstgenannten Verfahren häufig ein elementarer Bestandteil (z. B. beim Simultaneous Engineering[657]), wohingegen bei den managementorientierten Instrumenten (z. B. der Lebenszyklusrechnung[658]) Produktmodelle eher ergänzend, zur Realisierung eines Zusatznutzens, integriert werden können.

Die vorliegende Konzeption einer permanenten prototypgestützten Zielkosten- und Zielerlöserreichung betont die Bedeutung der *Konkretisierung der Produktmodelle*, weil dadurch ein iteratives und zyklisches Vorgehen unterstützt wird.[659] So erlauben Maßnahmen an Designprototypen durch ihren großen zeitlichen Vorlauf zur Dienstleistungserbringung die umfassendsten Auswirkungen auf die Kosten und Erlöse, aber gerade auch auf bedeutsame nicht-monetäre Parameter der

---

[654] Für ein solches Vorgehen im Allgemeinen ohne Prototypbezug vgl. Horváth (2003a), S. 546f.

[655] Vgl. Arnaout (2001), S. 54ff., der in konstruktions-/technologieorientierte, produkt-/prozessorientierte und organisatorische Ansätze untergliedert. Möller (2002), S. 164ff., differenziert in ingenieurs- und managementorientierte Verfahren. Bei anderen Autoren hingegen unterbleibt eine generelle Untergliederung der Instrumente zur Zielkostenerreichung. Vgl. Seidenschwarz (1993), S. 227ff.

[656] Vgl. Möller (2002), S. 164ff., sowie Horváth, Möller (2003), S. 465.

[657] Vgl. Bullinger et al. (1996), S. 308, und Bürgel et al. (1996), S. 191ff.

[658] Vgl. Pfohl (2002a), S. 18-30 sowie S. 55ff.

[659] Vgl. in Analogie für den Einfluss der Konkretisierung des Prototypen die iterative Unterstützung bei der Zielkostenplanung in Dittmar (1998), S. 75ff.

produktbegleitenden Services.[660] Mit einer zunehmenden Nähe zu den Endprodukteigenschaften bei geometrischen, funktionalen Produktmodellen und schließlich technischen Prototypen sinkt tendenziell das Einflusspotenzial von Kosten- sowie Erlösmaßnahmen für die produktbegleitenden Dienstleistungen. Gleichzeitig bieten die jeweils immer weiter konkretisierten Produktmodelle genauere Ansatzpunkte für die Instrumente im Erreichungszyklus. Dadurch können auf die jeweils identifizierten Abweichungen (z. B. aus dem Zielkostenkontrolldiagramm, aus Marktanalysen für die prognostizierten Erlöse oder aus neuen, bedeutsamen Qualitätsparametern der Services) die passenden Verfahren eingesetzt werden. Für die Auswahl der Instrumente im Erreichungszyklus innerhalb der Konzeption einer prototypgestützten Kosten- und Erlösplanung für produktbegleitende Dienstleistungen erscheint dabei eine Differenzierung in monetäre und nicht-monetäre Methoden sinnvoll.[661] Neben Instrumenten zur Erreichung von Kosten und Erlösen werden somit gleichzeitig Instrumente dargestellt, die eine Steuerung wesentlicher Einflussgrößen wie Qualität und Zeit unterstützen.[662] Die folgende Abbildung 23 zeigt eine generelle Auswahl von Verfahren zur Kosten- und Erlöserreichung, ohne die einzelnen Methoden und den jeweiligen möglichen Nutzen von Prototypen bei den Instrumenten spezifisch darzustellen.

Monetäre Methoden	**Nicht-Monetäre Methoden**
• Life Cycle Costing • Cost Tables • Cost Kaizen / Kontinuierlicher Verbesserungsprozess • Kostenerfahrungskurven • Zero Based Budgeting • Gemeinkostenwertanalyse • ...	• Organisatorische Methoden - Arbeitsteilung bei Dienstleistungen - Springereinsatz bei einfachen Services • Time Based Management • Qualitätsmanagement - Kundenorientierte Ansätze - Unternehmensorientierte Ansätze • ...

Abbildung 23: Übersicht über Verfahren zur Zielkosten- und Zielerlöserreichung[663]

[660] Zur Bedeutung der Qualität bei produktbegleitenden Dienstleistungen vgl. Bruhn (2004).

[661] Vgl. für eine ähnliche Einteilung Gleich (1996), S. 129, der allerdings zusätzlich eine weitergehende Differenzierung für den Montagebereich vornimmt.

[662] Veränderungen bezüglich der Qualität können dabei eine Ursache für die Veränderung von Kosten oder Erlösen sein. Vgl. Schweitzer, Küpper (2003), S. 54f., sowie in Abgrenzung zu diesem Verursachungsprinzip für Kosten und Erlöse auch Riebel (1994), S. 627ff., und die dort dargestellten Erläuterungen zum Identitätsprinzip.

[663] Vgl. Arnaout (2001), S. 53ff., Cooper, Slagmulder (2002a), S. 9ff., Gleich (1996), S. 129, Horváth (2003a), S. 543, Möller (2002), S. 164, Monden (1999), S. 325ff., sowie Seidenschwarz (1993),

Bei der Betrachtung der monetären Instrumente fällt auf, dass eine starke Fokussierung auf Kostenaspekte existiert. Nur wenige Methoden setzen direkt an den Erlösen an. Gerade bei diesen Methoden bieten Prototypen Ansatzpunkte für Erreichungsmaßnahmen. Diese Stellhebel erscheinen weiterhin besonders durch eine Kombination mit nicht-monetären Verfahren realisierbar. So können prototypunterstützte Ansätze zur Qualitätsmessung neue Erlöspotenziale (z. B. durch eine kundenspezifische Preisdifferenzierung[664]) aufzeigen.[665] Das bereits im Zielkostenfindungszyklus thematisierte Yield Management bietet ebenfalls für Erreichungsmaßnahmen bei produktbegleitenden Dienstleistungen wesentliche Ansatzpunkte. Auch im Rahmen dieser Verfahren können Prototypen eine gezielte Analyse, Entscheidung und Dokumentation verbessern.[666]

Eine ähnliche durchgängige Anwendung von der Zielfindung bis zur Zielerreichung erscheint weiterhin ebenfalls sowohl für die prototypgestützte Lebenszyklusrechnung von produktbegleitenden Dienstleistungen als auch für eine prototypgestützte Prozesskostenrechnung möglich zu sein.[667] Gerade die prozessorientierte Kostenplanung kann durch die aufgezeigte Integration eines TD ABC auch zu einer sehr guten Verknüpfung von monetären und nicht-monetären Ansätzen beitragen. So ist eine Konkretisierung und erstmalige Erstellung von technischen Prototypen als Auslöser zur realen Durchführung der produktbegleitenden Dienstleistung möglich. (Ausgehend von den erstmalig real gemessenen Zeiten einer Wartung am funktionalen Prototypen können so die geschätzten Sollzeiten kritisch reflektiert, gegebenenfalls geändert und somit eine iterative, genauere Kapazitätsplanung angestoßen werden.[668]) Ein wesentlicher Vorteil dieses Einsatzes von TD ABC besteht weiterhin darin, dass bereits in der Entwicklungsphase des zukünftigen Produktes das gleiche Managementinstrument angewendet wird wie in der

S 227ff., sowie die in diesen Quellen aufgeführten, ausführlichen Literaturverweise zu den jeweiligen Methoden.

664 Für eine solche mögliche Preisdifferenzierung bei Dienstleistungen vgl. Skiera (1999). Prototypen können dabei direkt für eine gezieltere Erhebung von Kundeninformationen eingesetzt werden und somit Sensitivitäten aufzeigen.

665 Für mögliche Ansätze zur prototypgestützten Messung der Dienstleistungsqualität vgl. erneut Abbildung 13.

666 Vgl. erneut die Ausführungen in Kapitel 5.3.

667 Vgl. in Analogie Pfohl (2002a) sowie Scholl (1998), S. 83ff.

668 Der Aufwand für die iterative Verbesserung der Prognosegenauigkeit der Sollzeiten („Unit Time Estimated") am Prototypen sollte dabei immer mit dem Nutzen abgewogen werden. Gegebenenfalls reicht eine grobe Genauigkeit aus vgl. Kaplan, Anderson (2003), S. 7.

nachfolgenden Marktphase. Somit können durch Einsatz des Prototypen vergleichbare Informationen erhoben werden.[669]

Weiterhin kann im Rahmen der Zielkostenerreichung eine *Analyse* am Produktmodell dazu führen, dass eine *Entscheidung* der Bündelung von produktbegleitenden Dienstleistungen erfolgen soll. (Dies kann z. B. durch eine Kombination von Wartungs- und Reinigungsdienstleistungen in einem Full-Service-Paket erfolgen.[670]) Durch eine systematische *Dokumentation* am Prototypen stehen die relevanten Informationen in der nächsten Iterationsschleife dann für weitere Diskussionen bereit. Aus Sicht der Unternehmen erscheint es für die prototypgestützte Zielkosten- und Erlöserreichung wichtig, Target Pricing, Profit Planning und Target Costing zu integrieren.[671] Dabei können auch Marketingaspekte der Preispolitik für produktbegleitende Dienstleistungen am Prototypen analysiert, entschieden und dokumentiert werden. Diese Alternativen des Marketings stehen jedoch, wie bereits beschrieben, nicht im Betrachtungsfokus dieses Forschungsprojektes.[672]

Die Iterativität der Prototyperstellung und die Konkretisierung der Prototypen kann im Rahmen der Erreichungsphase sehr gut als Meilenstein Auslöser von Feedbackschleifen sein. So kann mit der jeweiligen erstmaligen Erstellung eines Design-, geometrischen, funktionalen oder technischen Prototypen eine Überarbeitung der Kosten- und Erlösplanung für die produktbegleitende Dienstleistung angestoßen werden. Dadurch wird ein permanentes Zielkosten- und Zielerlösmanagement für die produktbegleitende Dienstleistung unterstützt.[673] Die Vorteile der Iterativität der Prototypenerstellung kann ebenfalls bei einer parallelen Einbindung des Service Engineering in die vorliegende Konzeption einer prototypgestützten Kosten- und Erlösplanung erfolgen. Daher soll im nächsten Kapitel eine Einbindung in ein prototypgestütztes Service Engineering näher erläutert werden.

---

669 Für wesentliche Aspekte zu einer systematischen Darstellung und Aufbereitung solcher Informationen bereits in F&E vgl. Specht et al. (2002), S. 282ff.

670 Zu Begriff und Bedeutung von Full-Service-Paketen vgl. Stanik (2002), S. 34f., sowie die strategische Umsetzung in Zahn, Stanik (2003), S. 593-612.

671 Vgl. Horváth, Möller (2003), S. 467ff.

672 Hinsichtlich marketingrelevanter Fragestellungen und besonders der Preispolitik bei Dienstleistungen vgl. Meffert, Bruhn (2003), S. 517ff., Scheuch (2002), S. 234ff., Simon, Damian (1999), S. 157ff., sowie zu konkreten Spezifikation Siems (2003), Skiera (1999).

673 Vgl. in Analogie, ohne den Einbezug von Prototypen, Seidenschwarz (1994), S. 79ff., sowie auch Niemand (1996), S. 114ff., bei dem die vollständige Durchführung von betriebswirtschaftlichen Methoden, z. B. Mapping des Dienstleistungsprozesses oder Aufbau einer Prozesskostenrechnung, ein Update auslösen.

5.5 Einbindung der Planung in ein prototypgestütztes Service Engineering

Der Begriff des Service Engineering umfasst all jene Konzepte der systematischen Gestaltung und Entwicklung von Dienstleistungen.[674] Obwohl Ansätze für das Service Engineering erst seit Anfang der 90er Jahre intensiv erörtert werden, sind bereits zahlreiche Vorgehensweisen entstanden, die dieser systematischen Entwicklung und Gestaltung von Dienstleistungen zuzurechnen sind.[675] Die unterschiedlichen Ansätze lassen sich dabei generell in *Phasenmodelle* sowie *iterative Modelle* differenzieren, wobei in der Unternehmensrealität Mischformen existieren.[676]

In der vorliegenden Konzeption wird jedoch kein neues Modell für das Service Engineering generiert. Vielmehr erscheint eine prototypgestützte Integration der Kosten- und Erlösplanung für produktbegleitende Dienstleistungen in ein bestehendes, phasenorientiertes Vorgehenskonzept sinnvoll.[677] Gerade bei innovativen Leistungsbündeln (z. B. aus einer Maschine und Telewartungen), bei denen eine hohe Verbindung von physischem Produkt und begleitenden Dienstleistungen besteht, bietet sich eine solche Parallelisierung der Entwicklung an.[678] Die Bedeutung der systematischen Gestaltung und Entwicklung von Dienstleistungen wird inzwischen auch von zahlreichen Unternehmen konstatiert und in konkrete Aktionen umgesetzt.[679]

---

[674] Vgl. Bullinger, Scheer (2003), S. 4. Im Kontext der Entwicklung und Gestaltung von Dienstleistungen werden dabei auch die Begriffe „Service Development" oder „Dienstleistungs-Innovation" verwendet. Vgl. Downar (2003), S. 268.

[675] Vgl. Bullinger, Schreiner (2004), S. 51ff., Cassack (2004a), S. 55f., sowie Fähnrich, Opitz (2003), S. 83ff., und die dort aufgeführten Literaturverweise.

[676] Zu Phasenmodellen vgl. u. a. Ramaswamy (1996), S. 23ff., Edvardsson, Olsson (1996), S. 140ff., sowie DIN (Hrsg., 1998), S. 34. Für iterative Vorgehensmodelle vgl. u. a. Scheuing, Johnson (1989), S. 25ff., Shostack (1984), S. 133ff., sowie Pressman (2001), S. 34ff. Burr (2003a), S. 8f., vertritt dabei die Mindermeinung, dass neben der Dienstleistungsentwicklung auch Dienstleistungsproduktion und -vertrieb in ein Service-Engineering-Phasenmodell zu integrieren sind. Dieses Vorgehen stellt jedoch eine Ausnahme in der einschlägigen Literatur dar und wird deshalb im Folgenden nicht weiter berücksichtigt.

[677] Für das bestehende Phasenmodell, das dem Vorhaben zugrundegelegt wird, vgl. DIN (Hrsg., 1998), S. 34f.

[678] Vgl. Cassack (2002a), S. 23ff., Spath, Demuß (2003), S. 495f., sowie zur Beschreibung eines innovativen Leistungsbündels im Maschinenbau am Beispiel einer Wartungsdienstleistung vgl. Cassack (2003), S. 438f.

[679] So kündigte beispielsweise IBM an, dass es 2 Milliarden US Dollar vom traditionellen F&E-Budget in die Entwicklung von Consulting- und Computerdienstleistungen verlagern wird. Vgl. Doctors et al. (2004), S. 23.

So kann z. B. eine komplexe, technische Reinigung bei der Produktentstehung mitentwickelt und damit eine frühzeitige Kosten- und Erlösplanung unterstützt werden. Analog zur Konkretisierung des Produktes vom Design- bis zum technischen Prototypen kann auf diese Weise genauso eine Konkretisierung der produktbegleitenden Dienstleistung von der Ideenfindung bis zur ersten Dienstleistungseinführung und -erbringung erfolgen. Prototypen können dabei zur Analyse, Entscheidung und Dokumentation in den verschiedenen Phasen der Dienstleistungsentwicklung eingesetzt werden. Beispielsweise kann bereits am frühen Prototypen aufgezeigt werden, wie eine technologische Kaptivität (z. B. über kompatible Wartungsgeräte) der produktbegleitenden Dienstleistung bereits in der Entwicklung des Produktes erreicht werden kann.[680]

Das prozessorientierte Service Engineering ermöglicht mit seinen Teilprozessen von der Ideenfindung bis zur Markteinführung ebenfalls sehr gut eine Parallelisierung zur prototypgestützten, prozessorientierten Kostenplanung der produktbegleitenden Dienstleistungen.[681] Die verschiedenen Gates bzw. Meilensteine der erstmaligen Erstellung eines bestimmten Prototyps (vom Design- bis zum technischen Prototypen) können dabei sehr gut als Auslöser für eine iterative Überarbeitung der prozessorientierten Kostenplanung dienen.[682] Ein solches iteratives Vorgehen bietet sich dabei besonders für Teilprozesse ersten und zweiten Grades an, da bei diesen eine Verbindung zwischen Prototyp und Dienstleistung erstellt werden kann. Weiterhin können Target Costs und Target Profit für die betrachtete produktbegleitende Dienstleistung bzw. einzelne heruntergebrochene Teilprozesse in die systematische Kosten- und Erlösplanung bereits in der Entwicklung des physischen Produktes mitbetrachtet werden.[683]

---

680 Bei einer kaptiven Nachfrage ist der Kunde vom Anbieter abhängig und an diesen gebunden. Neben der *technologischen* Kaptivität ist auch eine *vertragliche* Kopplung von Produkt und Dienstleistung möglich. Vgl. Simon, Damian (1999), S. 163. Dies kann jedoch auch zu einem Verlust von Kundenzufriedenheit führen.

681 Zur prototypgestützten, prozessorientierten Kostenplanung für produktbegleitende Dienstleistungen vgl. erneut Kapitel 5.2

682 Vgl. Dinger (2001), S. 14ff., für die anschauliche Darstellung eines Stage-Gate-Controllings sowie ebenfalls für physische Produkte Bürgel et al. (1996), S. 312-314, zur Verwendung von Meilensteinen in F&E. Als Antithese schlagen Holman et al. (2003), S. 32, einen Übergang vom Phase Gate Approach zu einem Information Based Approach vor. Die Messung des Erreichens eines erforderlichen Informationsniveaus birgt dabei allerdings auch Probleme. Vgl. ebenda (2003), S. 36ff.

683 Für eine solche Integration der Target Costs und die Verbindung zu den einzelnen Prototypen vgl. erneut Kapitel 5.3. Auch SCHWENGELS weist bereits kurz auf die generellen Möglichkeiten der Integration des Target Costing in das Service Engineering hin, ohne dabei jedoch auf die

Das beschriebene Vorgehen für eine Einbindung des Service Engineering und die Beziehung zu verschiedenen Phasen der Prototyperstellung zeigt die Abbildung 24. Die Graphik veranschaulicht weiterhin schematisch die tendenzielle Änderung der Schwankungsbreite von Kosten und Erlösen im Rahmen der Entwicklung und Gestaltung der produktbegleitenden Dienstleistung.

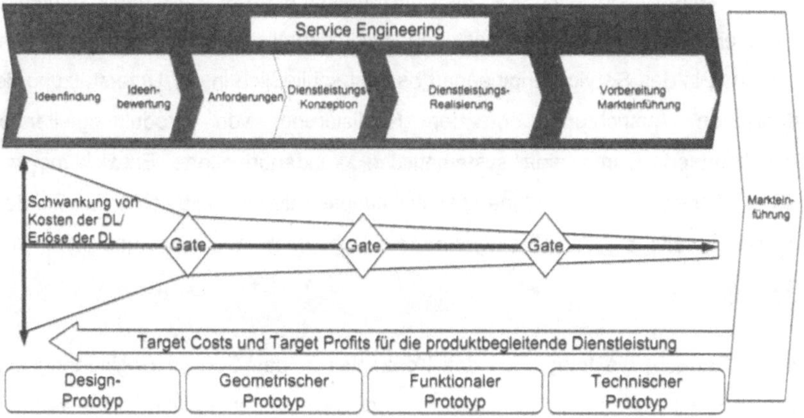

Abbildung 24: Parallelisierung von Service Engineering und Prototypeneinsatz

Ein großer Vorteil des Einsatzes von Produktmodellen im Service Engineering besteht insbesondere darin, die notwendigen ***Potenziale*** (Potenzialperspektive), ablaufenden ***Prozesse*** (Prozessperspektive) und mögliche Engpässe des ***Ergebnisses*** (Ergebnisperspektive) bereits in der Entwicklung aufzuzeigen.[684] Weiterhin ist damit eine Abstimmung dieser Handlungsfelder mit den Handlungsfeldern bei der Produktentwicklung möglich. Ein weiterer Vorteil besteht neben der Einordnung von Kosten-, Erlös- und Zeitkennzahlen weiterhin darin, dass Prototypen insbesondere auch die Steuerung der Qualität bei der Entwicklung von produktbegleitenden Dienstleistungen unterstützen können.[685]

Möglichkeit einer Verbindung mit Produktmodellen bzw. Prototypen einzugehen. Vgl. Schwengels (2003), S. 511-514.

684 Für die Einbindung der Handlungsfelder Potenzial, Prozess und Ergebnis in das Service Engineering vgl. Scheer et al. (2003), S. 32ff.

685 Zur Planung, Steuerung und Kontrolle der Qualität in der Dienstleistungsentwicklung existieren zahlreiche Verfahren. Vgl. Bruhn (2003a), Bruhn (2003b), Pepels (1996). Für das konkrete Vorgehen einer qualitätsorientierten Dienstleistungsentwicklung vgl. Eversheim, Jaschinski, Reddemann. (2003), S. 83ff. Die Qualitätsplanung und -steuerung steht allerdings nicht im Fokus dieser Forschungsarbeit.

Die Einbindung und Kombination des Service Engineering in die Konzeption einer prototypgestützten Kosten- und Erlösplanung für produktbegleitende Dienstleistungen ermöglicht eine Einbindung von betriebswirtschaftlichen und ingenieurwissenschaftlichen Methoden.[686] Dadurch kann die integrative, teamorientierte Entwicklung von physischem Produkt und produktbegleitender Dienstleistung weiter verbessert werden. So lässt sich auch die Zusammenarbeit zwischen Ingenieuren und Betriebswirten positiver ausgestalten. Ein wesentlicher Vorteil der Einbindung der Planung in das Service Engineering besteht schließlich in der Unterstützung der strategischen Ausrichtung bei der Realisierung von produktbegleitenden Dienstleistungen. Durch eine systematische, kundenorientierte Entwicklung von Services können so verschiedene Dienstleistungsstrategien (z. B. eine Full-Service-Strategie) bereits an den Prototypen gezielt geplant, gesteuert und kontrolliert werden.[687]

Insgesamt erlaubt die Integration des Konzeptes in das Service Engineering eine sehr gute Kombination mit dem Rapid Product Development sowie die Verwendung von ähnlichen Methoden und Instrumenten bei der Entwicklung des physischen Produktes und der begleitenden Dienstleistungen.[688]

686 Vgl. Eversheim, Kuster, Liestmann (2003), S. 423ff.

687 Eine Differenzierungsstrategie für die Dienstleistung „Softwareentwicklung" kann so z. B. auf einer sehr starken Kundenorientierung beruhen. Vgl. Herzwurm (2000), S. 94. Die kundenorientierte Softwareentwicklung stellt dabei ein Thema dar, das bereits in zahlreichen empirischen Studien thematisiert wurde. Vgl. die Übersichtsdarstellung in Herzwurm (2000), S. 126-160. Weitere Dienstleistungsstrategien können im Cross Selling oder einer angestrebten Leistungsbündelung bestehen. Vgl. Stanik (2004), S. 22, der auch eine Integration einer „Service Strategy" aufzeigt.

688 Vgl. Bullinger, Schreiner (2003), S. 70ff.

5.6 Zwischenfazit

Die vorliegende Konzeption hat ausgehend von der bestehenden Literatur gezeigt, wie eine generelle Einbindung von Prototypen in eine Kosten- und Erlösplanung für produktbegleitende Dienstleistungen erfolgen kann. Es wurde beschrieben, wie sich die Verbindung einer internen und einer externen Betrachtung von produktbegleitenden Dienstleistungen durch den Einbezug von Prototypen systematisch ausgestalten lässt. Die Unterscheidung von Teilprozessen ersten, zweiten und dritten Grades in Abhängigkeit der Verbindung zum physischen Produkt kann dabei gerade auch die Unsicherheit und Schwankungen von Kosten und Erlösen in den frühen Phasen der Produktentwicklung aufzeigen. Gleichzeitig erscheinen die für Prototypen charakteristischen Iterationszyklen zur Steigerung der Genauigkeit bei der Dienstleistungsentwicklung einsetzbar zu sein. Aus einer realwissenschaftlichen Perspektive der Betriebswirtschaft ist weiterhin jedoch wesentlich, inwieweit die vorgestellte Konzeption auch für die Praxis tauglich ist.[689]

Zur Illustration der Praxistauglichkeit der Konzeption werden daher nachfolgend zwei Fallstudien dargestellt. Dadurch soll eine kontextbezogene Beschreibung erfolgen und gleichzeitig auch verschiedene Einflussfaktoren integriert werden.[690] Weiterhin erlaubt eine solche Untersuchung von zwei Unternehmensanwendungen auch Unterschiede und Gemeinsamkeiten aufzuzeigen.[691] Die beiden Beispielstudien orientieren sich an der dargestellten, prototypgestützten Konzeption. Der Fokus besteht dabei nicht in der ausführlichen Darstellung der verschiedenen Controllinginstrumente, sondern vielmehr in der Beschreibung der Integration der Prototypen in die Kosten- und Erlösplanung.

[689] Zum realwissenschaftlichen Verständnis der Betriebswirtschaft vgl. Vgl. Schweitzer (2000), S. 64f., sowie die Ausführungen zum Vorgehen bei Gleich (1996), S. 145, der seine Konzeption ebenfalls hinsichtlich der „Tauglichkeit“ betrachtet. Dabei zeigt dieser allerdings nur eine ausführliche Fallstudienillustration auf. Vgl. Gleich (1996), S. 146ff.

[690] Vgl. Yin (1994), S. 44ff., der die Anwendungspotenziale von Multiple Case Studies anschaulich beschreibt. Eine solche kontextbezogene Betrachtung bietet sich auch deshalb an, da durch den Einbezug von Prototypen immer auch F&E-Bereiche mit in die Betrachtung integriert werden. Solche wenig formalisierten und strukturierte Bereiche können dadurch angemessener berücksichtigt werden. Vgl. Meyer (2003), S. 478.

[691] Vgl. Eisenhardt (1989), S. 540f., die diesen Vorteil der Möglichkeit eines Vergleichs bei der Untersuchung von zwei Fallstudien anschaulich beschreibt.

„The case study is a research strategy which focuses on understanding the dynamics present within single settings."
KATHLEEN M. EISENHARDT[692]

6. Umsetzung der Konzeption bei der Drive AG

Ein wesentliches ***Forschungsziel der vorliegenden Fallstudien*** liegt in einer durchgehenden, *illustrativen Darstellung* der neuen Konzeption in zwei ausgewählten Unternehmen. Es soll aufgezeigt werden, wie das Konzept der prototypgestützten Kosten- und Erlösplanung für produktbegleitende Dienstleistungen im tatsächlichem Unternehmensumfeld mit realen Daten anwendbar ist. Anschaulich beschreibt KEATING dieses angestrebte Hauptziel: „To establish the plausibilty of a specific theoretical perspective by demonstrating its capacity to illuminate some previously unappreciated aspect of management accounting."[693]

Bei den Unternehmensfallstudien wird explizit keine Weiterentwicklung der Konzeption in Zusammenarbeit mit dem Praxispartner im Sinne einer Aktionsforschung angestrebt.[694] Vielmehr zielen die Fallstudien darauf ab, die konkreten Wirkungsanalysen durchzuführen und die Veranschaulichung der Konzeption zu ermöglichen.[695]

Ein weiteres Ziel der Fallstudien besteht darin, die Abhängigkeiten und die Komplexität bei der Kosten- und Erlösplanung für produktbegleitende Dienstleistungen aufzuzeigen und die Ansatzpunkte für das prototypgestützte Konzept zu erläutern. Dies erscheint z. B. im Hinblick auf das Einbeziehen von verschiedenen Unternehmensfunktionen (u. a. Controlling, Entwicklung, Vertrieb) notwendig. Mit der Durchführung von Fallstudien wird die Erfassung von Sachverhalten angestrebt, die durch eine Erhebungsmethode der empirischen Sozialforschung allein nicht erfasst werden können. Die Daten wurden mittels

[692] Eisenhardt (1989), S. 534.
[693] Keating (1995), S. 69.
[694] Zu einer weiterführenden Darstellung der Aktionsforschung und Abgrenzung zu einem fallstudienorientierten Vorgehen vgl. Kromrey (2002), S. 531ff.
[695] Vgl. Hauptmanns, Rogalski (1992), S. 214f., Kromrey (2002), S. 523, Yin (1994), S. 15. Für eine solche Darstellung bezügliche Innovationen im Allgemeinen vgl. Yin (1981), S. 21ff. Zur konkreten Gestaltung der Wirkungsanalysen vgl. auch Kapitel 4.2.4.2. GLEICH bezeichnet seine ähnlich angelegte Fallstudie als „Praxistest". Vgl. Gleich (1993), S. 7. Anschaulich beschreibt auch TRUMPFHELLER die Funktion von solchen Fallstudien als „Machbarkeitsprüfung". Vgl. Trumpfheller (2004), S. 178.

unternehmensinterner und -externer Interviews, Beobachtungen und Auswertungen von Protokollen erhoben. Weiterhin ließen sich durch logische Erläuterungen[696] Verknüpfungen zwischen den Informationen aufzeigen und somit die Verbesserung der Kosten- und Erlösplanung für produktbegleitende Dienstleistungen darstellen. Mittels einer Kombination der verschiedenen Instrumente innerhalb der Fallstudien konnten die Einflussfaktoren angemessen dargestellt und verschiedene Erhebungsmethoden integriert werden. Daneben existierte eine hohe Flexibilität bei der Konzeptimplementierung.[697]

Wesentlich für die Darstellung war die ***Auswahl der Unternehmen***. Dabei wurden Fallstudienpartner einbezogen, die Prototypen bereits für Produktkalkulationen nutzten und für die produktbegleitende Dienstleistungen eine sehr hohe Bedeutung hatten.[698] Zur Pilotanwendung wurden mit der *Antriebstechnik*[699] und dem *Werkzeug- und Maschinenbau*[700] explizit Branchen ausgewählt, in denen Prototypen eine große Rolle in der Produktentwicklung spielen. Gleichzeitig sind diese Branchen sehr stark durch mittelständische Strukturen geprägt. Daher erfolgte auch die Auswahl mittelständischer Fallstudienpartner.[701] Weiterhin sind beide Unternehmen von Umsatz- und Mitarbeiterzahlen her ähnlich. Durch eine solche gezielte Firmenwahl sollen Differenzen, die aus der Betrachtung einer vorlaufenden Engineeringdienstleistung und einem zeitlich nachlaufendem Service (technische Wartung) anschaulicher aufgezeigt werden können. Somit können Unterschiede, die aus Differenzen der Dienstleistung sowie des physischen Produktes (und damit des Prototypen) bei den beiden Unternehmen resultieren, exemplarisch illustriert werden.[702]

---

[696] Auch Yin (1994), S. XV, betont die Bedeutung des logischen Denkens, wenn er festhält, dass „empirical research advances only when it is accompanied by logical thinking, and not when treated as a mechanistic endeavor."

[697] So konnten auch unterschiedliche Untersuchungsmethoden in den verschiedenen Phasen der Fallstudienbearbeitung eingesetzt werden. Zur Abhängigkeit der Erhebungsinstrumente von der Phase der Fallstudie vgl. Trumpfheller (2004), S. 179ff. Für eine kritische Reflexion der Fallstudienforschung vgl. Bühler-Niederberger (1985), S. 475ff., Eisenhardt (1989), S. 546ff., Meyer (2003), S. 475ff., sowie auch Yin (1994), S. 32ff.

[698] Vgl. hierzu erneut auch die Erläuterungen in Kapitel 1.3.

[699] Für eine illustrative Nutzung von Prototypen in der Antriebstechnik vgl. exemplarisch Scholl (1998), S. 143ff., sowie Pfohl (2002a), S. 122ff. Die Antriebstechnik stellt dabei einen Teilbereich der Branche des Maschinenbaus dar.

[700] Zur Nutzung von Prototypen im Werkzeug- und Maschinenbau vgl. Haller (2002a), S. 21ff.

[701] Dieses Vorgehen hat weiterhin den Vorteil, dass die prototypgestützte Konzeption vollständig illustriert werden kann. In einem Großkonzern bestehen hingegen starke Abhängigkeiten zwischen den verschiedenen Bereichen und es ist eine Wirkungsanalyse schwerer möglich.

[702] Zur Auswahl von Fallstudienpartner und anschaulichen Beispielen von Multiple Case Studies vgl. Eisenhardt (1989), S. 536, sowie Yin (1994), S. 44ff.

6.1 Unternehmen Drive AG[703]

6.1.1 Unternehmen, Organisation und Marktsituation

Die Drive AG ist ein familiengeführtes, mittelständisches ***Unternehmen*** der Maschinenbaubranche mit der Antriebstechnik als Schwerpunkt.[704] Insgesamt sind bei der Drive AG und den dazugehörigen Entwicklungs-, Produktions- und Vertriebsgesellschaften weltweit über 800 Mitarbeiter beschäftigt. Das Unternehmen weist in den letzten Jahren durchgängig ein hohes Umsatzwachstum auf. Mehr als zwei Drittel des Gesamtumsatzes der Gruppe werden mit Produkten erzielt, die jünger als fünf Jahre alt sind. Daher ist die Bedeutung von Innovation und die Investition in Forschung und Entwicklung sehr hoch.

Die ***Organisation*** der Unternehmensgruppe Drive AG wird durch eine Gliederung nach Produktbereichen (Automatisierungstechnik, Werkzeugmaschinenbau, Luft- und Raumfahrttechnik, Papier- und Druckmaschinen, Medizintechnik etc.) bestimmt. Innerhalb der vorgegebenen Struktur sind die Tochtergesellschaften für wesentliche Unternehmensfunktionen (z. B. Produktion, Vertrieb, Personal) als selbstständige Organisationseinheiten in ihrem jeweiligen Markt tätig. Die Drive AG ist weiterhin auch prozessorientiert ausgerichtet, so dass die funktionsübergreifenden Maßnahmen (z. B. in der strategischen Beschaffung oder generellen Entwicklung) zwischen den einzelnen Tochtergesellschaften abgestimmt werden können. Die ablauforganisatorische Ausrichtung erfolgt dabei kundenorientiert. Eine wesentliche Tochter der Drive AG ist die Power GmbH, die auf dem Markt als eigenständige Geschäftseinheit auftritt und ihren Umsatz bisher vorwiegend über physische Produkte (vorwiegend Getriebe) generiert.

Das bisherige und weiterhin geplante starke Umsatzwachstum der Drive AG ist auch das Resultat einer günstigen ***Marktpositionierung***. Obwohl die Branche der Antriebstechnik bezogen auf den Umsatz in den letzten Jahren nur mit durchschnittlich ca. 5% gewachsen ist, gelang es der Drive AG durch innovative

---

[703] Wegen der Vertraulichkeit der Informationen wird das Unternehmen nachfolgend anonymisiert dargestellt und die Zahlenangaben im Vergleich zu den tatsächlichen Werten geändert. Dies geschieht jedoch in einer Weise, die keine negativen Auswirkungen auf die korrekte Darstellung der Methodik hat.

[704] Für einen generellen Einblick in die Branche der Antriebstechnik vgl. erneut FVA (2004), URL siehe Literaturverzeichnis.

Produkte, eine starke Internationalisierung und die Erschließung von neuen Geschäftsfeldern einen überproportionalen Umsatzanstieg im Vergleich zu Wettbewerbern zu erreichen.[705] Dabei basiert die Strategie der Drive AG auf den Kernkompetenzen von Innovation, Miniaturisierung und Integration. Neben der Fokussierung auf diese strategischen Einflussparameter strebt die Unternehmensleitung weiterhin einen starken Ausbau der produktbegleitenden Dienstleistungen an. In diesen wird auch für die Zukunft in der Branche der Antriebstechnik ein starkes Wachstumspotenzial gesehen.

6.1.2 Produkte und produktbegleitende Dienstleistungen

Traditionelle, wesentliche ***Produkte*** für die Drive AG sind zunächst Kegelrad-, Schnecken- und Planetengetriebe.[706] Dabei erfolgt weiterhin häufig eine Bündelung in Antriebssystemen unter Einbezug von Getriebemotoren und Servoaktuatoren mit integrierten elektronischen Bauteilen und Software. In einer weiteren Innovationsstufe strebt das Unternehmen zukünftig den Ausbau der Integration verschiedener Komponenten in das Produktsystem an.

Zur Ergänzung der Produktpalette bieten die Drive AG und die Tochtergesellschaften wie die Power GmbH zahlreiche ***produktbegleitende Dienstleistungen*** an. Anhand des Zeitpunktes der Erstellung können die Services dabei in Dienstleistungen der *Kontaktphase* (Analyse und Beratungsleistungen), *Investitionsphase* (Engineeringdienstleistung, Montage, Inbetriebnahme, Labor- und Funktionstests), *Nutzungsphase* (genereller Ersatzteil- und Reparaturservice, Schulungen) und *Desinvestitionsphase* (Recycling) untergliedert werden. Trotz dieses umfassenden Warenkorbes für produktbegleitende Services stellt sich der Dienstleistungsbereich für die Drive AG noch als sehr ausbaufähig dar. Der größte Anteil des Umsatzes wird so nach wie vor durch physische Produkte (Planetengetriebe etc.) generiert. Für einzelne produktbegleitende Dienstleistungen (wie technische Simulation und

[705] Für einen sehr guten statistischen Überblick zur Entwicklung der Antriebstechnik und Darstellung der Veränderung wesentlicher Kennzahlen vgl. Rauen, Wüstenberg (2004), S. 23f., im Geschäftsbericht der Forschungsvereinigung Antriebstechnik oder spezielle Veröffentlichungen von Rating-Instituten.

[706] Vertrieb und Vermarktung der Produkte und Dienstleistungen erfolgen dabei durch die Tochtergesellschaften der Drive AG.

Prüfungen) wurden bereits eigene Tochtergesellschaften gegründet, die als selbstständige Organisationseinheiten ihre Services vermarkten.

Im Fokus der illustrativen Umsetzung der prototypgestützten Konzeption bei der Drive AG steht eine ***Engineeringdienstleistung***. (Dabei handelt es sich um die kundenspezifische Entwicklung eines optimalen Getriebes.) Die Power GmbH ist für den Vertrieb dieses Services verantwortlich. Allerdings wird die eigentliche Dienstleistung organisatorisch in der Drive AG erbracht und auch dort kostenrechnerisch abgebildet. Die Engineeringdienstleistung wurde dabei ausgewählt, da bei dieser ein hohes Wachstumspotenzial existiert und im Rahmen der Dienstleistungserstellung zahlreiche Prototypen eingesetzt werden. Gleichzeitig besteht zu den begleitenden Produkten eine sehr enge Beziehung und diese unterliegen einer innovativen Veränderung.[707]

6.1.3 Bisherige Kosten- und Erlösplanung für produktbegleitende Dienstleistungen

Damit die Neuerungen durch den Einsatz von Prototypen anschaulicher aufgezeigt werden können, soll zunächst kurz der bisherige Stand der Kosten- und Erlösrechnung für die Engineeringdienstleistung erläutert werden. Im Gegensatz zu den „technischen Simulationen" ist die Engineeringdienstleistung bei der Drive AG nicht in einer rechtlich selbstständigen Organisationseinheit ausgegliedert. Die **Kosten** des Service werden im Augenblick nicht auf einen Kostenträger (z. B. den jeweiligen Kundenauftrag) umgelegt, sondern auf die Kostenstellen bei denen sie anfallen. Die Verrechnung der Kostenstellenkosten erfolgt dann wiederum durch Gemeinkostenumlagen. Durch die Integration der Engineeringdienstleistung im F&E-Bereich sollten Synergien auch für die Produktentwicklung generiert werden. Allerdings wird bei einem weiteren Ausbau des Services die Verrechnungsproblematik aus Sicht des Controllings der Drive AG wichtiger, da die Gemeinkostenzuschläge Steuerungsmöglichkeiten reduzieren.

---

[707] Die betrachtete Engineeringdienstleistung entspricht damit dem Fokus des Forschungsprojektes. Vgl. hierzu erneut die Erläuterungen in Kapitel 2.3 und besonders die dort aufgeführte Abbildung.

Bei der Drive AG existiert zur Erhöhung der Gemeinkostentransparenz bereits eine Prozesskostenrechnung, die jedoch wegen des Aufwands der Informationserhebung nicht zur kontinuierlichen Steuerung eingesetzt wird.[708] Wegen der Probleme der Kapazitätszuordnung (Potenzialperspektive) und der schweren Vergleichbarkeit der Engineeringdienstleistung auch aufgrund der Immaterialität (Prozess- und Ergebnisperspektive) erfolgt bisher kein Zielkostenmanagement für die Engineeringdienstleistung. Diese Probleme bieten auch Ansatzpunkte für die prototypgestützte Konzeption.

Neben den Kosten existieren auch für die **Erlöse** bisher keine eigenen Strukturen für die Engineeringdienstleistung. Es besteht noch keine Bestimmung von Erlösträgern, denen die Umsätze aus diesem Service zugerechnet werden können. Eine solche Gliederung ist für die Dienstleistung „technische Simulation" bereits gegeben und soll auch auf die anderen Dienstleistungen ausgeweitet werden. Durch diese Abgrenzung soll dem bestehenden Problem der Existenz von Gemeinerlösen entgegengewirkt werden.

6.2 Prototypgestützte, prozessorientierte Planung von Kosten der produktbegleitenden Dienstleistungen

Auf Basis der dargestellten Ausgangssituation sollen im Folgenden die vier Schritte der prototypgestützten Konzeption näher erläutert werden. Dafür wird zunächst die interne Perspektive (Kapitel 6.2), darauf aufbauend die externe Perspektive (Kapitel 6.3), danach die Zusammenführung (Kapitel 6.4) und anschließend die prototypgestützte Verknüpfung im Service Engineering illustrativ mit Daten der Drive AG beschrieben.

6.2.1 Bestimmung der einzubeziehenden Bereiche

Für die Zurechnung der Kosten der Engineeringdienstleistung war es zunächst vorteilhaft, die Bereiche zu identifizieren, die für die prozessorientierte Kalkulation

[708] In der Integration von Prototypen und der Nutzung des Time-Driven-Activity-Based-Costing-Ansatzes wird allerdings eine sehr gute Möglichkeit gesehen, die Prozesskostenrechnung erneut für die Planung, Steuerung und Kontrolle einzusetzen.

von Bedeutung sind. Damit ein möglichst großer Zeitvorlauf vor der Marktphase des Service bestand, wurden unter Einbezug des ***Designprototypen*** des neuen Planetengetriebes die wesentlichen Kostenstellen identifiziert. (Ausgehend von dieser Betrachtung eines Pilotbereiches kann dann in einem weiteren Schritt ein Roll Out für die gesamte Drive AG erfolgen.[709]) Die Kostenstellen „Berechnung" und „Technik" waren für die Erstellung der Engineeringdienstleistung von zentraler Bedeutung. Die Mitarbeiter der Kostenstelle verwendeten dabei ihre Arbeitszeit allerdings nicht nur für die produktbegleitende Dienstleistung sondern auch für generelle Entwicklungstätigkeiten.

Weiterhin nutzten die Ingenieure dieses Pilotbereiches die verschiedenen Prototypen bereits intensiv für ihre inhaltliche, technische Arbeit, so dass auch aus diesem Grunde eine zusätzliche Nutzung für kostenrechnerische Zwecke gut möglich erschien. Die Ergebnisse der Analyse und die gemeinsame Entscheidung wurden anschließend zusammen mit dem Designprototypen dokumentiert, um für spätere Entwicklungsphasen zur Verfügung zu stehen.

6.2.2 Vorstrukturierung der Hauptprozesse

Ausgehend von der Bestimmung der einzubeziehenden Bereiche erfolgte im zweiten Schritt die Vorstrukturierung der Hauptprozesse. Die erste Analyse ließ sich dabei auch bereits am ***Designprototypen*** durchführen. In ausführlichen Interviews mit Führungskräften der Drive AG wurden die bisherigen Geschäftsprozesse und Hauptprozesse analysiert und in einem einfachen Geschäftsprozessmodell für das Planetengetriebe zusammengefasst (vgl. Abbildung 25). Der im Fokus dieser Fallstudie stehende Hauptprozess zwei hatte dabei auch für den gesamten Geschäftsprozess zentrale Bedeutung. Diese Engineeringdienstleistung soll dabei in Zukunft stärker eigenständig vermarktet werden. Weiterhin wurde im Rahmen der Fallstudie auf diesen Hauptprozess fokussiert, da bei diesem eine sehr starke Verbindung zu den verschiedenen Prototypen bestand.

[709] Dabei erscheint es aus Sicht der Drive AG vorteilhaft, zunächst die zentralen produktbegleitenden Dienstleistungen weiter zu betrachten und einen Roll Out bei zentralen Services zu beginnen.

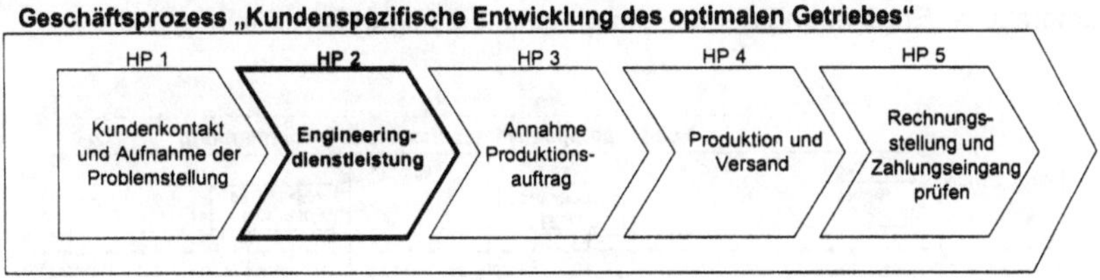

Abbildung 25: Geschäftsprozessmodell Drive AG

Die Unsicherheit der Daten des Designprototypen wurden dabei wissentlich in Kauf genommen, um eine möglichst frühe Planung durchführen zu können. Dadurch sollten auch noch weitere Veränderungspotenziale, die sich im Rahmen der prototypgestützten Analyse ergeben würden, nutzbar sein. Beim Hauptprozess Engineeringdienstleistung existierten ebenfalls die verschiedenen Handlungsfelder aus der Potenzial-, Prozess- und Ergebnisperspektive, so dass die Prototyp-unterstützung zur Reduktion dieser Probleme sehr vorteilhaft erschien.[710]

Neben der Analyse der Hauptprozesse erfolgten am Designprototypen des Planetengetriebes auch Diskussionen über die Cost Driver. Dabei wurde die Anzahl der Berechnungen als wesentliche Größe identifiziert und diese auch zusammen mit dem Designprototypen dokumentiert.

6.2.3 Tätigkeits- und Teilprozessplanung

Ausgehend von der Hauptprozessvorstrukturierung und der Prozessdarstellung des Service Blueprints konnte bereits am ***Designprototypen*** eine erste Tätigkeits- und Teilprozessbetrachtung vorgenommen werden. Im Rahmen dieser Analyse wurde auch ein Service Blueprint generiert. Durch dieses Prozessschema sollten insbesondere auch die Kundenkontaktpunkte aufgezeigt werden, welche die Standardisierbarkeit beeinflussen. (Unsichere Daten des Kunden der Drive AG hatten in der Vergangenheit häufig ebenfalls auch Unsicherheiten bei der

[710] Dabei konnten in der Praxisfallstudie bei der Drive AG die gleichen Probleme identifiziert werden, die bereits in Kapitel 4 beschrieben wurden.

Engineeringdienstleistung verursacht.) Den erarbeiteten Service Blueprint für den Hauptprozess „Engineeringdienstleistung" zeigt die folgende Abbildung 26.

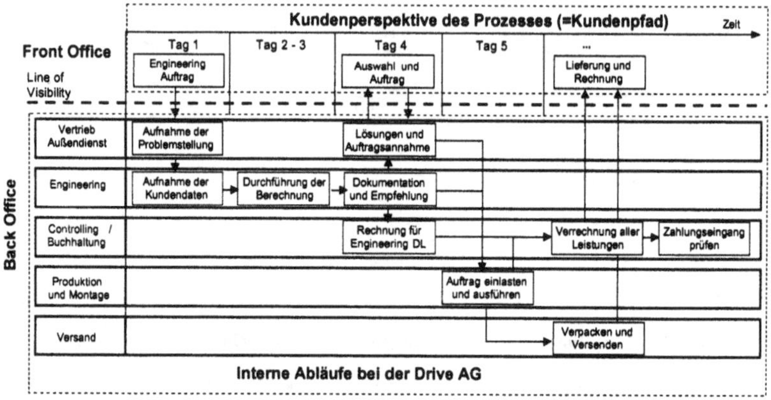

Abbildung 26: Service Blueprint der Drive AG

Eine ausführliche, intensive Analyse der Teilprozesse erfolgte in einem zweiten Iterationszyklus anhand des ***geometrischen Prototyps***. Dabei konnte der Service Blueprint als Ausgangspunkt für die *Analyse* der Teilprozesse verwendet werden. Die Untergliederung erfolgte analog zur entwickelten Konzeption nach der Beziehung zum Prototypen in ***Prozesse ersten, zweiten und dritten Grades***.[711] Weiterhin wurde ausgehend von den identifizierten Teilprozessen am geometrischen Prototypen ebenfalls eine Analyse der ablaufenden Tätigkeiten durchgeführt. Als vorteilhaft erwies sich der Prototyp dabei insbesondere, weil durch ihn auch neue Teilprozesse und daraus resultierende, neue Aktivitäten betrachtet und eine wichtige *Entscheidung* über notwendige Tätigkeiten getroffen werden konnte. Bereits am geometrischen Prototypen konnte die *Prozessperspektive* der Engineeringdienstleistung veranschaulicht werden und damit den Problemen dieses Handlungsfeldes (Integrationsunsicherheit, Standardisierungsproblematik) entgegengewirkt werden. Die Ergebnisse der Teilprozessdarstellungen, der Service Blueprint und die Protokolle von Sitzungen wurden zusammen mit dem Status des geometrischen Prototyps *dokumentiert* und so für nachfolgende prototypgestützte Iterationszyklen bereitgestellt. Einen Überblick über die identifizierten Teilprozesse ersten Grades für

[711] Zur Differenzierung der Teilprozesse in Prozesse ersten, zweiten und dritten Grades nach der Beziehung zum physischen Produkt bzw. Prototyp vgl. erneut die Ausführungen in Kapitel 5.2.3 sowie ebenfalls Reckenfelderbäumer (1995), S. 123.

die Kostenstellen „Technik" und „Berechnung" gibt die Abbildung 27. (Eine analoge Differenzierung wurde ebenfalls für die Teilprozesse zweiten und dritten Grades sowie für die dazu gehörigen Aktivitäten vorgenommen.)

Teilprozess	Prozessgrad	Eingesetzter Prototyp	Kostenstelle	Tätigkeiten
Automation entwickeln und pflegen		Funktionsprototyp Technischer Prototyp	Berechnung	- Neue Applikationsmöglichkeiten einlasten - Neue Leistungs- und Kenndaten einpflegen
Konstruktive Empfehlung	Prozesse 1. Grades	Designprototyp, Geometrischer Prototyp, Technischer Prototyp	Berechnung	- Graphische Lösungsdarstellung - Bestimmung des maximalen Drehmoments - Steuerung auswählen - Getriebe und Übersetzung auswählen - Zeit- und Bewegungsprofil überprüfen
Technische Weiterentwicklung		alle Prototypen	Technik	- Neue Getriebe entwickeln - Konstruktionszeichnungen entwerfen - bestehende Baureihen optimieren

Abbildung 27: Teilprozesse ersten Grades

Schließlich erfolgte auf Basis des geometrischen Prototypen eine erste Darstellung des Hauptprozessmodells und der zugeordneten Tätigkeiten (siehe Abbildung 28):

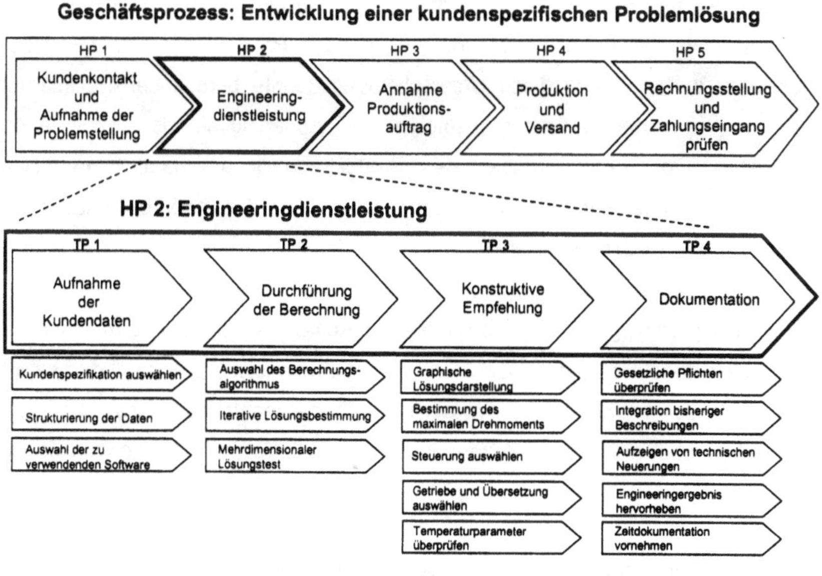

Abbildung 28: Geschäftsprozessmodell mit Tätigkeitsanalyse

Dadurch wurden die für die Engineeringdienstleistung notwendigen Teilprozesse und Aktivitäten dargestellt. Weiterhin zeigt die Abbildung ebenfalls die vier unterschiedlichen Teilprozesse, welche für die Hauptprozessverdichtung an den Prototypen mit zu integrieren waren.

6.2.4 Kapazitäts- und Kostenplanung

Der überwiegende Anteil der Kostenarten bei der Engineeringdienstleistung waren Personalkosten. Bei der Drive AG wurde diese Personalkapazität unter Einbezug des geometrischen Prototyps zunächst Top down auf die jeweiligen Teilprozesse verrechnet. Ausgangspunkt für die Verteilung der Kapazitäten war dabei der Aufwand in Mitarbeiterjahren (MJ) sowie die am ***geometrischen Prototypen*** untersuchte Teilprozess- und Tätigkeitsanalyse. Gerade die vorgenommene, prototypgestützte *Dokumentation* erleichterte bei der Zusammenarbeit mit den Ingenieuren die Zuordnung.[712] Ausgehend von den bestehenden Getrieben konnte für die Engineeringdienstleistung an den neuen, in der Entwicklung befindlichen Planetengetriebe keine genaue Dauer, sondern lediglich minimale und maximale Zeiträume am geometrischen Prototypen geschätzt werden. Dadurch ergaben sich auch minimale und maximale Durchführzeiten für die einzelnen Teilprozesse.[713] In der *Analyse* war weiterhin die Differenzierung nach Prozessen ersten bis dritten Grades von Vorteil. Durch diese Unterscheidung konnte bereits bei der internen Betrachtung am geometrischen Prototyp die Abhängigkeit der Engineeringdienstleistung von Veränderungen des Produktmodells anschaulich dargestellt werden. Die Aufmerksamkeit wurde somit gleich auf die stark beeinflussbaren Teilprozesse ersten Grades gelenkt.

Die konkrete prototypgestützte Kapazitäts- und Kostenzuordnung wird in Abbildung 29 für die Kostenstelle „Berechnung" und für die Kostenstelle „Technik" dargestellt. Dabei wurde der ***geometrische Prototyp*** des Planetengetriebes zur *Analyse* und *Entscheidung* über notwendige Zeiten für verschiedene Teilprozesse verwendet. Die

[712] Für ein solches Vorgehen ohne Prototypunterstützung vgl. erneut Mayer (1998), S. 12-15.
[713] So wurde beispielsweise die minimale Durchführungszeit für den Teilprozess „Konstruktive Empfehlung" am geometrischen Prototypen auf 1 Stunde und die maximale Dauer auf 1,5 Stunden geschätzt.

Verteilung der Kapazitäten der Kostenstelle (z. B. 10 MJ für Berechung) erfolgte in Abhängigkeit der Zeiten für die Teilprozesse.[714]

		Kostenstelle: Berechnung										
		Geometrischer Prototyp										
Prozessgrad	Teilprozess	Zeit in h		MJ		Prozesskosten						Schwankungsbreite
		min	max	min	max	lmi min	lmi max	lmn min	lmn max	ges. min	ges. max	gesamt (max-min)
1. Grad	Konstruktive Empfehlung	1,00	1,50	2,67	2,91	213.333,3	233.009,7			465.066,7	473.731,2	8.664,5
2. Grad	Dokumentation	0,50	0,75	1,33	1,46	106.666,7	116.504,9			232.533,3	236.865,6	4.332,2
1. Grad	IT Entwicklung			3,60	4,00			288.000,0	320.000,0			
3. Grad	Abteilung leiten			1,40	0,63			112.000,0	50.485,4			
3. Grad	Konstruktive Tests	1,00	1,00	1,00	1,00	80.000,0	80.000,0			102.400,0	89.403,3	-12.996,7
		Summe		10,0	10,0							

		Kostenstelle: Technik										
		Geometrischer Prototyp										
Prozessgrad	Teilprozess	Zeit in h		MJ		Prozesskosten						Schwankungsbreite
		min	max	min	max	lmi min	lmi max	lmn min	lmn max	ges. min	ges. max	gesamt (max-min)
2. Grad	Berechnung	0,75	1,15	4,00	4,47	280.000,0	312.621,4			294.736,8	342.371,1	47.634,2
2. Grad	Aufnahme der Kundendaten	1,50	1,75	8,00	6,80	560.000,0	475.728,2			589.473,7	520.999,5	-68.474,2
1. Grad	Technische Weiterentwicklung	1,00	1,00	7,00	7,00	490.000,0	490.000,0			515.789,5	536.629,5	20.840,0
3. Grad	Abteilung leiten			1,00	1,74			70.000,0	121.650,5			
		Summe		20,0	20,0							

Abbildung 29: Kostenstelle „Berechnung" und „Technik" auf Basis des geometrischen Prototyps[715]

Bei dem späteren Iterationszyklus am ***technischen Prototypen*** konnten diese Inputgrößen erneut betrachtet werden und auf Basis der *Dokumentation* auch eine kleinere Schwankungsbreite von Zeiten und Kapazitäten bei der minimalen und maximalen Situation bestimmt werden.[716] So sank z. B. durch die Konkretisierung der Zeiten am technischen Prototypen die Schwankungsbreite für den Teilprozess „Konstruktive Empfehlung" der Kostenstelle „Berechnung" von ca. 8.665 Euro auf 3.127 Euro.

---

[714] Die Kapazitäten der Kostenstellen wurden dabei für den Planungszyklus vom Design- bis zum technische Prototypen konstant gehalten, da für die Drive AG adäquate, hochausgebildete Ingenieure einen Engpass darstellen. Gleichzeitig konnte auch der Teilprozess „Abteilung leiten" schwanken, da der Abteilungsleiter bei Engpässen die Dienstleistungserbringung unterstützt.

[715] Aus der Abbildung wird weiterhin ersichtlich, dass die Einteilung in Prozesse ersten bis dritten Grades unabhängig von der Unterscheidung in leistungsmengeninduzierte und leistungsmengenneutrale Prozesse ist.

[716] So konnte beispielsweise beim Teilprozess „Konstruktive Empfehlung" der Kostenstelle „Berechnung" die Schwankung der Zeiten von 50% auf unter 10% gesenkt werden, da sich die genauen Spezifikationen zur Empfehlung aus dem genaueren technischen Prototypen ableiten ließen.

		Kostenstelle Berechnung										
		Technischer Prototyp										
Prozessgrad	Teilprozess	Zeit in h		MJ		Prozesskosten						Schwankungsbreite
		min	max	min	max	lmi min	lmi max	lmn min	lmn max	ges. min	ges. max	gesamt (max-min)
1. Grad	Konstruktive Empfehlung	1,10	1,20	2,75	2,76	220.000,0	220.689,7			454.543,4	457.670,6	3.127,2
2. Grad	Dokumentation	0,60	0,65	1,50	1,49	120.000,0	119.540,2			247.932,8	247.904,9	-27,9
1. Grad	IT Entwicklung			3,60	3,80			288.000,0	304.000,0			
3. Grad	Abteilung leiten			1,15	0,95			92.000,0	75.770,1			
3. Grad	Konstruktive Tests	1,00	1,00	1,00	1,00	80.000,0	80.000,0			97.523,8	94.424,5	-3.099,3
		Summe		*10,0*	*10,0*							

		Kostentstelle: Technik										
		Technischer Prototyp										
Prozessgrad	Teilprozess	Zeit		MJ		Prozesskosten						Schwankungsbreite
		min	max	min	max	lmi min	lmi max	lmn min	lmn max	ges. min	ges. max	gesamt (max-min)
2. Grad	Berechnung	0,80	0,90	4,00	4,14	280.000,0	289.655,2			287.179,5	297.169,8	9.990,3
2. Grad	Aufnahme der Kundendaten	1,50	1,60	7,50	7,36	525.000,0	514.942,5			538.461,5	528.301,9	-10.159,7
1. Grad	Technische Weiterentwicklung	1,00	1,00	8,00	8,00	560.000,0	560.000,0			574.359,0	574.528,3	169,3
3. Grad	Abteilung leiten			0,50	0,51			35.000,0	35.402,3			
		Summe		*20,0*	*20,0*							

Abbildung 30: Kostenstelle „Berechnung" und „Technik" auf Basis des technischen Prototyps

6.2.5 Hauptprozessverdichtung

Nach der prototypgestützten Analyse der Kosten und Kapazitäten der Kostenstellen erfolgte im nächsten Schritt eine Verdichtung der Teilprozesse zum Hauptprozess „Engineeringdienstleistung". Diese Aggregation hatte für die Drive AG wesentliche Bedeutung, da aus dieser internen Sicht die geplanten Kosten für den Service resultierten.[717] Bei der Hauptprozessverdichtung am ***geometrischen Prototypen*** wurde auch die Unterscheidung in minimale und maximale Werte mit übernommen. Durch diese Darstellung konnte eine *Analyse* von stark schwankenden Teilprozessen vorgenommen, gestaltende Maßnahmen (gerade auch am Prototyp) entschieden und Verantwortlichkeiten für die Umsetzung der Maßnahmen dokumentiert werden.[718] Des Weiteren konnte der geometrische Prototyp auch bei der *Analyse* und *Entscheidung* der anteiligen Verrechnung der Teilprozesskosten über den Cost

[717] Aus Komplexitätsgründen wurde auch die Hauptprozessverdichtung lediglich anhand des geometrischen und technischen Prototypen durchgeführt. Bei Dienstleistungen, die eine noch größere Kapazität binden, erscheint aus Sicht d. V. auch ein weiterer Zyklus unter Einbindung von funktionalen Prototypen vorteilhaft.

Driver „Anzahl der Durchführungen" als Argumentationshilfe eingesetzt werden. Die Unterscheidung nach Prozessen ersten bis dritten Grades wurde auch weiterhin übernommen, so dass die Abhängigkeit von Änderungen des geometrischen Prototypen in der Kalkulation für alle Beteiligten ebenfalls ersichtlich war. (Die Anzahl der möglichen Engineeringdienstleistungen als Cost Driver betrug bei der minimalen Situation am geometrischen Prototypen 4693 und in der maximalen Situation 3417.[719]) Die Hauptprozessverdichtung am geometrischen Prototypen zeigt die folgende Abbildung 31.

		Hauptprozess 2: Engineeringdienstleistung					
		Geometrischer Prototyp					
Bezug zum Prototyp	Teilprozesse	Prozesskosten gesamt		Schwankungsbreite	Prozesskostensätze gesamt		Schwankungsbreite
		min	max		min	max	
2. Grad	Aufnahme der Kundendaten	589.473,68	520.999,47	-68.474,22	125,60	152,45	26,85
2. Grad	Berechnung	294.736,84	342.371,08	47.634,24	62,80	100,18	37,38
1. Grad	Konstruktive Empfehlung	465.066,67	473.731,16	8.664,50	99,09	138,62	39,53
2. Grad	Dokumentation	232.533,33	236.865,58	4.332,25	49,55	69,31	19,76
	Summe	1.581.810,53	1.573.967,29	-7.843,23	337,03	460,56	123,53

Abbildung 31: Hauptprozessverdichtung am geometrischen Prototypen

Als Resultat der Hauptprozessverdichtung konnte weiterhin im Team eine Veranschaulichung der Schwankungsbreiten für die Prozesskosten der Engineeringdienstleistung erfolgen. Durch eine Gegenüberstellung der minimalen und maximalen Werte am geometrischen und technischen Prototypen konnten die wesentlichen kritischen Teilprozesse der Dienstleistung bestimmt werden. Als ein stark schwankender und bedeutender Teilprozess ließ sich so die „Konstruktive Empfehlung" identifizieren. Die betroffenen Aktivitäten (z. B. das Vorgehen bei der Auswahl des Motors, Getriebes und der Übersetzung) wurden dabei besonders intensiv diskutiert und analysiert. Dieser Teilprozess bot sich auch deshalb sehr für Veränderungsmaßnahmen an, da er als Prozess ersten Grades direkt von

718 Im Fokus der ausführlichen Betrachtung und Beeinflussung stand dabei der Prozess ersten Grades „Konstruktive Empfehlung".

719 Die Anzahl der Cost Driver ergibt sich dabei aus der Multiplikation der 10 Mitarbeiterjahre, die für den Hauptprozess Engineeringdienstleistung aus beiden Kostenstellen zugeordnet sind, mit einer Bruttojahreskapazität von 1760h und geteilt durch die jeweiligen minimalen und maximalen Zeiten für die einmalige Durchführung des Prozesses (vgl. Abbildung 56 im Anhang). Beim geometrischen Prototypen waren dies minimal 3,75h bzw. maximal 5,15h. Somit resultiert für die minimale Situation: (10x1760h)/ 3,75 = 4693 Durchführungen. Bei der maximalen Situation: (10x1760)/ 5,15= 3417 Durchführungen.

Änderungen beim Produktmodell abhängig war. Am technischen Prototyp konnte so eine Reduktion der Schwankung dieses Teilprozesses erreicht werden.

		Hauptprozess 2: Engineeringdienstleistung					
		Technischer Prototyp					
Bezug zum Prototyp	**Teilprozesse**	**Prozesskosten gesamt**		**Schwankungs-breite**	**Prozesskostensätze gesamt**		**Schwankungs-breite**
		min	max		min	max	
2. Grad	Aufnahme der Kundendaten	538.461,54	528.301,89	-10.159,65	122,38	130,57	8,20
2. Grad	Berechnung	287.179,49	297.169,81	9.990,32	65,27	73,45	8,18
1. Grad	Konstruktive Empfehlung	454.543,42	457.670,59	3.127,17	103,31	113,12	9,81
2. Grad	Dokumentation	247.932,77	247.904,90	-27,87	56,35	61,27	4,92
	Summe	1.528.117,22	1.531.047,19	2.929,97	347,30	378,41	31,11

Abbildung 32: Hauptprozessverdichtung am technischen Prototypen

6.2.6 Integration eines Time Driven Activity Based Costing

Die bereits in der theoretischen Entwicklung beschriebenen Probleme und Grenzen der generellen prozessorientierten Kostenplanung ließen sich bei der Drive AG unter der Einbeziehung von Prototypen auch in der Praxis feststellen.[720] Die Durchführung der Teilprozessplanung und die Einbindung von geometrischen und technischen Prototypen erforderten einen zusätzlichen Zeitaufwand für zahlreiche Mitarbeiter. Auch die Erneuerung der Prozesskapazitätsdaten und die zahlreichen Schätzungen für die Schwankungsbreiten führten zu einer enormen Mehrbelastung des betroffenen Personals.[721]

Prototypen wurden im Rahmen des Time Driven Activity Based Costing bei der Drive AG zur Planung der *Sollzeiten* und *Stundenkostensätze* verwendet. Bereits am ***Designprototypen*** konnten, wie bereits aufgezeigt, die betroffenen Kostenstellen identifiziert werden.[722] Somit standen bisherige Kostenstellenkosten für die Planung zur Verfügung. Am ***geometrischen Prototypen*** erfolgte eine erste Planung der

[720] Zu den Problemen und Grenzen der prototypgestützten, prozessorientierten Kostenplanung vgl. erneut die theoretischen Ausführungen zum prototypgestützten TD ABC in Kapitel 5.2.6.

[721] Dieser Mehraufwand und die zusätzliche Belastung der betroffenen Mitarbeiter führte bei der Drive AG sogar dazu, dass eine unter Zuhilfenahme von externen Experten aufgebaute prozessorientierte Lebenszyklusrechnung *nicht* zur permanenten Steuerung genutzt wurde. Dabei wurde die prozessorientierte Betrachtung und Kosten- und Erlösplanung gerade wegen der hohen Gemeinkosten weiterhin als vorteilhaft gesehen.

[722] Vgl. erneut Kapitel 6.2.1.

Sollzeiten für die verschiedenen Teilprozesse. Gleichzeitig konnten auch die Nettokapazität und die Kostenstellenkosten für die beiden betroffenen Kostenstellen geplant werden. Somit konnten bereits am geometrischen Prototypen erstmalig die Stundenkostensätze und damit die geplanten Leerkosten ermittelt werden (vgl. Abbildung 33). Es resultierte ein Stundenkostensatz von 53,48 Euro und Kosten für ungenutzte Kapazitäten in der minimalen Situation von 25.600 Euro sowie in der maximalen Situation von -37.515 Euro.[723] In der maximalen Situation lag somit eine Übernutzung der vorhandenen Kapazitäten vor.[724]

Kosten eines MJ (Euro)	80.000,00
MJ in der Kostenstelle	10,00
Netto- Kapazität eines MJ in h	1.496,00

Kostentstellenkosten (Euro)	800.000,00
Nettokapazität in h	14.960,00
Stundenkostensatz (Euro)	53,48

Kostenstelle: Berechnung										
Geometrischer Prototyp - *Minimale* Situation										
Teilprozesse			**Soll-Prozessbearbeitungszeit**	**Kostensatz je Maßgröße**		**Maßgröße (Cost Driver)**		**Zeit in h**	**Prozesskosten (Euro)**	
Grad	Teilprozess	mi / lmn	in h	lmi	gesamt	Art	Menge	in h	lmi	gesamt
1. Grad	Konstruktive Empfehlung	lmi	1,00	53,48	113,64	Durchführungen	3.989	3.989	213.333	453.333
2. Grad	Dokumentation	lmi	0,50	26,74	56,82	Durchführungen	3.989	1.995	106.667	226.667
1. Grad	IT Entwicklung	lmn	-	-				5.655	-	
3. Grad	Abteilung leiten	lmn	-	-				1.346	-	
3. Grad	Konstruktive Tests	lmi	1,00	53,48	63,10	Projektstunden	1.496	1.496	80.000	94.400
					Genutzte Kapazität			**14.481**		**774.400**
					Ungenutzte Kapazität			**479**		**25.600**
					Summe			**14.960**		**800.000**

Kosten eines MJ (Euro)	80.000,00
MJ in der Kostenstelle	10,00
Netto- Kapazität eines MJ in h	1.496,00

Kostentstellenkosten (Euro)	800.000,00
Nettokapazität in h	14.960,00
Stundenkostensatz (Euro)	53,48

Kostenstelle: Berechnung										
Geometrischer Prototyp - *Maximale* Situation										
Teilprozesse			**Soll-Prozessbearbeitungszeit**	**Kostensatz je Maßgröße**		**Maßgröße (Cost Driver)**		**Zeit in h**	**Prozesskosten (Euro)**	
Grad	Teilprozess	mi / lmn	in h	lmi	gesamt	Art	Menge	in h	lmi	gesamt
1 Grad	Konstruktive Empfehlung	lmi	1,50	80,21	170,77	Durchführungen	2905	4.357,28	233.009,71	496.069,38
2. Grad	Dokumentation	lmi	0,75	40,11	85,39	Durchführungen	2905	2.178,64	116.504,85	248.034,69
1. Grad	IT Entwicklung	lmn	-	-				6.283,20	-	
3. Grad	Abteilung leiten	lmn	-	-				1.346,40	-	
3. Grad	Konstruktive Tests	lmi	1,00	53,48	62,44	Projektstunden	1496	1.496,00	80.000,00	93.410,49
					Genutzte Kapazität			**15.662**		**837.515**
					Ungenutzte Kapazität			**-702**		**-37.515**
					Summe			**14.960**		**800.000**

Abbildung 33: TD ABC auf Basis des geometrischen Prototyps

In einem weiteren Iterationszyklus am *technischen Prototypen* erfolgte auf Basis der Dokumentation zunächst eine Analyse und anschließend eine Entscheidung über

723 Als Nettokapazität wurden 85% der 1760h und damit 1496h angesetzt. Damit ergab sich der Stundenkostensatz von 53,48 Euro aus der Division der Kosten für ein Mitarbeiterjahr von 80.000 Euro durch die 1496h.

eine Veränderung der Daten. Durch dieses Bottom-up-Vorgehen des TD ABC konnten Auslastungen einfacher und schneller aufgezeigt und damit zeitnah Informationen über die notwendigen Kapazitäten (Potenzialperspektive der Engineeringdienstleistung) und mögliche Leerkosten dargestellt werden. Gleichzeitig boten sich Prototypen gerade zur Ermittlung der Sollzeiten für die verschiedenen Teilprozesse an.

6.3 Prototypgestützte Zielkosten- und Zielerlösplanung

Aufbauend auf der zuvor beschriebenen ***internen*** prototypgestützten Kostenplanung sollen im folgenden Kapitel die Unterstützungspotenziale von Prototypen für die ***externe*** Perspektive aufgezeigt werden. Dabei ließen sich analog zur internen Betrachtung auch aus externer Sicht die verschiedenen, konkretisierten Prototypen (vom Design- bis zum technischen Prototypen) zur Unterstützung der Zielkosten- und Zielerlösplanung verwenden.[725]

6.3.1 Zielkostenfestlegung

Bereits am ***Designprototyp*** konnte in Zusammenarbeit von Controlling, Vertrieb und Entwicklung eine erste *Analyse* der möglichen Zielkosten erfolgen. Die unterschiedlichen Methoden der Zielkostenfestlegung wurden kritisch hinterfragt und die Möglichkeit der Bestimmung von Daten eruiert. Der bereits in der internen Betrachtung zur Prozessanalyse verwendete Service Blueprint und der Designprototyp unterstützten im Rahmen dieser Analyse bei der Bestimmung des Marktsegmentes für das neue Planetengetriebe und damit auch die Posititionierung für die produktbegleitende Engineeringdienstleistung.[726] Auch konnte so die Betrachtung bestehender sowie potenzieller Konkurrenten und eine ausführliche

[724] Dies resultierte aus der Planung von knapp 702h mehr als nach der Nettokapazität vorhanden war und deutet auf einen Engpass bei der Mitarbeiterzahl von Ingenieuren hin.

[725] Bei der Drive AG wurden bei der Neuproduktplanung von Planetengetrieben zwar Design-, geometrische, funktionale und technische Prototypen verwendet. Aus Komplexitätsgründen und nach einem Kosten-/ Nutzenvergleich wurde aber für die Engineeringdienstleistung kein zusätzlicher Iterationszyklus am funktionalen Prototypen durchgeführt. Bei einer anderen produktbegleitenden Dienstleistung (z. B. bei umsatzstarken technischen Simulationen für die Luftfahrttechnik) erschien aus Sicht des Leiters Controlling die Nutzung aller Prototypenarten vorteilhaft. Aufgrund der Komplexität der technischen Simulationen, die zahlreiche verschiedene Kostenstellen tangierte, wurde jedoch eine Fokussierung auf die Engineeringdienstleistung vorgenommen.

[726] Zum Service Blueprint der Engineeringdienstleistung, der auf Basis des Designprototypen erstellt wurde, vgl. erneut Kapitel 6.2.3.

Analyse von möglichen Substitutdienstleistungen anschaulicher diskutiert und entschieden werden.

Auf Basis der *Dokumentation* der Ergebnisse aus dem Designprototypen erfolgte anhand des weiter konkretisierten ***geometrischen Prototyps*** des Planetengetriebes eine Entscheidung zugunsten der *Market into Company Methode.* Das Produktmodell des Planentengetriebes wurden so als Grundlage bei der Analyse zahlreicher Wettbewerber (anderer Produktionsunternehmen, aber auch freier Ingenieurbüros) identifiziert, die eine solche Engineeringdienstleistung durchführen konnten. Über einen leicht modifizierten geometrischen Prototyp konnte so bei anderen bestehenden Wettbewerbern und unter Einbezug des Vertriebs sowie zahlreicher Kunden ein Zielpreis von 600 Euro erhoben werden. Gleichzeitig wurde auch explizit ein Zielwert mit der Out-of-Competitor-Methode erhoben und auch die am geometrischen Prototyp ermittelten prognostizierten Standardkosten mit in die Betrachtung integriert.[727] Wegen der Fokussierung auf die Kundenwünsche und dem Ziel einer Qualitäts- und Innovationsführerschaft wurde jedoch von der Drive AG trotz des Aufwands der Zielkostenermittlung die Market-into-Company-Methode gewählt. Durch diese Entscheidung sollte eine angemessene Berücksichtigung der Kundenerwartungen erfolgen.

Die Analyse der Engineeringdienstleistung am ***technischen Prototypen*** des Planetengetriebes bestätigte den zuvor festgelegten Zielpreis. Dabei erfolgte auch bei diesem Iterationszyklus eine Bestimmung der Zielkosten für eine einzelne Einheit. Dieser Zielpreis für die einzelne Engineeringdienstleistung diente gleichfalls als Ausgangspunkt für die Zielerlösermittlung, die im nächsten Kapitel näher beschrieben werden soll.

6.3.2 Zielerlösfestlegung

Bereits am ***Designprototypen*** und unter Zuhilfenahme des Service Blueprints wurde auch in Zusammenarbeit von Controlling, Vertrieb und Entwicklungsabteilungen eine erste Analyse und Diskussion bezüglich der möglichen Erlöse durchgeführt. Auf Basis der vorhandenen Informationen wurde die Engineeringdienstleistung weiterhin als finanziell sehr lukrativ beurteilt und diese Entscheidung sowie die zugrunde liegenden Analysen und Einflussparameter (z. B. Markt- und Konkurrentendaten) zusammen mit dem Prototypen dokumentiert.

Am ***technischen Prototypen*** erfolgte dann eine Analyse und Vergleich mit dem Vorgängerplanetengetriebe und eine Ableitung des Marktpotenzials für das neue Produkt.[728] Basierend auf diesem Potenzial wurden dann die geplanten Absatzzahlen der Engineeringdienstleistung bestimmt und mit dem zuvor ermittelten Zielpreis multipliziert. Damit ergab sich der geplante Umsatz mit der Engineeringdienstleistung.[729]

Problematisch stellte sich im Rahmen des Zielkostenfindungszyklus die Bestimmung des adäquaten Zielgewinns dar. Obwohl die Möglichkeit einer spezifischen Gewinnfestlegung für die Engineeringdienstleistung und die Durchsetzung dieses Gewinns am Markt gesehen wurde, entschied sich die Drive AG für eine Zielrentabilität (in der Rechnung 30%). Auch ließen sich am technischen Prototypen in enger Kooperation von Vertrieb und Controlling Möglichkeiten für ein Yield Management analysieren. Dabei wurde die Bedeutung der Zusammenarbeit vom Vertrieb bei der Power GmbH sowie den Kostenstellen „Berechnung" und „Technik" bei der Drive AG herausgestellt. Gleichzeitig ergab sich auch eine enge Verbindung zum Time Driven Activity Based Costing.

6.4 Prototypgestützte markt- sowie prozessorientierte Kosten- und Erlösplanung

6.4.1. Retrograde Kalkulation

Ausgehend von den internen Kosten für die Engineeringdienstleistung, die sich aus den Hauptprozessverdichtungen am geometrischen und technischen Prototypen ergaben, konnte auch eine retrograde Kalkulation durchgeführt werden. Auf Basis von Kundenbefragungen und einer Wettbewerbsanalyse wurde unter Einbezug des Vertriebs ein Zielpreis von 600 Euro für die einmalige Durchführung festgelegt. Nach

[727] Somit floss indirekt auch die Out-of-Standard-Cost-Methode mit in die Betrachtung ein.
[728] Am geometrischen Prototyp konnten keine zusätzlichen Erlösinformationen generiert werden.
[729] Bei der Drive AG stellte sich die Kapazität von Ingenieuren als maßgeblicher Engpassfaktor dar.

Abzug des Zielgewinns (auf Basis der angestrebten Rentabilität von 30%) und des Ziel-Overheads für Prozesskosten dritten Grades anderer Kostenstellen, resultierten die am geometrischen bzw. technischen Prototypen beeinflussbaren Zielkosten. Diese erlaubten Kosten sind für das weitere Vorgehen von besonderer Bedeutung, da sie durch Maßnahmen am Produkt zu Kostenänderungen bei der produktbegleitenden Dienstleistung führten. Die Allowable Costs wurden anschließend den Drifting Costs aus der vorangegangenen Hauptprozessverdichtung für die minimale und maximale Situation am geometrischen bzw. technischen Prototypen gegenübergestellt.[730] Durch diese Berechnung ergab sich der notwendige Kostensenkungsbedarf, der z. B. bei der maximalen Situation am geometrischen Prototypen 110,56 Euro betrug. Das Vorgehen zur Bestimmung der Zielkostenlücken am geometrischen und technischen Prototypen zeigt noch einmal zusammenfassend die folgende Abbildung 34.

Prototypgestützte Ermittlung der Zielkostenlücken

Geometrischer Prototyp			Technischer Prototyp		
Zielpreis		600,00 Euro	Zielpreis		600,00 Euro
Zielgewinn	30% ./.	180,00 Euro	Zielgewinn	30% ./.	180,00 Euro
Gesamtzielkosten		420,00 Euro	Gesamtzielkosten		420,00 Euro
Ziel-Overhead (PK 3. Grades anderer Kostenstellen)	20% ./.	70,00 Euro	Ziel-Overhead (PK 3. Grades anderer Kostenstellen)	20% ./.	70,00 Euro
Am Prototoyp beeinflussbare Zielkosten		**350,00** Euro	***Am Prototoyp beeinflussbare Zielkosten***		**350,00** Euro
Drifting Costs (min.)		337,03 Euro	Drifting Cost (min.)		347,30 Euro
Zielkostenlücke 1		-12,97 Euro	Zielkostenlücke 1		-2,70 Euro
Drifting Costs (max.)		460,56 Euro	Drifting Costs (max.)		378,41 Euro
Zielkostenlücke 2		110,56 Euro	Zielkostenlücke 2		28,41 Euro

PK: Prozesskosten

Abbildung 34: Ermittlung der Zielkostenlücken auf Basis der Prototypen

6.4.2 Zielkostenspaltung

Die Spaltung der Zielkosten erfolgte mittels der ***Funktionsmethode***. Dabei wurden zunächst in Zusammenarbeit von Controlling, Vertrieb und Entwicklung unter Einbezug des ***geometrischen*** Prototyps die verschiedenen Dienstleistungsfunktionen bestimmt und nach ihrer jeweiligen Bedeutung für den Kunden

730 Zur Bestimmung der minimalen und maximalen Drifting Costs für die Durchführung der Engineeringdienstleistung vgl. erneut Abbildung 31 und 32.

gewichtet.[731] Anschließend erfolgte in einer ausführlichen Analyse und Diskussion die Festlegung der Erfüllung der einzelnen Funktionen durch die Teilprozesse der Engineeringdienstleistung.[732] Die Funktionenkomponentenmatrix zeigt die folgende Abbildung. Dieses Ergebnis wurde zusammen mit dem geometrischen Prototypen dokumentiert.

			Leistungsfunktionen										
			Erreichbarkeit (Potenzialqualität)		Dauer bis zur Lösung (Prozessqualität)		Zuverlässigkeit (Ergebnisqualität)		Realisierbarkeit (Prozessqualität)		Aussagefähigkeit der Dokumentation (Ergebnisqualität)		Gewicht der Teilprozesse (in %)
	Bezug zum Prototyp	Gewichtung der Funktion	*10*		*5*		*35*		*35*		*15*		100
Teilprozesse	2. Grad	Aufnahme der Kundendaten	40%	4	30%	1,5	30%	14	40%	14	20%	3	**36,5**
	2. Grad	Berechnung	5%	0,5	40%	2	30%	7	30%	10,5	30%	4,5	**24,5**
	1. Grad	Konstruktive Empfehlung	50%	5	20%	1	20%	7	20%	7	10%	1,5	**21,5**
	2.Grad	Dokumentation	5%	0,5	10%	0,5	20%	7	10%	3,5	40%	6	**17,5**
		Summe in %		**10**		**5**		**35**		**35**		**15**	**100**

Abbildung 35: Funktionenkomponentenmatrix für die Engineeringdienstleistung

Auf Basis der prototypgestützten Prozesskosten für die einzelnen Teilprozesse wurden anschließend die Zielkostenindizes des geometrischen Prototypen bestimmt. (Zur Ermittlung der Kostenanteile auf Basis der Drifting Costs für den geometrischen und technischen Prototypen vgl. Abbildung 57 im Anhang.)

Die Zielgewichte aus Kundensicht wurden bei der Ermittlung der Zielkostenindizes ins Verhältnis zu den Kostenanteilen gesetzt. Am geometrischen Prototypen zeigte sich dabei, dass der Teilprozess „Konstruktive Empfehlung" zu teuer war. Daher wurden, wie bereits beschrieben (unter Einbezug des Prototypen) Vereinfachungen bei den Aktivitäten vorgenommen.[733] Die Optimierung wurde auch deshalb an diesem Teilprozess vorgenommen, da er als Teilprozess ersten Grades direkt von den Veränderungen am Prototypen abhängig war. Die folgende Abbildung zeigt die Veränderungen bei den Zielkostenindizes sowohl auf Basis der Drifting Costs als auch auf Basis der Allowable Costs.

---

[731] Dabei erfolgte keine Conjoint-Analyse. Vielmehr wurde auf die Erfahrung der Mitarbeiter, besonders der Mitarbeiter aus dem Vertrieb, zurückgegriffen.

[732] Dies stellte sich relativ kompliziert dar und wurde von den Mitarbeitern auch eher als Tendenzaussage verstanden.

[733] Dies waren, wie bereits erläutert, so z. B. Vereinfachungen bei der Auswahl des Motors, des Getriebes und der Übersetzung.

Geometrischer Prototyp

Prozessgrad	Teilprozess	Kostenanteil auf Basis der Drifting Costs in %		Kostenanteil an Allowable Costs in %		Teilprozess-gewichtung in %	ZKI auf Basis der Drifting Costs		ZKI auf Basis der Allowable Costs	
		min	max	min	max		min	max	min	max
2. Grad	Aufnahme der Kundendaten	37,27	33,10	35,89	43,56	36,50	0,98	1,10	1,02	0,84
2. Grad	Berechnung	18,63	21,75	17,94	28,62	24,50	1,31	1,13	1,37	0,86
1. Grad	Konstruktive Empfehlung	29,40	30,10	28,31	39,61	21,50	0,73	0,71	0,76	0,54
2. Grad	Dokumentation	14,70	15,05	14,16	19,80	17,50	1,19	1,16	1,24	0,88
	Summe	100,00	100,00	96,30	131,59	100,00				

Technischer Prototyp

Prozessgrad	Teilprozess	Kostenanteil auf Basis der Drifting Costs in %		Kostenanteil an Allowable Costs in %		Teilprozess-gewichtung in %	ZKI auf Basis der Drifting Costs		ZKI auf Basis der Allowable Costs	
		min	max	min	max		min	max	min	max
2. Grad	Aufnahme der Kundendaten	35,24	34,51	34,97	37,31	36,50	1,04	1,06	1,04	0,98
2. Grad	Berechnung	18,79	19,41	18,65	20,99	24,50	1,30	1,26	1,31	1,17
1. Grad	Konstruktive Empfehlung	29,75	29,89	29,52	32,32	21,50	0,72	0,72	0,73	0,67
2. Grad	Dokumentation	16,22	16,19	16,10	17,51	17,50	1,08	1,08	1,09	1,00
	Summe	100,00	100,00	99,23	108,12	100,00				

Abbildung 36: Zielkostenindizes auf Basis des geometrischen und technischen Prototyps

Durch die Berücksichtigung der Schwankungsbreiten aus der minimalen und maximalen Situation konnten schließlich auch verschiedene Szenarien analysiert und darauf basierend Entscheidungen gefällt werden. Als visuelle Unterstützung dienten dabei Zielkostenkontrolldiagramme. (Für die resultierenden Zielkostenkontrolldiagramme auf Basis des geometrischen und des technischen Prototypen vgl. Anhang Abbildung 58 und 59.[734])

[734] Diese Zielkostenkontrolldiagramme basieren dabei auf den Zielkostenindizes für die Allowable Costs.

6.4.3. Permanente Zielkosten- und Zielerlöserreichung

Im Rahmen der Fallstudie bei der Drive AG zeigte sich weiterhin, dass die erhobenen, prototypgestützten Ergebnisse für die Engineeringdienstleistung zahlreiche Ansatzpunkte für Zielkosten- und Zielerreichungsmaßnahmen boten. Dabei wurden erste monetäre (z. B. ein Benchmarking von Prozesskosten) und nicht-monetäre Instrumente (u. a. kundenorientierte Ansätze des Qualitätsmanagements) bereits eingesetzt. Allerdings existiert bei der permanenten und konsequenten Anwendung von Maßnahmen noch ein Umsetzungsdefizit. Durch die Nutzung von Prototypen konnte jedoch eine Strukturierung von Maßnahmen erreicht werden, die jeweils nach Erreichen eines Meilensteines (in Form eines weiter konkretisierten Prototypen) durchgeführt werden sollte. Aus Sicht der Drive AG sollen dabei in Zukunft sowohl quantitative Instrumente als auch qualitative Methoden verstärkt genutzt werden.

Die Einflussmöglichkeiten zur Zielkosten- und Zielerlöserreichung waren dabei zwar am *Designprototypen* am höchsten, jedoch existierten zu diesem frühen Zeitpunkt der Produktentwicklung relativ wenige Informationen über die geeigneten Stellhebel zur Kostensenkung oder Erlöserhöhung. Am Designprototypen hatten bei der Drive AG nicht-monetäre Methoden eine höhere Bedeutung.[735] Am *geometrischen Prototypen* konnten, wie aufgezeigt, wesentlich konkretere Kostenerreichungs-maßnahmen (z. B. Vereinfachungen beim Teilprozess „Konstruktive Empfehlung") verwendet werden. Am *technischen Prototypen* waren die Stellhebel für die Beeinflussung schließlich bereits bekannt und es konnten somit gezielt monetäre und nicht-monetäre Maßnahmen verwendet werden. Diese Instrumente lassen sich anschließend auch für die Marktphase des Produktes weiter zur kontinuierlichen Planung und Steuerung nutzen.[736] Wegen der positiven Ergebnisse aus dem Zielkosten- und Zielerlöserreichungszyklus erschien weiterhin die Verknüpfung von Dienstleistungs- und Produktentwicklung sinnvoll.

[735] So war es auch aus technischer Sicht sehr wichtig, dass sowohl beim Getriebe als auch bei der Engineeringdienstleistung *zeitliche* Meilensteine eingehalten wurden.

[736] Die konkrete, permanente Nutzung von Zielkosten- und Zielerlöserreichungsmaßnahmen war dabei nicht Fokus des Forschungsprojektes.

6.5 Einbindung der Planung in ein prototypgestütztes Service Engineering

Der Grundgedanke der Einbindung des Service Engineering bei der Drive AG bestand in einer Parallelisierung von Produkt- und Dienstleistungsentwicklung. Durch die bereits vorhandene häufige Verwendung von Prototypen erschien eine solche Parallelisierung gut möglich.

Eine erste Rückkopplung zwischen Engineeringdienstleistung und Produkt erfolgte bereits am ***Designprototypen***. Der Service Blueprint zeigte dabei verschiedene Teilprozesse auf und illustrierte den Ablauf für eine Kommunikation zwischen den Mitarbeitern aus den verschiedenen Abteilungen. Am ***geometrischen Prototypen*** ließen sich dann, wie bereits aufgezeigt, die Kosten in den betroffenen Kostenstellen genauer planen. Dabei konnte auch die konkrete Ausgestaltung der Engineeringdienstleistung zur Diskussion gestellt werden.[737] Somit ließ sich ein erster vollständiger Planungszyklus für die Kosten und Erlöse des Service erstellen. Dieser diente als Ausgangspunkt für die nächste Planungsrunde zur Verfeinerung der Schwankungsbreiten.

Der ***technische Prototyp*** erlaubte abschließend einen Iterationszyklus zur Kosten- und Erlösplanung sowie die Senkung der Schwankungsbreite. Dabei wurden die gleichen Methoden und Instrumente eingesetzt wie im vorangegangenen Planungszyklus. Schließlich standen für die Marktphase der Engineeringdienstleistung konkrete Kosten und Erlöse zur Verfügung, die eine gezieltere Planung, Steuerung und Kontrolle ermöglichten.

Die folgende Abbildung zeigt noch einmal als Übersicht die Abstimmung zwischen Getriebeentwicklung sowie Entwicklung und Gestaltung der Engineeringdienstleistung.

[737] Dies galt besonders auf Grund der knappen zur Verfügung stehenden Kapazitäten von angemessen ausgebildeten Ingenieuren.

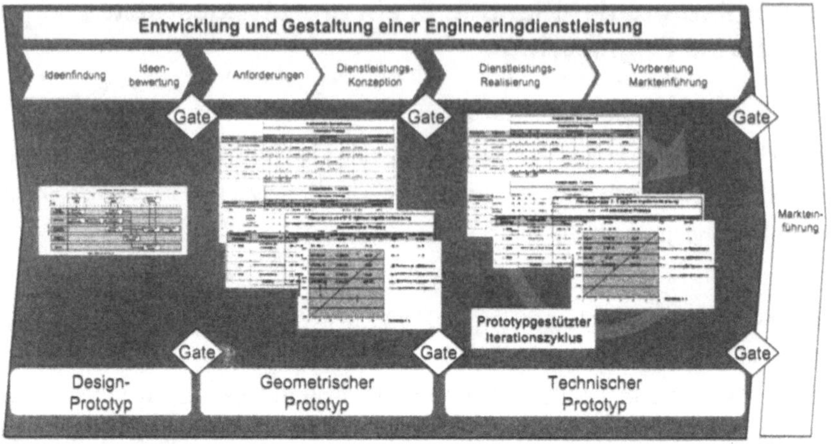

Abbildung 37: Service Engineering bei der Drive AG

6.6 Wirkungsanalyse und Zwischenfazit

Auf Basis der beschriebenen Erkenntnisse soll für die Drive AG ein Vorher-Nachher-Vergleich innerhalb der Fallstudie (***Within Case Analysis***) aufgezeigt werden.[738] Dabei werden die speziellen Kriterien aus den Arbeitshypothesen zum Vergleich verwendet.[739]

Als erstes Kriterium erfolgt die Betrachtung hinsichtlich der ***Genauigkeit der Planung***. Durch die durchgeführten Iterationszyklen am Prototypen konnten die Schwankungsbreiten vom geometrischen zum technischen Prototypen verringert werden. Damit war vor der Markteinführung die Unsicherheit hinsichtlich der Kosten und Erlöse der produktbegleitenden Dienstleistung reduzierbar. Die aufgezeigten Schwankungen am geometrischen Prototypen resultieren dabei aus Expertenschätzungen. Am technischen Prototypen ließen sich hingegen diese Schätzungen durch Zeitmessungen am Produktmodell konkretisieren und damit die Schwankungsbreiten verringern. Eine solche Konkretisierung war mit den vorhandenen Kostenrechnungsinstrumenten zuvor nicht möglich gewesen. Die ***Strukturierung der Planung*** ließ sich durch eine zeitliche Parallelisierung unter Einbezug des Service

[738] Zu einer solchen Gegenüberstellung vgl. Eisenhardt (1989), S. 539f.

[739] Für *generelle* Kriterien der qualitativen Forschung vgl. Steinke (2003), S. 319ff. Diese Merkmale werden in Kapitel 8 näher betrachtet.

Engineering verstärken. So konnte auch die Beziehung zwischen Produkt und Dienstleistung aufgezeigt werden.[740] Weiterhin hatte der Einbezug von verschiedenen Abteilungen eine Zunahme der ***Kommunikationshäufigkeit*** zur Folge. Damit die Daten für die Rechnung bereitgestellt werden konnten, musste so eine verstärkte Abstimmung zwischen den verschiedenen Abteilungen (z. B. Controlling, Entwicklung, Vertrieb) erfolgen. Aus dieser Erhöhung der Kommunikationsnotwendigkeiten ließ sich gerade auch im Controllingbereich gleichzeitig eine Zunahme des ***Personalaufwandes*** vor der Markteinführung feststellen. Gleichzeitig resultieren aus dieser frühen Planung und Koordination jedoch eine Reduktion der Abstimmung in späteren Phasen des Lebenszyklusses des Produktes und der Dienstleistung.[741]

Als ***Zwischenfazit*** kann die generelle Anwendbarkeit der prototypgestützten Konzeption konstatiert werden. Prototypen konnten bei der Drive AG neben der Planung für das physische Produkt auch die Kosten- und Erlösplanung für produktbegleitende Dienstleistungen unterstützen. Gleichzeitig zeigte die Illustration gerade durch den beschriebenen Mehraufwand bei der Generierung von Informationen neben dem gegebenen Nutzen auch die Grenzen einer Anwendung bei der Drive AG auf.

---

[740] Eine monetäre Quantifizierung durch die Verstärkung der zeitlichen Strukturierung ließ sich nicht erstellen.

[741] Eine generelle Aussage hinsichtlich des Kosten- und Nutzenverhältnisses erscheint nur durch eine Langfriststudie von der Entwicklungs- über die Markt- bis zur Nachsorgephase möglich. Diese Untersuchung überstieg aber den Umfang des vorliegenden Forschungsvorhabens und stellt weiteren Forschungsbedarf dar.

„What we should expect to learn from individual case studies will vary, since case studies vary markedly in research scope."[742]
PATRICK J. KEATING

7. Umsetzung der Konzeption bei der Tooling GmbH

Das Zitat von KEATING macht es deutlich. Zur Illustration der Konzeption erscheint die Darstellung einer weiteren Fallstudie von Vorteil. Daher wird im Folgenden die prototypgestützte Kosten- und Erlösplanung für produktbegleitende Services anhand einer anderen Dienstleistung, der technischen Wartung, näher beschrieben. Um Ähnlichkeiten und Unterschiede für eine intersubjektive Nachvollziehbarkeit besser aufzeigen zu können, wurde dabei eine analoge Gliederung gewählt.

7.1 Unternehmen Tooling GmbH[743]

7.1.1 Unternehmen, Organisation und Marktsituation

Die Tooling GmbH ist ein mittelständisches Familienunternehmen mit Sitz in Süddeutschland. Das ***Unternehmen*** fertigt an in- und ausländischen Standorten Präzisionswerkzeuge für Kunden in verschiedenen Branchen. Mit ca. 750 Mitarbeitern erwirtschaftet es einen Umsatz von 70 Millionen Euro. Die Tooling GmbH zeichnet sich durch eine hohe internationale Orientierung aus und besitzt zahlreiche ausländische Vertriebsgesellschaften und Vertretungen.

In Bezug auf die ***Organisation*** ist die Tooling GmbH durch eine starke funktionale Ausrichtung geprägt. Die Untergliederung erfolgt verrichtungsorientiert wobei Forschung und Entwicklung sowie der Vertrieb eine herausragende Bedeutung besitzen. Durch eine Betonung der Prozessorientierung wird weiterhin eine Vermeidung von Schnittstellenproblemen und eine konsequente Ausrichtung auf die Kunden angestrebt.

---

[742] Keating (1995), S. 67.

[743] Wegen der Vertraulichkeit der Informationen wird das Unternehmen nachfolgend anonymisiert dargestellt und die Zahlenangaben im Vergleich zu den tatsächlichen Werten geändert. Dies geschieht jedoch in einer Weise, die keine negativen Auswirkungen auf die korrekte Darstellung der Methodik hat.

Die generelle ***Marktsituation*** für das Unternehmen ist durch eine im Vergleich zu anderen Maschinenbauunternehmen geringe Konjunkturabhängigkeit geprägt. Überdurchschnittliches Wachstum erzielt die Tooling GmbH vor allem auf internationalen Märkten. Konkret wird die Marktsituation stark durch die verschiedenen Produkte beeinflusst. Während bei einfachen Präzisionswerkzeughaltern eine zunehmende Marktsättigung existiert, unterliegen komplexe und stärker automatisierte Produkte einem sehr hohen Wachstum. Für die kommenden Jahre wird ein weiteres starkes Wachstum auch durch das Angebot von ergänzenden produktbegleitenden Dienstleistungen (z. B. Wartungen, Engineering) angestrebt. Die insgesamt positive Marktsituation ermöglichte in den letzten fünf Jahren eine Verdopplung des Umsatzes. Zur Realisierung der Qualitätsführer- und Innovativitätsstrategie investiert die Tooling GmbH ca. 8 % vom Umsatz in Forschung und Entwicklung.

7.1.2 Produkte und produktbegleitende Dienstleistungen

Die Tooling GmbH bietet im Markt der Werkzeug- und Werkstückhalter ein sehr großes Portfolio von physischen ***Produkten*** an. Diese werden primär im Werkzeug- und Maschinenbau, aber auch in zahlreichen weiteren Branchen (z. B. der Verpackungsindustrie) eingesetzt. Das angebotene Produktspektrum mit insgesamt fast 10.000 Varianten kann in zwei Bereiche gegliedert werden, welche auch die Geschäftsfelder darstellen.

Das erste Geschäftsfeld umfasst Werkzeug- und Werkstückhalter. Diese werden z. B. in Dreh-, Fräs- oder Laserschneidmaschinen eingesetzt. Die Tooling GmbH bietet dabei kundenorientiert ein breites Spektrum von Fräsdornen, Mehrspindelköpfen, Pendel- und Fräsfuttern sowie weiterer Varianten von Werkzeughaltern an. Daneben werden gleichzeitig zahlreiche Werkstückhalter, wie z. B. Spannfutter, Spannbacken oder Schrumpffutter, offeriert.[744] Das Angebot der Tooling GmbH hat sich in diesem Geschäftsfeld von kostenbetonten Standardprodukten hin zu innovativen High-End-Produkten verändert, die unter Einsatz von Prototypen entwickelt werden.

[744] Für einen generellen Einblick und Erläuterungen zu Werkzeug- und Werkstückhalter im Allgemeinen vgl. VDMA (2004), URL siehe Literaturverzeichnis.

Die Produktion von Werkzeug- und Werkstückhaltersystemen sowie elektromechanischen Maschinenkomponenten stellt das zweite Geschäftsfeld der Tooling GmbH dar und resultierte aus der Weiterentwicklung im Bereich der Werkzeug- und Werkstückhalter. Die Geschäftsführung sieht in diesem Bereich ein weiterhin hohes Wachstumspotenzial, das verstärkt auch durch kundenorientierte Lösungen realisiert werden soll. Im Rahmen der Entwicklung von Systemen und automatisierten Komponenten werden auch in diesem Geschäftsfeld verschiedene Prototypen sehr häufig eingesetzt.

Produktbegleitende Dienstleistungen (z. B. Wartungen, Engineering, Schulungen) werden auf Kundenwunsch in beiden Geschäftsfeldern angeboten. Ausgehend von den physischen Produkten wird so angestrebt, einen Leistungskranz an ergänzenden Services für die Kunden zu verkaufen. Ziel ist das Angebot einer „Problemlösung“ aus physischem Produkt und der begleitenden Dienstleistung. Aufgrund der hohen Bedeutung von innovativen Produkten möchte die Tooling GmbH die produktbegleitenden Dienstleistungen bereits bei der Generierung in der Forschung und Entwicklung mitberücksichtigen. Die Abnehmer der Werkzeughalter erbringen die Services am Endkunden generell durch den eigenen Kundendienst, setzen jedoch verstärkt auch auf produktbegleitende Dienstleistungen bis hin zu Full-Service-Paketen durch die Tooling GmbH. Zur Umsetzung des angestrebten Wachstums und der verstärkten Kundenorientierung sollen diese Services nachfrageorientiert in Zukunft weiter ausgebaut werden.

Wartungen haben für Werkzeughalter eine wesentliche Bedeutung. Da durch die kontinuierliche Weiterentwicklung der Maschinen immer höhere Maximalbelastungen (z. B. durch sehr hohe Drehzahlen) erfolgen, unterstützt eine proaktive Wartung eine lange Standzeit und geringe Ausfallzeiten. Dies wird auch von den Kunden der Tooling GmbH erkannt, die daher verstärkt Wartungen und Wartungsverträge fordern. Gleichzeitig verlangen die Kunden von den Produkten der Tooling GmbH eine hohe Qualität (z. B. durch Robustheit, Stabilität). Die geforderte Funktionsfähigkeit führt dabei zum Einsatz von innovativen Materialien, Oberflächenbearbeitungen etc., zur Vermeidung von Ausfallzeiten. Neuerungen und neue Eigenschaften des physischen Produktes beeinträchtigen wiederum die Durchführung der Wartung. Beispielsweise wird die Dauer für die

Wartungsteilprozesse „Zerlegen" oder „Reinigen" wesentlich durch die Schnittstellen des Produktes der Tooling GmbH zur Maschine des jeweiligen Kunden bestimmt. Falls sich diese durch Innovationen ändert, hat dies ebenfalls Konsequenzen für die produktbegleitende Dienstleistung.

Zum konsequenten Ausbau der Wartungen wurden durch die Tooling GmbH drei Kleintransporter („Service Shuttles") angeschafft, die durch erfahrene Techniker betrieben werden. Ziel dieser Service Shuttles ist der beständige Zuwachs des Kundendienstes, besonders im Bereich der Wartungen. Parallel zum Ausbau der Wartungen sollen diese Dienstleistungen ebenfalls systematisch mit der Forschung und Entwicklung sowie den dort entwickelten Prototypen verknüpft werden. Somit wird eine frühzeitige Abstimmung von Produkt und begleitender Dienstleistung zum Angebot einer innovativen Problemlösung angestrebt.

7.1.3 Bisherige Kosten- und Erlösplanung für produktbegleitende Dienstleistungen

Auch bei der zweiten Fallstudie soll der bisherige Status der Kosten- und Erlösplanung zunächst kurz aufgezeigt werden, um die Neuerungen durch die prototypgestützte Konzeption klarer abgrenzen zu können. Die Kosten der Dienstleistungen werden im Augenblick denjenigen Kostenstellen belastet, bei denen sie anfallen. Somit werden Kosten bei der Dienstleistung „Engineering" im F&E-Bereich und Kosten für Wartungen im technischen Vertrieb sowie Kundendienst verbucht. Ein eigenständiger Dienstleistungsbereich mit eigenen Kostenstellen existiert nicht. Aufgrund der starken Beziehung zwischen physischem Produkt und produktbegleitender Dienstleistung werden organisatorische Trennungen (z. B. in einem Profit Center) oder eine kostenstellenübergreifende Prozesskostenrechnung bisher nicht genutzt. Eine organisatorische Veränderung wird auch für die kurz- und mittelfristige Zukunft nicht angestrebt. Es erfolgt nur eine sehr einfache (geschätzte) Prozesskalkulation für die Wartungen. Allerdings wird ein Ausbau dieser Prozesskostenrechnung als sehr vorteilhaft gesehen.

In Analogie zu den Kosten existieren auch bei den Erlösen keine eigenständigen Strukturen. Zwar wurden bereits eigene Erlösgruppen definiert, häufig werden die

Wartungen allerdings noch als Gemeinerlöse verbucht. Eine klare Zurechnung auf einen Erlösträger (z. B. auf einen Auftrag oder einen speziellen Werkzeughalter) erfolgt bisher nicht. Für die Zukunft wird angestrebt, für jede angebotene Dienstleistung (Wartung, Engineering, Montage, etc.) eine eigene Erlösgruppe festzulegen. Durch diese Erhebung wäre dann auch eine klare Gegenüberstellung von Kosten und Erlösen einer speziellen Dienstleistung möglich.[745] Für die produktbegleitenden Dienstleistungen existiert noch kein Zielkostenmanagement mit einer retrograden Kalkulation. Auch die prototypgestützte Integration eines Service Engineering ist noch nicht vorhanden, wird aber vom Leiter Controlling und dem Leiter F&E als sehr nützlich gesehen.

7.2 Prototypgestützte, prozessorientierte Planung von Kosten der produktbegleitenden Dienstleistungen

Bei der vorliegenden Darstellung handelt es sich auch um einen „Illustration Case“.[746] Die innovativen Bestandteile der entwickelten Konzeption sollen anschaulich dargestellt werden. Damit dieses Ziel der Veranschaulichung der prototypgestützten Methode erreicht werden kann, sind bei der Tooling GmbH Fokussierungen vorgenommen worden, die ebenfalls erläutert werden.

7.2.1 Bestimmung der einzubeziehenden Bereiche

Bei der Tooling GmbH wurden zur Umsetzung der Prozesskostenplanung zunächst die einzubeziehenden Bereiche bestimmt. Eine sofortige Nutzung für das gesamte Unternehmen erschien aufgrund der Komplexität nicht vorteilhaft. Gleichzeitig sollten durch ein solches Vorgehen auch Lerneffekte generiert werden. Daher erfolgte die Auswahl eines speziellen Bereiches, der eine hohe Eignung für ein Pilotprojekt hatte. Dieses Vorgehen ermöglichte weiterhin eine Komplexitätseingrenzung bei der Illustration. Die erste Konzentration erfolgte am *Designprototypen* hinsichtlich des ausgewählten Produktes auf die Klasse der Spannfutter.[747] Ausgehend vom bisherigem Ablauf von Wartungen wurden so zunächst die bisher betroffenen

[745] Auch können dadurch erlösspezifische Betrachtungen und Analysen vorgenommen werden.
[746] Zur Beschreibung des Ziels eines Illustration Case vgl. erneut Keating (1995), S. 69.
[747] Für einen anschaulichen Überblick des Produktes „Spannfutter“ vgl. Bahrke (1998), S. 9-13.

Kostenstellen in die Betrachtung integriert. Dabei ließen sich die beiden Kostenstellen „Kundendienst“ (KuD 01) sowie „Vertrieb Spannfutter“ (TeV 01) als wesentliche Unternehmensteile identifizieren. Eine zweite Fokussierung wurde weiterhin durch die Dienstleistung „technische Wartung“ vorgenommen. Bei dieser wurde für die Zukunft ein stark wachsendes Absatzpotenzial gesehen. Daneben zeichnen sich die Wartungen durch standardisierte Tätigkeiten sowie repetitive Teilprozesse aus. Dadurch war der Nutzen der prototypgestützten Prozesskostenplanung besonders hoch. Eine Übertragung der Vorgehensweise auf andere Dienstleistungen wie Engineering oder Montage ist allerdings unproblematisch möglich. Schließlich erfolgte eine Konzentration auf drei verschiedene Spannfutterklassen. Damit wurde die Einordnung weiterer Produkte ebenfalls ohne große Schwierigkeiten möglich.

Gleichzeitig führte die erste Führungsebene der Tooling GmbH eine Analyse und Diskussion zur aktuellen Unternehmenssituation durch, bei der *Designprototypen* eines innovativen Werkzeughalters mit einbezogen wurden. Als Ergebnis ließ sich festhalten, dass die bestehende Organisationsstruktur beibehalten und die Dienstleistung „technische Wartung“ auch in Zukunft vor allem diese beiden Kostenstellen betreffen soll.

7.2.2 Vorstrukturierung der Hauptprozesse

Nach der Bestimmung des Bereiches beruht die prozessorientierte Verwendung von Prototypen zunächst auf Hypothesen über Hauptprozesse und den dazugehörigen Cost Drivern. Anhand wesentlicher Prototypen des bestehenden Produktportfolios erfolgte in der Diskussion mit der ersten Führungsebene Entwicklung, Controlling und Vertrieb eine *Analyse* und *Vorstrukturierung der Hauptprozesse*. Bei der Analyse der produktbegleitenden Dienstleistungen wurden dabei aktuelle Prototypen von wesentlichen Produkten in unterschiedlichen Konkretisierungsstufen (vom Design- bis zum technischen Prototyp) verwendet. Primär kamen Designprototypen zum Einsatz, um einen möglichst großen zeitlichen Vorlauf zum Markteintritt zu haben. Neben der Berücksichtigung von bestehenden Dienstleistungen wurden ebenfalls zukünftige Services und damit verbundene strategische Möglichkeiten diskutiert und analysiert. Gleichzeitig konnte bei der Diskussion anhand von Produktmodellen einfach identifiziert werden, ob die Tooling GmbH bereits über die notwendigen Potenziale verfügt. Auch die Probleme der Handlungsfelder Prozess und Ergebnis wurden so in die Betrachtung integriert. So ließ sich der Ablauf der Wartung bei einem A-Kunden illustrieren und wesentliche Ergebnisparameter diskutieren. Am *Designprototypen* eines Futters konnten so einzelne Dienstleistungsvarianten, z. B. Betreibermodelle, ausgeschlossen werden. Der Teleservice, als eine weitere Dienstleistungsalternative, wurde zunächst zurückgestellt. Am *Designprototypen* des Futters der nächsten Entwicklungsgeneration sollen vor der Markteinführung Potenziale noch einmal betrachtet und bewertet werden.

Neben der Bestimmung der Dienstleistungen erfolgte in dieser Phase in Einzelgesprächen gleichzeitig eine *Analyse* der Cost Driver. Für bestehende, kaum veränderliche produktbegleitende Dienstleistungen (z. B. Montage) erwies sich dies als unproblematisch. Der Nutzen von Prototypen zeigte sich gerade bei Diskussionen und Entscheidungen über Alternativen und angestrebten Produktinnovationen mit Auswirkungen auf die verschiedenen produktbegleitenden Dienstleistungen. Weiterhin konnten gerade Designprototypen bereits sehr gut Kostentreiber und deren Mengen aufzeigen.[748] Aufgrund der wirtschaftlichen Bedeutung für die Tooling GmbH stand die technische Wartung von Spannfuttern im Zentrum der Analyse am Prototypen.

Die folgende Abbildung 38 zeigt einen Überblick über die identifizierten Hauptprozesse und die dazugehörigen Cost Driver für die wesentlichen produktbegleitenden Dienstleistungen. Zur Illustration erfolgte bei dem weiteren Vorgehen eine Konzentration auf den Hauptprozess HP 1 „Wartung", weil dieser aus Kundensicht hohe Bedeutung hat und viele unterschiedliche Prototypen zum Einsatz kommen. Bei der Planung der Hauptprozesse wurde weiterhin darauf geachtet, dass diese auch für die prototypgestützte Kalkulation verwendet werden können.

[748] Zu einem ähnlichen Ergebnis kommt auch Pfohl (2002a), S. 131, der ebenfalls die Bedeutung von Prototypen bei der Bestimmung von Kostentreibern und Erhebung der dazugehörigen Mengen betont. PFOHL fokussiert allerdings auf das physische Produkt und die dazugehörenden Kosten des indirekten Bereiches. Produktbegleitende Dienstleistungen stehen, wie bereits erläutert, nicht im Vordergrund seiner Betrachtung.

	Identifizierter Hauptprozess	Cost Driver	Geschäftsprozess
HP S1	Wartung	Geplante Absatzmenge	Kundendienst
HP S2	Inbetriebnahme	Geplante Absatzmenge	Kundendienst
HP S3	Montage	Geplante Absatzmenge	Kundendienst
HP S4	Reparatur/Reklamation	Geplante Absatzmenge	Kundendienst
HP S5	Schulung	Geplante Absatzmenge	Kundendienst
HP V1	Erstkontakt Neukunde	Anzahl Neukunden	Vertrieb Spannfutter
HP V2	Betreuung Altkunde	Kontakte Altkunden	Vertrieb Spannfutter
...			

Abbildung 38: Auszug der identifizierten Hauptprozesse und Cost Driver

Aus der Diskussion über zukünftige Dienstleistungsoptionen wurde bereits am Designprototyp ersichtlich, dass die Möglichkeit besteht, verschiedene Hauptprozesse zu einem Full-Service-Paket zu koppeln.[749]

7.2.3 Tätigkeits- und Teilprozessplanung

Ein genereller Überblick über die bei einer technischen Wartung ablaufenden Teilprozesse ließ sich zunächst sehr gut mit einem prototypgestützten Service Blueprint darstellen.[750] Am Design-Produktmodell eines innovativen Spannfutters, das in drei Klassen entwickelt wurde, konnte mit dem Service Blueprint der chronologische Ablauf anschaulich dargestellt werden. Auch ließen sich damit die betroffenen Back-Office-Bereiche und Abteilungen graphisch aufzeigen. Gleichzeitig wurden so bereits früh am Design-Produktmodell die Schnittstellen, die durch den Einsatz der Service Shuttles resultierten, anschaulich illustriert. Einen Service Blueprint, der unter Zuhilfenahme des Design-Prototypen für ein Spannfutter erstellt wurde, zeigt Abbildung 39. (Nach der Generierung eines technischen Prototyps ergaben sich bei der Tooling GmbH keine Änderungen für den Service Blueprint.)

[749] Ein solcher Ausbau von Full-Service-Paketen wird auch für die Zukunft bei der Tooling GmbH angestrebt.

[750] Zum Service Blueprint vgl. erneut die Ausführungen in Kapitel 5.2.3 und die dort aufgeführten Literaturverweise.

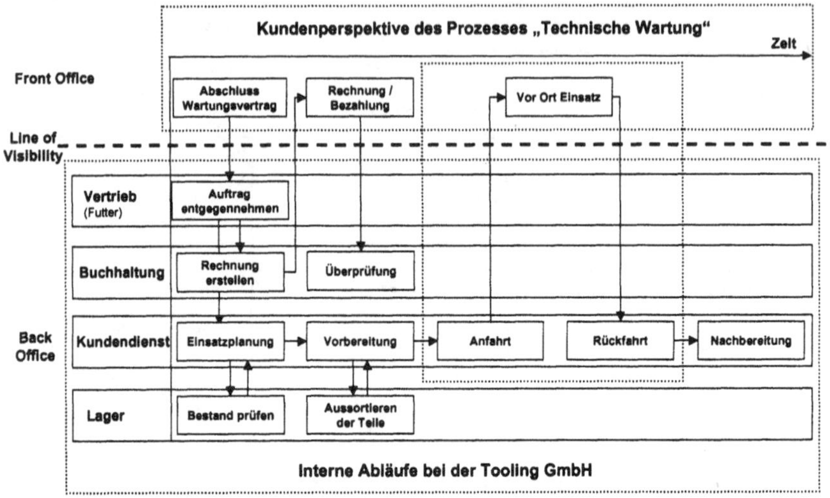

Abbildung 39: Service Blueprint für die technische Wartung

Der Service Blueprint konnte weiterhin gut als Ausgangspunkt für die Teilprozessplanung und deren Differenzierung in Prozesse ersten bis dritten Grades dienen. Zunächst erfolgte mit Hilfe von Prototypen die Bestimmung von Teilprozessen **ersten Grades**. Dies waren vor allem Teilprozesse aus dem Front-Office-Bereich. Aufgrund der direkten Verbindung konnten diese sehr gut am physischen Produkt bzw. dem dazugehörenden Prototypen erfasst werden. Neben dieser wichtigen *Analyse- und Entscheidungsfunktion* wurden die Ergebnisse der Diskussionen bei der Tooling GmbH auch bereits am Designprototypen *dokumentiert*. Veränderungen vom frühen zum späten (technischen) Prototypen zeigten dann auch Auswirkungen auf die technische Wartung auf. Daneben waren die Teilprozesse **zweiten und dritten Grades** zu bestimmen. Im Service Blueprint waren dies vorwiegend Prozesse, die im Back Office ablaufen. Für die technische Wartung bei der Tooling GmbH wurde dabei auf die Teilprozesse zweiten und dritten Grades fokussiert, die für diese Dienstleistungserbringung notwendig sind. Andere Teilprozesse, die für ein Prozessmodell für das Gesamtunternehmen notwendig waren, wurden aus Gründen der Komplexitätsreduktion in der vorliegenden Illustration nicht integriert.[751] Einen Überblick über die identifizierten Teilprozesse gibt Abbildung 40.

[751] Ein solches Vorgehen erscheint aufgrund der illustrativen Darstellung der Prototypunterstützung angemessen. Das Prozessmodell kann im Dienstleistungsbereich sehr komplex werden. So beschreiben KRUGMANN UND WAGNER ein Prozessmodell für die Bayerische Landesbank, das 403

Teilprozesse	Beziehung zum Prototypen	Kostentreiber	lmi / lmn	Kostenstelle
Demontage	1. Grad: direkte Verbindung zum Prototypen	Anzahl Wartungen	lmi	Kundendienst
Zerlegen		Anzahl Wartungen	lmi	Kundendienst
Reinigen		Anzahl Wartungen	lmi	Kundendienst
Austausch Verschleißteile		Anzahl Wartungen	lmi	Kundendienst
Fetten		Anzahl Wartungen	lmi	Kundendienst
Zusammenbauen		Anzahl Wartungen	lmi	Kundendienst
Montage		Anzahl Wartungen	lmi	Kundendienst
Kundenkontakt	2. Grad: indirekte Verbindung zum Prototypen	Anzahl Anrufe	lmi	Vertrieb Futter
Vertragsabschluss		Anzahl Aufträge	lmi	Vertrieb Futter
Auftragsabwicklung		Anzahl Aufträge	lmi	Vertrieb Futter
Aussortieren Teile		Anzahl Wartungen	lmi	Lager
Vorbereitung		Anzahl Aufträge	lmi	Kundendienst
Nachbereitung		Anzahl Aufträge	lmi	Kundendienst
Dokumentation		Anzahl Wartungen	lmi	Kundendienst
Fakturierung		Anzahl Aufträge	lmi	Rechnungswesen
Kfz-Wartungen			lmn	Kundendienst
Genereller F&E-Support	3. Grad: sehr lose/keine Verbindung zum Prototypen		lmn	F&E
Abteilung leiten			lmn	Vertrieb Futter

Abbildung 40: Teilprozesse 1., 2. und 3. Grades der technischen Wartung

Für die Teilprozessermittlung der technischen Wartung erfolgte zunächst eine kostenstellenbezogene Tätigkeitsanalyse. Innerhalb einer Kostenstelle wurden homogene Tätigkeiten zu einem Teilprozess zusammengefasst. Die Erhebung der Informationen erfolgte mit Hilfe von Interviews der Kostenstellenverantwortlichen und Mitarbeitern der Kostenstelle. Am Prototyp konnte festgestellt werden, dass einzelne Teilprozesse (z. B. die in Abbildung 40 aufgezeigte Demontage, Zerlegen, Zusammenbauen und Montage) dabei auch für andere Hauptprozesse (z. B. Reparaturdienstleistungen) anfallen werden. Die Fokussierung der Fallstudie erfolgte jedoch für die Kosten- und Erlösplanung der technischen Wartung.

Das unter Zuhilfenahme eines Designprototypen analysierte und diskutierte Prozessmodell wurde anschließend auch mit diesem Prototyp dokumentiert und so für Änderungen anschaulich archiviert. Bei der Tooling GmbH stellte diese Dokumentation vom Prozessmodell mit dem Designprototyp ein wichtiges Kommunikationsinstrument dar.[752]

Hauptprozesse und 1635 (!) Teilprozesse umfasst. Vgl. Krugmann, Wagner (2004), S. 260. Eine solche komplexe Darstellung würden den Rahmen dieser Arbeit übersteigen und erscheint aus Gründen der Fokussierung ebenfalls nicht sinnvoll. Methodisch ist allerdings auch die Integration von weiteren Teilprozessen unproblematisch möglich. Allerdings erscheint eine adäquate IT-Unterstützung für eine solche Berücksichtigung zwingend erforderlich.

[752] Der frühe Designprototyp konnte somit als Ausgangspunkt für spätere Diskussionen dienen.

7.2.4 Kapazitäts- und Kostenplanung

Die Kapazitäts- und Kostenplanung für die Tooling GmbH erfolgte im Gegensatz zum Vorgehen bei der Drive AG primär mit dem Bottom-up-Verfahren. Dafür wurde der Zeitbedarf der Tätigkeiten in Interviews an einem frühen (geometrischen) und in einer weiteren Iterationsschleife am späten (technischen) Prototypen ermittelt. Gerade bei der Planung von Sollzeiten haben sich Prototypen bei der Tooling GmbH als sehr vorteilhaft erwiesen, um eine Prognose und Planung zu ermöglichen. Wichtig war bei der Bottom-up-Planung, dass die gesamten Kapazitäten der Kostenstelle auf die einzelnen Teilprozesse umgelegt wurden.[753]

Anschaulich soll dies an der Kostenstelle „Kundendienst" aufgezeigt werden. Die erste Schätzung der Dauer von Teilprozessen *ersten Grades* einer technischen Wartung konnte bereits gut am geometrischen Prototypen des Spannfutters abgeleitet werden. So konnte die angewandte Technik (Kraft- oder Handspannfutter), die Anzahl der Verschleißteile und die geplante Produktgröße bereits am geometrischen Prototypen identifiziert werden. An diesem geometrischen Prototypen ließen sich drei zukünftige Produktgrößenklassen der Futter bestimmen, bei denen die Zeit der Wartung für die Prozesse ersten Grades mit der Größe steigt.[754] (In der Rechnung wurden die drei Produktklassen daher mit drei Äquivalenzziffern für die unterschiedlichen Teilprozesse abgebildet.) Auch für die Teilprozesse *zweiten Grades* ließen sich die Prototypen unterstützend bei der Bestimmung von Sollzeiten einsetzen. So konnten mit dem geometrischen Prototypen zunächst Sollzeiten diskutiert, prognostiziert und dokumentiert werden. Beispielhaft war der Teilprozess „Aussortieren der Teile" oft abhängig von der Zahl der zu kommissionierenden Ersatzteile. Diese konnten am geometrischen Produktmodell prognostiziert werden. In einem weiteren Planungszyklus am technischen Prototypen erfolgte anschließend eine Überprüfung und zum Teil eine Veränderung der Sollzeiten aufgrund von Änderungen am Produktmodell des Drehfutters. (So konnte eine Reduktion der Sollzeit von 0,5h auf 0,3h für den Teilprozess „Aussortieren der Teile" durch zusätzliche Gleichteile in die Planung integriert werden.) Die Kapazitäten und Kosten

---

753 Vgl. erneut die Ausführungen zur Kapazitäts- und Kostenplanung in Kapitel 5.2.4 sowie die Erläuterungen bei Mayer (1998a), S. 146. Die Kapazitätsausweitung im Kundendienst mit den neuen Service Shuttles führte aus Sicht der Entscheidungsorientierung zu einer primären Fokussierung auf das Bottom-up-Vorgehen.

754 Bei den Prozessen zweiten Grades bestand hingegen nur für das „Aussortieren der Teile", „Vorbereitung" und „Nachbereitung" eine Abhängigkeit von der Größenklasse.

der Prozesse *dritten Grades* wurden aufgrund der sehr losen Beziehung ohne Integration der Prototypen geplant und in der Kalkulation zugerechnet.

Die folgende Abbildung 41 zeigt das Ergebnis der prototypgestützten Kapazitätsplanung, die als Basis für die anschließende prototypgestützte Bestimmung von Prozesskosten diente. Dabei wurde die Dauer aufgezeigt, die für die einmalige Durchführung einer technischen Wartung am Prototypen geplant wurde. So ergaben sich am geometrischen Prototyp für Teilprozesse ersten Grades bei einem Futter der Klasse 1 eine Sollzeit von 2,8 h und für Klasse 2 eine Sollzeit von 5,6 h. Im zweiten Planungszyklus am technischen Prototypen resultierten dafür die veränderten Werte von 2,3 h und 4,5 h.

		1. Planungszyklus	2. Planungszyklus				1. Planungszyklus			2. Planungszyklus		
		Prognose auf Basis des geometrischen Prototyps	Prognose auf Basis des technischen Prototyps				Prognose für alle Größenklassen (geometrischer Prototyp)			Prognose für alle Größenklassen (technischer Prototyp)		
Teilprozesse	**Grad**	**Sollzeit in h**		**Futter (Äquivalenzziffern)**			**Sollzeiten in h**			**Sollzeiten in h**		
				Kl. 1	Kl. 2	Kl. 3	Kl. 1	Kl. 2	Kl. 3	Kl. 1	Kl. 2	Kl. 3
Demontage	1. Grad	0,7	0,5	1	2,5	5	0,7	1,8	3,5	0,5	1,3	2,5
Zerlegen	1. Grad	0,3	0,3	1	1,5	2,5	0,3	0,5	0,8	0,3	0,4	0,6
Reinigen	1. Grad	0,3	0,3	1	1,5	2,5	0,3	0,5	0,8	0,3	0,4	0,6
Austausch Verschleißteile	1. Grad	0,2	0,3	1	1,5	2,5	0,2	0,3	0,5	0,3	0,5	0,8
Fetten	1. Grad	0,3	0,3	1	1,5	2,5	0,3	0,5	0,8	0,3	0,4	0,6
Zusammenbauen	1. Grad	0,3	0,3	1	1,5	2,5	0,3	0,5	0,8	0,3	0,4	0,6
Montage	1. Grad	0,7	0,5	1	2,5	5	0,7	1,8	3,5	0,5	1,3	2,5
Prognostizierte Sollzeit		**2,8**	**2,3**				**2,8**	**5,6**	**10,5**	**2,3**	**4,5**	**8,3**
Kundenkontakt	2. Grad	0,3	0,3	1	1	1	0,3	0,3	0,3	0,3	0,3	0,3
Vertragsabschluss	2. Grad	0,5	0,5	1	1	1	0,5	0,5	0,5	0,5	0,5	0,5
Auftragsabwicklung	2. Grad	1,0	1,0	1	1	1	1,0	1,0	1,0	1,0	1,0	1,0
Aussortieren Teile	2. Grad	0,5	0,3	1	1,5	2	0,5	0,8	1,0	0,3	0,4	0,5
Vorbereitung	2. Grad	1,3	1,0	1	1,25	1,5	1,3	1,6	1,9	1,0	1,3	1,5
Nachbereitung	2. Grad	1,3	1,0	1	1,25	1,5	1,3	1,6	1,9	1,0	1,3	1,5
Dokumentation	2. Grad	0,2	0,2	1	1	1	0,2	0,2	0,2	0,2	0,2	0,2
Fakturierung	2. Grad	0,8	0,8	1	1	1	0,8	0,8	0,8	0,8	0,8	0,8
Fahrten	2. Grad	0,0	0,0	1	1	1	0,0	0,0	0,0	0,0	0,0	0,0
Kfz-Wartungen	2. Grad											
Prognostizierte Sollzeit		**5,7**	**4,9**				**5,7**	**6,5**	**7,4**	**4,9**	**5,5**	**6,2**
Summe aller Teilprozesse		**8,5**	**7,2**				**8,5**	**12,1**	**17,9**	**7,2**	**10,0**	**14,4**

Abbildung 41: Prototypgestützte Planung der Sollzeiten für die Teilprozesse[755]

Die Vorgehensweise über Äquivalenzziffern bzw. Komplexitätsindizes erfolgte dabei in Anlehnung an KAPLAN UND COOPER.[756] Dadurch konnte der Zeitbedarf prototypgestützt für die verschiedenen Teilprozesse im Vergleich zu einem kleinen Futter (Klasse 1) aufgezeigt werden. Die konkrete Messung von Sollzeiten für die einzelnen Wartungsvarianten erschien auch aus pragmatischen Gründen wegen

---

[755] Der erste Planungszyklus wurde mit einem geometrischen, der zweite Zyklus anhand eines technischen Prototypen durchgeführt.

[756] Vgl. Kaplan/Cooper (1998), S. 98f.

eines sehr hohen Aufwandes nicht sinnvoll.[757] Daher wurden Äquivalenzziffern in der Rechnung verwendet. Diese beruhten dabei auf Planungen am geometrischen Prototypen. So war ein Vergleich mit bestehenden Produkten und Komplexitätsrelationen möglich. In Abhängigkeit von der Größe des Futters und dem betrachteten Teilprozess variierten die Äquivalenzziffern. Ein sehr großes Futter führte so zu einem Anstieg der Zeit für einige Teilprozesse.[758]

Aus den ersten Zeitschätzungen am geometrischen Prototypen konnte eine erste ***Analyse*** erfolgen, ob die angebotene Wartungsdienstleistung aus Sicht des Kunden der Tooling GmbH überhaupt attraktiv ist. (So besteht eventuell die Möglichkeit für den Kunden bei sehr einfachen, kleinen Futtern die Wartung selber vorzunehmen.) Nach der ***Entscheidung*** über die Zeitschätzungen konnte eine ***Dokumentation*** dieser Planung zusammen mit dem geometrischen Prototypen erfolgen. Diese Dokumentation wurde dann als Ausgangspunkt für die Zeitschätzung am technischen Prototypen verwendet.

Ausgehend von der geplanten Kapazität für die Kostenstelle wurde die Nettokapazität (ohne Zeiten für Urlaub, Krankheit und ohne Verteilzeiten) von 15770 Stunden ermittelt.[759] Die gesamten Kostenstellenkosten umfassten auch Strom- und Raumkosten sowie Abschreibungen für die Service Shuttles und sonstige Gemeinkosten. Insgesamt betrugen die Kostenstellenkosten 650.000 Euro, wobei die Personalkosten mit ca. 92 % dominierten. Aus der Division der Kostenstellenkosten durch die Nettokapazität resultierte der Stundenkostensatz von 41,22 Euro. Dieser Wert hat eine große Bedeutung, da mit ihm die Prozesskostensätze ermittelt wurden. Auf der Basis des geometrischen Prototyps zeigt die folgende Abbildung die Bestimmung der Prozesskosten und Prozesskostensätze für die Kostenstelle „Kundendienst". (Ein weiterer Iterationszyklus erfolgte ebenfalls am technischen Prototypen.)

---

[757] Analog stellen auch KAPLAN UND COOPER fest: „Again, it is important to make an appropriate trade-off between accuracy and the cost of management." Kaplan, Cooper (1998), S. 98.

[758] Da die Relation zwischen den drei Produktklassen gleichbleibend ist, sind die Äquivalenzziffern ebenfalls identisch. Diese Methode ermöglicht auch den Transfer auf weitere produktbegleitende Dienstleistungen.

[759] Für ein analoges Vorgehen vgl. Coners, von der Hardt (2004a), S. 111. Der Wert entspricht 90% der Gesamtkapazität von 17522 Stunden.

Kostenstelle Kundendienst		
Kostenstellkosten in Euro (ohne Einzelkosten*)		650.000 Euro
Nettokapazität		15770 h
Stundenkostensatz	B	41,22 Euro

Kostentreiber: Plan-Mengen	Klasse 1	Klasse 2	Klasse 3	
Anzahl Wartung (D_1)	220	250	270	740
Anzahl Aufträge (D_2)	90	190	260	540
Anzahl Anrufe (D_3)	300	350	350	1280
Fahrten (D_4)	100.000	211.111	288.889	600.000

		A			A x B = C			C x D_{1-4} = E			F			G = F / D_{1-4}		
		Kapazitäten			Prozesskostensatz			Prognostizierte Prozesskosten						Prozesskostensatz		
Teilprozesse		Sollzeiten in h			Lmi			Lmi			Gesamt			Gesamt		
	Kostentreiber	Kl. 1	Kl. 2	Kl. 3	Kl. 1	Kl. 2	Kl. 3	Kl. 1	Kl. 2	Kl. 3	Kl. 1	Kl. 2	Kl. 3	Klasse 1	Klasse 2	Klasse 3
Demontage	Anzahl Wartungen der Klasse	0,70	1,75	3,50	28,9	72,1	144,3	6347,5	18032,7	38950,5	6347,5	18032,7	38950,5	28,9	72,1	144,3
Zerlegen		0,30	0,45	0,75	12,4	18,5	30,9	2720,4	4637,0	8346,5	2720,4	4637,0	8346,5	12,4	18,5	30,9
Reinigen		0,30	0,45	0,75	12,4	18,5	30,9	2720,4	4637,0	8346,5	2720,4	4637,0	8346,5	12,4	18,5	30,9
Austausch Teile		0,20	0,30	0,50	8,2	12,4	20,6	1813,6	3091,3	5564,4	1813,6	3091,3	5564,4	8,2	12,4	20,6
Fetten		0,30	0,45	0,75	12,4	18,5	30,9	2720,4	4637,0	8346,5	2720,4	4637,0	8346,5	12,4	18,5	30,9
Zusammenbauen		0,30	0,45	0,75	12,4	18,5	30,9	2720,4	4637,0	8346,5	2720,4	4637,0	8346,5	12,4	18,5	30,9
Montage		0,70	1,75	3,50	28,9	72,1	144,3	6347,5	18032,7	38950,5	6347,5	18032,7	38950,5	28,9	72,1	144,3
Vorbereitung	Aufträge	1,25	1,56	1,88	51,5	64,4	77,3	4637,0	12236,4	20093,5	4688,7	12373,0	20317,7	52,1	65,1	78,1
Nachbereitung	Aufträge	1,25	1,56	1,88	51,5	64,4	77,3	4637,0	12236,4	20093,5	4688,7	12373,0	20317,7	52,1	65,1	78,1
Dokumentation	Wartung	0,15	0,15	0,15	6,2	6,2	6,2	1360,2	1545,7	1669,3	1375,4	1562,9	1687,9	6,3	6,3	6,3
Fahrten	Fahrten	0,01	0,01	0,01	0,5	0,5	0,5	48491,2	102370,3	140085,6	49032,2	103512,4	141648,6	0,5	0,5	0,5
Kfz-Wartungen	*lmn*															
								84515,3	186093,3	298793,6	85174,9	187525,7	300823,5			

	Lmi	Gesamt
Summe Lmi Kosten	569402,2	573524,2
Lmn Kosten	4122,0	
Nutzkosten	573524,2	573524,2
Leerkosten	76475,8	76475,8
	650000,0	650000,0

Abbildung 42: Prozesskosten und Prozesskostensätze für die Kostenstelle „Kundendienst" auf Basis des geometrischen Prototyps

Der lmi-Prozesskostensatz für die einzelnen Teilprozesse resultierte aus der Multiplikation der am geometrischen Prototypen ermittelten Sollzeiten (A) mit dem Stundenkostensatz (B). Für den Teilprozess „Demontage" eines Futters Klasse 1 resultieren so 0,7h x 41,22 Euro/h = 28,85 Euro. Multiplizierte man dieses Produkt (C) mit den aus der Absatzplanung prognostizierten Mengen der Kostentreiber (D_{1-4}), so ergaben sich die lmi-Prozesskosten. Bei der Planung der Demontage am geometrischen Prototyp waren dies 6347,5 Euro.[760] Nach einer Umlage der lmn-Kosten (F) und anschließender Division durch die Kostentreiber resultierte der am geometrischen Prototypen geplante Gesamtprozesskostensatz (G).

Die Verwendung von Prototypen bei der Tooling GmbH hat weiterhin illustriert, dass Produktmodelle zur Kommunikation der Unsicherheit und möglichen Schwankungsbreiten von Kosten dienen können. So ließen sich aus Veränderungen vom geometrischen zum technischen Prototypen auch Schwankungen bei Kosten nachvollziehen. Die Planungen auf Basis des geometrischen Prototyps unterlagen dabei einer größeren Schwankungsbreite als die auf Basis des technischen Prototyps. Neben den Teilprozessen ersten Grades waren auch Teilprozesse

[760] Der Wert resultiert aus der Mulitplikation des Prozesskostensatzes „Demontage" (28,854 €) mit 220 geplanten Wartungen.

zweiten Grades (z. B. Aussortieren der Ersatzteile) von dieser Unsicherheit betroffen, da diese von den Parametern des zukünftigen Produktes abhingen.

Geometrischer Prototyp: Zeit- und Prozesskostenprognose für die Kostenstelle Kundendienst

	Schwankungsbreite			Minimale Sollzeit pro Teilprozess			Maximale Sollzeit pro Teilprozess			Minimale Gesamtprozesskosten			Maximale Gesamtprozesskosten		
Teilprozesse				Sollzeiten in h			Sollzeiten in h								
	Kl. 1	Kl. 2	Kl. 3	Kl. 1	Kl. 2	Kl. 3	Kl. 1	Kl. 2	Kl. 3	Kl. 1	Kl. 2	Kl. 3	Kl. 1	Kl. 2	Kl. 3
Demontage	30%	50%	75%	0,6	1,4	2,5	0,8	2,1	4,5	5.519,6	14.426,1	28.327,7	7.175,4	21.639,2	49.573,4
Zerlegen	75%	100%	125%	0,2	0,3	0,5	0,4	0,6	1,0	1.978,4	3.091,3	5.136,3	3.462,3	6.182,6	11.556,8
Reinigen	50%	75%	100%	0,2	0,3	0,5	0,4	0,6	1,0	2.176,3	3.372,3	5.564,4	3.264,4	5.901,6	11.128,7
Austausch Verschleißte	75%	100%	125%	0,1	0,2	0,3	0,3	0,4	0,7	1.319,0	2.060,9	3.424,2	2.308,2	4.121,8	7.704,5
Fetten	50%	75%	100%	0,2	0,3	0,5	0,4	0,6	1,0	2.176,3	3.372,3	5.564,4	3.264,4	5.901,6	11.128,7
Zusammenbauen	75%	100%	125%	0,2	0,3	0,5	0,4	0,6	1,0	1.978,4	3.091,3	5.136,3	3.462,3	6.182,6	11.556,8
Montage	30%	50%	75%	0,6	1,4	2,5	0,8	2,1	4,5	5.519,6	14.426,1	28.327,7	7.175,4	21.639,2	49.573,4
Vorbereitung	10%	15%	20%	1,19	1,45	1,70	1,31	1,68	2,06	4.455,4	11.483,9	18.429,2	4.910,1	13.265,6	22.290,1
Nachbereitung	10%	15%	20%	1,19	1,45	1,70	1,31	1,68	2,06	4.455,4	11.483,9	18.429,2	4.910,1	13.265,6	22.290,1
Dokumentation	0%	0%	0%	0,15	0,15	0,15	0,15	0,15	0,15	1.384,3	1.573,0	1.698,9	1.383,7	1.572,4	1.698,2
Fahrten	0%	0%	0%	0,01	0,01	0,01	0,01	0,01	0,01	49.350,2	104.183,7	142.567,2	49.329,8	104.140,6	142.508,2
Kfz-Wartungen															
										80.312,8	172.565,0	262.605,4	90.646	203.812,7	341.008,8
Summe Kosten												515.483,1			635.467,5
Nutzkosten												515.483,1			635.467,5
Leerkosten												134.516,9			14.532,5
												650.000,0			650.000,0

Technischer Prototyp: Zeit- und Prozesskostenprognose für die Kostenstelle Kundendienst

	Schwankungsbreite			Minimale Sollzeit pro Teilprozess			Maximale Sollzeit pro Teilprozess			Minimale Gesamtprozesskosten			Maximale Gesamtprozesskosten		
Teilprozesse				Sollzeiten in h			Sollzeiten in h								
	Kl. 1	Kl. 2	Kl. 3	Kl. 1	Kl. 2	Kl. 3	Kl. 1	Kl. 2	Kl. 3	Kl. 1	Kl. 2	Kl. 3	Kl. 1	Kl. 2	Kl. 3
Demontage	10%	15%	20%	0,5	1,2	2,3	0,5	1,3	2,7	4.318,0	20.608,8	29.039,6	4.749,8	23.700,1	34.847,5
Zerlegen	8%	10%	13%	0,2	0,4	0,6	0,3	0,4	0,7	2.185,0	6.329,8	7.516,1	2.348,9	6.962,8	8.455,6
Reinigen	8%	10%	13%	0,2	0,4	0,6	0,3	0,4	0,7	2.179,8	6.329,8	7.516,1	2.354,2	6.962,8	8.455,6
Austausch Verschleißte	20%	30%	40%	0,3	0,4	0,6	0,3	0,5	0,9	2.473,1	6.935,3	7.985,9	2.967,7	9.015,9	11.180,2
Fetten	5%	8%	10%	0,2	0,4	0,6	0,3	0,4	0,7	2.211,7	6.406,1	7.605,6	2.322,3	6.886,6	8.366,2
Zusammenbauen	8%	10%	13%	0,2	0,4	0,6	0,3	0,4	0,7	2.185,0	6.329,8	7.516,1	2.348,9	6.962,8	8.455,6
Montage	10%	15%	20%	0,5	1,2	2,3	0,5	1,3	2,7	4.318,0	20.608,8	29.039,6	4.749,8	23.700,1	34.847,5
Vorbereitung	3%	5%	8%	1,01	1,28	1,56	1,01	1,28	1,56	2.852,1	12.577,3	17.296,7	2.923,8	13.213,9	18.618,0
Nachbereitung	3%	5%	8%	1,01	1,28	1,56	1,01	1,28	1,56	2.852,1	12.577,3	17.296,7	2.923,8	13.213,9	18.618,0
Dokumentation	0%	0%	0%	0,15	0,15	0,15	0,15	0,15	0,15	1.373,3	2.684,2	1.935,1	1.373,3	2.684,1	1.935,1
Fahrten	0%	0%	0%	0,01	0,01	0,01	0,01	0,01	0,01	33.709,4	120.390,5	139.653,0	33.708,9	120.389,0	139.651,3
Kfz-Wartungen															
										60.657,4	221.777,7	272.400,6	62.771,4	233.691,9	293.430,8
Summe Kosten												554.835,7			589.894,1
Nutzkosten												554.835,7			589.894,1
Leerkosten												95.164,3			60.105,9
												650.000,0			650.000,0

Abbildung 43: Zeit- und Prozesskostenprognose für die Kostenstelle „Kundendienst" unter Einbezug von Schwankungsbreiten

Die Abbildung 43 zeigt die Auswirkungen der am geometrischen und technischen Prototypen ermittelten Schwankungsbreiten auf. Anschaulich lässt sich dabei erkennen, dass die Schwankungsbreite der Sollzeiten und Gesamtprozesskosten vom geometrischen zum technischen Prototypen reduziert wurden. Die Reduktion der Unsicherheit, die durch eine Konkretisierung des Produktmodells erzielt wurde, lässt sich damit auch gut auf die Zeit- und Prozesskostenplanung für die produktbegleitende Dienstleistung übertragen.[761] Das Festlegen der verschiedenen Schwankungsbreiten erfolgte dabei an empirischen Daten der Tooling GmbH in Verbindung mit Workshops von Entwicklern und Controllern. Auch bei dieser

Betrachtung wurden erneut drei Typen von technischen Wartungen anhand der drei Produktklassen von Futtern differenziert. Dabei stellte sich bei den Diskussionen an den verschiedenen Prototypen heraus, dass die Schwankungsbreiten der Teilprozesse ersten Grades generell höher waren als die von Teilprozessen zweiten Grades. Diese konnten aufgrund der geringeren Abhängigkeit vom Prototyp bzw. Produkt und einer tendenziell niedrigeren Abhängigkeit vom externen Faktor besser standardisiert werden.[762]

7.2.5 Hauptprozessverdichtung

Die Dienstleistung „technische Wartung“ wurde in der vorliegenden Fallstudie als Hauptprozess angesehen.[763] Auf Basis der Hauptprozessverdichtung konnte so bei der Tooling GmbH die prototypgestützte Plan-Kalkulation eines mehrjährigen Wartungsauftrages erfolgen, bei dem einzelne Teilprozesse mehrfach durchlaufen werden. Auch bei der Verdichtung des Hauptprozesses „technische Wartung“ konnte in Abhängigkeit von der Beziehung zum Prototypen die Unterteilung nach Teilprozessen ersten bis dritten Grades wieder aufgenommen werden. Die folgende Abbildung 44 zeigt die Hauptprozessverdichtung, die anhand eines geometrischen Prototyps unter Verwendung von prototypgestützten Schwankungsbreiten („Min“- und „Max“-Werte) durchgeführt wurde. Für die Tooling GmbH resultierten dabei wichtige Informationen für die Plan-Kalkulation eines mehrjährigen Auftrages, wodurch sich auch die möglichen Risiken erkennen ließen. Der Engpass bestand bei der Tooling GmbH *nicht* wie bei der Drive AG in den vorhandenen Kapazitäten, sondern beim Markt- bzw. Absatzpotenzial.

---

761 Zur Planung von Kosten und Erlösen unter Unsicherheit im Generellen vgl. Schweitzer, Küpper (2003), S. 435ff.

762 So führten Unterschiede bei den Maschinen der Kunden (externer Faktor) zu tendenziell höheren Schwankungsbreiten bei den Teilprozessen ersten Grades.

763 Vgl. analog auch Cibis, Niemand (1993), S. 201, die dies am Beispiel der IBM Deutschland GmbH beschreiben, sowie die Darstellung bei Palloks-Kahlen, Kuczynski (2000), S. 139.

Kalkulationsmengen				
	Klasse 1	Klasse 2	Klasse 3	
Anzahl Wartungen	10			10
Anzahl Aufträge				1
Anzahl Anrufe				10
km				200
Laufzeit in Jahren				3

			Einmalige Durchführung			Auftrag	
			Medium	Min	Max	Min	Max
Prototyp-bezug	**Teilprozesskosten**	**Kostentreiber**					
1. Grad direkte Beziehung zum Prototypen	Demontage	Wartung	*288,5*	250,9	326,2	752,7	978,5
	Zerlegen	Wartung	*123,7*	89,9	157,4	269,8	472,1
	Reinigen	Wartung	*123,7*	98,9	148,4	296,8	445,1
	Austausch Verschleißteile	Wartung	*82,4*	60,0	104,9	179,9	314,8
	Fetten	Wartung	*123,7*	98,9	148,4	296,8	445,1
	Zusammenbauen	Wartung	*123,7*	89,9	157,4	269,8	472,1
	Montage	Wartung	*288,5*	250,9	326,2	752,7	978,5
2. Grad indirekte Beziehung zum Prototypen	Kundenkontakt	Anrufe	*134,9*	134,9	134,9	404,8	404,6
	Vertragsabschluss	Aufträge	*27,0*	27,0	27,0	27,0	27,0
	Auftragsabwicklung	Aufträge	*54,0*	54,0	54,0	54,0	54,0
	Aussortieren Teile	Wartung	*184,9*	158,8	215,4	476,3	646,2
	Vorbereitung	Aufträge	*52,1*	49,5	54,6	148,5	163,7
	Nachbereitung	Aufträge	*52,1*	49,5	54,6	148,5	163,7
	Dokumentation	Wartung	*62,9*	62,9	62,9	188,8	188,8
	Fakturierung	Aufträge	*46,3*	46,3	46,3	46,3	46,3
	Fahrten	Entfernung	*98,7*	98,7	98,7	296,1	296,1
	Hauptprozesskosten		**1.867,0**	*1.621,0*	*2.116,9*		
	Prozesskosten Wartungsvertrag					*4.608,5*	*6.096,4*
	Einzelkosten						
	Material			550,0	550,0	1.650,0	1.650,0
	Fahrtkosten			70,0	70,0	210,0	210,0
	Prozesse 3. Grades	(GK-Umlage)				417,7	417,7
	Kosten des Auftrages					**6.886,2**	**8.374,2**

Abbildung 44: Hauptprozessverdichtung und Kosten eines Standardauftrags auf Basis des geometrischen Prototyps

Eine analoge Verdichtung erfolgte auch anhand des technischen Prototyps (siehe Anhang Abbildung 60), wobei sich bei der Tooling GmbH für die technische Wartung eine Reduktion der Schwankungsbreite feststellen lässt. Der Mittelwert („Medium“) für die einzelnen Teilprozesse und Hauptprozesskosten resultiert dabei aus den Kostenstelleninformationen. (So ergeben sich beispielsweise die Teilprozesskosten der Demontage von 288,5 Euro aus dem Teilprozesskostensatz in Abbildung 42 Klasse 1 multipliziert mit der Anzahl von 10 Futtern der Klasse 1, die demontiert werden müssen. Gleichzeitig können auch Vielfache dieser Anzahl von Futtern für andere Kunden ohne Probleme berücksichtigt und geplant werden.) Die Abbildung 44 zeigt weiterhin, wie die Informationen aus der Hauptprozessverdichtung am geometrischen Prototypen zu einer Ermittlung der Kosten für einen Standardwartungsvertrag eingesetzt werden konnten. Durch eine Multiplikation der einzelnen Teilprozesssätze mit den geplanten Kostentreibermengen ließen sich die einzelnen auftragsbezogenen Kosten erheben. Dabei erfolgte kostentreiberabhängig eine

Planung der Kosten für den 3 Jahre dauernden Standardwartungsvertrag der Tooling GmbH. Teilprozesse, die eine „Anzahl der Wartung", „Anzahl der Anrufe" oder „km Entfernung" als Kostentreiber haben, wurden so dreimalig (je einmal jährlich) in den Kosten des Auftrages berücksichtigt. Die Teilprozesse mit dem Kostentreiber „Anzahl Auftrag" waren hingegen nicht von der Laufzeit abhängig.

Am geometrischen Prototypen konnte eine Analyse möglicher Schwankungsbreiten innerhalb der minimalen („Min") und maximalen („Max") Werte erfolgen. Der Vorteil der prototypgestützten Planung bestand dabei besonders darin, dass in dieser eine Dokumentation der Informationen zusammen mit dem geometrischen Prototypen erfolgen konnte. Dadurch standen die Daten für den nächsten Planungszyklus am technischen Prototypen bereit. Auch konnte aufgezeigt werden, wie sich gerade die Teilprozesse ersten Grades, aufgrund der Modifikationen am Produkt ,ändern und welche Auswirkungen dies auf die Teilprozesskosten hat.

7.2.6 Integration eines Time Driven Activity Based Costing

Die Bestimmung der Prozesskosten und Prozesskostensätze für die Kostenstelle „Kundendienst" auf Basis des geometrischen Prototyps (Abbildung 42) zeigt bereits die Integration des TD ABC-Ansatzes in die prototypgestützte Konzeption auf. So resultierten auf Basis des *geometrischen Prototyps* Leerkosten für ungenutzte Kapazitäten in Höhe von 76.475 Euro.[764] Gleichzeitig konnte bei der Plan-Kalkulation ebenfalls die Schwankungsbreite und damit die Unsicherheit auch für die Leerkosten am geometrischen Prototypen ermittelt werden. Für die betrachtete Kostenstelle „Kundendienst" resultierten dabei Leerkosten in der minimalen Situation von 134.516 Euro und Leerkosten in der maximalen Situation von 14.532 Euro (vgl. erneut Abbildung 43). Da sich selbst für die Annahme maximaler Gesamtprozesskosten keine negativen Leerkosten ergaben, konnte die Tooling GmbH in der Planung weiter davon ausgehen, dass die geplanten Kapazitäten der Kostenstelle ausreichen. Dies war für die Tooling GmbH von großer Bedeutung, da eine Kapazitätsunterdeckung die Gefahr einer Nichtdurchführung von Wartungen und ein hohes Haftungsrisiko bedeutete. (Eventuell kann der Engpass allerdings durch Überstunden ausgeglichen werden.) Auch im zweiten Planungszyklus auf Basis des technischen Prototypen (vgl. Abbildung 43 unten) zeigte sich, dass die geplanten Kapazitäten auf Basis der Absatzplanung genügten. Bei diesem Planungszyklus ergab sich sogar ein größerer Abstand der maximalen Gesamtprozesskosten zu negativen Leerkosten.

Das prototypgestützte TD ABC konnte so die Potenzialplanung („Handlungsfeld Potenzial") der Tooling GmbH unterstützen. Der geplante Auslastungsgrad der Kostenstelle ließ sich in Abhängigkeit vom geometrischen und technischen Prototypen aufzeigen. Damit ergaben sich dann die Leerkosten aufgrund nicht vorhandener Vollauslastung. Auf diese Weise konnte das prototypgestützte TD ABC zur Lösung eines Leerkostendilemmas wichtige Informationen liefern.

7.3 Prototypgestützte Zielkosten- und Zielerlösplanung

Neben der internen Betrachtung zur Ermittlung der Drifting Costs der technischen Wartung konnten Prototypen auch zur Generierung von externen Informationen für das Zielkostenmanagement eingesetzt werden. Bei der Erhebung der vielfältigen Daten zeigte sich dabei, dass die Probleme der aufgezeigten Handlungsfelder (vgl. Kapitel 4) auch für die Dienstleistung „technische Wartung" bei der Tooling GmbH existierten.

7.3.1 Zielkostenfestlegung

Eine wichtige Absicht der Tooling GmbH ist es, möglichst frühzeitig eine Transparenz über die Zielkosten zu erreichen, um eine große Beeinflussbarkeit zu erlangen. Bei der Analyse und Diskussion am ***Designprototypen*** konnte vom Vertrieb in Zusammenarbeit mit mehreren A-Kunden der Tooling GmbH der Zielverkaufspreis von 8.500 Euro für den Standardwartungsvertrag[765] bei einem geplanten Volumen

[764] Zur Erläuterung von Leerkosten vgl. Schweitzer, Küpper (2003), S. 376.

[765] Der Standardwartungsvertrag bei der Tooling GmbH umfasst 10 Wartungen eines Futters Klasse 1 für ein Unternehmen im Radius von 200km für einen Zeitraum von drei Jahren. Varianten dieses Vertrages lassen sich unproblematisch in der prototypgestützten Kosten- und Erlösplanung berücksichtigen.

von 2700 Aufträgen für die nächsten 5 Jahre ermittelt werden.[766] Das Produktmodell des zukünftigen Futters der Klasse 1 wurde dabei zur Visualisierung und Kommunikation der Änderungen verwendet. Gleichzeitig wurde dem Vertrieb dadurch ermöglicht, die Komplexität einer technischen Wartung aufzuzeigen und somit die Kosten für den Vertrag zu begründen.[767] Neben dieser Market-into-Company-Zielkostenfestlegung wurde gleichzeitig eine Überprüfung durch eine Out-of-Competitor-Analyse durchgeführt. Bereits am *Designprototypen* wurden potenzielle Konkurrenten analysiert und ausgewählt, um nach einer weiteren Prototypkonkretisierung möglichst schnell Zielkosten aus dem Markt ermitteln zu können.

Am ***geometrischen Prototypen*** ließen sich, wie bereits aufgezeigt, die notwendigen Teilprozesse für die technische Wartung analysieren und dokumentieren. Anhand des geometrischen Prototypen konnten so bei der Tooling GmbH Informationen über wichtige Teilprozesse der Dienstleistungen generiert werden. Auf den Messen AMB 2004 in Stuttgart und AUTOMATICA 2004 in München wurde dann der Zielpreis von den Konkurrenten (n=16) erhoben. Die ermittelten Stundensätze für die Wartung lagen dabei zwischen 60 und 90 Euro pro Stunde. Durch Multiplikation mit den geplanten Wartungszeiten ergaben sich auch konkurrenzorientierte Zielkosten.[768] Dabei erfolgte allerdings eine starke Betonung der Mengenkomponente. Die Preisbereitschaft und der Wert aus Sicht der Kunden wurde bei der Erhebung über Stundensätze nicht berücksichtigt.[769] Diese Methode wurde daher auch nicht direkt in die Zielkostenbestimmung bei der Tooling GmbH integriert.

In Zusammenarbeit von Controlling und Vertrieb wurden die Zielkosten für den technischen Wartungsvertrag weiterhin anhand des ***funktionalen*** und ***technischen Prototypen*** noch einmal kritisch überprüft. Als Ausgangspunkt dienten die am

---

766 Der Analyse- und Entscheidungsprozess war dabei relativ zeitaufwendig. Der ursprünglich anvisierte Zielkostenpreis von 10.000 Euro konnte bei den Kunden nicht durchgesetzt werden.

767 Am nachfolgenden geometrischen Prototypen des Futters konnten so schon ausführliche Aussagen zur Ausfallwahrscheinlichkeit, Wartungshäufigkeit und tendenziellen Lebensdauer vorgenommen werden.

768 Für Wartungsverträge konnten im Rahmen der Befragung keine brauchbaren Ergebnisse erzielt werden, da bei Konkurrenten häufig kein Festpreis für diese Dienstleistung existierte. Vielmehr erfolgte eine spezielle, auftragsindividuelle Festlegung in Abhängigkeit weiterer Rahmenbedingungen (z. B. Komplexität des Produktes).

769 Das Ziel der Tooling GmbH besteht gerade bei der Betonung des Bezuges der Dienstleistung zum Produkt, um eine Fokussierung auf die Zeitkomponente (in Form von Stundensätzen) zu reduzieren. Vielmehr will die Tooling GmbH durch innovative Dienstleistungen zu ihren innovativen Produkten Pauschalpreise am Markt durchsetzen.

vorhergehenden Prototypen dokumentierten Veränderungen. Der Zielverkaufspreis von 8.500 Euro konnte auch nach dieser Analyse beibehalten werden.

Als großer Vorteil des Einsatzes von Prototypen stellte sich bei der Zielpreisermittlung die Veranschaulichung der Dienstleistung am zukünftigen Produkt dar. Durch eine ***Analyse*** am Prototypen konnte so das Immaterialitätsproblem der technischen Wartung überwunden und eine ***Entscheidung*** erleichtert werden. Bei der Tooling GmbH erfolgte eine ***Dokumentation*** der Ergebnisse am Prototypen, so dass für den technischen Prototypen eine einfachere Analyse möglich war.[770] Am technischen Prototypen konnten damit die einzelnen Teilprozesse überprüft und auch die Identität der Teilprozesse zu den bereits am Designprototypen identifizierten Abläufen festgestellt werden. Neben dieser Unterstützung auf dem Handlungsfeld ***Ergebnis*** resultierte bei der Tooling GmbH gleichzeitig eine Unterstützung für das Handlungsfeld ***Potenzial***. Durch die Veranschaulichung der Wartung am Futter konnte die erste Absatzplanung bereits am geometrischen Prototypen vorgenommen werden. Daraus resultierte wiederum eine Reduktion des Kapazitätsplanungsproblems. Gleichzeitig wurde im Team diskutiert, welche Unsicherheiten durch die Integration des Kunden (als ein externer Faktor auf dem Handlungsfeld ***Prozess***) existierten. Aufgrund der Bedeutung der Unsicherheit wurde auch im Rahmen des prototypgestützten Target Costing für die technische Wartung mit Schwankungsbreiten gearbeitet und diese am geometrischen und technischen Prototypen ausführlich diskutiert.

7.3.2 Zielerlösfestlegung

Problematisch stellte sich bei der Tooling GmbH die Bestimmung eines adäquaten ***Zielgewinns*** (Target Profit) für die technische Wartung dar. Durch die Beziehung zum Produkt anhand des Prototypen konnten zwar die zugehörigen Produktbereiche (z. B. Werkzeughalter, Komplettsysteme) samt deren Renditeanforderungen schnell ermittelt werden. Der Anspruch von identischen Renditeanforderungen an die Dienstleistungen wie für das physische Produkt blieb allerdings auch aus Sicht der

---

[770] Gleichzeitig konnten so auch die in die Analyse und Entscheidung eingegangenen Einflussparameter dokumentiert werden. So wurde festgehalten, dass auch weiterhin *keine* unentgeltliche Abgabe der Services erfolgen soll. Vielmehr wird von der Tooling GmbH angestrebt

Tooling GmbH unbefriedigend, da Besonderheiten der Services nicht explizit berücksichtigt werden.
Die bestehende Preisintransparenz der technischen Wartung, die im Rahmen der Zielkostenfindung problematisch war, barg aus Sicht der Tooling GmbH tendenziell auch die Möglichkeit der Erzielung höherer Erlöse. Eine Verknüpfung von produktbegleitenden Dienstleistungen mit dem physischen Produkt zur Reduktion der Preistransparenz war dabei auch ein explizites Ziel der Tooling GmbH. Daneben erschien gerade durch die Bindung an die innovativen Produkte auch ein Wechsel zu Konkurrenten schwieriger möglich. Damit wurde die Generierung höherer Erlöse angestrebt. Allerdings war gleichzeitig die Reaktion der bestehenden und möglichen neuen Wettbewerber (z. B. auch aus dem Großmaschinenbau) schwer zu prognostizieren. Aus Diskussionen und Analysen an Prototypen konnten neben dem Vergleich mit bestehenden Wettbewerbsprodukten auch neue, potenzielle Konkurrenten generiert werden. Gleichzeitig ließen sich Unterstützungsmöglichkeiten für Verbindungen zwischen den innovativen Futtern und den technischen Wartungen erkennen.[771]

Trotzdem war der Nutzen von verschiedenen Prototypen für die Tooling GmbH bei der *Zielerlösfestlegung* im Vergleich zu anderen Phasen der prototypgestützten Kosten- und Erlösplanung eher gering. Neben den aufgezeigten Einsatzpotenzialen konnten nur sehr eingeschränkt konkrete Aussagen vorgenommen werden. Der große Nutzen von Prototypen bei der Zielerlösfindung bestand vor allem in der gemeinsamen Analyse von Marketing, Vertrieb, Entwicklung und Controlling.[772] Gerade bei der Planung der geeigneten Preisstrategie innerhalb des Marketing-Mixes konnten die Prototypen als Diskussionsgrundlage eingesetzt werden.

Auf die Festlegung der Zielrendite von 25 % für die technische Wartung hatte der Prototyp aber keinen direkten Einfluss.[773] Die wesentliche Funktion von Prototypen im Zielerlösfindungszyklus lag bei der Tooling GmbH in der Darstellung von

den innovativen Mehrwert und Nutzen der technischen Wartung in Zukunft noch stärker zu kommunizieren.

[771] Die Tooling GmbH setzt dabei insbesondere auf mechatronische Neuerungen bei den Futtern, die spezielle Wartungen erfordern.

[772] So konnte auch eine stärkere Kommunikation zwischen den einzelnen Unternehmensbereichen erzielt werden.

potenziellen Risiken und Unsicherheiten. Durch die Verwendung von prototypgestützten Schwankungsbreiten konnten so mögliche Auswirkungen auf den Target Profit aufgezeigt werden.

7.4 Prototypgestützte markt- sowie prozessorientierte Kosten- und Erlösplanung

7.4.1. Retrograde Kalkulation

Zur Realisierung der Marktorientierung der Kalkulation wurden bei der Tooling GmbH, wie bereits in Kapitel 7.2 geschildert, am Prototypen die prognostizierten Standardkosten (Drifting Costs) prozessorientiert ermittelt. Das Ergebnis für die Planung eines Standardauftrages[774] am geometrischen und technischen Prototypen zeigt Abbildung 45.

			Geometrischer Prototyp				Technischer Prototyp			
			1x Durchführung		Auftrag		1x Durchführung		Auftrag	
			Min	Max	Min	Max	Min	Max	Min	Max
Prototyp-bezug	Teilprozesskosten	Kostentreiber								
1. Grad direkte Beziehung zum Prototypen	Demontage	Wartung	250,9	326,2	752,7	978,5	196,3	215,9	588,8	647,7
	Zerlegen	Wartung	89,9	157,4	269,8	472,1	99,3	106,8	298,0	320,3
	Reinigen	Wartung	98,9	148,4	296,8	445,1	99,1	107,0	297,2	321,0
	Austausch	Wartung	60,0	104,9	179,9	314,8	112,4	134,9	337,2	404,7
	Fetten	Wartung	98,9	148,4	296,8	445,1	100,5	105,6	301,6	316,7
	Zusammenbauen	Wartung	89,9	157,4	269,8	472,1	99,3	106,8	298,0	320,3
	Montage	Wartung	250,9	326,2	752,7	978,5	196,3	215,9	588,8	647,7
2. Grad indirekte Beziehung zum Prototypen	Kundenkontakt	Anrufe	134,9	134,9	404,8	404,6	133,9	133,9	401,6	401,6
	Vertragsabschluss	Aufträge	27,0	27,0	27,0	27,0	26,8	26,8	26,8	26,8
	Auftragsabwicklung	Aufträge	54,0	54,0	54,0	54,0	53,5	53,5	53,5	53,5
	Aussortieren Teile	Wartung	158,8	215,4	476,3	646,2	85,3	98,6	256,0	295,9
	Vorbereitung	Aufträge	49,5	54,6	148,5	163,7	40,7	41,8	122,2	125,3
	Nachbereitung	Aufträge	49,5	54,6	148,5	163,7	40,7	41,8	122,2	125,3
	Dokumentation	Wartung	62,9	62,9	188,8	188,8	62,4	62,4	187,3	187,3
	Fakturierung	Aufträge	46,3	46,3	46,3	46,3	45,9	45,9	45,9	45,9
	Fahrten	Entfernung	98,7	98,7	296,1	296,1	97,9	97,9	293,8	293,7
	Hauptprozesskosten		*1.621,0*	*2.116,9*			*1.490,4*	*1.595,4*		
	Prozesskosten Wartungsvertrag				*4.608,5*	*6.096,4*			*4.218,9*	*4.533,7*
	Einzelkosten									
	Material		550,0	550,0	1.650,0	1.650,0	500,0	500,0	1.500,0	1.500,0
	Fahrtkosten		70,0	70,0	210,0	210,0	70,0	70,0	210,0	210,0
	Prozesse 3. Grades (GK-Umlage)				417,7	417,7			382,9	382,9
	Kosten des Auftrages				6.886,2	8.374,2			6.311,8	6.626,6

Abbildung 45: Drifting Costs am geometrischen und technischen Prototypen für einen Standardauftrag „technische Wartung"

Ausgehend von dem am Prototypen ermittelten Zielverkaufspreis von 8.500 Euro sowie der angestrebten Zielrendite von 25 % ließen sich so die vom Markt erlaubten

773 Der Wert für die Zielrendite der Tooling GmbH wurde modifiziert. Eine Cash Flow orientierte Zielerlösfestlegung, wie dies z. B. von Paul (1998), S. 248ff. vorgeschlagen wird, erfolgt bisher bei der Tooling GmbH nicht.

774 Für die Rahmenbedingungen eines Standardwartungsvertrages bei der Tooling GmbH vgl. erneut Fußnote 765.

Kosten für einen Standardwartungsvertrag ermitteln. Zur Ermittlung der beeinflussbaren Zielkosten wurden dabei zunächst die Prozesskosten dritten Grades, die keine bzw. nur eine sehr lose Beziehung zum Prototypen haben, subtrahiert.[775] Damit ergaben sich die Zielkosten für die technische Wartung, die durch Kostensenkungsmaßnahmen beeinflussbar waren. Die prototypgestützte Schwankungsbreite zeigte dabei auch auf, wie hoch in Abhängigkeit von den Drifting Costs die minimale bzw. maximale Zielkostenlücke war.[776]

Prototypgestützte Ermittlung der Zielkostenlücken

Geometrischer Prototyp				**Technischer Prototyp**			
Zielpreis		8.500,00	Euro	Zielpreis		8.500,00	Euro
Zielgewinn 25%	./.	2.125,00	Euro	Zielgewinn 25%	./.	2.125,00	Euro
Gesamt-Zielkosten		6.375,00	Euro	Gesamt-Zielkosten		6.375,00	Euro
Ziel-Overhead (PK 3. Grades)	./.	417,74	Euro	Ziel-Overhead (PK 3. Grades)	./.	382,89	Euro
Beeinflussbare Zielkosten		**5.957,26**	**Euro**	**Beeinflussbare Zielkosten**		**5.992,11**	**Euro**
Drifting Costs (min.)		6.468,48	Euro	Drifting Costs (min.)		5.928,92	Euro
Zielkostenlücke 1		511,22	Euro	Zielkostenlücke 1		-63,19	Euro
Drifting Costs (max.)		7.956,43	Euro	Drifting Costs (max.)		6.243,66	Euro
Zielkostenlücke 2		1.999,17	Euro	Zielkostenlücke 2		251,55	Euro

PK: Prozesskosten

Abbildung 46: Ermittlung der Zielkostenlücken auf Basis der Prototypen

7.4.2 Zielkostenspaltung

Im Rahmen des prototypgestützten Zielkostenspaltungszyklus wurden die Zielkosten der gesamten technischen Wartung mit der ***Funktionsmethode*** entsprechend der Wertschätzung durch den Kunden auf die Teilprozesse verteilt. Aufgrund von Zeit- und Ressourcenrestriktionen verzichtete die Tooling GmbH darauf, die Kundenanforderungen für die technische Wartung mittels einer Marktforschungsstudie (z. B. unter Nutzung einer Conjoint-Analyse) durchzuführen. Stattdessen wurde in Diskussion mit Vertrieb, Marketing, Controlling und unter Einbeziehung von A-Kunden am ***Designprototypen*** zunächst die wesentlichen Dienstleistungsfunktionen analysiert

[775] Durch Kostensenkungsmaßnahmen konnte auch dieser Prozesskostensatz zwischen der Entwicklung des geometrischen und technischen Prototypen von 417,- auf 383,- Euro reduziert werden.

[776] Die Drifting Costs resultieren dabei aus den Kosten des Auftrages (Abbildung 45) abzüglich der GK-Umlage (Prozesskosten dritten Grades).

und festgelegt. Dies waren Ergebnis-, Prozessqualität, technische Kompetenz und Flexibilität.[777]

Anschließend erfolgte im internen Target-Costing-Team eine Identifikation und Entscheidung der Teilprozesse einer technischen Wartung, die zur Erfüllung der Dienstleistung erforderlich sind.[778] In einem ausführlichen Workshop des Target-Costing-Teams wurde die Gewichtung der einzelnen Leistungsfunktionen und deren Aufspaltung in einer ***Funktionenkomponentenmatrix*** vorgenommen. Am ***geometrischen Prototypen*** erfolgte nach einer Bestätigung der Dienstleistungsfunktion bereits eine Analyse der verschiedenen Teilprozesse und eine Entscheidung über die Gewichtung und die Aufspaltung. Gerade bei diesem Workshop zeigten sich die Vorteile des Prototypeneinsatzes auch für produktbegleitende Dienstleistungen. Anhand des Produktmodells eines zukünftigen Futters konnte so der Prozess und das angestrebte Ergebnis der technischen Wartung dargestellt, analysiert und kommuniziert werden. Trotz der Interdisziplinarität des Target-Costing-Teams mit Mitarbeitern aus Vertrieb, Controlling und Entwicklung konnte dabei die technische Wartung visualisiert und verständlich dargestellt werden. Somit erfolgte auch eine Überwindung des Immaterialitätsproblems am Prototypen. Gleichzeitig konnte durch die Aufteilung in Teilprozesse ersten und zweiten Grades erneut anschaulich visualisiert werden, welche Prozesse besonders von möglichen Veränderungen am Prototypen betroffen sind.

Die Resultate wurden zusammen mit dem Prototypen dokumentiert und so für eine neue Analyse am ***technischen Prototypen*** bereitgestellt. Aufgrund geringer Änderungen vom geometrischen zum technischen Modell des Futters erfolgte jedoch keine Änderung für das vorher bestimmte Prozessmodell der technischen Wartung. Daher wurde auch die zuvor bestimmte Gewichtung und Aufspaltung der Funktionen-

---

[777] Hauptsächliche Parameter für die *Ergebnisqualität* sind die Länge von Ausfall- und Stillstandzeiten, für die *Prozessqualität* die Schnelligkeit und der strukturierte Ablauf. Die *Technische Kompetenz* zeichnet sich durch das Problemlösungsvermögen der Mitarbeiter aus und *Flexibilität* bezieht sich auf die anpassungsfähige Termindisposition. Flexibilität hat daher ein relativ hohes Gewicht, da die Spannfutter als Bestandteil einer Maschine idealerweise dann zu warten sind, wenn diese ohnehin eine Stillstandzeit hat.

[778] Diese Teilprozesse entsprechen denen aus der prototypgestützten Teilprozessermittlung in Kapitel 7.2.

komponentenmatrix, die in Abbildung 47 dargestellt ist, für die Bestimmung der Zielkostenindizes beibehalten.[779]

		Leistungsfunktionen	Ergebnisqualität		Prozessqualität		Technische Kompetenz		Flexibiltät (Termindisposition)		
	Bezug zum Prototypen	*Gewichtung der Funktion*	*55*		*25*		*5*		*15*		Gewicht der Teilprozesse
Teilprozesse	1.Grades	Demontage	*10%*	5,5	*10%*	2,5	*25%*	1,25		0	9,25
	1.Grades	Zerlegen	*5%*	2,75	*5%*	1,25	*10%*	0,5		0	4,5
	1.Grades	Reinigen	*20%*	11	*5%*	1,25	*10%*	0,5		0	12,75
	1.Grades	Austausch Verschleißteile	*25%*	13,75	*5%*	1,25	*10%*	0,5		0	15,5
	1.Grades	Fetten	*10%*	5,5	*5%*	1,25	*10%*	0,5		0	7,25
	1.Grades	Zusammenbauen	*5%*	2,75	*5%*	1,25	*10%*	0,5		0	4,5
	1.Grades	Montage	*10%*	5,5	*10%*	2,5	*25%*	1,25		0	9,25
	Summe 1. Grad										*63,00*
	2.Grades	Kundenkontakt		0	*15%*	3,75		0	*15%*	2,25	6
	2.Grades	Vertragsabschluss		0	*15%*	3,75		0		0	3,75
	2.Grades	Auftragsabwicklung		0		0		0	*50%*	7,5	7,5
	2.Grades	Aussortieren Teile	*5%*	2,75		0		0	*5%*	0,75	3,5
	2.Grades	Vorbereitung	*5%*	2,75		0		0	*5%*	0,75	3,5
	2.Grades	Nachbereitung		0	*5%*	1,25		0		0	1,25
	2.Grades	Dokumentation		0	*5%*	1,25		0		0	1,25
	2.Grades	Fakturierung		0	*5%*	1,25		0		0	1,25
	2.Grades	Fahrten	*5%*	2,75	*10%*	2,5		0	*25%*	3,75	9
	Summe 2. Grad										*37,00*
	Summe		*100%*		*100%*		*100%*		*100%*		*100,00*

Abbildung 47: Funktionenkomponentenmatrix der technischen Wartung

In der Funktionenkomponentenmatrix wurde auch die Differenzierung hinsichtlich der Beziehung zum Prototypen in Prozesse ersten Grades (direkter Prototypbezug) und Prozesse zweiten Grades (indirekter Prototyp) weiter aufgenommen. So zeigte sich bei der Aufsummierung der Teilgewichte für die ***Prozesse ersten Grades***, dass diese bereits 63 % der Gesamtgewichtung aus Kundensicht beeinflussen. Für die Tooling GmbH bedeutete dies, dass der Einfluss einer Veränderung am Futter auch sehr große Bedeutung für wesentliche Wartungsprozesse hat. Die ***Prozesse zweiten Grades*** bestimmten hingegen mit insgesamt 37 % die vom Kunden gewünschten Dienstleistungsmerkmale. Weiterhin zeigte die Matrix, dass die Ergebnis- sowie Prozessqualität aus Kundensicht die wesentlichen Parameter und Stellhebel darstellten.[780]

Auf Basis der in der Funktionenkomponentenmatrix ermittelten Zielgewichte der Teilprozesse erfolgte am geometrischen und technischen Prototypen eine Ermittlung von Zielkostenindizes. Ausgehend von den am geometrischen Prototypen ermittelten Schwankungsbreiten wurde so der Nutzen (im Sinne der kundenorientierten Zielgewichte der Teilprozesse) in das Verhältnis zu den Kosten gestellt. Dies erfolgte

[779] Ein iteratives, prototypgestütztes Vorgehen zur Ermittlung einer neuen Funktionenkomponentenmatrix am technischen Prototypen hätte so zwar detailliertere Informationen geliefert, allerdings einen aus Sicht der Tooling GmbH nicht vertretbaren kapazitiven Mehraufwand für die Kosten- und Erlösplanung begründet.

[780] Die beiden Parameter Ergebnis- und Prozessqualität wurden zusammen mit 80% gewichtet.

sowohl für die Drifting Costs als auch für die Allowable Costs.[781] Durch dieses Vorgehen wurden bereits am geometrischen Prototypen Kostensenkungsbedarfe für die einzelnen Teilprozesse aufgezeigt.[782]

Geometrischer Prototyp											
	Prozesse	Nr.	Kostenanteil auf Basis der Drifting Costs in % Min	Max	Kostenanteil an Allowable Cost in % Min	Max	Zielgewicht der Teilprozesse	Zielkostenindizes Basis: Drifting Costs Min	Max	Zielkostenindizes Basis: Allowable Costs Min	Max
Teilprozesse 1.Grades	Demontage	1	18,4%	17,2%	20,0%	23,0%	9,3%	0,50	0,54	0,46	0,40
	Zerlegen	2	6,6%	8,3%	7,2%	11,1%	4,5%	0,68	0,54	0,63	0,41
	Reinigen	3	7,3%	7,8%	7,9%	10,5%	12,8%	1,75	1,63	1,61	1,22
	Austausch Verschleißteile	4	4,4%	5,5%	4,8%	7,4%	15,5%	3,52	2,80	3,24	2,09
	Fetten	5	7,3%	7,8%	7,9%	10,5%	7,3%	1,00	0,92	0,92	0,69
	Zusammenbauen	6	6,6%	8,3%	7,2%	11,1%	4,5%	0,68	0,54	0,63	0,41
	Montage	7	18,4%	17,2%	20,0%	23,0%	9,3%	0,50	0,54	0,46	0,40
Teilprozesse 2.Grades	Kundenkontakt	8	6,3%	5,1%	6,8%	6,8%	6,0%	0,96	1,18	0,88	0,88
	Vertragsabschluss	9	0,4%	0,3%	0,5%	0,5%	3,8%	8,99	11,06	8,28	8,28
	Auftragsabwicklung	10	0,8%	0,7%	0,9%	0,9%	7,5%	8,99	11,06	8,28	8,28
	Aussortieren Teile	11	7,4%	8,1%	8,0%	10,8%	3,5%	0,48	0,43	0,44	0,32
	Vorbereitung	12	2,3%	2,1%	2,5%	2,7%	3,5%	1,52	1,70	1,40	1,27
	Nachbereitung	13	2,3%	2,1%	2,5%	2,7%	1,3%	0,54	0,61	0,50	0,45
	Dokumentation	14	2,9%	2,4%	3,2%	3,2%	1,3%	0,43	0,53	0,39	0,39
	Fakturierung	15	0,7%	0,6%	0,8%	0,8%	1,3%	1,75	2,15	1,61	1,61
	Fahrten	16	7,8%	6,4%	8,5%	8,5%	9,0%	1,15	1,41	1,06	1,06
			100,0%	100,0%	108,6%	133,6%	100,0%				

Abbildung 48: Zielkostenindizes auf Basis des geometrischen Prototyps

An den Zielkostenindizes der Teilprozesse Demontage und Montage ließ sich erkennen, dass diese mit einer Schwankung von 0,46 bis 0,4 tendenziell „zu teuer" waren.[783] In Diskussion mit Mitarbeitern des technischen Kundendienstes wurden daher am technischen Prototypen Kostensenkungspotenziale durch Vereinfachungsmöglichkeiten diskutiert und erarbeitet. Die Zielkostenindizes für die Teilprozesse „Demontage" (TP 1) und „Montage" (TP 7) sind daher bei der Planung auf Basis des technischen Prototypen gestiegen (vgl. Abbildung 49).[784]

Ebenfalls fiel bei der Betrachtung der Zielkostenindizes am geometrischen Prototypen auf, dass die Teilprozesse „Vertragsabschluss" (TP 9), „Auftragsabwicklung" (TP 10) sowie „Austausch Verschleißteile" (TP 4) im Verhältnis zu ihrem Nutzen relativ wenig kosten. Gleichzeitig ist die Schwankungsbreite des Zielkostenindex für den Teilprozess TP 4 („Austausch Verschleißteile") mit 2,09 bis

---

781 Die Allowable Costs entsprechen den beeinflussbaren Zielkosten in Abbildung 46 und entsprechen 5957,- Euro sowie 5992,- Euro. Die minimalen und maximalen Drifting Costs am geometrischen und technischen Prototypen können der gleichen Tabelle entnommen werden.

782 Zum generellen Einsatz und zur Berechnung von Zielkostenindizes und Zielkostenkontrolldiagramm im Target Costing ohne den Einsatz von Prototypen vgl. Arnaout (2002), S. 52f., Horváth (2003a), S. 545ff., sowie die sehr anschauliche Praxisanwendung und Erläuterung bei Müller, Wolbold (1993), S. 129ff.

783 Der Zielkostenindex von 0,46 berechnet sich dabei aus der Division des Zielgewichtes des Teilprozesses von 9,3% durch den minimalen Kostenanteil der Allowable Costs in Höhe von 20%.

3,24 relativ hoch. Da dieser Teilprozess weiterhin insgesamt eine hohe Gewichtung hatte, wurde er bei der Tooling GmbH besonders analysiert und eine längere Sollzeit für diesen in der Planung am technischen Prototypen berücksichtigt.[785] Weiterhin ließen sich beim Teilprozess „Aussortieren der Teile“ durch Veränderungen am geometrischen Prototypen mehr Gleichteile generieren und damit die Kostenanteile von 7,4/ 8,1 % auf 4,3/ 4,9 % reduzieren.

Technischer Prototyp											
	Prozesse	Nr.	Kostenanteil auf Basis der Drifting Costs in %		Kostenanteil an Allowable Costs in %		Zielgewicht der Teilprozesse	Zielkostenindizes Basis: Drifting Costs		Zielkostenindizes Basis: Allowable Costs	
			Min	Max	Min	Max		Min	Max	Min	Max
Teilprozesse 1.Grades	Demontage	1	15,4%	15,6%	15,3%	16,3%	9,3%	0,60	0,59	0,61	0,57
	Zerlegen	2	7,8%	7,7%	7,7%	8,0%	4,5%	0,58	0,58	0,58	0,56
	Reinigen	3	7,8%	7,7%	7,7%	8,1%	12,8%	1,64	1,65	1,65	1,58
	Austausch Verschleißteile	4	8,8%	9,7%	8,7%	10,2%	15,5%	1,75	1,59	1,77	1,53
	Fetten	5	7,9%	7,6%	7,8%	7,9%	7,3%	0,92	0,95	0,93	0,91
	Zusammenbauen	6	7,8%	7,7%	7,7%	8,0%	4,5%	0,58	0,58	0,58	0,56
	Montage	7	15,4%	15,6%	15,3%	16,3%	9,3%	0,60	0,59	0,61	0,57
Teilprozesse 2.Grades	Kundenkontakt	8	6,8%	6,4%	6,7%	6,7%	6,0%	0,89	0,93	0,90	0,90
	Vertragsabschluss	9	0,5%	0,4%	0,4%	0,4%	3,8%	8,31	8,75	8,39	8,39
	Auftragsabwicklung	10	0,9%	0,9%	0,9%	0,9%	7,5%	8,31	8,75	8,39	8,39
	Aussortieren Teile	11	4,3%	4,7%	4,3%	4,9%	3,5%	0,81	0,74	0,82	0,71
	Vorbereitung	12	2,1%	2,0%	2,0%	2,1%	3,5%	1,70	1,74	1,72	1,67
	Nachbereitung	13	2,1%	2,0%	2,0%	2,1%	1,3%	0,61	0,62	0,61	0,60
	Dokumentation	14	3,2%	3,0%	3,1%	3,1%	1,3%	0,40	0,42	0,40	0,40
	Fakturierung	15	0,8%	0,7%	0,8%	0,8%	1,3%	1,61	1,70	1,63	1,63
	Fahrten	16	8,5%	8,1%	8,4%	8,4%	9,0%	1,06	1,12	1,07	1,07
			100,0%	100,0%	98,9%	104,2%	100,0%				

Abbildung 49: Zielkostenindizes auf Basis des technischen Prototyps

Die Veränderungen bei der minimalen und maximalen Zielkostenlücke vom geometrischen zum technischen Prototypen ließen sich auch anhand der Zielkostenindizes aufzeigen. Da sich am technischen Prototypen für den minimalen Wert, am unteren Ende der Schwankungsbreite, eine negative Zielkostenlücke von 63,19 Euro ergeben hat, resultiert bei den minimalen Allowable Costs eine Summe von 98,9 %. Daher sind am technischen Prototypen die Zielkostenindizes auf Basis der Allowable Costs höher als die auf Basis der Drifting Costs.

Zu einer besseren Veranschaulichung konnten auch die Zielkostenindizes auf Basis des geometrischen und technischen Prototyps in einem Zielkostenkontrolldiagramm dargestellt werden. Gleichzeitig ließen sich in diesem ebenfalls die Schwankungsbreiten von minimalen zu maximalen Werten darstellen und somit die Unsicherheit über die Erreichung der Zielkosten auch visualisieren. Abbildung 50 zeigt diese

[784] Allerdings sind die Werte noch deutlich kleiner als 1 und damit „zu teuer“. Daher besteht gerade bei diesen schwergewichtigen, teueren Teilprozessen aus Sicht des prototypgestützten Target Costing noch ein Kostensenkungsbedarf.

[785] Durch dieses Vorgehen strebt die Tooling GmbH eine Kommunikation der Qualität der technischen Wartung an den Kunden an.

graphische Darstellung auf Basis des geometrischen Prototyps für die ermittelten Zielkostenindizes.[786]

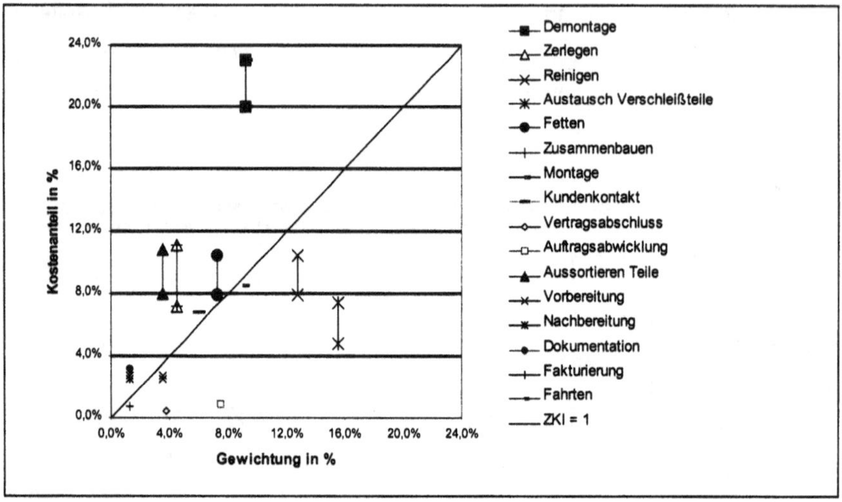

Abbildung 50: Zielkostenkontrolldiagramm auf Basis des geometrischen Prototyps[787]

7.4.3. Permanente Zielkosten- und Zielerlöserreichung

Ausgehend von den Informationen aus der prototypgestützten, prozessorientierten Planung und dem zuvor beschriebenen prototypgestützten Zielkostenfindungs- und Zielkostenspaltungszyklus wurden bei der Tooling GmbH bereits im Rahmen der Prototypentwicklung erste Maßnahmen zur ***Zielkostenerreichung*** für die Dienstleistungen angestoßen. Die Informationen der Zielkostenindizes auf Basis des geometrischen Prototypen führten so bereits zu einer kritischen Hinterfragung von einzelnen Teilprozessen (besonders „Montage" und „Demontage") sowie zu Überlegungen hinsichtlich wertgestaltender Maßnahmen (besonders beim Teilprozess „Austausch Verschleißteile"). Dabei standen primär die Teilprozesse ersten Grades im Fokus, falls möglich wurden jedoch auch Kostensenkungen an den Teilprozessen zweiten Grades durchgeführt.

[786] Das Zielkostenkontrolldiagramm zeigte erneut, welche Prozesse eine hohe Schwankungsbreite bei den Kosten hatten (z. B. TP 1 „Demontage" und TP 7 „Montage") und dass eventuell bei dem Teilprozess TP 4 höhere Kosten erlaubt werden können.

[787] Minimale und maximale Allowable Costs im Verhältnis zur Gewichtung aus Kundensicht.

Vorhandene Prozesszeiten aus vergleichbaren, bestehenden Dienstleistungen wurden ebenfalls in ersten einfachen Cost Tables zusammen mit dem geometrischen Prototypen des Futters dokumentiert, um eine Vergleichsbasis für spätere Kostensenkungsmaßnahmen zu erhalten. Das Ziel der Tooling GmbH bestand dabei besonders in einer iterativen, ***prototypgestützten Prozesswertanalyse***. Bei Erreichen einer neuen, wesentlichen Prototypenphase des physischen Produktes sollten so gleichzeitig wertschöpfende und nicht-wertschöpfende Prozesse kritisch hinterfragt werden.[788]

Aus Komplexitätsgründen wurde eine solche Analyse bei der Tooling GmbH nur für den geometrischen und technischen Prototypen durchgeführt. Für weitere Prototypen (Design- und funktionaler Prototyp) erschien der zusätzliche Aufwand im Vergleich zum Nutzen nicht gerechtfertigt. Hinsichtlich der ***Zielerlöserreichung*** existierte auch bei der Tooling GmbH eine geringe Nutzung von Prototypen. Die Verwendung der Produktmodelle blieb so eher gering auf einzelne Informationen für das Preismanagement im Marketing beschränkt.

Gleichzeitig stellte sich bei der Tooling GmbH klar heraus, dass die Zielkostenerreichungsmaßnahmen nicht auf die produktbegleitende Dienstleistung „technische Wartung" beschränkt sein konnten. Vielmehr existierten zahlreiche Implikationen zwischen Produkt und begleitender Dienstleistung, so dass eine parallele Entwicklung von Service und Prototyp (im Sinne eines „Service and Product Engineering") als Konsequenz angestrebt und bereits in ersten Ansätzen realisiert wurde. Die Art und Weise der Verbindung bei der Tooling GmbH wird im folgenden Kapitel detaillierter beschrieben.

[788] Dabei sollten nicht-wertschöpfende Teilprozesse, die für die Erstellung der Dienstleistung nicht notwendig sind, eliminiert werden. Unentbehrliche, nicht-wertschöpfende Tätigkeiten sollten hingegen bei der Tooling GmbH minimiert werden. Zur Wertanalyse im Allgemeinen vgl. Hahn, Hungenberg (2001), S. 321, sowie für eine sehr anschauliche Transformation auf den Dienstleistungsbereich vgl. Corsten (2001), S. 280-285.

7.5 Einbindung der Planung in ein prototypgestütztes Service Engineering

Als Grundlage für eine Verknüpfung von physischem und Service Engineering erfolgte am ***Designprototypen*** eine ausführliche Analyse zur Ideengenerierung von möglichen innovativen Dienstleistungen. Die Ergebnisse wurden dokumentiert und sollten so für weitere Entwicklungszyklen als wesentliche Erfahrungen bereitstehen. Auch erfolgte am Designprototypen eine erste grobe Ablaufplanung für die verschiedenen produktbegleitenden Dienstleistungen. (Dies geschah für die intensiv analysierte technische Wartung sogar ausführlicher mit Hilfe des Prozessmodells eines Service Blueprints.)

Ausgehend von den Erfahrungen bei der Zielkostenerreichung erfolgte bei der Tooling GmbH auch eine erste Verknüpfung der Produktentwicklung mit einer systematischen Entwicklung und Gestaltung der technischen Wartung. So wurde bereits am ***geometrischen Prototypen*** eine Rückkopplung zur Produktentwicklung vorgenommen, indem die Techniker des Kundendienstes bereits zu dieser Phase mit den Mitarbeitern des F&E-Bereichs über wesentliche Eigenschaften zur Wartung diskutierten. (Es wurde exemplarisch am geometrischen Prototypen diskutiert, wie beim Austausch der Verschließteile die angestrebten Toleranzgenauigkeiten eingehalten werden konnten.)

Am ***technischen Prototypen*** erfolgte eine erste reale technische Wartung auf den Werkzeugmaschinen der Tooling GmbH. Bei der Durchführung der Dienstleistung am seriennahen Produkt ergab sich dabei noch ein Verbesserungsvorschlag durch den Techniker hinsichtlich der Montagefreundlichkeit des Spannfutters. Diese Änderung am Produktmodell war unproblematisch durchführbar und erlaubte sogar weiterhin eine etwas einfachere Fertigung. (Gleichzeitig konnte der Prozess der technischen Wartung schneller erbracht werden.)[789] Die ermittelten Kosten- und Erlösdaten vom geometrischen Prototypen flossen dabei auch in das Service Engineering am technischen Prototypen ein. Dadurch wurde ein prototypgestützter Iterationszyklus

[789] Diese technische Zusammenarbeit spiegelte sich gleichzeitig in der Abstimmung von Kosten und Erlösen für Futter und technischer Wartung im Controllingbereich der Tooling GmbH wider. Die jeweiligen Kalkulationen für die technische Wartung wurden so auf Basis der Eingangsdaten der Produkte erstellt und gleichzeitig eine kostenrechnerische Hinterfragung der Plan-Kalkulation für das Spannfutter vorgenommen.

ermöglicht, in dem die Gestaltungsalternativen der Dienstleistung monetär abgebildet werden konnten. Einen Überblick über das Vorgehen für ein Service Engineering bei der Tooling GmbH zeigt Abbildung 51.

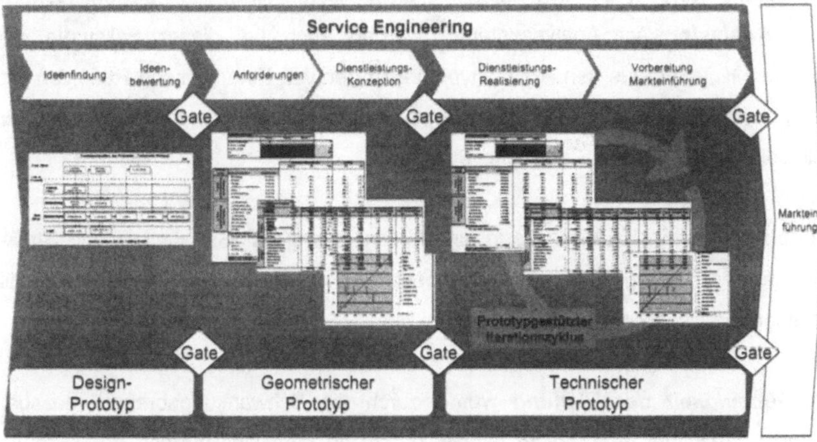

Abbildung 51: Service Engineering bei der Tooling GmbH

Damit die Erfahrungen der Techniker auch in Zukunft frühzeitig in die Kosten- und Erlösplanung eingehen, wurden bei der Tooling GmbH auch neue Iterationszyklen implementiert. So sollen in Zukunft die Techniker immer bei Erreichung eines jeden neuen Prototypenstadiums (also auch beim Design- und funktionalen Prototypen) eingebunden werden. Dadurch wird eine kundenorientierte Dienstleistungsentwicklung angestrebt. Im Fokus werden dabei die Fern- und Telewartungsmöglichkeiten stehen. Die positiven Erfahrungen aus dem Pilotprojekt mit dem Service Engineering sollen dabei in diesen neuen Projekten in neue Dienstleistungen münden. Gleichzeitig ist das Ziel, dass so mehr traditionelle Services (z. B. Schulungen), aber auch erstmalige, innovative Services (z. B. Teleservice), eingehender betrachtet werden.

7.6 Wirkungsanalyse und Zwischenfazit

Auch für die Tooling GmbH soll im Folgenden zunächst eine Wirkungsanalyse durchgeführt werden, die sich nur auf diese Fallstudienillustration bezieht (***Within Case Analysis***). Als Analysekriterien werden auch bei dieser Fallstudie die speziellen Kriterien aus den Arbeitshypothesen genutzt. Eine kritische Reflexion mit den generellen Kriterien der qualitativen Forschung soll vergleichend mit der Fallstudie bei der Drive AG in Kapitel 8 erfolgen.

Bei den **speziellen Kriterien** kann eine Untersuchung der Genauigkeit und Strukturierung der Planung, der Kommunikationshäufigkeit sowie des Planungsaufwands vorgenommen werden.

Die ***Genauigkeit der Planung*** wurde durch die Schwankungsbreiten messbar gemacht. Auch bei der Tooling GmbH konnte so eine Unsicherheit der Planung aufgezeigt werden.[790] Durch einen Iterationszyklus konnte die Schwankungsbreite der geplanten Kosten für die einmalige Erbringung der technischen Wartung bzw. für den Wartungsauftrag merklich reduziert werden. Die Verwendung von Prototypen führte weiterhin auch zu einer Erhöhung der zeitlichen ***Strukturierung*** der Planung. Die Prototypen konnten als Meilensteine verwendet werden, bei deren Erreichung ein neuer Planungszyklus für die technische Wartung angestoßen wurde.[791] Hinsichtlich der ***Kommunikationshäufigkeit*** ließ sich bei der Tooling GmbH eine Zunahme der Kontakte und Dauer der Gespräche zwischen den Mitarbeitern der verschiedenen Abteilungen erkennen. Diese Zunahme der Abstimmungen führte auch zu einem höheren Personalaufwand.[792] Die informationstechnische Umsetzung erfolgte bisher mit MS Excel®. Daher ergab sich der höhere ***Personalaufwand*** vor allem durch eine

---

[790] Die Betrachtung von Kosten unter Unsicherheit ist dabei keine Innovation. Vgl. bereits Krönung (1988). Neu ist allerdings der Einbezug und die Nutzung von Prototypen für die Kosten von Dienstleistungen.

[791] Aus dem Vorher-Nachher-Vergleich resultiert *nur*, dass eine stärkere zeitliche Strukturierung erfolgt ist. Eine *generelle Bewertung* dieser Einschränkung von Freiheiten erfolgt *nicht*. An dieser Stelle sei auf die ausführliche Diskussion zum „Better und Beyond Budgeting" und die Kontextabhängigkeit von Planungssystemen hingewiesen. Zum „Better und Beyond Budgeting" vgl. Horváth (2003a), S. 250f.

[792] Die produktbegleitenden Dienstleistungen beinhalten häufig einen hohen Anteil an Fixkosten. Vgl. Corsten (2001), S. 270. Um den Personalaufwand gerade durch die aufwendigen Soll-Ist-Vergleiche gering zu halten, schlägt MAYER vor, auf die monatliche Abweichungsanalysen bei der Planung und Steuerung zu verzichten. Vgl. Mayer (1998b), S. 24. Die Weiterentwicklung der Prozesskostenrechnung im TD ABC kann dabei zum kurzfristigen Aufzeigen von Leerkapazitäten und Kapazitätsengpässen dienen. Zum einfachen und schnellen Aufzeigen von Veränderungen vgl. Kaplan, Anderson (2004), S. 134.

stärkere Nutzung der Personalkapazitäten im Controlling, Vertrieb und der Entwicklung.[793]

Als ***Zwischenfazit*** für die Betrachtungen der prototypgestützten Kosten- und Erlösplanung lässt sich festhalten, dass eine Anwendbarkeit der Konzeption überhaupt generell möglich ist. Bei der Tooling GmbH konnte so zunächst eine prototypgestützte interne Kostenanalyse vorgenommen werden. Auch die externe Betrachtung und anschließende Zusammenführung zeigte einige Ansatzpunkte für die Integration von Prototypen für die Kosten- und Erlösplanung der technischen Wartung auf. Im letzten Schritt wurde dann auch die Zusammenführung der Kosten- und Erlösplanung bei der Entwicklung von Spannfuttern und dazugehöriger produktbegleitender Dienstleistung illustriert. Insgesamt konnte dabei für den Standardauftrag einer technischen Wartung eine klar quantifizierbare ***Kostensenkung*** erreicht werden.[794] Diese beruhte, wie bereits aufgezeigt, besonders auf durchgeführten Vereinfachungen bei den Teilprozessen „Demontage" (TP 1) und „Montage" (TP 7).

Die Gliederung der Fallstudie erfolgte in Analogie zu den zuvor beschriebenen Vorgehen bei der Drive AG. Diese Parallelität der Darstellung, die sich an der zuvor entwickelten Konzeption orientiert, soll auch die folgende kritische Reflexion unterstützen.

[793] Für die Zukunft wird in der Tooling GmbH angedacht, die Spreadsheet-Anwendung in das Enterprise-Resource-Planning-System zu transferieren. Daraus würde ebenfalls ein zusätzlicher Aufwand resultieren.

[794] Zur Veranschaulichung der Kostensenkung vgl. erneut Abbildung 45.

„...empirical research advances only when it is accompanied by logical thinking, and not when treated as a mechanistic endeavor."[795]
ROBERT K. YIN

8. Wirkungsanalyse

8.1 Kritische Erfolgsbeurteilung der Konzeption

Nach der beschriebenen illustrativen Verwendung des Konzeptes wird im Folgenden ein Vorher-Nachher-Vergleich zur systematischen ***Wirkungsanalyse*** erläutert. Die Untersuchung von zwei Fallstudien ermöglicht zwei von EISENHARDT vorgeschlagene, verschiedene Alternativen für Wirkungsanalysen.[796] Die Wirkungsanalysen basieren dabei auf einer kritischen Betrachtung und möglichen Falsifikation der in Kapitel 1.2 aufgezeigten, zugrundegelegten Arbeitshypothesen bezüglich Genauigkeit, Strukturierung, Kommunikationshäufigkeit und Aufwand der Planung.[797] Dabei soll konkret aufgezeigt werden, welche Wirkungen aus der Integration von Prototypen in die Kosten- und Erlösplanung auf diese Parameter in einem Vorher-Nachher-Vergleich sichtbar sind.

Zum einen ist ein „Analyzing Within Case Data" (***Intra-Fallstudien-Analyse***) möglich. Dadurch kann für jedes der betrachteten Unternehmen ein einzelner, spezieller Vorher-Nachher-Vergleich durchgeführt werden. Eine solche Wirkungsanalyse wurde bereits im jeweiligen Zwischenfazit der zuvor dargestellten Fallstudien durchgeführt.[798] Dabei führte, wie bereits aufgezeigt, die Anwendung der Konzeption zu einer ***Kostensenkung*** bei der Tooling GmbH. Dies erfolgte durch kostensenkende Maßnahmen (z. B. bezüglich der Teilprozesse „Montage" und „Demontage"), die aufgrund einer gesteigerten Kostentransparenz durchgeführt werden konnten. Bei der Drive AG ließ sich beim Vorher-Nachher-Vergleich im berücksichtigten Zeitraum eine Kostensenkung feststellen. Vor allem konnte durch die prototypgestützte Konzeption jedoch eine ***Erlöstransparenz*** erreicht werden. So konnte aufgezeigt werden, wie die Erlössituation sich darstellte und sich durch

---

[795] Yin (1994), S. XV.
[796] Vgl. Eisenhardt (1989), S. 539f.
[797] Zur ausführlichen Auseinandersetzung mit der Bedeutung von Hypothesen in der qualitativen Forschung im Vergleich zur Relevanz von Hypothesen in der quantitativen Forschung vgl. Meinefeld (2003), S. 265ff. Dabei diskutiert MEINEFELD die Bedeutung des Vorwissens und schlägt in Abhängigkeit von der Art des Vorwissens eine differenzierte Darstellung vor.
[798] Vgl. erneut die Darstellungen in den Kapiteln 6.6 und 7.6.

Zunahme von Kapazitäten verändern würde. Der Einsatz von Prototypen bei der Drive AG zeigte so, dass die Einstellung von Ingenieuren zu gesteigerten Erlösen führen kann.

In ***bestehenden empirischen Studien*** konnten (allerdings ohne den Einsatz von Prototypen) analoge Ergebnisse der Kostensenkung und Erlöserhöhung durch den Einsatz von prozessorientiertem Kostenmanagement und Target Costing aufgezeigt werden. So stellt STOI fest, dass sich durch den Einsatz des Prozesskostenmanagements die Verbesserung der Produktrentabilität impliziert.[799] Gleichzeitig beschreibt er auch die positive Wirkung einer Komplexitätsreduktion auf die Profitabilität des Unternehmens.[800] Für das Target Costing konstatiert ARNAOUT, dass eine hohe Effektivität durch den Einsatz dieses Zielkostenmanagements auf Kostensenkungen, Beeinflussung von Kostenstrukturen sowie die Erhöhung der Kostentransparenz besteht.[801] Auch diese Ergebnisse decken sich in Analogie mit den Resultaten der vorliegenden Fallstudien.

Neben dieser Betrachtung kann weiterhin ein „Searching for Cross Case Patterns" (***Inter-Fallstudien-Analyse***) erfolgen. Dabei können verschiedene Kategorien oder Dimensionen ausgewählt und Ähnlichkeiten bzw. Unterschiede herausgearbeitet werden.[802] Zunächst erfolgt eine Betrachtung der ***speziellen, inhaltlichen Kriterien*** zur Analyse der konkreten Ergebnisse. YIN diskutiert diese Untersuchung unter der Überschrift „criteria for interpreting the study's findings".[803] Als spezielle Kriterien für einen Vorher-Nachher-Vergleich dienen im vorliegenden Forschungsprojekt die Parameter der aufgezeigten Arbeitshypothesen und eine darauf basierende Bewertung.[804]

---

[799] Vgl. Stoi (1999), S. 215.

[800] Vgl. Stoi (1999), S. 215ff., sowie zu ähnlichen, tiefergehenden Erkenntnissen aus weiteren Studien im englischsprachigen und deutschsprachigen Raum vgl. Stoi (1999), S. 51ff., und die dort aufgeführten, ausführlichen Literaturverweise und kritischen Stellungnahmen.

[801] Vgl. Arnaout (2001), S. 249, sowie ebenfalls die Darstellung zu empirischen Studien, ebenda, S. 73ff.

[802] Vgl. Eisenhardt (1989), S. 540.

[803] Yin (1994), S. 24. Anschaulich führt er dabei weiterhin aus, dass kein absolut präziser Weg zur Interpretation der Ergebnisse gerade bei Übereinstimmungen existiert. Daher stellt er auch fest: „One hopes that the different patterns are sufficiently contrasting that (...) the findings can be interpreted in terms of comparing at least two rival propositions." Yin (1994), S. 25.

[804] Vgl. erneut Kapitel 1.3 sowie in Analogie das Vorgehen bei Pfohl (2002a), S. 75f., in Verbindung mit S. 175-183.

Arbeitshypothese 1: Wenn Prototypen in die Kosten- und Erlösplanung von produktbegleitenden Dienstleistungen eingebunden werden, dann verbessert sich die *Genauigkeit* der Planung.

Bei der ersten Arbeitshypothese steht zunächst die *Genauigkeit der Planung* im Vordergrund der Inter-Fallstudien-Analyse. Die Prognosegüte wurde dabei durch Schwankungsbreiten messbar gemacht. So zeigte sich in den Fallstudien bei den beiden Unternehmen, dass durch den iterativen Einsatz von Prototypen die Schwankungsbreite reduziert werden konnte. Gleichzeitig wurde durch die Einbindung der Prototypen die produktbegleitende Dienstleistung auch gezielt für den Kunden geplant (Ergebnisperspektive des Services). Aufgrund der Illustration in den beiden Fallstudien konnte *keine Falsifikation* der ersten Arbeitshypothese erreicht werden.[805]

Arbeitshypothese 2: Wenn Prototypen in die Kosten- und Erlösplanung von produktbegleitenden Dienstleistungen eingebunden werden, dann verbessert sich die *Strukturierung* der Planung.

Arbeitshypothese 3: Wenn Prototypen in die Kosten- und Erlösplanung von produktbegleitenden Dienstleistungen eingebunden werden, dann erhöht sich die *Kommunikationshäufigkeit* bei der Planung.

Die Einbindung der Prototypen führte bei den beiden Fallstudienunternehmen zu einer strikteren *Strukturierung* und Fokussierung auf die Erreichung von Meilensteinen. (Die Messung erfolgte durch die konkretisierteren Prototypen.) Die Integration der Produktmodelle ermöglichte so auch für die Kosten- und Erlösplanung der produktbegleitenden Dienstleistungen einen stärker gegliederten Planungskalender.[806] Bei der Wirkungsanalyse erscheint es wesentlich, darauf hinzuweisen, dass dabei keine Bewertung stattfindet, ob eine höhere Strukturierung der Planung generell oder kontextbezogen vorteilhaft ist.[807] Die geplanten Kapazitäten, Prozesse und Ergebnisse konnten in den Fallstudienpartnern

---

[805] Zur Falsifizierbarkeit als Abgrenzungskriterium vgl. Popper (1994), S. 14f.

[806] Zur ausführlichen Beschreibung eines Planungskalenders vgl. bereits Dürolf (1988), S. 269-279.

[807] Die Thematik der Flexibilisierung der Planung im Allgemeinen und der Budgetierung im Speziellen wird dabei von Theorie und Praxis gerade sehr ausführlich diskutiert. Zur Diskussion in der Theorie um ein „Better und Beyond Budgeting" vgl. exemplarisch Horváth (2003a), S. 250f., sowie zur praxisorientierten Betrachtung die Darstellungen von Lehner, Schmidt (2003), S. 469ff., sowie die Ausführungen von Bunce et al. (2003), S. 69ff. zum Beyond Budgeting.

systematisch dargestellt werden.[808] Bezogen auf die *Kommunikationshäufigkeit bei der Planung* zeigte sich bei beiden Unternehmen eine Zunahme der Abstimmungsnotwendigkeiten zwischen den Abteilungen. So stieg die Anzahl und Länge der Gespräche und Workshops in den frühen Phasen der Produktentwicklung, die sich mit der Kosten- und Erlösplanung der produktbegleitenden Dienstleistungen beschäftigten ungefähr um den Faktor zwei bis drei. Allerdings wurde nach Auskunft der Beteiligten auch eine notwendige Koordination in der Marktphase der Dienstleistung reduziert. Gerade aus Sicht des Vertriebs konnten so Probleme, die ansonsten erst in einer späteren Lebenszyklusphase auftauchten, bereits in der Produktentwicklung berücksichtigt werden.[809] Durch die Einbindung der Prototypen ließ sich so die Strukturierung des Ablaufes erreichen. Auch die Erhöhung der Kommunikation in der Entwicklungsphase führte zu einer Reduktion der Probleme (besonders aus der Prozessperspektive). Eine *Falsifikation* der Arbeitshypothesen zwei und drei konnte ebenfalls *nicht* erfolgen.

Arbeitshypothese 4: Wenn Prototypen in die Kosten- und Erlösplanung von produktbegleitenden Dienstleistungen eingebunden werden, dann erhöht sich der *Planungsaufwand*.

Die letzte Arbeitshypothese, die im Rahmen des Vergleichs der Fallstudienergebnisse betrachtet werden soll, bezieht sich auf die Auswirkungen der Prototypintegration hinsichtlich des Aufwandes bei der Planung. Durch die Zunahme der Kommunikation zwischen den beteiligten Abteilungen kam es sowohl bei der Drive AG als auch der Tooling GmbH zu einer zeitlichen Mehrbelastung der Mitarbeiter.[810] Ein solcher Zusatzaufwand bei der Planung konnte dabei zu einer besseren Nutzung von Kapazitäten (Potenzialperspektive) für die Dienstleistungserbringung bei den Fallstudienpartnern führen. Die konkrete, monetäre Quantifizierung stellte sich dabei für beide Unternehmen als komplex und nicht umfassend lösbar dar. Qualitativ ließ sich besonders ein Anstieg des Aufwandes und der Verantwortung der Controllingabteilung identifizieren. Insgesamt kann somit die Tendenz

[808] Somit erfolgte die Strukturierung für die Potenzial-, Prozess- und Ergebnisperspektive der jeweiligen produktbegleitenden Dienstleistung.

[809] Dies war z. B. die Kommunikation und Abstimmung bei der Engineeringdienstleistung und bei der technischen Wartung, wo die Abgrenzung von physischem Produkt und begleitender Dienstleistung erfolgte. So konnte bereits in der Produktentwicklung festgelegt werden, welche Teilprozesse noch zur Ausgestaltung des Produktes gehörten und welche schon als Teil der Dienstleistung anzusehen waren.

[810] Ein ausführlicher Roll Out der prototypgestützten Konzeption und die Umsetzung im jeweiligen unternehmensspezifischen IT-System kann zwar zur Reduktion dieses Personalaufwandes beitragen, bewirkt allerdings wiederum Kosten für die informationstechnische Realisierung.

eines Anstiegs des Aufwandes aber bestätigt werden und damit *keine Falsifikation* der Arbeitshypothese vier erfolgen.

Neben diesen speziellen Kriterien sind für eine Wirkungsanalyse auch die ***generellen Kriterien*** der qualitativen Forschung von Bedeutung.[811] Im Rahmen des Case Study Research betont auch YIN die Bedeutung der Gütekriterien, denen daher besondere Beachtung bei der empirischen Arbeit zugekommen ist.[812] Dies schien insbesondere für eine Bewertung der Wirkungsanalyse und für die Meta-Qualität des Forschungsvorhabens von großer Bedeutung zu sein. Für die Intra-Fallstudien-Analyse werden daher besonders die generellen Gütekriterien der intersubjektiven Nachvollziehbarkeit, Kohärenz, reflektierten Subjektivität, Relevanz und Limitation betrachtet.[813]

Durch eine ausführliche Beschreibung der Wirkungen aus den Fallstudien wird eine hohe *intersubjektive Nachvollziehbarkeit* angestrebt. (Eine Nachprüfung der Ergebnisse und Wirkungen im Sinne POPPERS kann durch die Fallstudiendarstellung nicht erreicht werden.[814]) Bei beiden Fallstudienerläuterungen wurde daher auf die praxisorientierte Illustration der Konzeption fokussiert. Für ausführliche Erläuterungen zu den einzelnen konzeptionellen Elementen wurde in Fußnoten auf weiterführende Literatur hingewiesen und auch so eine Nachvollziehbarkeit angestrebt. Die Durchführung und Dokumentation der Fallstudienillustration erfolgte aus Gründen der intersubjektiven Nachvollziehbarkeit auch in der gleichen Struktur und Gliederung wie die Entwicklung der Konzeption.[815] Durch dieses Vorgehen sollte weiterhin auch eine *Kohärenz*, im Sinne einer konsistenten Darstellung, sichergestellt werden.[816] Eine *reflektierte Subjektivität* soll ebenfalls zu einer Nachvollziehbarkeit des methodischen

[811] Zur generellen Darstellung der Gütekriterien qualitativer Forschung vgl. Steinke (2003), S. 323-331, sowie zur ausführlichen Beschreibung der Kernkriterien für die qualitative Forschung Steinke (1999), S. 205ff. Die Betrachtung dieser Parameter ist allerdings besonders auch für die Wirkungsanalyse *zwischen* den Fallstudien von besonderer Bedeutung.

[812] Vgl. Yin (1994), S. 25f.

[813] Zu den Auslegungen der Kriterien im Folgenden vgl. Steinke (1999), S. 205ff.

[814] Für Ausführungen zur Nachprüfung und damit verbundenen deduktiven Methoden der Forschung vgl. Popper (1994), S. 14ff.

[815] Vgl. erneut Kapitel 5. Auch wurde eine Fokussierung auf lediglich zwei Fallstudien vorgenommen. Eine ausführliche Umsetzung der Konzeption erfolgt jedoch auch noch bei einem Unternehmen aus der elektrotechnischen Industrie zur prototypgestützten Kosten- und Erlösplanung einer technischen Reinigung.

[816] Zur Kohärenz als Gütekriterium in der qualitativen Sozialforschung vgl. erneut Steinke (1999), S. 239ff. Dieses Kriterium ist dabei nicht nur in der qualitativen, sondern auch bei quantitativen Forschungsdesigns von Bedeutung. Vgl. dazu exemplarisch die Erläuterungen bei Schnell et al. (1999), S. 402.

Vorgehens und der Ergebnisse beitragen.[817] Dabei erfolgte eine Dokumentation von Zwischenergebnissen sowie die ausführliche Darstellung von Entscheidungen beim Unternehmen.[818]

Wesentliche generelle Kriterien betreffen schließlich die *Relevanz* und *Limitationen* der erarbeiteten Konzeption. Diese beiden Merkmale beziehen sich dabei auf die Bewertung des Beitrages und die Grenzen des Forschungsprojektes.[819] Da die Wirkungsanalyse dieser Kriterien zentral für die Anwendungsfelder der prototypgestützten Konzeption ist, sollen sie ausführlich im folgenden Kapitel betrachtet werden.[820]

8.2 Anwendungsperspektiven der Konzeption

Bei den Anwendungsperspektiven soll auch zwischen einer generellen Betrachtung aus den Rahmenbedingungen und einer speziellen Untersuchung aus der konkreten Ausgestaltung der prototypgestützten Konzeption differenziert werden.

Anwendungsperspektiven aus den Rahmenbedingungen betreffen dabei die ***generelle Relevanz und generelle Limitationen***, die aus den Typologisierungen in den Kapiteln zwei und drei vorgenommenen wurden. Zunächst ist daher die *Verbindung zum physischen Produkt* für die produktbegleitenden Dienstleistungen von Bedeutung. Die Konzeption erscheint vor allem für Dienstleistungen relevant, bei denen eine starke Beziehung zum physischen Produkt besteht. Bei diesen haben Veränderungen am Prototypen auch Auswirkungen auf den Service.[821] Daneben hat auch der *Innovationsgrad des begleitenden Produktes* wesentliche Bedeutung. So erscheint der Einsatz von Prototypen zur Planung der Services bei innovativen

[817] Eine Explikation von subjektiven Sichtweisen, Denkschemata und Deutungsmustern ist auch nach KROMREY ein wesentliches Kennzeichen der qualitativen Sozialforschung. Vgl. Kromrey (2002), S. 535.

[818] Zur Dokumentation der Zwischenergebnisse vgl. Cassack (2002a), S. 23ff., sowie die ausführliche Darstellung der Konzeption in Cassack (2004c).

[819] Vgl. Steinke (2003), S. 329f. Für die ausführliche Darstellung der Gütekriterien Limitation und Relevanz vgl. Steinke (1999), S. 227-231 sowie S. 241-248.

[820] Die Anwendungsperspektiven einer neuen Konzeption sind dabei ein wesentliches Element für die konkrete Umsetzung. Für eine analoge, separate Betrachtung der Anwendungsperspektiven vgl. Gleich (1996), S. 195f.

[821] Weniger geeignet und damit von geringerer Relevanz ist die prototypgestützte Konzeption daher für „produktferne" Dienstleistungen wie Finanzierung. Vgl. erneut Kapitel 2.

Produkten vorteilhafter als bei Standardausführungen. Bei Produkten, die keiner oder nur einer geringen Veränderung unterliegen, kann hingegen das bestehende Altprodukt eingesetzt werden. Die Konzeption fokussiert weiterhin auf einen externen *Adressaten* der produktbegleitenden Dienstleistung. Bei Anwendung für interne Services bestehen hingegen Limitationen (z. B. für den Target-Costing-Aspekt, falls kein interner Markt existiert). Grenzen ergeben sich weiterhin durch den *Individualisierungsgrad* der Services und dem *Lebenszyklus des Produktes*.[822]

Neben dieser dienstleistungsspezifischen, generellen Relevanz und Limitation haben auch Kontextfaktoren der speziellen Nutzung der Prototypen Auswirkungen auf die Anwendungsfelder der Konzeption. Die *Substanz* und insbesondere *Konkretisierung des Prototyps* hat im Rahmen der Fallstudien wesentlich die Einsatzmöglichkeiten determiniert.[823] Gerade durch eine einfachere und schnellere *Erstellung von Prototypen*, die sich zum Beispiel durch eine weitere Verbreitung des Rapid Prototyping ergeben kann, scheint das Anwendungsfeld für die vorliegende Konzeption zu wachsen.[824] Die Höhe der Relevanz des vorliegenden Vorgehens erscheint ebenfalls von der jeweiligen *Branche* abhängig. In den Fallstudien wurden aus diesem Grund Branchen betrachtet, in denen der Einsatz von Prototypen bereits sehr häufig erfolgt. Daher war ein Transfer zur Planung von Dienstleistungen auch gut möglich.[825]

Spezielle Limitationen ergeben sich aus den spezifischen Grenzen der Methoden, die innerhalb der Konzeption zum Einsatz kommen. Dies betrifft zunächst den ersten Schritt der *internen* prototypgestützten Kostenplanung. Als problematisch zeigte sich dabei in den Fallstudien, inwieweit bereits am Designprototypen Aussagen zu den einzubeziehenden Bereichen und zur Vorstrukturierung der Hauptprozesse durchgeführt werden konnten. Grenzen ergaben sich weiterhin bei der Tätigkeits- und Teilprozessplanung und der anschließenden Kapazitätsplanung aus den Top-down- bzw. Bottom-up-Vorgehensweisen. Dabei mussten jeweilige Engpässe auch in

---

[822] Vgl. hierzu erneut Kapitel 2.2.2.4 und Kapitel 2.2.2.5.

[823] So konnten die ersten Planungszyklen mit dem geometrischen Prototypen durchgeführt werden und ein Iterationszyklus am technischen Prototypen erfolgen.

[824] Durch die zunehmende Leistungsfähigkeit von Informationsverarbeitungssystemen kann so auch das Anwendungsfeld des Rapid Prototyping weiter wachsen. Vgl. auch Specht et al. (2002), S. 277ff., sowie zur ausführlichen Darstellung der Bedeutungszunahme von CAD in der Produktentwicklung vgl. Gausemeier et al. (2001), S. 377ff.

die Planungsiterationen integriert werden.[826] Weiterhin ergeben sich spezielle Limitationen bezüglich der Genauigkeit der internen Kapazitäts- und Kostenplanung aus dem Einsatz von Schätzungen an den Prototypen zur Bestimmung von Teilprozesszeiten und Schwankungsbreiten. Komplexitätsbedingte Grenzen der Prozesskostenplanung konnten durch die Anbindung eines Time Driven Activity Based Costing zum Teil reduziert werden. Eine vollständige Vermeidung von Nachteilen (z. B. durch den Mehraufwand für prototypgestützte Prozessinterviews) kann allerdings auch durch das TD ABC nicht erfolgen.

Beim zweiten Schritt, der *externen* prototypgestützten Zielkosten- und Zielerlösplanung, ergeben sich spezielle Grenzen der Konzeption zunächst aus der Bestimmung und Festlegung der Zielkosten. Gerade durch den Einsatz von produktbegleitenden Dienstleistungen zur Differenzierung im Wettbewerb ist die Reinform des Market into Company häufig nur schwer zur realisieren.[827] Eine weitere Begrenzung erfolgt hinsichtlich der Zielerlösplanung. Prototypen können zwar zur Visualisierung der Dienstleistungen beitragen und so eine Vergleichbarkeit unterstützen, eine generelle Lösung des Problems der Erlösplanung für produktbegleitende Dienstleistungen in verschiedenen Kontexten ist allerdings auch mit den Produktmodellen nicht möglich.[828]

Auch im dritten Schritt, der *Zusammenführung der internen und externen Perspektive,* zeigten sich bei der illustrativen Anwendung der prototypgestützten Konzeption Limitationen. So wirken sich zunächst die Probleme der Zielkosten- und Zielerlösfestlegung auch auf die Einsatzmöglichkeiten der retrograden Kalkulation aus.[829] Auch die Zielkostenspaltung ist keineswegs trivial, sondern erfordert einen hohen zeitlichen und personellen Aufwand. Bei einer iterativen Durchführung der Funktionsmethode sowie neuer Analyse und Entscheidung am Prototypen wird

[825] Limitationen können für Branchen resultieren, die eher nicht mit Prototypen arbeiten (z. B. die Lebensmittelindustrie).

[826] Bei der Drive AG war der Engpass für die Engineeringdienstleistung die Verfügbarkeit von Ingenieuren bei der technischen Wartung. Im Gegensatz dazu bestand der Engpass bei der Tooling GmbH beim Marktpotenzial.

[827] Zur Erläuterung der Probleme beim Angebotsvergleich für das Target Costing von Dienstleistungen vgl. Paul (1998), S. 117ff.

[828] Dieses komplexe Problem wird dabei durch den Einsatz von unterschiedlichen Dienstleistungen zur Differenzierung und verschiedenen möglichen Produkten, wie dies bei der Tooling GmbH der Fall war, verstärkt.

[829] So haben die Unsicherheiten, die sich z. B. bei der Zielerlösfestlegung ergeben, auch auf die retrograde Kalkulation Auswirkungen.

dieser Aufwand noch einmal erhöht.[830] Daneben bestehen auch bei der permanenten Zielkosten- und Zielerlöserreichung sowie der dabei zu integrierenden Anwendung der verschiedenen Instrumente noch zahlreiche Limitationen. Diese konkreten Probleme, die sich aus den Grenzen der einzelnen Controllingmethoden ergeben, konnten dabei im Rahmen der vorliegenden Arbeit nur in Ansätzen behandelt werden.[831]

Der vierte Schritt der Konzeption betrifft die prototypgestützte Einbindung in das *Service Engineering.* Diese systematische Gestaltung und Entwicklung von produktbegleitenden Dienstleistungen hat sich bei den beiden Fallstudien als ein sehr gutes Rahmenkonzept zur Integration der Entwicklung vom physischen Produkt und dazugehörigen Services gezeigt. Ein solches Phasenmodell ermöglichte so die prototypgestützte Verknüpfung von Produkt- und Dienstleistungsentwicklung. Allerdings erfolgte keine Langfristbetrachtung und auch die Abstimmung in die Strategie des Unternehmens erscheint noch weiter ausbaufähig.

Aus den Grenzen des Einsatzes des Service Engineering zeigen sich auch die Limitationen, die aus dem methodologischen Vorgehen resultieren. Das spezielle Forschungsdesign mit der starken explorativen Betonung und Darstellung von illustrativen Fallstudien bedingt auch den weiteren Forschungsbedarf.[832] Eine generelle Verallgemeinerung erscheint nicht möglich. Allerdings können bestimmte Ansätze auch in anderen Unternehmen vorteilhaft sein. Bei der Anwendung erscheint dabei auch das Vorgehen in vier Schritten zur Implementierung empfehlenswert. Jedoch ist der Erfolg der Umsetzung bei den beiden Fallstudienpartnern keine Garantie für positive Resultate in anderen Unternehmen. So konstatiert auch DRUCKER: „Merkmal des Unternehmertums ist es, dass die einzelnen Erfolgsbeispiele nicht miteinander vergleichbar sind. Vergleichbar sind nur die Beispiele des Scheiterns."[833]

---

830 Zur Problematik des Herunterbrechens von Zielkosten auf einzelne Komponenten vgl. Franz (1993), S. 125, der dies als eine der schwierigsten Aufgaben des gesamten Zielkostenmanagements bezeichnet.

831 Exemplarisch sei hier auf das prototypgestützte Yield Management hingewiesen. Zur Umsetzung und Problemen des Yield Management ohne den Prototypenbezug und zur Einbindung in ein strategisches Service Pricing vgl. Desiraju, Shugan (1999), S. 44ff. Eine ausführliche Untersuchung der Prototypunterstützung für die verschiedenen Maßnahmen zur Zielkosten- und Zielerlöserreichung würde dabei den Umfang dieser Arbeit übersteigen.

832 Vgl. das folgende Kapitel 8.3.

833 Drucker (1985), S. 467.

8.3 Weiterer Forschungsbedarf

Aus dem methodologischen Vorgehen und den inhaltlichen Ergebnissen resultiert auch der weitere Forschungsbedarf. ***Methodologisch*** erscheint eine langfristige Betrachtung und besonders die starke Einbeziehung der Praxis und anderer Wissenschaftler im Sinne eines Innovation Action Research sinnvoll und stellt ein noch offenes Forschungsfeld dar.[834]

Inhaltlich kann eine Verwendung der Konzeption auch in anderen *Branchen* (z. B. Automobilindustrie) zu weiteren Erkenntnissen und Adaptionsmöglichkeiten führen. Weiterhin erscheint die Ausweitung der prototypgestützten Integration auch auf *Zulieferer und Entwicklungspartner* der physischen Produkte sinnvoll.[835] Dies gilt besonders durch die Zunahme und steigende Bedeutung von Unternehmensnetzwerken in Forschung und Entwicklung.[836] Im Rahmen der Konzeptentwicklung und der Umsetzung bei den beiden Fallstudienpartnern konnte bereits die besondere Bedeutung der *Qualität von Dienstleistungen* aufgezeigt werden. Die Zunahme der Relevanz der Dienstleistungsqualität in der Zukunft wird dabei auch von anderen Autoren konstatiert.[837] Zur materiellen Darstellung der Qualitätsparameter von produktbegleitenden Services erscheinen Prototypen besonders geeignet.

Ein wesentlicher inhaltlicher Forschungsbedarf besteht zusätzlich noch an der *Schnittstelle von Controlling und Marketing*. Die Integration der Prototypunterstützung besonders im Bereich des Preismanagements scheint noch ein hohes Forschungspotenzial zu besitzen. So existieren bereits Veröffentlichungen zur Preisdifferenzierung oder Preiswahrnehmung von Dienstleistungen.[838] Eine gezielte Integration von Prototypen (besonders unter Fokussierung auf die Erlöse) wurde nach Kenntnis des Verfassers bisher noch nicht durchgeführt, scheint aber weiter ein lohnendes Forschungsfeld zu sein.

---

[834] Zur ausführlichen Darstellung des Innovation Action Research vgl. Kaplan (1998), S. 89ff.

[835] So stellt auch MÖLLER fest: „Im Bereich des Target Costing erscheint eine *Ausweitung der Zuliefererintegration in das Target Costing auf Dienstleistungen* gerade vor dem Hintergrund der zunehmenden Bedeutung von (produktbegleitenden) Dienstleistungen sinnvoll." Möller (2002), S. 199. (Hervorhebungen im Original).

[836] Vgl. Horváth et al. (2004), S. 24. Anschaulich hat QUINN diese Tendenz zusammengefasst: „No one company acting alone can hope to out-innovate every competitor, supplier or external knowledge source around the world." Quinn (2000), S. 13.

[837] Vgl. exemplarisch Bruhn (2004), S. 407.

[838] Vgl. exemplarisch zur Preisdifferenzierung die sehr anschauliche Habilitation von Skiera (1999) sowie zur Preiswahrnehmung von Dienstleistungen Siems (2003).

9. Fazit

„Leistungsfähigeren Ansätzen des Dienstleistungscontrolling kommt in der Zukunft entscheidende Bedeutung zu."[839] Mit dieser These und Forderung beschließen MEFFERT UND BRUHN den Theorieteil ihres Standardwerkes Dienstleistungsmarketing. Die Bedeutung von Dienstleistungen für die Unternehmenspraxis wird darüber hinaus auch von zahlreichen Autoren betont.[840] In der vorliegenden Forschungsarbeit wurde aufgezeigt, wie die Planung der Kosten und Erlöse für produktbegleitende Dienstleistungen durch den Einsatz von Prototypen gezielt verbessert werden kann.

Ausgehend von der Typologisierung produktbegleitender Dienstleistungen und Prototypen konnte zunächst der Anwendungsbereich aufgezeigt werden. Darauf basierend wurden anschließend im vierten Kapitel die Handlungsfelder für die Kosten- und Erlösplanung näher erläutert und Instrumente zur Lösung der Probleme identifiziert. Der Kern der Arbeit besteht in der Entwicklung und Beschreibung der prototypgestützten Konzeption in Kapitel fünf. Die ***Vorgehensweise*** erfolgte dabei in vier Schritten. Dafür wurden zunächst die internen Kosten der produktbegleitenden Dienstleistung und anschließend aus externer Perspektive die Kosten und Erlöse geplant. Nach der Gegenüberstellung der beiden Sichtweisen in einer prototypgestützten Kalkulation wurde illustrativ aufgezeigt, wie eine Integration der Konzeption in die systematische Entwicklung und Gestaltung von innovativen Dienstleistungen, das Service Engineering, erfolgen kann.

Die ***Illustration*** und Umsetzung der Konzeption bei der Drive AG und der Tooling GmbH zeigte die Potenziale für die Planung von produktbegleitenden Dienstleistungen auf. Neben den Möglichkeiten bei der Anwendung wurden durch die Wirkungsanalyse in Verbindung mit dem Vorher-Nachher-Vergleich gerade auch die Grenzen der Anwendung beschrieben. Insgesamt erscheint die Nutzung von Prototypen nicht nur für physische Produkte, sondern auch für produktbegleitende Dienstleistungen möglich und sinnvoll. Allerdings ist auch das Aufwand- und Nutzenverhältnis zu beachten. So gilt auch für die prototypgestützte Kosten- und Erlösplanung von produktbegleitenden Dienstleistungen: „Sapere Aude!"[841]

---

[839] Meffert, Bruhn (2003), S. 744.

[840] Vgl. hierzu erneut ausführlich die Erläuterung in Kapitel 1 sowie die dort zitierten Autoren.

[841] IMMANUEL KANT in: Berlinische Monatsschrift, Dezember 1784, S. 481. Zitiert nach Kant (1999), S. 20. „Habe Mut, dich deines eigenen Verstandes zu bedienen!" Kant (1999), ebenda.

Anhang

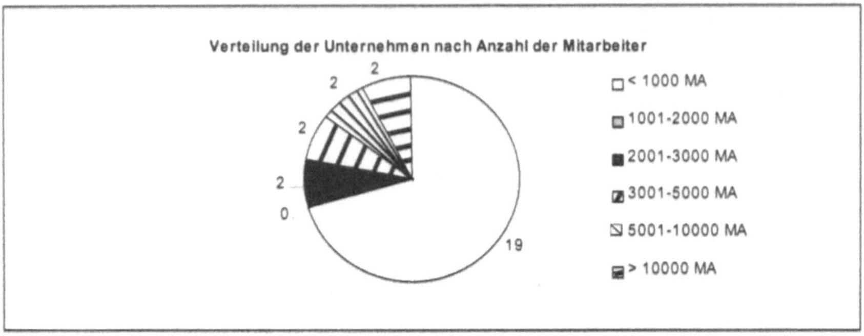

Abbildung 52: Verteilung der Unternehmen nach Anzahl der Mitarbeiter

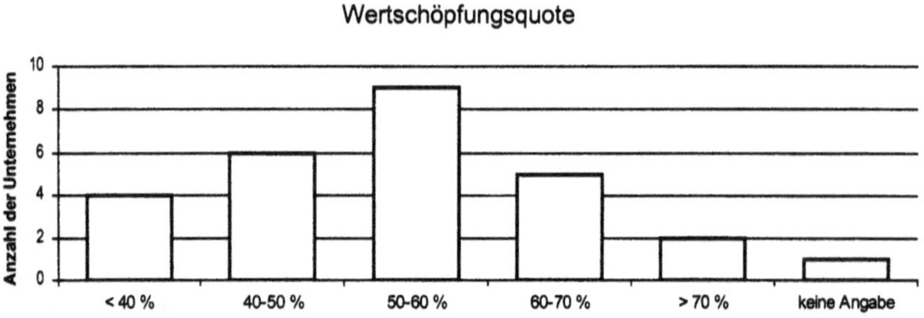

Abbildung 53: Wertschöpfungsquote der Stichprobe

	externe Dienstleistungen	interne Dienstleistungen	unternehmensnahe Dienstleistungen	produktbegleitende Dienstleistungen	industrielle Dienstleistungen
1993	8	3	1	0	39
1994	9	4	0	0	48
1995	11	2	0	1	67
1996	8	7	2	0	99
1997	14	5	2	1	64
1998	10	2	6	1	69
1999	9	1	6	5	53
2000	13	2	2	3	54
2001	7	1	3	2	43
2002	14	5	3	4	47
2003	17	3	2	12	62

Abbildung 54: Häufigkeit der Beträge zu verschiedenen Dienstleistungsarten in WISO-Net Wiwi von 1993 bis 2003

	Alias-Name	Datum
1	Geschäftsführer des Service Bereichs eines großen Energieunternehmens	02.08.02
2	Leiter Controlling eines mittelständischen Maschinbauunternehmens	19.08.02
3	Kaufmännischer Leiter und Prokurist eines mittelständischen Anlagenbauers	14.10.02
4	Leiter Controlling und Strategie einer Engineering-Dienstleisters aus der Automobilbranche	03.02.03
5	Werksleiter eines mittelständischen Anlagenbauers	10.04.03
6	Geschäftsführer des Service Bereichs eines Unternehmens der Baubranche	18.07.03
7	Geschäftsführer des Service-Bereiches eines technischen Großunternehmens	09.03.04
8	Kaufmännischer Leiter eines mittelständischen Maschinenbauunternehmens	11.03.04
9	Geschäftsführer eines mittelständischen Unternehmen der Elektroindustrie	30.01.04
10		04.05.04
11	Leiter Controlling eines mittelständischen Maschinbauunternehmens	14.04.04
12		12.05.04
13	Leiter Vertrieb eines mittelständischen Maschinbauunternehmens	14.04.04
14		12.05.04
15	Leiter Entwicklung eines mittelständischen Maschinbauunternehmens	14.04.04
16	Kaufmännischer Leiter eines mittelständischen Maschinbauunternehmens	19.04.04
17	Leiter Vertrieb und Marketing eines mittelständischen Maschinbauunternehmens	19.04.04

Abbildung 55: Übersicht über die durchgeführten explorativen Experteninterviews

		Prognose auf Basis der geometrischen Prototypen			Prognose auf Basis der technischen Prototypen		
Bezug zum Prototyp	Teilprozesse	Durchführzeit in Stunden min.	max.	Schwankungsbreite (max. - min.)	Durchführzeit in Stunden min	max	Schwankungsbreite (max. - min.)
2. Grad	Aufnahme der Kundendaten	1,50	1,75	0,25	1,50	1,60	0,10
2. Grad	Berechnung	0,75	1,15	0,40	0,80	0,90	0,10
1. Grad	Konstruktive Empfehlung	1,00	1,50	0,50	1,10	1,20	0,10
2. Grad	Dokumentation	0,50	0,75	0,25	0,60	0,65	0,05
	Summe in Stunden	**3,75**	**5,15**	**1,40**	**4,00**	**4,35**	**0,35**

Abbildung 56: Schwankungsbreiten der Zeiten zur Durchführung bei der Drive AG

Hauptprozess 2		**Engineeringdienstleistung - Geometrischer Prototyp**				
Prozessgrad	**Teilprozesse**	**Prozesskostensätze min in Euro**	**Kostenanteil min in %**	**Prozesskostensätze max in Euro**	**Kostenanteil max in %**	**Schwankungsbreite Prozesskostensätze**
2. Grad	Aufnahme der Kundendaten	125,60	37,27	152,45	33,10	26,85
2. Grad	Berechnung	62,80	18,63	100,18	21,75	37,38
1. Grad	Konstruktive Empfehlung	99,09	29,40	138,62	30,10	39,53
2. Grad	Dokumentation	49,55	14,70	69,31	15,05	19,76
	Summe	**337,03**	**100,00**	**460,56**	**100,00**	**123,53**

Hauptprozess 2		**Engineeringdienstleistung - Technischer Prototyp**				
Prozessgrad	**Teilprozesse**	**Prozesskostensätze min in Euro**	**Kostenanteil min in %**	**Prozesskostensätze max in Euro**	**Kostenanteil max in %**	**Schwankungsbreite Prozesskostensätze**
2. Grad	Aufnahme der Kundendaten	122,38	35,24	130,57	34,51	8,20
2. Grad	Berechnung	65,27	18,79	73,45	19,41	8,18
1. Grad	Konstruktive Empfehlung	103,31	29,75	113,12	29,89	9,81
2. Grad	Dokumentation	56,35	16,22	61,27	16,19	4,92
	Summe	**347,30**	**100,00**	**378,41**	**100,00**	**31,11**

Abbildung 57: Kostenanteile auf Basis der Drifting Costs bei der Drive AG

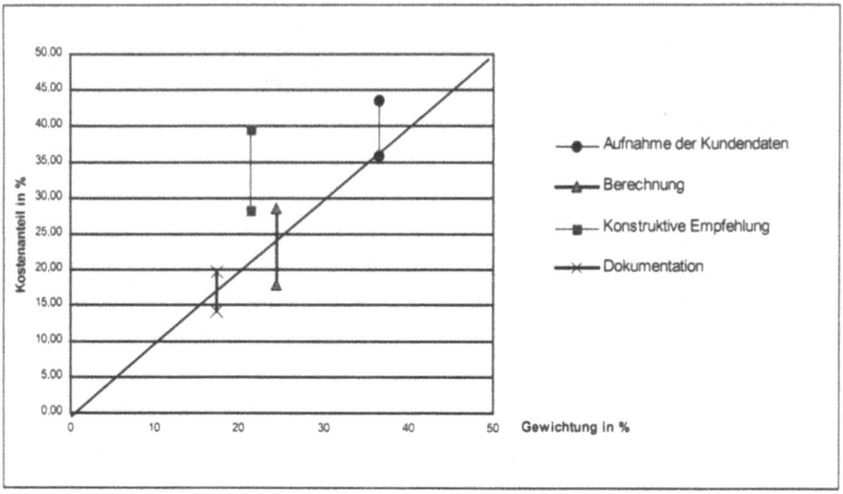

Abbildung 58: Zielkostenkontrolldiagramm auf Basis des geometrischen Prototyps bei der Drive AG

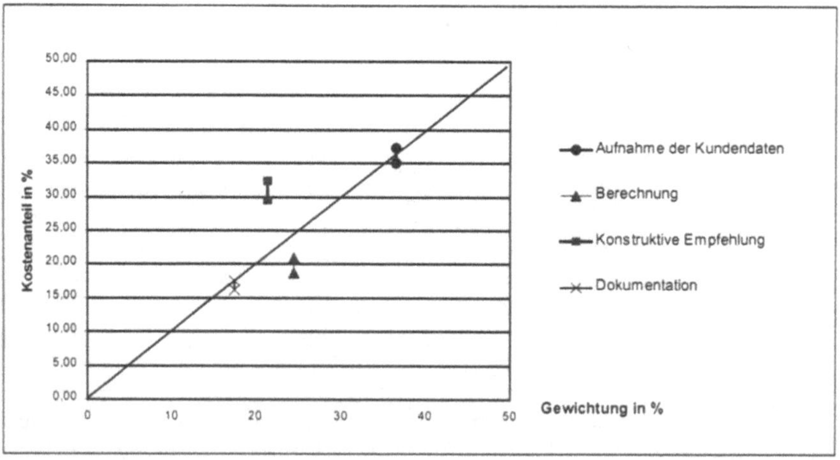

Abbildung 59: Zielkostenkontrolldiagramm auf Basis des technischen Prototyps bei der Drive AG

Prototypbezug	Teilprozesskosten	Kostentreiber	Einmalige Durchführung *Medium*	Einmalige Durchführung Min	Einmalige Durchführung Max	Auftrag Min	Auftrag Max
1. Grad direkte Beziehung zum Prototyp	Demontage	Wartung	*206,1*	196,3	215,9	588,82	647,70
	Zerlegen	Wartung	*103,0*	99,3	106,8	297,96	320,30
	Reinigen	Wartung	*103,0*	99,1	107,0	297,24	321,02
	Austausch Verschleißteile	Wartung	*123,7*	112,4	134,9	337,23	404,68
	Fetten	Wartung	*103,0*	100,5	105,6	301,59	316,67
	Zusammenbauen	Wartung	*103,0*	99,3	106,8	297,96	320,30
	Montage	Wartung	*206,1*	196,3	215,9	588,82	647,70
2. Grad indirekte Beziehung zum Prototyp	Kundenkontakt	Anrufe	133,9	133,9	133,9	401,56	401,56
	Vertragsabschluss	Aufträge	26,8	26,8	26,8	26,77	26,77
	Auftragsabwicklung	Aufträge	53,5	53,5	53,5	53,54	53,54
	Aussortieren Teile	Wartung	*92,5*	85,3	98,6	256,04	295,88
	Vorbereitung	Aufträge	*41,3*	40,7	41,8	122,23	125,31
	Nachbereitung	Aufträge	*412,6*	40,7	41,8	122,23	125,31
	Dokumentation	Wartung	*62,4*	62,4	62,4	187,27	187,27
	Fakturierung	Aufträge	*45,9*	45,9	45,9	45,89	45,89
	Fahrten	Entfernung	*97,9*	97,9	97,9	293,75	293,75
	Hauptprozesskosten		**1.914,7**	*1.490,4*	*1.595,4*		
	Prozesskosten Wartungsvertrag					*4.218,92*	*4.533,66*
	Einzelkosten						
	Material			500,00	500,00	1.500,00	1.500,00
	Fahrtkosten			70,00	70,00	210,00	210,00
	Prozesse 3. Grades (GK-Umlage)					382,89	382,89
	Kosten des Auftrages					**6.311,81**	**6.626,55**

Abbildung 60: Hauptprozessverdichtung und Kosten eines Standardauftrags auf Basis des technischen Prototyps bei der Tooling GmbH

Literaturverzeichnis

Ahlert, D., Blaich, G., Evanschitzky, H., Hesse, J. (2002), Erfolgsforschung in Dienstleistungsnetzwerken, in: Ahlert et al. (Hrsg., 2002), S. 1-28.

Ahlert, D., Evanschitzky, H., Hesse, J. (2002), Exzellenz in Dienstleistung und Vertrieb: Konzeptionelle Grundlagen und empirische Ergebnisse, Wiesbaden 2002.

Ahn, S. H., McMains, S., Séquin, C. H., Wright, P. K. (2002), Mechanical Implementation Services for Rapid Prototyping, in: Journal of Engineering Manufacture, Jg. 21, 2002, Nr. 8, S. 1193-1199.

Albach, H. (1985), Betriebswirtschaftslehre als Wissenschaft – als Wissenschaft vom Management, in: Probst, Siegwart (Hrsg., 1985), S. 25-35.

Alvesson, M., Deetz, S. (2001), Doing Critical Management Research, London, Thousand Oaks, New Dehli 2001.

Anderl, R., Faneye, O. B., Leibrecht, S., Pham-Van, T.-N. (2003), Informationsmodell zur Entwicklung umweltgerechter Produkte, in: Nagl, Westfechtel (Hrsg., 2003), S. 59-73.

Arasse, D. (2002), Léonard de Vinci, Paris 2002.

Arnaout, A. (2001), Target Costing in der deutschen Unternehmenspraxis, München 2001.

Arnold, U. (1998), Besonderheiten der Dienstleistungsproduktion, in: Arnold, Maelicke (Hrsg., 1998), S. 257-276.

Arnold, U., Maelicke, B. (Hrsg., 1998), Lehrbuch der Sozialwirtschaft, Baden-Baden 1998.

Atteslander, P. (2003), Methoden der empirischen Sozialforschung, 10. Auflage, Berlin, New York 2003.

Auerbach, H. (2001), Marketing-Controlling für Dienstleistungsunternehmen, Stralsund 2001.

Backhaus, K., Brzoska, L. (2004), Conjointanalytische Präferenzmessungen zur Prognose von Preisreaktionen, in: Die Betriebswirtschaft, Jg. 64, 2004, Nr. 1, S. 39-57.

Backhaus, K., Weiber, R. (1993), Das industrielle Anlagengeschäft – ein Dienstleistungsgeschäft? In: Simon (Hrsg., 1993), S. 67-84.

Bahrke, U. (1998), Flexible Spannbacken für die Drehbearbeitung, Berlin 1998.

Barth, T. (2003), Outsourcing unternehmensnaher Dienstleistungen: Ein konfigurierbares Modell für die optimierte Gestaltung der Wertschöpfungstiefe, Frankfurt am Main et al. 2003.

Bartos, R. (1981), Qualitative Research: What it is and Where it Came From, in: Journal of Advertising Research, Jg. 81, 1981, Nr. 2, S. 3-6.

Bauer, H. H., Herrmann, A., Mengen, A. (1994), Eine Methode zur gewinnmaximalen Produktgestaltung auf der Basis des Conjoint Measurement, in: Zeitschrift für Betriebswirtschaft, Jg. 54, 1994, Nr. 1, S. 81-94.

Baumgartner, A. (1998), Dienen und Dienstleistung: Theologische und sozialethische Perspektive, in: Meyer (Hrsg., 1998), S. 23-32.

Baumöl, U. (1999), Target Costing bei der Softwareentwicklung, München 1999.

Bea, F. X. (2000), 4. Kapitel – Entscheidungen des Unternehmens, in: Bea et al. (Hrsg., 2000), S. 303-410.

Bea, F. X., Dichtl, E., Schweitzer, M. (Hrsg., 2000), Allgemeine Betriebswirtschaftslehre – Band 1: Grundfragen, 8. Auflage, Stuttgart 2000.

Belz, C. (2000), Industrieunternehmen als internationale Dienstleister, in: Belz, Bieger (Hrsg., 2000), S. 430-453.

Belz, C., Bieger, T. (Hrsg., 2000), Dienstleistungskompetenz und innovative Geschäftsmodelle, St. Gallen 2000.

Benkenstein, M. (2001), Besonderheiten des Innovationsmanagements in Dienstleistungsunternehmen, in: Bruhn, Meffert (Hrsg., 2001), S. 687-702.

Bernhard, M. G., Mann, H., Lewandowski, W., Schrey, J. (Hrsg., 2003), Praxishandbuch Service-Level-Management – Die IT als Dienstleistung organisieren, Düsseldorf 2003.

Betsch, T. (1995), Das Routinen-Modell der Handlungsselektion, Aachen 1995.

Betz, S. (1998), Zielkostenplanung und -kontrolle auf Basis der Erfahrungskurve, in: Zeitschrift für Planung, Jg. 9, 1998, Nr. 3, S. 249-268.

Bieger, T. (2000), Dienstleistungsmanagement: Einführung in Strategien und Prozesse bei persönlichen Dienstleistungen; mit Fallstudien verschiedener Praktiker, 2. Auflage, Bern et al. 2000.

Biermann, T. (1999), Dienstleistungs-Management, München 1999.

Binder, B. (2003), Prozessorientiertes Performance Measurement in der Telekommunikationsbranche, Wiesbaden 2003.

Bogner, A., Littig, B., Menz, W. (2002), Das Experteninterview – Theorie, Methode, Anwendung, Opladen 2002.

Borrmann, A. (2003), Service-Controlling für produzierende Unternehmen, Aachen 2003.

Brockhoff, K. (2002), Technologie- und Innovationsmanagement – Zur Entfaltung einer betriebswirtschaftlichen Teildisziplin, in: Gaugler, Köhler (Hrsg., 2002), S. 385-409.

Bruder, K.-J. (1973), Struktur der modernen Psychologie. Untersuchung der strukturellen Beziehung zwischen dem Reiz-Reaktions-Modell der Psychologie und der operationellen Maßeinheit menschlicher und maschineller Funktionen im Arbeitsprozess sowie deren gesellschaftlicher Bedingtheit, Hannover 1973.

Brüsemeister, T. (2000), Qualitative Forschung, Wiesbaden 2000.

Bruggeman, W., Moreels, K. (2003), Time-Driven Activity-Based Costing – A New Paradigm in Cost Management, in: Horváth (Hrsg., 2003), S. 51-66.

Bruggeman, W., Morrels, K. (2004), Activity-Based Costing in Complex and Dynamic Environments, in: Controlling, Jg. 16, 2004, Nr. 11, S. 597-602.

Bruhn, M. (2002), E-Services – eine Einführung in die theoretischen und praktischen Probleme, in: Bruhn, Stauss (Hrsg., 2002), S. 3-41.

Bruhn, M. (2003a), Messung der Anforderungen an die Dienstleistungsqualität, in: Hansen, Kamiske (Hrsg., 2003), S. 7-43.

Bruhn, M. (2003b), Techniken und Methoden zur Sicherung und Förderung der Dienstleistungsqualität, in: Hansen, Kamiske (Hrsg., 2003), S. 45-81.

Bruhn, M. (2003c), Markteinführung von Dienstleistungen – Vom Prototyp zum marktfähigen Produkt, in: Bullinger, Scheer (Hrsg., 2003), S. 235-258.

Bruhn, M. (2004), Qualitätsmanagement für Dienstleistungen: Grundlagen, Konzepte, Methoden, 5. Auflage, Berlin, Heidelberg et al. 2004.

Bruhn, M., Meffert, H. (Hrsg., 2001), Handbuch Dienstleistungsmanagement: Von der strategischen Konzeption bis zur praktischen Umsetzung, 2. Auflage, Wiesbaden 2001.

Bruhn, M., Stauss, B. (Hrsg., 2002), Electronic Services – Dienstleistungsmanagement Jahrbuch 2002, Wiesbaden 2002.

Bruhn, M., Stauss, B. (Hrsg., 2003), Dienstleistungsmanagement Jahrbuch 2003: Dienstleistungsnetzwerke, Wiesbaden 2003.

Bühler-Niederberger, D. (1985), Analytische Induktion als Verfahren qualitativer Methodologie, Zeitschrift für Soziologie, Jg. 14, 1985, Nr. 6, S. 475-485.

Bürgel, H. D., Haller, C., Binder, M. (1996), F&E-Management, München 1996.

Bullinger, H.-J. (2003), Editorial: Innovation und Kooperation in der Produktentwicklung, in: Werkstattstechnik, Jg. 91, 2001, Nr. 2, S. 55.

Bullinger, H.-J., Cebulla, T., Hauß, I., Potinecke, T. (2001), Kooperative, virtuelle Produktentwicklung, in: Werkstattstechnik, Jg. 91, 2001, Nr. 2, S. 63-67.

Bullinger, H.-J., Dangelmaier, M., Leyh, J., Warschat, J. (2002), Vernetzte Planung in den frühen Phasen der Produktentwicklung, in: Wirth (Hrsg., 2002), S. 83-104.

Bullinger, H.-J., Meiren, T. (2001), Service Engineering – Entwicklung und Gestaltung von Dienstleistungen, in: Bruhn, Meffert (Hrsg., 2001), S. 149-175.

Bullinger, H.-J., Scheer, A.-W. (2003), Service Engineering – Entwicklung und Gestaltung innovativer Dienstleistungen, in: Bullinger, Scheer (Hrsg., 2003), S. 3-17.

Bullinger, H.-J., Schreiner, P. (2003), Service Engineering: Ein Rahmenkonzept für die systematische Entwicklung von Dienstleistungen, in: Bullinger, Scheer (Hrsg., 2003), S. 51-82.

Bullinger, H.-J., Warschat, J., Wißler, K. F., Seitz, V. (1996), Rapid Product Development – ein ganzheitliches Produktentwicklungskonzept, in: Konstruktion, Jg. 48, 1996, Nr. 10, S. 305-334.

Bullinger, H.-J., Scheer, A.-W. (Hrsg., 2003), Service Engineering: Entwicklung und Gestaltung innovativer Dienstleistungen, Berlin et al. 2003.

Bullinger, H.-J., Warschat, J. (Hrsg., 1997), Forschungs- und Entwicklungsmanagement: Simultaneous Engineering, Projektmanagement, Produktplanung, Rapid Product Development, Stuttgart 1997.

Bunce, P., Fraser, R., Hope, J. (2003), Beyond Budgeting, in: Horváth, Gleich (Hrsg., 2003), S. 69-86.

Burr, W. (2002), Service Engineering bei technischen Dienstleistungen – Eine ökonomische Analyse der Modularisierung, Leistungstiefengestaltung und Systembündelung, Wiesbaden 2002.

Burr, W. (2003a), Markt- und Unternehmensstrukturen bei technischen Dienstleistungen, Wiesbaden 2003.

Burr, W. (2003b), Service-Level-Agreements: Arten, Funktionen und strategische Bedeutung, in: Bernhard et al. (Hrsg., 2003), S. 33-46.

Buttler, G., Stegner, E. (1990), Industrielle Dienstleistungen, in: Zeitschrift für betriebswirtschaftliche Forschung, Jg. 42, 1990, Nr. 11, S. 931-946.

Cassack, I. (2002a), Prozessorientiertes Kostenmanagement am Beispiel der prototypgestützten Kostengestaltung für Dienstleistungen, in: REFA-Nachrichten, Jg. 55, 2002, Nr. 6, S. 23-26.

Cassack, I. (2002b), Realoptionen, in: Wissenschaftsmanagement, Jg. 8, 2002, Nr. 3, S. 30-31.

Cassack, I. (2003), Prozessorientiertes Kostenmanagement im Service Engineering, in: Zeitschrift für wirtschaftlichen Fabrikbetrieb, Jg. 98, 2003, Nr. 9, S. 436-439.

Cassack, I. (2004a), Service Engineering, in: Controlling, Jg. 16, 2004, Nr. 1, S. 55-56.

Cassack, I. (2004b), Innovation, in: Wissenschaftsmanagement, Jg. 10, 2004, Nr. 2, S. 39-40.

Cassack, I. (2004c), Prototypgestützte Kosten- und Erlösplanung für produktbegleitende Dienstleistungen, Controlling-Forschungsbericht Nr. 76, Betriebswirtschaftliches Institut der Universität Stuttgart, Lehrstuhl Controlling, Stuttgart 2004.

Chesbrough, H. W. (2003), The Era of Open Innovation, in: MIT Sloan Management Review, Jg. 44, 2003, Spring, S. 35-41.

Chmielewicz, K. (1994), Forschungskonzeptionen der Wirtschaftswissenschaft, 3. Auflage, Stuttgart 1994.

Cibis, C., Niemand, S. (1993), Planung und Steuerung funktioneller Dienstleistungen mit Target Costing – dargestellt am Beispiel der IBM Deutschland GmbH, in: Horváth (Hrsg., 1993), S. 191-228.

Claassen, U., Ellßel, R. (1997), Target Investment - Methoden zur Optimierung des Investitionsmittelumfangs bei Fahrzeugneuentwicklungen, in: Zeitschrift für betriebswirtschaftliche Forschung, Jg. 49, 1997, Nr. 12, S. 1090-1101.

Coners, A. (2003), Von der Prozesskostenrechnung über Zeitstudien zum Time-Driven Activity-Based Costing, in: Zeitschrift für Unternehmensentwicklung und Industrial Engineering, Jg. 52, 2003, Nr. 6, S. 255-259.

Coners, A., Hardt, G. von der (2004a), Time-Driven Activity-Based Costing: Motivation und Anwendungsperspektiven, in: Zeitschrift für Controlling und Management, Jg. 48, 2004, Nr. 2, S. 108-119.

Coners, A., Hardt, G. von der (2004b), In das Führungssystem integrierte Time-Driven Activity-Based Costing – dargestellt am Beispiel „PROZESS-MANAGER", in: Controlling, 16. Jg., 2004, Nr. 16, S. 639-646.

Conrad, K.-J. (2003), Grundlagen der Konstruktionslehre – Methoden und Beispiele für den Maschinenbau, 2. Auflage, München, Wien 2003.

Cooper, R., Kaplan, R. S. (1999), The Design of Cost Management Systems, 2nd Edition, Upper Saddle River 1999.

Cooper, R., Slagmulder, R. (2002a), Target Costing for New-Product Development: Product-Level Target Costing, in: Journal of Cost Management, Jg. 16, 2002, Nr. 7/8, S. 5-12.

Cooper, R., Slagmulder, R. (2002b), Target Costing for New-Product Development: Component-Level Target Costing, in: Journal of Cost Management, Jg. 16, 2002, Nr. 9/10, S. 36-43.

Cooper, R., Slagmulder, R. (2003), Strategic Cost Management: Expanding Scope and Boundaries, in: Journal of Cost Management, Jg. 17, 2003, Nr. 1/2, S. 23-30.

Corbo, P., Germani, M., Mandorli, F. (2004), Aesthetic and Functional, Analysis for Product Model Validation in Reverse Engineering Applications, in: Computer Aided Design, Jg. 36, 2004, Nr. 1, S. 65-74.

Corsten, H. (1998), Ansatzpunkte für ein Rationalisierungsmanagement von Dienstleistungs-Anbietern, in: Meyer (Hrsg., 1998), S. 607-624.

Corsten, H. (2001), Dienstleistungsmanagement, 4. Auflage, München, Wien 2001.

Corsten, H., Gössinger, R. (2003), Konzeptionelle und methodische Überlegungen zu einem Controlling für Dienstleistungen, Schriften zum Produktionsmanagement Nr. 54, Kaiserslautern 2003.

Corsten, H., Schneider, H. (Hrsg., 1999), Wettbewerbsfaktor Dienstleistung: Produktion von Dienstleistungen – Produktion als Dienstleistung, München 1999.

Danowski, P., Rohrer, J., Voß, J. (2004), Bibliometrie, Auf den Seiten von Wikipedia, http://de.wikipedia.org/wiki/Bibliometrie, Stand: 21.08.2004.

Decker, R., Bödeker, M., Franke, K. (2002), Potenziale und Grenzen von Virtual Reality-Technologien auf industriellen Anwendermärkten, in: Information Management & Consulting, Jg. 17, 2002, Nr. 2, S. 72-80.

Desiraju, R., Shugan, S. M. (1999), Strategic Service Pricing and Yield Management, in: Journal of Marketing, Jg. 63, 1999, Nr. 1, S. 44-56.

Deutsche Bibliothek (2004), Informationen zu den Beständen im OPAC, Auf den Seiten der Deutschen Bibliothek, Frankfurt am Main, http://opac.dbf.ddb.de:30080/DB=ext/HELPGEN, Zugriff am 10.09.2004.

Denzin, N. K. (2002), Much Ado about Goffman, in: The American Sociologist, Jg. 33, 2002, Nr. 2, S. 105-117.

Dieckhues, G. W. (2002), Herstellung gegossener Funktionsprototypen im QUC-Verfahren, in: VDI (Hrsg., 2002), S. 19-24.

Diekmann, A. (2003), Empirische Sozialforschung: Grundlagen, Methoden, Anwendungen, 10. Auflage, Reinbek bei Hamburg, 2003.

Diller, H., Herrmann, A. (Hrsg., 2003), Handbuch Preispolitik: Strategien – Planung – Organisation – Umsetzung, Wiesbaden 2003.

DIN (Hrsg., 1998), DIN-Fachbericht 75, Service Engineering – Entwicklungsbegleitende Normung (EBN) für Dienstleistungen, Berlin 1998.

Dinger, H. (2001), Strategische Innovation unter Kontrolle, in: New Management, Jg. 70, 2001, Nr. 11, S. 14-19.

Dittfurth, H. von (Hrsg., 1971), Informationen über Informationen – Probleme der Kybernetik, Frankfurt am Main 1971.

Dittmar, J. (1998), Prototypgestützte Zielkostenplanung: Kostenmanagement an der Schnittstelle von Entwicklung und Controlling, München 1998.

Docters, R., Reopel, M., Sun, J.-M., Tanny, S. (2004), Capturing the Unique Value of Services: Why Pricing of Services is Different, in: Journal of Business Strategy, Jg. 25, 2004, Nr. 2, S. 23-28.

Dörnemann, J. (2002), Controlling für Profi-Sport-Organisationen, München 2002.

Dörnemann, J., Pfitzer, J. (2000), Motivationsförderung durch Anreizsysteme im Target Costing, in: Kostenrechnungspraxis, Jg. 44, 2000, Nr. 1, S. 25-30.

Downar, P. (2003), Vermarktung industrieller Dienstleistungen: Strategien, Prozesse, Strukturen, Wiesbaden 2003.

Dreher, S. (2003), Prototypen-Management, in: Futur, Jg. 5, 2003, Nr. 1, S. 10-11.

Drucker, P. (1985), Umschichtungsprozesse im Gefüge der weltwirtschaftlichen Bedingungen, in: Probst, Siegwart (Hrsg., 1985), S. 455-467.

Duden (2001a), Fremdwörterbuch, 7. Auflage, Mannheim et al. 2001.

Duden (2001b), Duden – Die deutsche Rechtschreibung, 22. Auflage, Mannheim 2001.

Dürolf, P. (1988), Das Planungshandbuch als Controllinginstrument: Theoretische und praktische Perspektiven der Dokumentation von Planungs- und Kontrollsystemen, Darmstadt 1988.

Dusel, K.-H. (2000), Rapid Tooling – Spritzgießen mit Prototyp-Werkzeugen und der Einfluß auf die Bauteileigenschaften, Stuttgart 2000.

Ebenhoch, M. (2001), Eignung von additiv generierten Prototypen zur frühzeitigen Spannungsanalyse im Entwicklungsprozeß, Stuttgart 2001.

Edvardsson, B., Olsson, J. (1996), Key Concepts for New Service Development, in: The Service Industrial Journal, Jg. 16, 1996, Nr. 2, S. 140-164.

Ellis, A., Kauferstein, M. (2004), Dienstleistungsmanagement – Erfolgreicher Einsatz von prozessorientiertem Service Level Management, Berlin et al. 2004.

Elsner, P., Dreher, S. (2003), Einsatz von generativen Technologien in Design und Architektur, in: Futur, 5. Jg., 2003, Nr. 1, S. 22-23.

Ehrenspiel, K.F (2003), Integrierte Produktentwicklung: Denkabläufe, Methodeneinsatz, Zusammenarbeit, 2. Auflage, München 2003.

Eisenhardt, K. M. (1989), Building Theories from Case Study Research, Academy of Management Review, Jg. 14, 1989, Nr. 4, S. 532-550.

Engelhardt, W. H. (2002), Einige Anmerkungen zur Weiterführung der Diskussion um das Dienstleistungsmarketing, in: Die Unternehmung, Jg. 56, 2002, Nr. 1, S. 47-50.

Engelhardt, W. H. (Hrsg, 1998), Perspektiven des Dienstleistungsmarketing – Ansatzpunkte für Forschung und Praxis, Wiesbaden 1998.

Engelhardt, W. H., Kleinaltenkamp, M., Reckenfelderbäumer, M. (1993), Leistungsbündel als Absatzobjekte, in: Zeitschrift für betriebswirtschaftliche Forschung, Jg. 45, 1993, Nr. 5, S. 395-426.

Eschl, J. (2002), Die mechanischen Eigenschaften von Stereolithographiematerialien während der Aushärtung, Stuttgart 2002.

Eversheim, W., Assmus, D, Schröder, J. (2003), Internet-basierte Methodendatenbank für die integrierte Produktentwicklung, in: Nagl, Westfechtel (Hrsg., 2003), S. 107-116.

Eversheim, W., Jaschinski, C., Reddemann, A. (2003), Qualitätsorientierte Dienstleistungsentwicklung, in: Hansen, Kamiske (Hrsg., 2003), S. 83-108.

Eversheim, W., Kuster, J., Liestmann, V. (2003), Anwendungspotenziale ingenieurwissenschaftlicher Methoden für das Service Engineering, in: Bullinger, Scheer (Hrsg., 2003), S. 417-441.

Fallbäumer, M. (2000), Generieren alternativer Technologieketten in frühen Phasen der Produktentwicklung, Aachen 2000.

Feyerabend, P. K. (1995), Wider den Methodenzwang, 5. Auflage, Frankfurt am Main 1995.

Fischer, D., Warschat, J. (1997), Rapid Prototyping, in: Bullinger, Warschat (Hrsg., 1997), S. 205-219.

Fischer, R. (2000), Dienstleistungs-Controlling: Grundlagen und Anwendungen, Wiesbaden 2000.

Fischer, R. (2002), Verfahren und Probleme der Preiskalkulation in Dienstleistungsunternehmen, in: Kostenrechnungspraxis, Jg. 46, 2002, Sonderheft Nr. 2, S. 87-93.

Fisher, A. G. B. (1947), Fortschritt und soziale Sicherheit, Bern 1947.

Fitzsimmons, J. A., Fitzsimmons, M. J. (2000), Service Management: Operations, Strategy and Information Technology, 3rd Edition, Boston 2000.

Flick, U. (2002), Qualitative Sozialforschung, 6. Auflage, Reinbek bei Hamburg 2002.

Flick, U. (2003a), Design und Prozess qualitativer Forschung, in: Flick et al. (Hrsg., 2003), S. 252-265.

Flick, U. (2003b), Triangulation in der qualitativen Forschung, in: Flick et al. (Hrsg., 2003), S. 309-318.

Flick, U., Kardoff, E. von, Steinke, I. (Hrsg., 2003), Qualitative Forschung – Ein Handbuch, 2. Auflage, Reinbek bei Hamburg 2003.

Fourastié, J. (1969), Die große Hoffnung des zwanzigsten Jahrhunderts, 2. Auflage, Köln 1969.

Franz, K.-P. (1993), Target Costing – Konzept und kritische Bereiche, in: Controlling, Jg. 5, 1993, Nr. 3, S. 124-130.

Frehse, J. (2002), Internationale Dienstleistungskompetenzen: Erfolgsstrategien für die europäische Hotellerie, Wiesbaden 2002.

Friedl, B. (2003), Controlling, Stuttgart 2003.

Friedrichs, J. (1990), Methoden empirischer Sozialforschung, 14. Auflage, Opladen 1990.

Friege, C. (1995), Economies of Scope als Entscheidungsgrundlage für Angebot und Zusammenstellung von Leistungsverbunden, in: Die Betriebswirtschaft, Jg. 55, 1995, Nr. 6, S. 743-760.

FVA (2004), Forschungsvereinigung Antriebstechnik e.V., Auf den Seiten der Forschungsvereinigung Antriebstechnik, http://www.fva-net.de/, Zugriff am 08.11.2004.

FVA (Hrsg., 2004), Forschungsvereinigung Antriebstechnik: Geschäftsbericht 2004, Frankfurt am Main 2004.

Gaiser, B. (1998), Prozeßkostenrechnung und Activity Based Costing, in: Horváth & Partner (Hrsg., 1998), S. 65-77.

Gaugler, E., Köhler, R. (Hrsg., 2002), Entwicklungen der Betriebswirtschaftslehre: 100 Jahre Fachdisziplin – zugleich eine Verlagsgeschichte, Stuttgart 2002.

Gausemeier, J., Ebbesmeyer, P., Kallmeyer, F. (2001), Produktinnovation: Strategische Planung und Entwicklung für die Produkte von morgen, München, Wien 2001.

Gebhardt, A. (2003), Interview, in: Futur, Jg. 5, 2003, S. 28-29.

Gesellschaft für betriebswirtschaftliche Information (2004), Wiwi Wirtschaftswissenschaften, Auf den Seiten der Gesellschaft für betriebswirtschaftliche Information, http://www.wiso-net.de/wiwi.html?WID=08952-8330304-02124_2, Zugriff am 21.08.2004.

Gillman, J.-P. (2002), Performance Measurement in Professional Service Firms: Gestaltungsmodell am Beispiel von Wirtschaftsprüfungs- sowie Beratungsunternehmen, Wiesbaden 2002.

Gleich, R. (1996), Target Costing für die montierende Industrie, München 1996.

Göbl, M. (2003), Die Beurteilung von Dienstleistungen, Wiesbaden 2003.

Gomes de Sá, A. (2001), Virtual Prototyping als innovative Absicherungsmethode im Produkterprobungsprozeß, Stuttgart 2001.

Gorraiz, J., Schlögl, C. (2003), Eine bibliometrische Analyse eines Dokumentlieferdienstes am Beispiel Subito: Zusammenhang von Zeitschriftennachfrage und Zitationshäufigkeit, in: Zeitschrift für Bibliothekswesen und Bibliographie, Jg. 50, 2003, Nr. 3, S. 131-140.

Gouthier, M. H. J. (2003), Kundenentwicklung im Dienstleistungsbereich, Wiesbaden 2003.

Grabowski, H., Leutsch, M. (2002), Die Entwicklung des integrierten Produkt- und Produktionsmodells (PPM) des SFB 346 hinsichtlich der Reduzierung der Modellkomplexität, in: Grabowski (Hrsg., 2002), S. 66-82.

Grabowski, H. (Hrsg., 2002), Rechnerunterstützte Produktentwicklung und -herstellung auf Basis eines integrierten Produkt- und Produktionsmodells.

Graumann, C. F. (Hrsg., 1975), Handbuch der Psychologie, Bd. 7/1, Göttingen 1975, S. 232-265.

Greul, M. (1996), Entwicklung und Optimierung eines Rapid Prototyping Verfahrens zur Herstellung metallischer und keramischer Prototypen, Clausthal 1996.

Grob, H. L., Bensberg, F., Coners, A. (2004), Analytisches Time-Driven Activity-Based Costing, in: Controlling, Jg. 16, 2004, Nr. 11, S. 603-611.

Grün, O., Brunner, J.-C. (2002), Der Kunde als Dienstleister: Von der Selbstbedienung zur Co-Produktion, Wiesbaden 2002.

Gustafsson, A., Herrmann, A., Huber, F. (Hrsg., 2001), Conjoint Analysis as an Instrument of Market Research Practice, in: Gustafsson et al. (Hrsg., 2001), S. 5-46.

Gustafsson, A., Herrmann, A., Huber, F. (2001), Conjoint Measurement – Methods and Applications, 2nd Edition, Berlin, Heidelberg 2001.

Gutenberg, E. (1984), Grundlagen der Betriebswirtschaftslehre, Band II: Der Absatz, 17. Auflage, Berlin et al. 1984.

Gutzler, E. H. (1992), Gemeinkostenwertanalyse – Wunderwaffe mit vielen Tücken, in: Harvard Business Manager, Jg. 15, 1992, Nr. 4, S. 120-131.

Hacker, W. (1999), Zukunft gestalten? Probleme und Ergebnisse einer Psychologie zielgerichteten Handelns, in: Hacker, Rinck (Hrsg., 1999), S. 17-37.

Hacker, W., Rinck, M. (Hrsg., 1999), Schwerpunktthema „Zukunft gestalten“, Lengerich et al. 1999.

Hagenmeyer, L. Braun, M., Haselberger, F., Berner, O., Radjaipour, M., Einsiedler, K., Häußler, E.-B. (2003), Arbeitsgestaltung und Virtual Reality, in: Werkstattstechnik online, Jg. 93, 2003, Nr. 1/2, S. 69-74.

Hahn, D., Hungenberg, H. (2001), PuK. Wertorientierte Controllingkonzepte, 6. Auflage, Wiesbaden 2001.

Haller, B. (2002a), Optimierung von Prozessketten für die Herstellung von Prototyp-Blechumformwerkzeugen, Stuttgart 2002.

Haller, S. (2002b), Dienstleistungsmanagement: Grundlagen – Konzepte – Instrumente, 2. Auflage, Wiesbaden 2002.

Hansen, B. L., Hvam, L. (1999), Strategic Guidelines for Application of Product Models, Auf den Seiten des Department of Manufacturing Engineering - Technical University of Denmark, Lyngby, http://www.productmodels.org/literature/egne/artikler/StrategicGuidelines.pdf, Zugriff am 1.9.2004.

Hansen, W., Kamiske, G. F. (Hrsg., 2003), Qualitätsmanagement im Dienstleistungsbereich, Düsseldorf 2003.

Hartmann, A., Sattler, H. (2004), Wie robust sind Methoden zur Präferenzmessung, in: Zeitschrift für betriebswirtschaftliche Forschung, Jg. 56, 2004, Nr. 2, S. 3-22.

Haselberger, F. (2003), Trends in der Entwicklung von Virtual Reality Systemen, in: Werktstattstechnik online, Jg. 93, 2003, Nr. 1/2, S. 2-6.

Hatsopoulos, M. (2001), Print Physical Prototypes, in: Computer-Aided Engineering, Jg. 20, 2001, Nr. 5, S. 40-42.

Hauptmanns, P., Rogalski, W. (1992), Fallstudien in der Industriesoziologie – Zur Kritik der vorherrschenden Methode sozialwissenschaftlicher Technikforschung, in: Lehner, Schmid (Hrsg., 1992), S. 205-223.

Hauschildt, J. (2004), Innovationsmanagement, 3. Auflage, München 2004.

Hayek, F. A. von (1980), Recht, Gesetzgebung und Freiheit, Band 1: Regeln und Ordnung, München 1980.

Healy, P. M. (2002), R&D Accounting and the Tradeoff Between Relevance and Objectivity, in: Journal of Accounting Research, Jg. 40, 2002, Nr. 3, S. 677-710.

Heidegger, M. (1950), Holzwege, Frankfurt am Main, 1950.

Heinen, E. (1969), Zum Wissenschaftsprogramm der entscheidungsorientierten Betriebswirtschaftslehre, in: Zeitschrift für Betriebswirtschaft, Jg. 39, Nr. 4, S. 207-220.

Heinen, E. (1971), Der entscheidungsorientierte Ansatz der Betriebswirtschaftslehre, in: Zeitschrift für Betriebswirtschaft, Jg. 41, 1971, Nr. 7, S. 429-444.

Heinen, E. (1984), Führung als Gegenstand der Betriebswirtschaftslehre, in: Heinen (Hrsg., 1984), S. 15-49.

Heinen, E. (Hrsg., 1984), Betriebswirtschaftliche Führungslehre: Grundlagen – Strategien – Modelle; ein entscheidungsorientierter Ansatz, Wiesbaden 1984.

Herzog, W. (1984), Modell und Theorie in der Psychologie, Göttingen, Toronto, Zürich 1984.

Herzwurm, G. (1993), Wissensbasiertes CASE: theoretische Analyse, empirische Untersuchung, Entwicklung eines Prototyps, Braunschweig, Wiesbaden 1993.

Herzwurm, G. (2000), Kundenorientierte Softwareproduktentwicklung, Stuttgart et al. 2000.

Herzwurm, G., Schockert, S., Mellis, W. (2000), Joint Requirements Engineering: QFD for Rapid Customer-Focused Software and Internet-Development, Braunschweig, Wiesbaden 2000.

Hilke, W. (1989), Grundprobleme und Entwicklungstendenzen im Dienstleistungs-Marketing, in: Hilke (Hrsg., 1989), S. 5-44.

Hilke, W. (Hrsg., 1989), Dienstleistungs-Marketing, Schriften zur Unternehmensführung, Band 35, Wiesbaden 1989.

Hodgkinson, G. P., Herriot, P., Anderson, N. (2001), Re-aligning the Stakeholders in Management Research: Lessons from Industrial, Work and Organizational Psychology, in: British Journal of Management, Jg. 12, 2001, Special Issue, S. S41-S48.

Hoffjan, A. (2003), Ertragsmanagement für Krankenhäuser – Kapazitätsausgleich mittels Yield Management, in: Controlling, Jg. 15, 2003, Nr. 9, S. 467-473.

Holman, R., Kaas, H.-W., Keeling, D. (2003), The future of product development, in: The McKinsey Quarterly, Jg. 39, 2003, Nr. 3, S. 28-39.

Homburg, C., Garbe, B. (1999), Industrielle Dienstleistungen, in: Zeitschrift für Betriebswirtschaft, Jg. 69, 1999, Nr. 8, S. 847-865.

Hope, C., Mühlemann, A. (1997), Service Operations Management – Strategy, Design, Delivery, London et al. 1997.

Horváth, P. (2003a), Controlling, 9. Auflage, München 2003.

Horváth, P. (2003b), Neugestaltung der Planung – Notwendigkeiten und Lösungsansätze, in: Horváth, Gleich (Hrsg., 2003), S. 3-17.

Horváth, P. (Hrsg., 1993), Target Costing – Marktorientierte Zielkosten in der deutschen Praxis, Stuttgart 1993.

Horváth, P. (Hrsg., 2004), Die Strategieumsetzung erfolgreich steuern: Strategien beschreiben, messen und organisieren, Stuttgart 2004.

Horváth, P., Cassack, I., Czichowsky, A. (2004), Management und Controlling von F&E-Netzwerken, in: Spath (Hrsg., 2004), S. 19-26.

Horváth, P., Lamla, J., Höfig, M. (1994), Rapid Prototyping – der schnelle Weg zum Produkt, in: Harvard Business Manager, Jg., 17, 2004, Nr. 3, S. 42-53.

Horváth, P., Mayer, R. (1989), Prozeßkostenrechnung. Der neue Weg zu mehr Kostentransparenz und wirkungsvolleren Unternehmensstrategien, in: Controlling, Jg. 1, 1989, Nr. 4, S. 214-219.

Horváth, P., Mayer, R. (1993), Prozeßkostenrechnung – Konzeption und Entwicklungen, in: Kostenrechnungspraxis, Jg. 37, 1993, Sonderheft 2, S. 15-28.

Horváth, P., Möller, K. (2003), Target Pricing und Profit Planning, in: Diller, Hermann (Hrsg., 2003), S. 455-480.

Horváth, P., Seidenschwarz, W. (1992), Zielkostenmanagement, in: Controlling, Jg. 4, 1992, Nr. 3, S. 142-150.

Horváth, P., Gleich, R. (Hrsg., 2003), Neugestaltung der Unternehmensplanung: Innovative Konzepte und erfolgreiche Praxislösungen, Stuttgart 2003.

Horváth, P., Möller, K. (Hrsg., 2004), Intangibles in der Unternehmenssteuerung, München 2004.

Horváth & Partner (Hrsg., 1998), Prozesskostenmanagement – Methodik und Anwendungsfelder, München 1998.

Hunt, S. D. (1971), The Morphology of Theory and the General Theory of Marketing, in: Journal of Marketing, Jg. 35, 1971, Nr. 4, S. 65-68.

Hvam, L., Riis, J., Malis, M., Mertz, J., Hansen, B. (2001), Construction of Product Models for the Development of Specification Processes, Auf den Seiten des Department of Manufacturing Engineering - Technical University of Denmark, Lyngby, http://www.productmodels.org/literature/egne/artikler/Constructionofproductmodels.pdf, Zugriff am 01.09.2004.

Jansen, R., Schmidt, J. (2001), E-Commerce und E-Business beeinflussen Logistikentwicklung, in: MM – Maschinenmarkt: Das Industriemagazin, Jg. 107, 2001, S. 26-31.

Joosten, H., Sofariu, S. (2003), Werkzeuge für die virtuelle Umgebung, in: Werkstattstechnik online, Jg. 93, 2003, S. 12-16.

Jung Erceg, P. (2003), Preisfindung und Verrechnung bei produktbegleitenden Dienstleistungen, in: Kinkel et al. (Hrsg., 2003), S. 58-81.

Kaiser, J. (1996), Vernetztes Gestalten von Produkt und Produktionsprozessen mit Produktmodellen, München 1996.

Kant, I. (1999), Was ist Aufklärung? : ausgewählte kleine Schriften, Hamburg 1999.

Kaplan, R. S. (1998), Innovation Action Research: Creating New Management Theory and Practice, in: Journal of Management Accounting Research, Jg. 10, 1998, Nr. 1, S. 89-118.

Kaplan, R. S., Anderson, S. R. (2003), Time-Driven Activity-Based Costing, Working Paper, Auf den Seiten des Social Science Research Network, http://ssrn.com/abstract=485443, Zugriff am 16.07.2004.

Kaplan, R. S., Anderson, S. R. (2004), Time-Driven Activity-Based Costing, Harvard Business Review, Jg. 82, 2004, Nr. 11, S. 131-138.

Kaplan, R. S., Cooper, R. (1998), Cost & Effect: Using Integrated Cost Systems to Profitability and Performance, Boston, Massachusetts 1998.

Kaufmann, L. (1996), Komplexitäts-Index-Analyse von Prozessen. Eine Methode zur Ermittlung von Ressourcenbeanspruchungen im Rahmen des Prozeß(kosten)managements, in: Controlling, Jg. 7, 1996, Nr. 4, S. 212-221.

Keating, P. J. (1995), A Framework for Classifying and Evaluating the Theoretical Contributions of Case Research in Management Accounting, in: Journal of Management Accounting Research, Jg. 7, 1995, Nr. 3, S. 66-86.

Kersten, W. (2000), Prozessinnovationen in der Produktentwicklung, in: Wojda (Hrsg., 2000), S. 371-398.

Kieninger, M. (1998), Reengineering und Prozeßoptimierung, in: Horváth & Partner (Hrsg., 1998), S. 29-45.

Killinger, S. (1999), Kernproduktbegleitende Dienstleistungen, in: Corsten, Schneider (Hrsg., 1999), S. 129-155.

Kinkel, S. (2003), Produktbegleitende Dienstleistungen – Herausforderung für das Controlling, in: Kinkel et al. (Hrsg., 2003), S. 1-12.

Kinkel, S., Jung Erceg, P., Lay, G. (Hrsg., 2003), Controlling produktbegleitender Dienstleistungen – Methoden und Praxisbeispiele zur Kosten- und Erlössteuerung, Heidelberg 2003.

Kirsch, B. (2004), Entwicklung und kooperative Nutzung eines modernen Teleservice-Systems, in: Meier (Hrsg., 2004), S. 303-323.

Kißling, V. (1999), Beschaffung professioneller Dienstleistungen, Berlin 1999.

Kleiber, G. (2002), Prototypensemantik, 2. Auflage, Tübingen 2002.

Kleinaltenkamp, M. (2001), Begriffsabgrenzungen und Erscheinungsformen von Dienstleistungen, in: Bruhn, Meffert (Hrsg., 2001), S. 27-50.

Knust, P. (2002), Target Costing im Direct Banking, Wiesbaden 2002.

König, W., Eversheim, W., Celi, I., Nöken, S., Ullmann, C. (1993), Rapid Prototyping – Bedarf und Potentiale, in: VDI-Zeitung, Jg. 135, 1993, Nr. 8, S. 92-94.

Kossbiel, H. (1994), Überlegungen zur Effizienz betrieblicher Anreizsysteme, in: Die Betriebswirtschaft, Jg. 54, 1994, Nr. 1, S. 75-93.

Krönung, H.-D. (1988), Kostenrechnung und Unsicherheit, Wiesbaden 1988.

Kromrey, H. (2002), Empirische Sozialforschung, 10. Auflage, Opladen 2002.

Krugmann, B., Wagner, R. (2004), Produktkostenrechnung und Kostenallokation bei der Bayerischen Landesbank, in: Horváth (Hrsg., 2004), S. 252-269.

Kühnel, J. (1995), Datenrepräsentation durch Prototypen: erweiterte Konzepte und ihre Anwendung in der Bild- und Sprachverarbeitung, München 1995.

Küpper, H.-U. (1991), Entwicklungslinien der Kostenrechnung in Dienstleistungsunternehmen, in: Scheer (Hrsg., 1991), S. 53-82.

Küpper, H.-U. (1998), Erfolgs- und finanzwirtschaftliches Controlling, in: Meyer (Hrsg., 1998), S. 376-393.

Küpper, H.-U. (2004), Notwendigkeit der theoretischen Fundierung des Controlling, in: Scherm, Pietsch (Hrsg., 2004), S. 23-40.

Kuhnert, B. (2003), Produktion von Dienstleistungen, in: Pepels (Hrsg., 2003), S. 44-62.

Laidig, K.-D., Rößler, A. (2004), ICIDO – eine erfolgreiche Ausgründung des Fraunhofer IAO, in: Spath (Hrsg., 2004), S. 115-121.

Laux, H. (2003), Entscheidungstheorie, 5. Auflage, Berlin et al. 2003.

Lay, G. (2003), Kostenerfassung und -zurechnung bei produktbegleitenden Dienstleistungen, in: Kinkel et al. (Hrsg., 2003), S. 13-25.

Lay, G., Schneider, R. (2001), Wenn Hersteller zu Serviceleistern werden, in: Harvard Business Manager, Jg. 23, 2001, Nr. 2, S. 16-24.

Lehmann, A. (1995), Dienstleistungsmanagement – Strategien und Ansatzpunkte zur Schaffung von Servicequalität, 2. Auflage, Stuttgart 1995.

Lehner, F., Schmid, J. (Hrsg., 1992), Technik, Arbeit, Betrieb, Gesellschaft. Beiträge der Industriesoziologie und Organisationsforschung, Opladen 1992.

Lehner, U., Schmidt, M. (2003), Überlegungen zur Neugestaltung der Planung bei Henkel, in: Horváth, Gleich (Hrsg., 2003), S. 469-493.

Leidig, G., Sommerfeld, R. (1998), Prozesskostenrechnung im Dienstleistungssektor, in: io Managment, Jg. 67, 1998, Nr. 12, S. 40-45.

Levitt, T. (1972), Production-Line Approach to Service, in: Harvard Business Review, Jg. 50, 1972, Nr. 4/5, S. 41-52.

Lewin, K. (1969), Grundzüge der topologischen Psychologie, Stuttgart, Wien 1969.

Luczak, H., Hoeth, U. (2003), Dienstleistungs-Assessment mit ServAs, in: Hansen, Kamiske (Hrsg., 2003), S. 109-129.

Lüth, T., Kneissler, M. (2003), Patientenindividuelle RP-Modelle für die Medizin, in: Futur, Jg. 5, 2003, S. 18-19.

Mahfoudh, S. (2001), Kopplung von rechnergestützten Verfahren wie CAD, FEM, Topologie- und Shape-Optimierungstools und ihre Einbindung in den Entwicklungsprozeß bei BOSCH, in: VDI (Hrsg., 2001), S. 131-142.

Maleri, R. (2001), Grundlagen der Dienstleistungsproduktion, in: Bruhn, Meffert (Hrsg., 2001), S. 125-175.

Mangasser-Wahl, M. (2000), Von der Prototypentheorie zur empirischen Semantik: dargestellt am Beispiel der Frauenkategorisierungen, Frankfurt am Main et al. 2000.

Mariampolski, H. (2001), Qualitative Market Research: a Comprehensive Guide, Thousands Oaks, London, New Dehli 2001.

Maser, H., Wittmer, N. (2002), Bibliographie der deutschsprachigen Literatur zur Unternehmensplanung und zum Controlling in Versicherungsunternehmen, 4. Auflage, Lohmar, Köln 2002.

Mayer, R. (1998a), Kapazitätskostenrechnung, München 1998.

Mayer, R. (1998b), Prozeßkostenrechnung – State of the Art, in: Horváth & Partner (Hrsg., 1998), S. 3-27.

Meier, M., Bichsel, M., Leonhardt, U., Wohlgensinger, M. (1999), Das digitale Produkt – neue Technologien verändern Unternehmensprozesse, in: io Managment, Jg. 58, 1999, Nr. 6, S. 58-65.

Meier, H. (Hrsg., 2004), Dienstleistungsorientierte Geschäftsmodelle im Maschinen- und Anlagenbau – Vom Basisangebot bis zum Betreibermodell, Berlin, Heidelberg 2004.

Meinefeld, W. (2003), Hypothesen und Vorwissen in der qualitativen Sozialforschung, in: Flick et al. (Hrsg., 2003), S. 265-275.

Meffert, H. (1969), Betriebswirtschaftliche Kosteninformationen, Wiesbaden 1969.

Meffert, H. (1998), Dienstleistungsphilosophie und -kultur, in: Meyer (Hrsg., 1998), S. 121-138.

Meffert, H. (2001), Zukünftige Forschungsfelder im Dienstleistungsmarketing, in: Die Unternehmung, Jg. 55, 2001, Nr. 1, S. 327-339.

Meffert, H. (2003), Marketing für innovative Dienstleistungen, in: Bullinger, Scheer (Hrsg., 2003), S. 259-282.

Meffert, H., Bruhn, M. (2002), Wettbewerbsüberlegenheit durch exzellentes Dienstleistungsmarketing, in: Meffert, Bruhn (Hrsg., 2002), S. 1-26.

Meffert, H., Bruhn, M. (2003), Dienstleistungsmarketing: Grundlagen – Konzepte – Methoden: Mit Fallstudien, 4. Auflage, Wiesbaden 2003.

Meffert, H., Bruhn, M. (Hrsg., 2002), Exzellenz im Dienstleistungsmarketing – Fallstudien zur Kundenorientierung, Wiesbaden 2002.

Mengen, A. (1993), Konzeptgestaltung von Dienstleistungsprodukten: Eine Conjoint-Analyse im Luftfrachtmarkt unter Berücksichtigung der Qualitätsunsicherheit beim Dienstleistungskauf, Stuttgart 1993.

Merkens, H. (2003), Auswahlverfahren, Sampling, Fallkonstruktion, in: Flick et al. (Hrsg., 2003), S. 286-299.

Meyer, A. (1991), Dienstleistungs-Marketing, in: Die Betriebswirtschaft, Jg. 51, 1991, Nr. 2, S. 195-209.

Meyer, A. (1998a), Dienstleistungs-Marketing: Grundlagen und Gliederung des Handbuches, in: Meyer (Hrsg., 1998), S. 3-22.

Meyer, A. (1998b), Perspektiven im Dienstleistungs-Marketing, in: Meyer (Hrsg., 1998), S. 1901-1917.

Meyer, A. (Hrsg., 1998), Handbuch Dienstleistungs-Marketing, Band 1, Grundlagen und Rahmenbedingungen des Dienstleistungsmarketing, Management-aspekte von Dienstleistungs-Anbietern, Programmatische Aspekte des externen Marketing, Programmatische Aspekte des internen Marketing, Stuttgart 1998.

Meyer, A., Blümelhuber, C. (2001), Wettbewerbsorientierte Strategien im Dienstleistungsbereich, in: Bruhn, Meffert (Hrsg., 2001), S. 369-398.

Meyer, A., Blümelhuber, C. (2002), Informationsdienstleistungen, dienstleistungs-basierte Informationsprodukte, informationsbasierte Dienstleistungen – Grundlagen und Herausforderungen im Zeitalter des „E-*.*"., in: Bruhn, Stauss (Hrsg., 2002), S. 67-91.

Meyer, J.-A. (2003), Die Fallstudie in der betriebswirtschaftlichen Forschung und Lehre, in: Wirtschaftswissenschaftliches Studium, Jg. 32, 2003, Nr. 8, S. 475-479.

Miles, M. B., Huberman, A. M. (1994), Qualitative Data Analysis: An Expanded Sourcebook, 2nd Edition, Thousand Oaks, London, New Dehli, 1994.

Möller, K. (2002), Zuliefererintegration in das Target Costing, München 2002.

Monden, Y. (1999), Wege zur Kostensenkung: Target Costing und Kaizen Costing, München 1999.

Müller, H., Wolbold, M. (1993), Target Costing im Entwicklungsbereich der „ElektroWerk AG", in: Horváth (Hrsg., 1993), S. 119-153.

Nagl, M., Westfechtel, B. (Hrsg., 2003), Modelle, Werkzeuge und Infrastrukturen zur Unterstützung von Entwicklungsprozessen, Weinheim 2003.

Neckarmann, G., Wessels, H. (1992), Dienstleistungsangebot des Maschinenbaus, in: Zeitschrift für Betriebswirtschaft, Jg. 62, 1992, Nr. 5, S. 521-538.

Nicklisch, H. (1922), Wirtschaftliche Betriebslehre, 6. Auflage der Allgemeinen Kaufmännischen Betriebslehre, Stuttgart 1922.

Nicolai, A. T. (2004), Der "trade-off" zwischen "rigour" und "relevance" und seine Konsequenzen für die Managementwissenschaften, in: Zeitschrift für Betriebswirtschaft, Jg. 74, 2004, Nr. 2, S. 99-118.

Nicolai, A. T., Kieser, A. (2002), Trotz eklatanter Erfolgslosigkeit: Die Erfolgsfaktorenforschung weiter auf Erfolgskurs, in: Die Betriebswirtschaft, Jg. 62, 2002, Nr. 6, S. 579-596.

Niemand, S. (1996), Target Costing für industrielle Dienstleistungen, München 1996.

Norman, R. (2000), Service Management: Strategy and Leadership in Service Business, 3rd Edition, Chichester et al. 2000.

Novak, J. (2001), The Theory Underlying Concept Maps and How to Construct Them, Auf den Seiten der University of West Florida http://cmap.coginst.uwf.edu/info/, Zugriff am 24.09.2004.

OECD (Hrsg., 1993), Frascati Manual: The Measurement of Scientific and Technological Activities, Paris 1993.

Olemotz, T. (1995), Strategische Wettbewerbsvorteile durch industrielle Dienstleistungen, Frankfurt am Main et al. 1995.

o. V. (2002), Literaturüberblick, in: Kostenrechnungspraxis-Sonderheft 2/2002, S. 116-117.

Padovan, B., Sackmann, S., Eymann, T., Pippow, I. (2002), A Prototype for an Agent-Based Secure Electronic Marketplace Including Reputation-Tracking Mechanisms, in: International Journal of Electronic Commerce, Jg. 6, 2002, Nr. 4, S. 93-113.

Pahl, G., Beitz, W., Feldhusen, J., Groten, K.-H. (2003), Konstruktionslehre: Grundlagen erfolgreicher Produktentwicklung – Methoden und Anwendung, 5. Auflage, Berlin et al. 2003.

Pak, H., Phipps, C. Spathis, T. (2002), Managing a Sprawling Service Business, in: The McKinsey Quarterly, Jg. 38, 2002, Special Edition, S. 79-88.

Palloks-Kahlen, M., Kuczynski, S. (2000), Controlling im Service-Management, in: Controlling, Jg. 12, 2000, S. 135-144.

Paul, M. (1998), Preis- und Kostenmanagement von Dienstleistungen im Business-to-Business-Bereich, Wiesbaden 1998.

Paul, M., Reckenfelderbäumer, M. (2001), Preisbildung und Kostenrechnung auf der Basis neuer Kostenrechnungsverfahren, in: Bruhn, Meffert (Hrsg., 2001), S. 627-659.

Pepels, W. (1996), Qualitätscontrolling bei Dienstleistungen, München 1996.

Pepels, W. (2004), Dienstleistungen, in: Wirtschaftsstudium, Jg. 33, 2004, Nr. 7, S. 883-886.

Pepels, W. (Hrsg., 2003), Betriebswirtschaft der Dienstleistung – Handbuch für Studium und Praxis, Herne, Berlin 2003.

Pfohl, H.-C. (2004), Netzkompetenz in Supply Chains: Grundlagen und Umsetzung, Wiesbaden 2004.

Pfohl, M. C. (2002a), Prototypgestützte Lebenszyklusrechnung: dargestellt am Beispiel aus der Antriebstechnik, München 2002.

Pfohl, M. C. (2002b), Prototypgestützte Lebenszyklusrechnung, in: Controlling, Jg. 14, 2002, Nr. 3, S. 143-152.

Pickardt, C. (1990), Zur Funktion wirtschaftswissenschaftlicher Modelle im Wirtschaftslehreunterricht an berufsbildenden Schulen unter besonderer Berücksichtigung lernpsychologischer Erkenntnisse, Hamburg 1990.

Picot, A., Neuburger, R. (2001), Virtuelle Organisationsformen im Dienstleistungssektor, in: Bruhn, Meffert (Hrsg., 2003), S. 803-823.

Pohl, R. F., Bender, M., Lachmann, G. (2002). Hindsight Bias Around the World. Experimental Psychology, Jg. 49, 2002, Nr. 4, S. 270-282.

Popper, K. R. (1994), Die Logik der Forschung, 10. Auflage, Tübingen 1994.

Popper, K. R. (2000), Vermutungen und Widerlegungen: das Wachstum der wissenschaftlichen Erkenntnis, Tübingen 2000.

Porter, M. E. (1996), What is Strategy? in: Harvard Business Review, Jg. 74, 1996, Nr. 5/6, S. 61-78.

Porter, M. E. (1999), Methoden zur Analyse von Branchen und Konkurrenten, 10. Auflage, Frankfurt am Main, New York 1999.

Pressman, R. S. (2001), Software Engineering: A Practitioner's Approach, 5th Edition, Boston 2001.

Probst, G. J. B. (1985), Regeln des systemischen Denkens, in: Probst, Siegwart (Hrsg., 1985), S. 181-204.

Probst, G. J. B., Siegwart, H. (Hrsg., 1985), Integriertes Management: Bausteine des systemorientierten Managements, Bern 1985.

Quinn, J. B. (2000), Outsourcing Innovation: The New Engine of Growth, in: Sloan Management Review, Jg. 41, 2000, Nr. 4, S. 13-28.

Raan, A. F. J. van (2003), The Use of Bibliometric Analysis in Research Performance Assessment and Monitoring of Interdisciplinary Scientific Developments, in: Technikfolgenabschätzung – Theorie und Praxis, Jg. 12, 2003, Nr. 1, S. 20-29.

Rainfurth, C. (2003), Dienstleistungsarbeit im produzierenden Maschinenbau, Stuttgart 2003.

Ramaswamy, R. (1996), Design and Management of Service Processes: Keeping Customers for Life, Reading 1996.

Rau, M., Fabig, C., Walther, M. (2002), Prozesskostenrechnung in der Telekommunikation – Erfahrungen im Rahmen eines Pilotprojektes, in: Kostenrechnungspraxis, Jg. 46, 2002, Nr. 4, S. 249-254.

Rauen, H., Wüstenberg, K. (2004), Forschung und Konjunktur – Antriebstechnik im weltweiten Wettbewerb, in: FVA (Hrsg., 2004), S. 23-24.

Reckenfelderbäumer, M. (1994), Entwicklungen und Perspektiven der Prozesskostenrechnung, Wiesbaden 1994.

Reckenfelderbäumer, M. (1995), Marketing-Accounting im Dienstleistungsbereich – Konzeption eines prozeßkostengestützten Instrumentariums, Wiesbaden 1995.

Reckenfelderbäumer, M. (2003), Ausblick: Die Kalkulation von Betreibermodellen als zukünftige Herausforderung für das Controlling produktbegleitender Dienstleistungen, in: Kinkel et al. (Hrsg., 2003), S. 169-186.

Reckenfelderbäumer, M. (2004), Die Wirtschaftlichkeitsanalyse von dienstleistungsorientierten Geschäftsmodellen als Herausforderung an das Controlling, in: Meier (Hrsg., 2004), S. 209-241.

Redman, T., Mathews, B. P. (2002), Managing Services: Should We Be Having Fun? In: The Service Industries Journal, Jg. 22, 2002, Nr. 3, S. 51-61.

Reichwald, R., Schaller, C. (2003), Innovationsmanagement von Dienstleistungen – Herausforderungen und Erfolgsfaktoren in der Praxis, in: Bullinger, Scheer (Hrsg., 2003), S. 171-198.

Reinhart, G., Weißenberger, M. (1997), Eigenschaftsoptimierung am Prototyp, in: Zeitschrift für wirtschaftlichen Fabrikbetrieb, Jg. 92, 1997, Nr. 11, S. 571-574.

Reinhold, R., Lentrodt, A. (1998), Effizienz und Effektivität von Serviceprozessen auf Basis der Prozesskostenrechnung bei *STÖBER*, in: Horváth & Partner (Hrsg., 1998), S. 153-170.

Reiß, M., Präuer, A. (2001), Solutions Providing – Was ist Vision – was Wirklichkeit? in: Absatzwirtschaft, Jg. 44, 2001, Nr. 7, S. 48-53.

Riebel, P. (1994), Einzelkosten- und Deckungsbeitragsrechnung, 7. Auflage, Wiesbaden 1994.

Ries, A. (2001), Controlling in Virtuellen Netzwerken: Managementunterstützung in dynamischen Kooperationen, Wiesbaden 2001.

Rösner, J. (1998), Service – ein strategischer Erfolgsfaktor von Industrieunternehmen, Hamburg 1998.

Roll, M. (2003), Fallstudien als Instrument der Controllingforschung, in: Zeitschrift für Controlling und Management, Jg. 47, 2003, Nr. 5, S. 315-317.

Rommelfanger, H. J., Eickemeier, S. H. (2002), Entscheidungstheorie: klassische Konzepte und Fuzzy-Erweiterungen, Berlin et al. 2002.

Rude, S. (2001), Die BMW PEP-IT-Strategie zur effizienten Produktentwicklung, in: VDI (Hrsg., 2001), S. 23-35.

Rück, H. R. G. (2000), Dienstleistungen in der ökonomischen Theorie, Wiesbaden 2000.

Rusinko, C. A. (1999), Exploring the Use of Design-Manufacturing Integration (DMI) to Facilitate Product Development: A Test of Some Practices, in: IEEE Transactions on Engineering Management, Jg. 46, 1999, Nr. 1, S. 56-71.

Sachse, P., Hacker, W. (1995), Early Low-Cost Prototyping, Forschungsbericht des Instituts für Allgemeine Psychologie und Methoden der Psychologie der Technischen Universität Dresden, Band 19, Dresden 1995.

Sakurai, M. (1989), Target Costing and How to Use it, in: Journal of Cost Management, Jg. 3, 1989, Nr. 2, S. 39-50.

Salinger, E. (2003), Betriebswirtschaftliche Entscheidungstheorie, 5. Auflage, München, Wien 2003.

Schanz, G. (1988), Methodologie für Betriebswirte, 2. Auflage, Stuttgart 1988.

Schanz, G. (2000), 2. Kapitel – Wissenschaftsprogramme der Betriebswirtschaftslehre, in: Bea et al. (Hrsg., 2000), S. 80-161.

Schäffer, U., Weber, J. (2002), Herausforderungen für das Dienstleistungs-Controlling, in: Kostenrechnungspraxis, Jg. 46, 2002, Sonderheft 2, S. 5-13.

Scheer, A.-W. (2004), Die Entwicklung des ARIS Toolset – Von der Forschung zum Markterfolg, in: Spath (Hrsg., 2004), S. 107-121.

Scheer, A.-W., Grieble, O., Klein, R. (2003), Modellbasiertes Dienstleistungsmanagement, in: Bullinger, Scheer (Hrsg., 2003), S. 19-49.

Scheer, A.-W. (Hrsg., 1991), Grenzplankostenrechnung: Stand und aktuelle Probleme; Hans Georg Plaut zum 70. Geburtstag, 2. Auflage, Wiesbaden 1991.

Scherm, E., Pietsch, G. (2004), Theorie und Konzeption in der Controllingforschung, in: Scherm, Pietsch (Hrsg., 2004), S. 3-19.

Scherm, E., Pietsch, G. (Hrsg., 2004), Controlling: Theorien und Konzeptionen, München 2004.

Scheuch, F. (2002), Dienstleistungsmarketing, 2. Auflage, München 2002.

Scheuing, E. E., Johnson, E. M. (1989), A Proposed Model for New Service Development, in: The Journal of Services Marketing, Jg. 3, 1989, Nr. 2, S. 25-34.

Schierenbeck, H., Rolfes, B., Schüller, S. (Hrsg., 2001), Handbuch Bankcontrolling, Wiesbaden 2001.

Schmalenbach, E. (1956), Dynamische Bilanz, 12. Auflage, Köln, Opladen 1956.

Schmalenbach, E. (1963), Kostenrechnung und Preispolitik, 8. Auflage, Köln, Opladen 1963

Schnauder, V. (1998), Qualitätsmanagement für Dienstleister, Renningen-Malmsheim 1998.

Schneider, D. (1987), Allgemeine Betriebswirtschaftslehre, 3. Auflage, München, Wien 1987.

Schneider, D. (1993), Betriebswirtschaftslehre, Band 1: Grundlagen, München 1993.

Schneider, R. (1998), Produktbegleitende Dienstleistung, in: Wissenschaftsmanagement, Jg. 4, 1998, Nr. 6, S. 10-13.

Schnell, R., Hill, P. B., Esser, E. (1999), Methoden der empirischen Sozialforschung, München, Wien 1999.

Scholl, K. (1998), Konstruktionsbegleitende Kalkulation: computergestützte Anwendung von Prozeßkostenrechnung und Kostentableaus, München 1998.

School of Information Science and Technology (2004), CiteSeer.IST – Scientific Literature Digital Library, Auf den Seiten der School of Information Science and Technology (Pennsylvania), http://citeseer.ist.psu.edu/, Zugriff am 04.10.2004.

Schüller, A. (1967), Dienstleistungsmärkte in der Bundesrepublik Deutschland: Sichere Domänen selbständiger mittelständischer Unternehmen? Köln, Opladen 1967.

Schuh, G., Fridli, T., Gebauer, H. (2004), Fit for Service: Industrie als Dienstleister, München, Wien 2004.

Schuh, G., Speth, H. (1999), Controlling industrieller Dienstleistungen, in: io Managment, Jg. 68, 1999, Nr. 11, S. 32-39.

Schuhmacher, O. (2002), Teamorientiertes Kommunikationssystem für das Rapid Product Development, Stuttgart 2002.

Schweitzer, M. (2000), 1. Kapitel – Gegenstand und Methoden der Betriebswirtschaftslehre, in: Bea et al. (Hrsg., 2000), S. 23-79.

Schweitzer, M., Küpper, H.-U. (1998), Systeme der Kosten- und Erlösrechnung, 7. Auflage, München 1998.

Schweitzer, M., Küpper, H.-U. (2003), Systeme der Kosten- und Erlösrechnung, 8. Auflage, München 2003.

Schwengels, C. (2003), Kostenorientierte Entwicklung von Dienstleistungen, in: Bullinger, Scheer (Hrsg., 2003), S. 507-529.

Seidenschwarz, W. (1993), Target Costing, München 1993.

Seidenschwarz, W. (1994), Target Costing – Verbindliche Umsetzung marktorientierter Strategien, in: Kostenrechnungspraxis, Jg. 38, 1994, Nr. 1, S. 74-83.

Seinschedt, F., Rainfurth, C., Lay, G. (2003), Life Cycle Costing als Instrument zur Preisfindung für produktbegleitende Dienstleistungen, in: Kinkel et al. (Hrsg., 2003), S. 91-100.

Serfling, K., Jeiter, V. (1995), Gemeinkostencontrolling in Dienstleistungsbetrieben auf Basis der Prozesskostenrechnung, in: Kostenrechnungspraxis, Jg. 39, 1995, Nr. 6, S. 321-329.

Sherman, L. M. (2001), Rapid Prototyping, in: Plastics Technology, Jg. 47, 2001, Nr. 2, S. 62-67.

Shostack, G. L. (1982), How to Design a Service, in: European Journal of Marketing, Jg. 16, 1982, Nr. 1, S. 49-63.

Shostack, G. L. (1984), Designing Services that Deliver, in: Harvard Business Review, Jg. 62, 1984, Nr. 1/2, S. 133-139.

Shotter, J. (1990), Knowing of the Third Kind: Selected Writings on Psychology, Rhetoric and the Culture of Everyday Social Life, Utrecht 1990.

Shurig, R. (1984), Morphology: A Tool for Exploring New Technology, in: Long Range Planning, Jg. 17, 1984, Nr. 6, S. 129-140.

Siems, F. (2003), Preiswahrnehmung von Dienstleistungen – Konzeptualisierung und Integration in das Relationship Marketing, Wiesbaden 2003.

Simmons, S., Esser, M. (2001), Developing Business Solutions from Conjoint Analysis, in: Gustafsson et al. (Hrsg., 2001), S. 67-96.

Simon, H. A. (1981), Entscheidungsverhalten in Organisationen: Eine Untersuchung von Entscheidungsprozessen in Management und Verwaltung, 3. Auflage, Landsberg am Lech 1981.

Simon, H. (1993), Industrielle Dienstleistungen und Wettbewerbsstrategie, in: Simon (Hrsg., 1993), S. 3-22.

Simon, H., Damian, A. (1999), Preispolitik für industrielle Dienstleistungen, in: Corsten, Schneider (Hrsg., 1999), S. 157-187.

Simon, H. (Hrsg., 1993), Industrielle Dienstleistungen, Stuttgart 1993.

Skiera, B. (1999), Mengenbezogene Preisdifferenzierung bei Dienstleistungen, Wiesbaden 1999.

Skiera, B., Gensler, S. (2002), Berechnung von Nutzenfunktionen und Marktsimulationen mit Hilfe der Conjoint-Analyse (Teil 1), in: Wirtschaftswissenschaftliches Studium, Jg. 31, 2002, Nr. 4, S. 200-206.

Spath, D. (2003), Revolution durch Evolution – Neue Antworten auf neue Fragen, in: Spath (Hrsg., 2003), S. 15-44.

Spath, D., Demuß, L. (2003), Entwicklung hybrider Produkte – Gestaltung materieller und immaterieller Leistungsbündel, in: Bullinger, Scheer (Hrsg., 2003), S. 467-506.

Spath, D., Ganz, W., Schreiner, P. (2004), Kundenorientiertes Dienstleistungsmanagement als Gestaltungsaufgabe für die Unternehmensführung, in: Spath (Hrsg., 2004), S. 281-287.

Spath, D. (Hrsg., 2003), Ganzheitlich produzieren – Innovative Organisation und Führung, Stuttgart 2003.

Spath, D. (Hrsg., 2004), Forschungs- und Technologiemanagement: Potenziale nutzen – Zukunft gestalten, München 2004.

Spath, D., Zahn, E. (Hrsg., 2003), Kundenorientierte Dienstleistungsentwicklung in deutschen Unternehmen, Berlin et al. 2003.

Specht, G., Beckmann, C., Amelingmeyer, J. (2002), F&E-Management: Kompetenz im Innovationsmanagement, 2. Auflage, Stuttgart 2002.

Speth, C. (2001), Gestaltung industrieller Dienstleistungen im Spannungsfeld zwischen Kundennähe und Effizienz, Bamberg 2001.

Spitta, T. (1989), Software Engineering und Prototyping: eine Konstruktionslehre für administrative Softwaresysteme, Berlin et al. 1989.

Spur, G. (1999), Das digitale Produktmodell als virtueller Prototyp, in: Zeitschrift für wirtschaftlichen Fabrikbetrieb, Jg. 94, 1999, Nr. 8, S. 370-375.

Staehle, W. H. (1976), Der situative Ansatz in der Betriebswirtschaftslehre, in: Ulrich (Hrsg., 1976), S. 33-50.

Stanik, M. (2002), Full-Service-Leistungen, in: Wissenschaftsmanagement, Jg. 8, 2002, Nr. 5, S. 34-35.

Stanik, M. (2003), Customer Related Service Engineering – Ein ganzheitlicher Ansatz zur Umsetzung der Kundenorientierung, in: Spath, Zahn (Hrsg., 2003), S. 87-95.

Stanik, M. (2004), Customer Related Service Engineering – Wettbewerbsvorteile durch kundenorientiertes Service Engineering, in: Zahn et al. (Hrsg., 2004), S. 16-24.

Statistisches Bundesamt (2003), Klassifikation der Wirtschaftszweige, Ausgabe 2003 (WZ 2003), Auf den Seiten des Statistischen Bundesamtes, http://www.destatis.de/download/d/klassif/wz03.pdf, Zugriff am 16.08.2004.

Statistisches Bundesamt (2004), Volkswirtschaftliche Gesamtrechnungen, Auf den Seiten des Statistischen Bundesamtes, http://www.destatis.debasis/d/vgr vgrtab1.htm, Zugriff am 20.02.2004.

Stauss, B., Bruhn, M. (2003), Dienstleistungsnetzwerke – Eine Einführung in den Sammelband, in: Bruhn, Stauss (Hrsg., 2003), S. 3-30.

Steinbuch, K. (1971), Technische Modelle biologischer Vorgänge, in: Dittfurth (Hrsg., 1971), S. 55-65.

Steinke, I. (1999), Kriterien qualitativer Forschung, Weinheim, München 1999.

Steinke, I. (2003), Gütekriterien qualitativer Forschung, in: Flick et al. (Hrsg., 2003), S. 319-331.

Steven, M., Schade, S. (2004), Produktionswirtschaftliche Analyse industrieller Dienstleistungen, in: Zeitschrift für Betriebswirtschaft, Jg. 74, 2004, S. 543-562.

Stoi, R. (1999), Prozessorientiertes Kostenmanagement in der deutschen Unternehmenspraxis, München 1999.

Stolz, M. (2002), Haptik als Markttrend, in: Elektronik Informationen, Jg. 34, 2002, Nr. 3, S. 76-77.

Storey, C., Kelly, D. (2001), Measuring the Performance of New Service Development Activities, in: The Service Industries Journal, Jg. 21, 2001, Nr. 2, S. 71-90.

Strasser, E. (2003), Unternehmenskultur als Erfolgsfaktor – Eine deutsche Großbank verbessert ihren IT-Service, in: Bernhard et al. (Hrsg., 2003), S. 97-109.

Stratasys (2004), Dimension 3D Printers, Auf den Seiten der Stratasys Inc., http://www.dimensionprinting.com/3Dprinting.html, Zugriff am 09.09.2004.

Sydow, J., Windeler, A. (2003), Dienstleistungsproduktion in Projektnetzwerken, in: Bruhn, Stauss (Hrsg., 2003), S. 343-359.

Tack, W. H. (1975), Mathematische Modelle in der Sozialpsychologie, in: Graumann (Hrsg., 1975), S. 232-265.

Tanaka, M. (1985), New Approach to the Function Evaluation System in Value Engineering, in: International Journal of Production Research, Jg. 23, 1985, Nr. 4, S. 625-637.

Taylor, J. R. (2003), Linguistic Categorization, 3rd Edition, Oxford 2003.

Teichert, T., Talaulicar, T. (2002), Managementkonzepte im betriebswirtschaftlichen Diskurs: Eine bibliometrische Klassifizierung, in: Die Betriebswirtschaft, Jg. 62, 2002, Nr. 4, S. 409-426.

Thomas, M. (2003), Einführung eines Service-Level-Management in einem großen deutschen Finanzinstitut, in: Bernhard et al. (Hrsg., 2003), S. 111-134.

Thomke, S. (2003), R&D Comes to Service, in: Harvard Business Review, Jg. 81, 2003, Nr. 4, S. 71-79.

Thomson (2004), Social Science Citation Index®, Auf den Seiten der Thomson Corporation, http://www.isinet.com/products/citation/ssci/, Zugriff am 04.10.2004.

Trachsler, S. (1996), Verrechenbarkeit industrieller Dienstleistungen, St. Gallen 1996.

Trumpfheller, M. (2004), Die Fallstudienmethode in der Logistikforschung, in: Pfohl (Hrsg., 2004), S. 175-188.

Tscheulin, D. K., Lindenmeier, J. (2003), Yield-Management – Ein State-of-the-Art, in: Zeitschrift für Betriebswirtschaft, Jg. 73, 2003, Nr. 6, S. 629-662.

Tyrer, P., Steinberg, D. (1997), Modelle psychischer Störungen, Frankfurt am Main 1997.

Uhlmann, E., Friedrich, T. (2003), RP-Modelle für Demontagesimulationen, in: Futur, Jg. 5, 2003, Nr. 1, S. 14-15.

Ulrich, H. (1970), Die Unternehmung als produktives soziales System: Grundlagen der allgemeinen Unternehmungslehre, 2. Auflage, Bern, Stuttgart 1970.

Ulrich, H. (1984), Management, Bern, Stuttgart 1984.

Ulrich, H. (Hrsg., 1976), Zum Praxisbezug der Betriebswirtschaftslehre, Bern, Stuttgart, 1976.

VDI (1993), VDI-Richtlinie 2221: Methodik zum Entwickeln und Konstruieren technischer Systeme und Produkte, Düsseldorf 1993.

VDI (Hrsg., 2001), Informationsverarbeitung in der Produktentwicklung 2001: effiziente 3D-Produktentwicklung – Fortschritte und Fallstricke, Tagung Stuttgart 19. und 20. Juni 2001, VDI-Berichte Nr. 1614, Düsseldorf 2001.

VDI (Hrsg., 2002), Rapid Prototyping & Tooling: Potenziale – Erfahrungen – Praxisbeispiele – Trends, Tagung Duisburg 26. September 2002, Düsseldorf 2002.

VDMA (2003), VDMA-Nomenklatur, Auf den Seiten des VDMA, http://www.vdma-products.com/PARA7-1-111/, Zugriff am 24.11.2004.

Vikas, K. (1991), Grenzplankostenrechnung im Dienstleistungsbereich, in: Scheer (Hrsg., 1991), S. 229-259.

Völker, A. (1984), Allokation von Dienstleistungen: Ein Beitrag zur begrifflichen Klärung und theoretischen Fundierung, Frankfurt am Main, New York 1984.

Wassermann, D., Kleinhans, P., Richardt, M. (2003), Online-Banking & Co: IT-Servicequalität wird für Finanzdienstleister zum Wettbewerbsfaktor, in: Bernhard et al. (Hrsg., 2003), S. 135-151.

Weber, J. (2002), Editorial: Dienstleistungs-Controlling, in: Kostenrechnungspraxis, Jg. 46, 2002, Sonderheft Nr. 2, S. 1.

Weber, J., Schäffer, U. (2001), Controlling in Dienstleistungsunternehmen, in: Bruhn, Meffert (Hrsg., 2001), S. 899-913.

Weber, M. (1968), Methodologische Schriften – Studienausgabe, Frankfurt am Main 1968.

Weber, R. (1999), Kostenmanagement für Dienstleister und Non-Profit-Unternehmen, Renningen-Malmsheim 1999.

Weegmann, W., Große-Frintrop, A. (2003), Controlling von Aufwand und Ertrag produktbegleitender Dienstleistungen über die Lebensdauer einer Auftragsbeziehung, in: Kinkel et al. (Hrsg., 2003), S. 82-90.

Weinert, W., Stjepandic, J. (1995), Rapid Prototyping im Maschinenbau, in: CIM Management, Jg. 11, 1995, Nr. 4, S. 6-9.

Westkämper, E., Warnecke, H.-J. (2002), Einführung in die Fertigungstechnik, 5. Auflage, Stuttgart et al. 2002.

Wheelwright, S. C., Clark, K. B. (1992), Revolutionizing Product Development, New York 1992.

Wieland, F. (2000), Entwicklungsplattform für Parallelkinematiken und Prototyp einer Werkzeugmaschine, Zwickau 2000.

Wimmers, S., Stölper, F. (2002), Industrie- und Dienstleistungsstandort Deutschland – Zur Vernetzung von Industrie und Dienstleistungen: Ergebnisse einer Unternehmensbefragung durch die IHK-Organisation Juli 2002, Berlin et al. 2002.

Wirth, S. (Hrsg., 2002), Vernetzt planen und produzieren, Stuttgart 2002.

Witt, F.-J. (2003), Dienstleistungscontrolling, München 2003.

Witte, E. (1973), Organisation für Innovationsentscheidungen, Göttingen 1973.

Wittgenstein, L. (1971), Philosophische Untersuchungen, Frankfurt am Main 1971.

Wöhe, G., Döring, U. (2002), Einführung in die Allgemeine Betriebswirtschaftslehre, 21. Auflage, München 2002.

Wojda, F. (Hrsg., 2000), Innovative Organisationsformen: Neue Entwicklungen in der Unternehmensorganisation, Stuttgart 2000.

Woratschek, H. (1998), Conjoint Measurement – Ein Durchbruch bei der Preisentscheidung im Dienstleistungsbereich? In: Engelhardt (Hrsg., 1998), S. 23-45.

Woratschek, H. (2001a), Zum Stand einer „Theorie des Dienstleistungsmarketing“, in: Die Unternehmung, Jg. 55, 2001, Nr. 4/5, S. 261-278.

Woratschek, H. (2001b), Preisbildung im Dienstleistungsbereich auf der Basis von Marktinformationen, in: Bruhn, Meffert (Hrsg., 2001), S. 607-625.

Woratschek, H. (2004), Qualitätsmanagement im Dienstleistungsbereich, in: Controlling, Jg. 16, 2004, Nr. 2, S. 73-84.

Yin, R. K. (1981), Life Histories of Innovations: How New Practices Become Routinized, in: Public Administration Review, Jg. 41, 1981, Nr. 1/2, S. 21-28.

Yin, R. K. (1994), Case Study Research: Design and Methods, 2nd Edition, Thousands Oaks, London, New Delhi 1994.

Zacharias, A. (2003), Quality Function Deployment im Kreditkartengeschäft – Anwendung, Nutzen, und Grenzen der Methode bei der Entwicklung von Komponenten in der Finanzdienstleistung, in: Bullinger, Scheer (Hrsg., 2003), S. 741-759.

Zahn, E., Stanik, M. (2003), Wie Dienstleister gemeinsam den Erfolg suchen – Eine empirische Studie über Netzwerke kleiner und mittlerer Unternehmen, in: Bruhn, Stauss (Hrsg., 2003), S. 593-612.

Zahn, E., Spath, D., Scheer, A.-W. (Hrsg., 2004), Vom Kunden zur Dienstleistung: Methoden, Instrumente und Strategien zum Customer related Service Engineering, Stuttgart 2004.

Z. Corporation (2004), Z Printer 310 System: An Ideal Entry-Level Rapid Prototyping System, Auf den Seiten der Z. Corporation, http://www.zcorp.com/products/printersdetail.asp?ID=1, Zugriff am 09.09.2004.

Kolibri 360 GmbH
Ferdinand-Jühlke-Straße 7
99095 Erfurt, Deutschland
produktsicherheit@kolibri360.de